Nouveau programme

Juntos

Espagnol

Term L,ES,S

Direction pédagogique:
Edouard Clemente

Edouard Clemente
Inspecteur d'Académie,
Inspecteur Pédagogique Régional, Bordeaux

Luis Aranda Ayensa
Professeur agrégé
Lycée d'Arsonval, Brive

Jorge Barbosa
Professeur certifié
Lycée et Collège Bertran de Born, Périgueux

Caroline Girot
Professeur certifié
Lycée Sainte Marie Grand Lebrun, Bordeaux

María Isabel Muñoz
Professeur certifié
Lycée Général Saint Exupéry, Parentis-en-Born

Danièle Urbin-Landreau
Professeur agrégé
Lycée Camille Jullian, Bordeaux

Nathan

En fin de classe de Terminale générale, le niveau attendu est B1 pour la LV2 et B2 pour la LV1.

	Compréhension de l'oral	Compréhension de l'écrit	Expression orale en continu	Interaction orale	Expression écrite
B1	**Comprendre les points essentiels d'une intervention énoncée dans un langage clair et standard.** ▸ Comprendre ce qui est dit pour réaliser une tâche en situation réelle ou simulée. ▸ Comprendre une information factuelle sur des sujets de la vie quotidienne ou étudiés. ▸ Suivre une conversation en situation réelle ou simulée. ▸ Comprendre les points principaux d'une intervention sur des sujets familiers ou étudiés y compris des récits courts. ▸ Suivre le plan général d'un exposé court sur un sujet connu. ▸ Comprendre les points principaux de bulletins d'information et de documents enregistrés simples portant sur des sujets connus.	**Comprendre des textes essentiellement rédigés dans une langue courante.** ▸ Comprendre des instructions et consignes détaillées. ▸ Comprendre suffisamment pour entretenir une correspondance suivie. ▸ Localiser des informations recherchées ou pertinentes pour s'informer et réaliser une tâche. ▸ Comprendre un enchaînement de faits. ▸ Reconnaître les grandes lignes d'un schéma argumentatif. ▸ Comprendre des textes essentiellement rédigés dans une langue courante.	**S'exprimer de manière simple sur des sujets variés.** ▸ Prendre la parole devant un auditoire, mettre en voix un texte. ▸ Restituer une information avec ses propres mots éventuellement à partir de notes. ▸ Relater des expériences vécues, en rendre compte (événements, dialogues, texte écrit ou oral). ▸ Expliquer un projet, exposer une démarche, préciser un mode d'emploi. ▸ Exprimer des sentiments, une opinion personnelle. ▸ Argumenter pour convaincre.	**Faire face à des situations variées avec une relative aisance à condition que la langue soit standard et clairement articulée.** ▸ Engager la conversation et maintenir le contact pour échanger des informations, réagir à des sentiments, exprimer clairement un point de vue. ▸ Prendre part à une discussion pour expliquer, commenter, comparer et opposer. ▸ Interviewer et être interviewé, conduire un entretien préparé et prendre quelques initiatives. ▸ Faire aboutir une requête.	**Rédiger un texte articulé et cohérent, sur des sujets concrets ou abstraits, relatif aux domaines qui lui sont familiers.** ▸ Restituer une information avec ses propres mots, paraphraser simplement de courts passages écrits. ▸ Prendre des notes sous forme d'une liste de points. ▸ Rédiger un courrier personnel (incluant des avis sur des sujets abstraits ou culturels). ▸ Rendre compte d'expériences, de faits et d'événements. ▸ Écrire un court récit, une description, un poème, de brefs essais simples. ▸ Rédiger des messages courts de type informatif ou injonctif.
B2	**Comprendre l'essentiel d'une intervention longue et d'une argumentation complexe énoncée dans un langage standard.** ▸ Suivre une grande partie de ce qui est dit dans une longue conversation. ▸ Comprendre la plupart des émissions, reportages et films en langue standard, reconnaître le point de vue et l'attitude du locuteur. ▸ Comprendre l'essentiel d'une conférence, d'un discours ou d'un exposé complexes à condition que le sujet soit assez familier.	**Lire avec un grand degré d'autonomie et utiliser les références convenables de manière sélective.** ▸ Identifier rapidement le contenu et la pertinence d'une information, d'un article ou d'un reportage dans une gamme étendue de sujets. ▸ Comprendre un texte littéraire contemporain en prose. ▸ Comprendre des articles et des rapports sur des problèmes contemporains et dans lesquels les auteurs adoptent une position ou un point de vue particuliers.	**S'exprimer de manière organisée sur une gamme étendue de sujets relatifs à ses domaines d'intérêt.** ▸ Développer un exposé de manière claire et méthodique en soulignant les éléments significatifs. ▸ Faire une description claire et détaillée sur un sujet connu ou étudié. ▸ Exprimer avec finesse et précision des sentiments, une opinion personnelle. ▸ Développer une argumentation claire, nuancée et enchaîner les arguments avec logique.	**Participer à des conversations avec spontanéité et aisance, avec des locuteurs natifs.** ▸ Échanger des informations précises, expliciter, demander des éclaircissements. ▸ Prendre part à une conversation sur des sujets connus ou étudiés : exposer son propre point de vue, évaluer les points de vue d'autrui, émettre des hypothèses. ▸ Interviewer et être interviewé, conduire un entretien avec efficacité et aisance de manière de plus en plus autonome. ▸ Corriger lapsus et erreurs après en avoir pris conscience.	**Écrire des textes clairs et détaillés sur une gamme étendue de sujets relatifs à son domaine d'intérêt.** ▸ Résumer un large éventail de textes, l'intrigue et la suite des événements d'un film ou d'une pièce. ▸ Écrire des lettres exprimant différents degrés d'émotion, souligner ce qui est important. ▸ Écrire des descriptions élaborées d'événements et d'expériences réels ou imaginaires en indiquant la relation entre les idées dans un texte articulé et en respectant les règles du genre en question. ▸ Écrire un essai ou un rapport qui développe une argumentation de façon méthodique.

Conception graphique, couverture et mise en page : Killiwatch
Édition : Perrine Dutertre
Cartographie : AFDEC
Frises et carte : Renaud Scapin
Iconographie : Christine Morel et Veronica Brown

ISBN 978-209-173934-2

Aux élèves de Terminales L, ES, S

Bienvenue dans votre nouveau manuel de Terminales L, ES, S de la collection Juntos!

Au sein de chaque unité, vous trouverez un parcours d'apprentissage linguistique et culturel guidé autour des cinq activités langagières (écouter, lire, parler en continu, parler en interaction, écrire) que vous pourrez évaluer, en autonomie ou guidé par votre professeur.

Les descripteurs annoncés en début d'unité renvoient au Cadre européen auquel s'adosse le nouveau programme du cycle terminal. Ces descripteurs précisent le niveau d'appréhension et d'exploitation visé par les documents tout en ciblant l'activité langagière majeure retenue afin de construire un itinéraire adapté. Vous pourrez ainsi atteindre et consolider le niveau B1 pour les LV2 et B2 pour les LV1.

Les activités proposées, notamment les *¡Y ahora tú!*, qui constituent autant d'étapes dans votre apprentissage, sont facilement repérables. Elles vous permettront de réinvestir les acquis linguistiques, grammaticaux, méthodologiques et culturels dans la réalisation du *Proyecto final*, une tâche finale individuelle ou collective.

La richesse des documents de Juntos Terme nourrira votre intérêt et votre motivation pour la langue espagnole et les cultures hispaniques. Vous pourrez travailler en écoutant, en lisant, en parlant, en écrivant et en échangeant en espagnol sur une grande variété de documents : sonores, textuels, visuels et audiovisuels sans oublier l'ouverture sur les TICE offerte par les *Talleres de Internet* et la baladodiffusion facilitée par la mise à disposition de tous vos fichiers audio au format MP3.

Juntos Terme prend en compte **les nouvelles épreuves du baccalauréat** qui entreront en vigueur à partir de la session 2013. Des pages ***Horizonte BAC*** vous permettront de préparer ces nouvelles épreuves tant à l'oral qu'à l'écrit. L'évaluation de la compréhension orale prend la forme de supports authentiques toujours accompagnés de pistes et de conseils concrets. La préparation à l'évaluation du baccalauréat écrit se présente sous forme de supports textuels accompagnés des consignes requises par la nature de l'épreuve et accompagnés également de conseils. Par ailleurs les 7 unités mettent en valeur les notions culturelles du programme du cycle terminal dès la double page d'ouverture. Ces notions sont reprises pour faciliter votre préparation de l'épreuve d'expression orale du bac au sein de chaque double page ainsi que dans un index en fin de manuel.

Enfin, le manuel est enrichi de cinq dossiers *Literatura y cultura* consacrés à la découverte et à la pratique des littératures hispaniques comme le préconise le programme de l'enseignement de littérature en langue étrangère obligatoire en série L. Même s'ils sont plus particulièrement destinés aux élèves concernés par cet enseignement spécifique, tous les élèves pourront y trouver le plaisir de la lecture de textes majeurs. Chaque dossier se termine par une rubrique ***Horizonte BAC LELE*** qui précise les liens étroits entre les textes et les thématiques du programme de Littérature pour vous aider à constituer les dossiers que vous présenterez lors de l'épreuve orale spécifique à cet enseignement.

L'approche résolument active et pragmatique de Juntos Terme a pour objectif de développer vos compétences linguistiques, sociolinguistiques, communicatives, culturelles et méthodologiques et de vous ouvrir ainsi la voie à une expression autonome en espagnol aussi bien à l'oral qu'à l'écrit.

Edouard Clemente

Présentation du manuel

Logos utilisés dans le manuel

- Compréhension de l'oral
- Compréhension de l'écrit
- Expression orale en continu
- Interaction orale
- Expression écrite

Document enregistré sur...

CD CLASSE · CD ÉLÈVE · DVD

Renvoi au Fichier de l'élève

➔ *Fichier de l'élève p. X*

Les rubriques récurrentes

- RECURSOS Aide à l'expression
- Datos culturales Aspects de la culture hispanique
- ¡Y ahora tú! Micro-tâche
- TICE Des activités pour encourager le travail des TICE

Ouverture

- Trois visuels et des pistes simples pour entrer dans la thématique
- Les objectifs d'apprentissage par activité langagière
- Les faits de langue
- La tâche finale

Textes et documents

Une activité langagière dominante par double page dont une lecture guidée

- Un document majeur et un document mineur
- ***Gramática activa*** : l'étude d'un fait de langue issu des documents avec un court exercice d'application
- ***¡Y ahora tú!*** Une micro-tâche pour reprendre lexique fonctionnel et point de langue

Talleres de comunicación

- Des activités de groupe pour travailler les compétences de compréhension orale (chansons), de production ou d'interaction orales
- Un ***Taller de Internet*** pour travailler les TICE
- Un ***Taller de vídeo*** sur des extraits authentiques

Panorama

- Des documents pour découvrir les cultures du monde hispanique autour d'un des domaines du programme
- Des pistes de recherche sur Internet

Evaluación

- Des activités pour s'évaluer et valoriser les compétences acquises dans chaque activité langagière

Lengua activa et Proyecto final

- Des exercices d'application variés sur **les points de langue** de l'unité
- Des activités sur les champs lexicaux de l'unité
- La tâche finale, ***Proyecto final***

Horizonte BAC

- Des pages d'entraînement pour préparer les nouvelles épreuves orales et écrites du baccalauréat

Literatura y cultura

- 5 dossiers ***Literatura y cultura*** en lien avec les thématiques des unités pour découvrir les grands mouvements de la littérature espagnole et latino-américaine avec des extraits d'œuvres représentatives
- Une rubrique ***Horizonte BAC LELE*** pour aider à la préparation de l'épreuve orale

En fin de manuel

- Un lexique culturel illustré (***Datos culturales***)
- Un **précis** grammatical
- Un **lexique** français-espagnol
- Une présentation des **épreuves du Bac** et des conseils méthodologiques
- Un **index** des documents par **notion culturelle**

SOMMAIRE

SOMMAIRE

Notions culturelles :

- Mythes et héros
- Lieux et formes du pouvoir
- Espaces et échanges
- L'idée de progrès

UNIDAD 1

Mythes et héros
Espaces et échanges
Lieux et formes du pouvoir
L'idée de progrès

Expansión urbana

Activités de communication B1

Écouter
Comprendre une émission sur un projet urbain.
Comprendre un reportage sur le développement de México.

Lire
Comprendre un dialogue sur l'exode rural.
Comprendre un dialogue sur l'impact des transports sur un monument.
Comprendre un point de vue sur la vie dans une grande ville.

Parler en continu
Parler des avantages de la vie en ville.
Expliquer pourquoi on a quitté la campagne pour la ville.
Se projeter dans la ville de demain.

Parler en interaction
Argumenter pour ou contre le développement des transports au détriment de la préservation des monuments historiques.

Écrire
Rédiger une note pour promouvoir les transports durables.
Dénoncer les conditions de vie dans les banlieues.
Transformer en dialogue un texte sur les impressions d'une jeune fille à Santiago du Chili.

Outils linguistiques

- Le passé composé (p. 13)
- Les verbes à diphtongue (p. 15)
- Les temps du passé (p. 17)
- *Como si* + imp. subj. (p. 19)
- Le gérondif (p. 21)
- La forme progressive (p. 23)

Proyecto final

→ **Presentad un proyecto urbano para mejorar la calidad de vida en un barrio.**

1 Contaminación en Santiago de Chile

Recursos

Sustantivos
- la contaminación atmosférica
- la cordillera de los Andes
- el crecimiento imparable
- el desarrollo cultural
- la fractura social
- una pared vegetal
- una vista panorámica

Adjetivos
- alto(a): *haut(e)*
- poblado(a)
- recubierto(a)
- urbanizado(a)

Verbos y expresiones
- divisar: *apercevoir*

2

Barrios populares en Guanajuato, México

3

Pared vegetal de la Caixa Forum en Madrid

Y tú, ¿cómo lo ves?

1. Describe la foto 1 y di qué te llama la atención. ¿Qué deduces a propósito de esta ciudad?
2. ¿Qué faceta de la ciudad nos ofrece la foto 2?
3. ¿Qué representa la foto 3? Explica en qué es original la arquitectura de este edificio.
4. Explica qué visiones de la expansión urbana dan estas fotos.

B1 Del campo a la ciudad

Los protagonistas son el subsecretario del ministro de la Vivienda y dos empresarios, el Chato y Nemesio.

–¿Tú te has fijado la cantidad de gente que abandona los pueblos en Extremadura y Andalucía para irse a vivir a las capitales? Algunos gobernadores han mandado a la Guardia Civil a las estaciones para que los obligue a regresar a sus campos, pero entonces ellos se las arreglan[1] para tomar el tren en otra provincia más permisiva. Esa emigración no hay quien la pare. ¿Y adónde van, si no hay viviendas? A los barrios de chabolas[2]. Se juntan de noche un albañil[3] y cuatro peones y para cuando amanece, ya hay una chabola más. Todos esos que viven en chabolas, ya mismo van a querer vivir en un piso o en una casa barata. […]

A los postres, después de un brindis con champán, el Chato le pregunta a Nemesio:

–¿Sabes lo que estamos celebrando?

–Dime, dime.

–Hoy he rematado[4] el negocio de mi vida. Voy a construir seis mil viviendas en las afueras de Madrid.

–¿Qué dices? –se sorprende Nemesio–. ¿Seis mil?

–Lo que oyes. En el Ministerio van a sacar a concurso[5] la construcción de diez mil viviendas baratas y cinco mil de protección oficial[6].

–Pero si las sacan a concurso lo puede ganar otro –objeta Nemesio.

–¡Qué tonto eres, compadre! –sonríe el Chato con suficiencia–. Ya he untado las manos necesarias[7] para que el concurso me lo adjudiquen a mí. Eso para las viviendas baratas. De las viviendas protegidas tengo apalabradas[8] dos mil, pero necesitaría un socio, porque hay que hacerlas en cuatro provincias y eso es mucho.

–No te entiendo.

–¡Que es más de lo que puedo hacer yo solo, coño[9], que necesito un socio y otra empresa!

–¿Y qué propones?

–Que nos asociemos al 50 por ciento en una empresa nueva. Tú y yo.

Juan ESLAVA GALÁN (escritor español), *De la alpargata al seiscientos*, 2010

Juan ESLAVA GALÁN (nacido en 1948) es un escritor español de novelas históricas. Ganó el Premio Planeta en 1987 y sus obras se han traducido a varios idiomas. Su obra de mayor éxito es *Una historia de la Guerra Civil que no va a gustar a nadie* (2005).

1. *ils se débrouillent*
2. *Dans les bidonvilles*
3. *un maçon*
4. concluido
5. *lancer un appel d'offres*
6. *HLM*
7. *J'ai déjà assez graissé la patte*
8. *j'ai une option sur*
9. (juron vulg.)

LEE Y EXPRÉSATE

1. Explica a qué fenómeno social alude el subsecretario en la primera frase.
2. Describe la importancia y las consecuencias de este fenómeno.
3. Di por qué el Chato está tan contento y Nemesio tan sorprendido. (l. 10-16)
4. Explica en qué consiste "el negocio de su vida" para el Chato y aclara cómo lo ha conseguido. (l. 14-24)
5. ¿Qué le ha pedido el Chato a Nemesio? ¿Por qué? (l. 22-29)
6. En tu opinión, ¿qué tipo de persona es el Chato? Justifica tu respuesta.
7. ¿Qué nos revela sobre el negocio de la construcción en los años 50?

RECURSOS

Sustantivos
- las afueras: *la banlieue*
- el/la campesino(a): *le/la paysan(ne)*
- el éxodo rural
- una vivienda: *un logement*

Adjetivos
- ambicioso(a)
- codicioso(a): *cupide*
- corrupto(a)

Verbos y expresiones
- detener (ie): *arrêter*
- enriquecerse: *s'enrichir*
- sobornar: *soudoyer*
- pedir (i) que + subj.: *demander de*

Chabolas en Madrid en 1950

Mira y exprésate

1. Describe la fotografía teniendo en cuenta el color, el lugar y la fecha.
2. Explica en qué se oponen los diferentes planos.
3. Deduce quiénes serán las personas fotografiadas y por qué vivirán allí.
4. En tu opinión, ¿existen en la actualidad condiciones de vida similares? Argumenta tu respuesta.

Recursos

Sustantivos
- el bienestar
- los bloques de pisos
- las comodidades: *le confort*
- una obra: *un chantier*
- la precariedad

Verbos y expresiones
- desarrollarse
- emigrar a
- al fondo
- en blanco y negro
- en el primer plano

Gramática activa

Le passé composé

→ Précis 18.C

Observa

▸ ***he** unt**ado**, te **has** fij**ado**, **han** mand**ado***

- Le **passé composé** situe soit une action dans un temps qui n'est pas encore révolu au moment où on parle soit une action dont les conséquences sont toujours actuelles.
- Le **participe passé** qui accompagne l'auxiliaire est toujours invariable à la voix active. On ne sépare pas l'auxiliaire du participe passé.

Practica

Mets les verbes au passé composé.

a. Las ciudades ... (atraer) a mucha gente.

b. Este empresario siempre ... (obtener) permisos y ... (ganar) mucho dinero.

→ Autre exercice p. 28

¡Y ahora tú!

Explico a un(a) amigo(a) por qué me he marchado de mi pueblo

Imagina que te has ido de tu pueblo para vivir en la ciudad. Te encuentras con un(a) amigo(a) y le cuentas los motivos de tu decisión. Le explicas por qué la vida en la ciudad es mejor, lo que has hecho desde que has llegado, etc.

→ *Me he marchado... porque...*

→ *Verás, la vida en el pueblo es... mientras que en la ciudad he podido...*

→ *Fichier de l'élève, p. 6*

B1 Los madrileños disfrutan de Madrid Río

TU CD 2 · CD CLASE

Nuevo ordenamiento urbano en las riberas del río Manzanares en Madrid

1 Observa la fotografía

a. Describe la foto insistiendo en los contrastes y en las actividades que puede practicar la gente.
b. ¿Qué visión tenemos de Madrid?

2 Escucha e identifica

c. El documento es... Trata de... He reconocido las voces de...
d. Identifica el campo léxico de la naturaleza y del ocio.

3 Profundiza

e. ¿Quién ha financiado el proyecto? ¿Cuál es su superficie?
f. Di qué elemento domina en el parque de la Arganzuela. ¿En qué se convierte el río?
g. Di cuánto ha costado el proyecto y cuánto dinero ha invertido cada organismo.
h. Cita algunos cambios y di qué instalaciones se pueden ver.
i. ¿A quiénes se dirigen las instalaciones de Madrid Río?

Horizonte BAC

Resume en francés
Redacta en francés todo lo que has entendido de la grabación.

→ Fichier de l'élève p. 4

RECURSOS

Sustantivos
- una acera: *un trottoir*
- el ayuntamiento: *la mairie*
- un edificio: *un bâtiment*
- el hormigón: *le béton*
- el ocio: *les loisirs*
- la remodelación = la renovación
- un río: *un fleuve*

Adjetivos
- agradable
- atractivo(a): *attirant(e)*

Verbos y expresiones
- costar (ue): *coûter*
- invertir (ie, i): *investir*
- pasearse: *se promener*
- relajarse: *se détendre*

Fonética

TU CD 3 · CD CLASE

a. Escucha las palabras y di cuáles tienen un diptongo (unión de 2 vocales) y cuáles tienen un hiato (separación de 2 vocales).
b. Repite estas palabras en voz alta.

La ciudad verde de Valencia

Los diez kilómetros de línea verde del Jardín del Turia se han convertido durante las últimas tres décadas en un extraño cordón. Un tramo de corte vanguardista[1], diseñado por el estudio Verges Tu, celebra el nacimiento del río. A continuación se extienden pistas de atletismo. Los árboles nos acompañan siempre en el recorrido, al igual que un carril bici. Bajo uno de los puentes se refugiaban los inmigrantes sin techo, una estampa[2] que durante años mostró la cara menos amable de una ciudad a veces demasiado contenta consigo misma. No muy lejos, el Institut Valencià d'Art Modern (IVAM); y pegada al Jardín Botánico se encuentra la Casa de la Caridad, sede[3] de una iniciativa privada que desde hace 100 años da asilo y comida a los necesitados[4]. Una entidad que cuenta con el apoyo[5] unánime de la sociedad valenciana. [...]

Al igual que miles de valencianos, disfruto del Parque del Turia siempre que puedo, para sumergirme en la ciudad verde, en una realidad diferente: gente que pasea, hace deporte, descansa en los bancos o sobre la hierba, se recrea en la contemplación de la naturaleza o en el placer de la conversación... La ciudad verde respira sosiego[6], armonía, una extraña felicidad. A pesar de ser uno de los espacios urbanos más utilizados de la ciudad –los días festivos soleados está especialmente abarrotado[7], –conserva un cierto carácter de paraíso secreto.

Carmen ALBORCH (ensayista española), *La ciudad y la vida*, 2009

1. *Un tracé ultra-moderne*
2. una imagen
3. *siège*
4. los pobres
5. *le soutien*
6. tranquilidad
7. lleno de gente

LEE Y EXPRÉSATE

1. Di de qué ciudad habla la autora y precisa en qué consiste lo que llama la "ciudad verde".
2. Lista las diferentes ventajas del Jardín del Turia que les permiten a los valencianos disfrutar del lugar.
3. La sociedad valenciana apoya la Casa de la Caridad: ¿qué quiere recalcar la autora?
4. Recapitula lo que se puede hacer en el "paraíso secreto" de la autora.

RECURSOS

Sustantivos
- el bienestar
- la solidaridad
- la vegetación

Adjetivos
- saludable: *salutaire*
- solidario(a)

Verbos y expresiones
- contar (ue) con = disponer de
- recalcar: *souligner, mettre en évidence*
- no sólo... sino también...: *non seulement... mais aussi...*

Gramática activa

Les verbes à diphtongue

→ Précis 25.B

Observa

▸ *Se ext**ie**nden pistas de atletismo.*
▸ *Se enc**ue**ntra la Casa de la Caridad.*

• On parle de verbes à diphtongue lorsque la voyelle de la dernière syllabe du radical de ces verbes se modifie: *pensar, poder*.
→ **e** devient ***ie***
→ **o** devient ***ue***.
Dans ce cas, le verbe diphtongue généralement aux 3 personnes du singulier et à la 3e personne du pluriel, aux présents de l'indicatif et du subjonctif ainsi qu'à l'impératif.

• Certains verbes qui diphtonguent subissent également un affaiblissement : *convertir (ie, i)*.
→ Précis 25.C

Practica

Conjugue les verbes au présent.

a. Los jóvenes ... (soñar) con una ciudad ideal.
b. Nos parece indispensable que los políticos ... (entender) la voluntad de los ciudadanos y ... (encontrar) soluciones.

→ Autre exercice p. 28

¡Y ahora tú!

Valoro los atractivos de mi ciudad

Participas en un concurso radiofónico y valoras lo que hace de tu ciudad una ciudad atractiva.

→ *Mi ciudad cuenta con...*
→ *En mi ciudad se puede...*

→ *Fichier de l'élève, p. 6*

B1 La Sagrada Familia corre peligro

Pepe Valera, defensor de la Sagrada Familia, quiere convencer a su primo vasco Meteri Echauri de que la iglesia está en peligro…

Poco a poco Echauri se fue haciendo a la idea de que ya que estaba en Barcelona lo mejor sería conocer la ciudad y pasarlo lo mejor posible. Mientras esperaban el taxi, Pepe comenzó a contarle que su verdadera pasión era la obra de Antoni Gaudí, el más famoso de los arquitectos españoles.

–¿Has oído hablar de él?

–Francamente, no.

–Pues hoy podrás apreciar algunas de sus obras, sobre todo la más famosa, el Templo Expiatorio de la Sagrada Familia, todavía en construcción.

–Hombre, ahora sí que sé de quién me hablas. Es el de la iglesia que no terminan nunca, ¿no?

–El mismo –dijo ufano[1]– Ya verás lo imponente que es.

Después de dos horas de visitar los lugares más interesantes de la ciudad, el taxi los dejó por fin en la esquina de la calle Mallorca. […]

Al final del recorrido[2] el vasco resumió en una frase lo que para él era el mayor de los elogios:

–Una verdadera maravilla, Pepe. Me alegro de que participes en algo tan importante para Barcelona y para todos nosotros los católicos.

–Así es, Meteri. Y ahora vamos a comer, que después de este recorrido bien nos lo merecemos.

Después de la sopa, Pepe comenzó a tocar con cautela[3] el tema del AVE.

–¿Sabes, Meteri, que esta obra grandiosa que acabamos de ver está en peligro de desplomarse[4]?

–¿De qué me hablas, hombre?

–Los del Gobierno han dispuesto[5] que el AVE... el tren de alta velocidad, ¿lo conoces, verdad?

–Conocerlo no, pero sé lo que es.

–Pues bien, te decía que el Gobierno ha dispuesto abrir un túnel para que ese tren, que normalmente circula a más de doscientos kilómetros por hora, pase justamente por debajo de la calle adyacente a la basílica, sin importarles la opinión de los expertos que aseguran que la obra puede colapsarse desde sus cimientos[6].

Juan David MORGAN (escritor panameño), *El silencio de Gaudí*, 2007

Datos culturales

La **Sagrada Familia** es una gran basílica neogótica situada en el centro de Barcelona. Es una de las obras maestras del arquitecto Gaudí y se ha convertido en uno de los lugares más simbólicos de la ciudad. Iniciada en 1882, todavía sigue en construcción. Fue declarada en 2005 Patrimonio Cultural de la Humanidad por la UNESCO.

1. *fier*
2. *parcours, visite*
3. *aborder avec précaution*
4. *s'écrouler*
5. *(ici)* han ordenado
6. *s'effondrer par les fondations*

Lee y exprésate

1. Indica dónde se desarrolla la escena y qué sabemos de los personajes principales.
2. Precisa qué es la Sagrada Familia apoyándote en el texto y los datos culturales.
3. Aclara cuáles fueron las reacciones de Meteri: Primero… Luego… (l. 5-17)
4. Di qué decisión tomó el gobierno y explica por qué le preocupaba tanto a Pepe. (l. 25-31)

Recursos

Sustantivos
- el temor: *la crainte*

Adjetivos
- atento(a): *attentif(ive)*
- desconcertado(a)
- famoso(a) ≠ desconocido(a)
- impresionado(a)

Verbos y expresiones
- contrariar
- lamentar que + subj.: *déplorer que*
- sufrir daños: *être endommagé(e)*
- temer que = tener (ie) miedo de que + subj.

Protesta en contra de las obras del AVE que ponen en peligro la Sagrada Familia

Mira y exprésate

1. Di lo que representa la foto y compara los planos.
2. Aclara lo que denuncian los carteles.
3. Explica qué puede aportar la Sagrada Familia a Barcelona y por qué hay que preservarla. Argumenta tu respuesta.

Recursos

Sustantivos
- las obras: *le chantier*

Adjetivos
- espléndido(a)
- imponente
- respetuoso(a) ≠ irrespetuoso(a)

Verbos y expresiones
- enseñar: *montrer*
- sensibilizar

Gramática activa

Les temps du passé

→ Précis 18.C-F

Observa

▸ *Mientras **esperaban** el taxi, Pepe **comenzó** a contarle…*
▸ *Te **decía** que el Gobierno **ha dispuesto** abrir un túnel.*

• Comme en français, l'**imparfait** est employé pour évoquer une action ou un état dans le passé qui s'inscrit dans la durée, la continuité ou l'habitude alors que le **passé simple** est employé pour une action terminée s'inscrivant dans un passé proche ou lointain.

• Bien que l'espagnol emploie le **passé simple** beaucoup plus fréquemment que le français, dès lors qu'une action n'a pas d'incidence dans le présent, il se sert du **passé composé** chaque fois qu'il considère qu'une action n'est pas terminée.

Practica

Emploie le passé composé ou le passé simple.

a. La semana pasada el arquitecto … (visitar) el monumento y … (ver) las obras de protección.
b. Con las obras, la iglesia … (volver-se) menos atractiva para los turistas.

→ Autre exercice p. 28

¡Y ahora tú!

Defiendo un punto de vista a favor o en contra del AVE

Sois miembros del Ayuntamiento de Barcelona. El grupo A está a favor del cese inmediato de las obras del AVE cerca de la Sagrada Familia y defiende su protección. El grupo B está en contra.

→ *A: La decisión que fue tomada de… pone en peligro… La Sagrada Familia se convirtió en… Exigimos…*
→ *B: Las obras se iniciaron sin… Estamos a favor de…*

→ *Fichier de l'élève, p. 6*

B1 2030 Nuestras ciudades, nuestro futuro

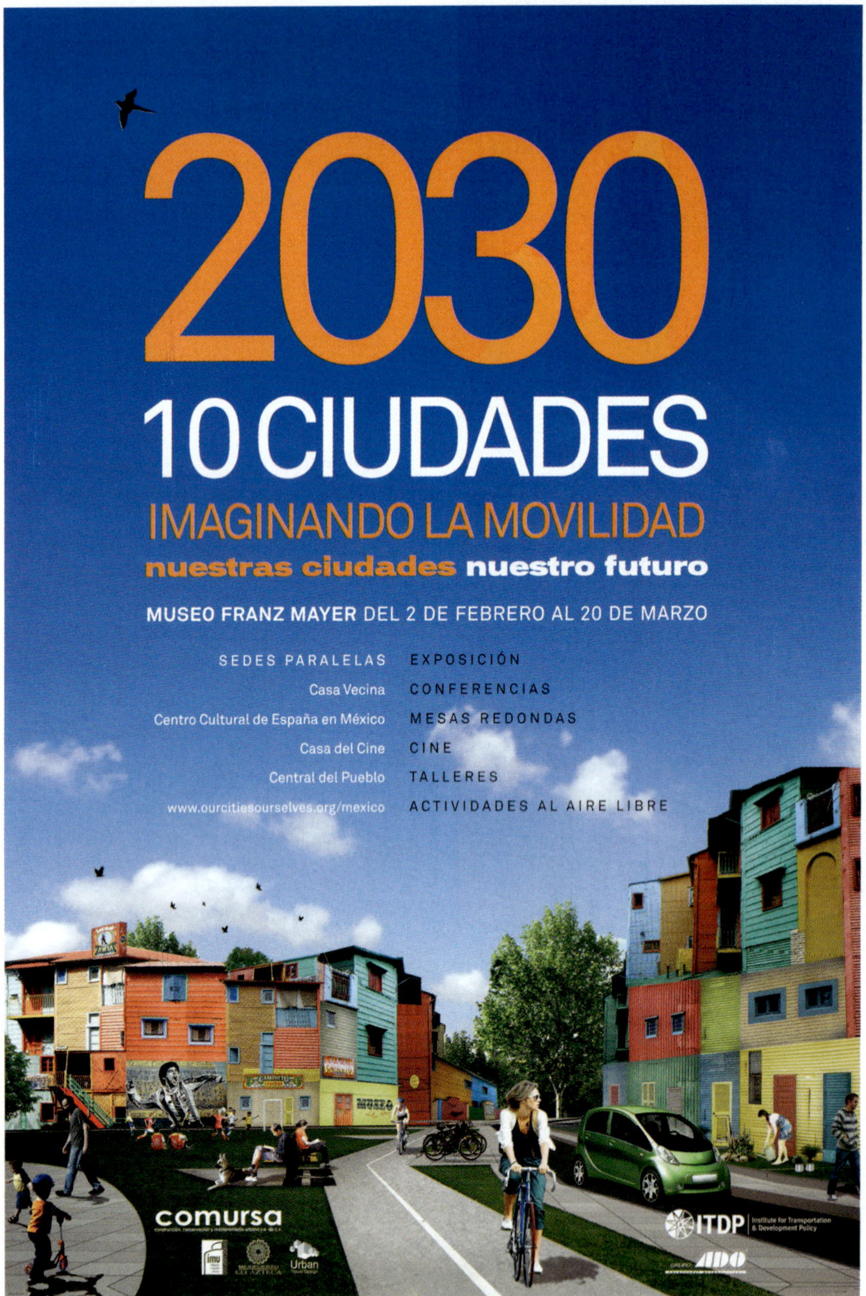

Cartel de la exposición "2030" en Buenos Aires. Calle Garibaldi, barrio de la Boca.

Datos culturales

La Boca es un famoso barrio popular de Buenos Aires. Se caracteriza por sus casas de colores vivos y sus calles animadas. Es una de las zonas más visitadas por los turistas.

RECURSOS

Sustantivos
- un ambiente distendido
- un carril bici: *une piste cyclable*
- el césped: *le gazon, la pelouse*
- la convivencia: *la cohabitation*
- el medio ambiente: *l'environnement*

Adjetivos
- colorido(a)
- contaminante: *polluant(e)*
- placentero(a) = agradable
- sustentable (amer.) = sostenible: *durable*

Verbos y expresiones
- convivir en armonía
- mejorar: *améliorer*

MIRA Y EXPRÉSATE

1. Indica y sitúa los elementos que componen este cartel: título, informaciones, ilustración.
2. Fijándote en los datos culturales, sitúa y describe los diferentes elementos que componen el montaje fotográfico (edificios, personas, vegetación, medios de transporte, elementos típicos...).
3. Valora el ambiente que se desprende del conjunto. Es como si...
4. ¿En qué medida constituye el desarrollo de transportes sostenibles un progreso para la ciudad?

En la City de Buenos Aires

Caminando por la City, Lascano tiene una sensación de extrañamiento, como si la ciudad ya no le perteneciera, como si se hubiese apropiado de ella un gentío[1] de trajes sin cabeza. Los invasores tienen alrededor de treinta años, combinan trajes oscuros con corbatas chillonas. Miran sólo al frente, hablan únicamente entre ellos, tienen cables incrustados en los oídos […] ¿Quién es toda esta gente, de dónde salieron todos juntos, qué les pasó? Salen de y entran en enormes edificios de cristal, todos están apurados[2]. Son insolentes, hablan a los gritos y se llaman boludo[3] unos a otros. Mientras camina por 25 de Mayo[4] hacia el corazón de los negocios de la ciudad, la masa de boludos se hace más densa, más compacta. Controla la dirección que anotó en un papelito, es una de esas moles[5] de vidrio. En la entrada hay dos morochos lustrosos[6] embutidos en unos disfraces[7] de sheriff con la estrellita y todo. Antes de los ascensores hay una serie de molinetes[8] custodiados por uno de los cowboys. Lascano observa que todos los que entran lo hacen habilitando el paso con una tarjeta que llevan colgando de la cintura.

Ernesto MALLO (escritor argentino), *Delincuente argentino*, 2007

1. multitud
2. *pressés*
3. estúpido (argentinismo fam.)
4. calle famosa del barrio de la City
5. masas
6. *(fam.) types bruns et costauds*
7. *boudinés dans leurs déguisements*
8. *tourniquets*

LEE Y EXPRÉSATE

1. Aclara lo que es la City de Buenos Aires.
2. Apunta elementos que caracterizan a la gente en la City.
3. Precisa adónde tiene que ir Lascano. ¿Qué y a quién ve cuando llega?
4. Explica la sensación que tiene Lascano. A Lascano le… como si…

RECURSOS

Sustantivos
- la alienación
- una cita: *un rendez-vous*
- un edificio: *un bâtiment*
- los guardias de seguridad
- hombres de negocios: *des hommes d'affaires*

Adjetivos
- absurdo(a)
- deshumanizado(a)
- irracional

Verbos y expresiones
- comparar con: *comparer à*
- me extraña: *je trouve étrange*
- vigilar: *surveiller*

Gramática activa

Como si + imparfait ou plus-que-parfait du subjonctif

→ Précis 26.D

Observa

▸ *Tiene una sensación* ***como si*** *la ciudad* ***ya no le perteneciera****.*

▸ ***Como si se hubiese apropiado*** *de ella.*

● Après ***como si***, l'espagnol emploie toujours l'imparfait ou le plus-que-parfait du subjonctif, quel que soit le temps employé dans la proposition principale.

● Pour rappel :

- Il existe deux formes de subjonctif imparfait: une en ***-ra***, une en ***-se***.
- L'imparfait du subjonctif se forme à partir de la troisième personne du pluriel du passé simple.
- Pour les verbes en ***-ar***:
-ara, -aras, -ara, -áramos, -arais, -aran
-ase, ases, ase, ásemos, aseis, asen
- Pour les verbes en ***-er*** et ***-ir***:
-iera, -ieras, -iera, -iéramos, -ierais, -ieran
-iese, -ieses, -iese, -iésemos, -ieseis, -iesen

Practica

Conjugue les verbes.

a. Los chicos hablan únicamente entre ellos como si no … (ver) a los otros.
b. Se entraba en el edificio con una tarjeta como si … (haber) un secreto que se quisiera preservar.

→ Autre exercice p. 28

¡Y ahora tú!

Redacto una nota de promoción

Tu ciudad organiza una exposición para promocionar medios de transporte sostenibles. El ayuntamiento lanza un concurso de redacción del título de la expo en el que participas. Redacta tu propuesta con una breve nota de promoción utilizando "como si" + *imparfait du subj.*

→ *Fichier de l'élève, p. 7*

B1 Viviendo en Ciudad de México

Tráfico en la plaza del Zócalo, Ciudad de México

1 Observa la fotografía

a. Di dónde fue sacada la fotografía. ¿Cómo vemos que es una plaza importante?

2 Escucha e identifica

b. El documento es... Trata de... He oído las voces de...

c. Identifica el campo léxico del tráfico y de la vida de la ciudad.

3 Profundiza

d. Cita el nombre de grandes metrópolis y di por qué es difícil desplazarse por esas ciudades.

e. Explica por qué históricamente el centro de Ciudad de México es el corazón del país.

f. Enumera las ventajas y los inconvenientes de vivir en el centro de esta metrópoli.

g. Di qué medidas está tomando el gobierno para mejorar la vida en la ciudad.

Horizonte BAC

Resume en francés

Redacta en francés todo lo que has entendido de la grabación.

→ *Fichier de l'élève p. 5*

RECURSOS

Sustantivos
- el ajetreo = el bullicio: *l'agitation (de la ville)*
- un atasco: *un embouteillage*
- un peatón
- la sede: *le siège (des entreprises)*
- el tráfico: *la circulation*

Adjetivos
- animado(a): *animé(e)*
- concurrido(a): *fréquenté(e), passant(e)*

Verbos y expresiones
- evitar
- ir de tiendas: *faire les magasins*
- trasladarse = desplazarse
- visitar

Fonética

a. **Escucha las palabras y di cómo se pronuncian la "c" seguida de la "e" o de la "i" y la "z" en México.**

b. **Repite estas palabras con acento español.**

México desde arriba

Tuve un vecino que era piloto de aviones y helicópteros a quien acompañé en uno de sus vuelos.

Desde arriba, la ciudad está claramente dividida en dos colores: el verde y el gris. El poniente, desde siempre dominado por los ricos, está lleno de bosques. El oriente, de casas de cemento, migajón y lámina[1]. Las casas de los ricos remedan[2] castillos medievales en versión Walt Disney, se alargan sobre los cerros boscosos[3], ostentan lagos artificiales con patos, cisnes y pavorreales, cuentan con capillas[4] particulares para darle gracias al Dios de la abundancia transgeneracional. Los pobres se apilan en los cerros de enfrente, hechos de arena y lodos que se desprenden[5] cuando llueve.

Desde el aire la ciudad se vislumbra como un escenario de un enfrentamiento entre pobres y ricos divididos por avenidas y bardas[6] para no verse unos a otros. No existen puentes entre unos y otros. Los pobres llegan a sus casas a pie, subiendo las escaleras que le han ido construyendo al cerro de arena. Los ricos acceden a sus mansiones[7] por túneles secretos en los que hay que mostrar contraseñas[8] a la policía privada. Según los ricos, ellos viven en una ciudad interior con vista a cientos de pinos. Según los pobres, ellos viven en riesgo total pero sobreviven gracias a la suerte.

Fabrizio MEJÍA MADRID (escritor mexicano), *Hombre al agua*, 2004

1. *ciment, matériel de récupération et planches*
2. imitan
3. *les collines boisées*
4. *des chapelles*
5. *boues qui s'écoulent*
6. *murs de clôtures*
7. *leurs demeures*
8. *(ici) badges*

Lee y exprésate

1. Di dónde está el narrador y qué está observando.
2. Apunta los sustantivos y adjetivos relativos a la descripción de los dos barrios precisando la impresión, el ambiente que crean. (l. 3-10)
3. Explica qué le llama la atención al narrador. (l. 11-18)
4. Di en qué medida la construcción urbana evidencia una separación de la población. Argumenta tu respuesta apoyándote en el último párrafo.

Recursos

Sustantivos
- el barrio: *le quartier*
- la carretera: *la route*
- el ordenamiento urbano: *l'aménagement urbain*
- el suburbio: *la banlieue*

Adjetivos
- encerrado(a)
- maravilloso(a)
- protegido(a)

Verbos y expresiones
- de ensueño: *de rêve*
- carecer de: *manquer de*
- disponer de
- estar expuesto(a) a
- mezclarse: *se mélanger*
- mientras que: *alors que*

Gramática activa

Le gérondif → Précis 23

Observa

▶ *Los pobres llegan a sus casas a pie, sub**iendo** las escaleras que le han ido constru**yendo** al cerro de arena.*

▶ *Viv**iendo** en México.*

- **Formation**

- pour les verbes en ***-ar***: radical + ***-ando***
- pour les verbes en ***-er*** et ***-ir***: radical + ***-iendo***

Le ***i*** de ***-iendo*** se change en ***-y*** lorsqu'il se trouve entre deux voyelles, c'est-à-dire lorsque le radical du verbe se termine par une voyelle.

- Le gérondif a souvent un caractère explicatif lorsqu'il se rapporte au sujet. Il permet de compléter et d'expliquer l'action principale énoncée par le verbe conjugué.

Practica

Emploie le gérondif.

a. Los ricos, ... (darse) cuenta de las grandes desigualdades, vivían en zonas protegidas.

b. Los pobres acceden a sus casas ... (andar).

→ Autre exercice p. 28

¡Y ahora tú!

Me indigno ante las condiciones de vida en los suburbios

Escribes al director de un periódico indignándote frente a las condiciones de vida de los ciudadanos pobres en los suburbios.

→ *Me indigna ver cómo está viviendo una gran parte de los ciudadanos...*

→ *Estoy harto(a) de que los pobres estén careciendo de...*

→ *Fichier de l'élève, p. 7*

B1 No me gustó Santiago de Chile

La protagonista, Maya Vidal, es una joven de Chiloé que acompañó a Manuel a Santiago para una operación.

Santiago tiene seis millones de habitantes y sigue creciendo hacia arriba en un delirio de torres en construcción. Es una ciudad rodeada de cerros[1] y altas montañas coronadas de nieve, limpia, próspera, apurada, con parques bien mantenidos. El tráfico es agresivo, porque los chilenos, tan amables en apariencia, descargan sus frustraciones al volante. Entre los vehículos pululan vendedores de fruta, antenas de televisión, pastillas de menta y cuanto cachivache existe[2] y en cada semáforo hay saltimbanquis dando saltos mortales de circo por una limosna[3]. Nos tocaron días buenos, aunque a veces la contaminación impedía ver el color del cielo.

Una semana después de la intervención regresamos con Manuel a Chiloé, donde nos esperaban los animales. Volvimos antes de que el doctor Puga diera de alta[4] a Manuel, porque no quiso convalecer el mes completo en casa de la hermana de Blanca en Santiago, donde estábamos molestando, como dijo. Nos acogieron con cariño y todos, incluso los hijos adolescentes, se pusieron a disposición de Manuel para acompañarlo a los exámenes y cuidarlo.

Compartí la pieza con Blanca y pude apreciar cómo viven los ricos en sus comunidades enrejadas[5], con servicio doméstico, jardineros, piscina, perros finos y tres automóviles. Nos traían el desayuno a la cama, nos preparaban el baño con sales aromáticas y hasta me plancharon los *bluyines*[6]. Nunca había visto nada parecido y me gustó bastante; yo me acostumbraría muy rápido a la riqueza. "No son realmente ricos, Maya, no tienen avión", se burló Manuel cuando se lo comenté. [...]

En Santiago me sentí agobiada[7] por la contaminación, el tráfico y el trato impersonal de la gente. En Chiloé se sabe cuando alguien es de afuera porque no saluda en la calle, en Santiago quien saluda en la calle resulta sospechoso. En el ascensor de la Clínica Alemana yo saludaba como una estúpida y las otras personas miraban fijamente la pared, para no tener que contestarme. No me gustó Santiago y no veía las horas de volver a nuestra isla, donde la vida fluye como un río manso, hay aire puro, silencio y tiempo para terminar los pensamientos.

Isabel ALLENDE (escritora chilena),
El cuaderno de Maya, 2011

Isabel ALLENDE nació en 1942. Tras el golpe de Estado de Pinochet en 1973, abandonó Chile. Sus novelas como *La casa de los espíritus* (1982) o *Los cuentos de Eva Luna* (2003) conocen un éxito internacional.

1. colinas
2. *toute sorte de babioles*
3. *aumône, pièce*
4. *laisse sortir de l'hôpital*
5. *résidences protégées par des grilles*
6. *on repassa même mes jeans*
7. *accablée*

Viajeros en una estación de autobuses en Santiago de Chile

Comprensión escrita guiada

Antes de leer

1 Observa la foto.
a. Di qué representa.
b. ¿Qué se puede deducir sobre Santiago de Chile?

Lee

2 Identifica a los protagonistas. Después aclara dónde están y de dónde vienen.

3 Busca en el texto las palabras o expresiones equivalentes a:
a. abundar b. recibir c. ocuparse

4 Presenta la capital de Chile (población, ubicación geográfica).

5 Di si las afirmaciones siguientes son verdaderas o falsas. Justifica citando el texto.
a. La expansión urbana de Santiago es increíble.
b. Los chilenos son amables cuando van conduciendo.
c. Las calles están muy animadas.
d. El aire de Santiago es limpio y puro.

Profundiza

6 Completa las frases.
a. El tráfico en Santiago no es fluido puesto que…
b. Manuel tiene que desplazarse hasta Santiago para… porque en…

7 Elige las respuestas correctas y justifícalas con elementos del texto:
a. En la población de Santiago hay: ciudadanos adinerados – habitantes pobres – desigualdades sociales.
b. Los barrios acomodados: están cerca de parques – están rodeados de rejas– tienen un aeropuerto privado.
c. Los desfavorecidos: trabajan por una limosna – llevan bluyines – son sospechosos.

8 Apoyándote en el tercer párrafo, describe cómo viven los ricos en Santiago y define las reacciones de Maya frente a las comodidades.

9 Apoyándote en el cuarto párrafo di por qué Maya está contrariada en la clínica y en Santiago.

Resume y exprésate

10 Di qué calificativos definen a Maya o a Manuel y justifica con elementos del texto:
razonable – soñador(a) – bromista – impaciente – bien educado(a)

11 Compara Santiago con Chiloé en tres frases y determina la preferencia de Maya.

Expresión escrita guiada

Transformo un texto narrativo en diálogo
Maya visita a Manuel en la clínica y le cuenta su estancia en Santiago. Imagina un diálogo entre ellos basándote en el texto.

12 Maya empieza saludándole brevemente y le cuenta primero lo que le llama la atención en Santiago.
–Hola, Manuel…
–… ¿diste una vuelta por la capital?
–Claro y no te puedes imaginar lo impresionante que… ¿Sabes que a veces hay tanta… que…?

13 La curiosidad de Manuel les hace hablar de las comodidades que descubre Maya en la casa donde está alojada.
–Supongo que te han acogido bien.
–Por supuesto Manuel, es increíble cómo viven aquí los ricos…

14 Maya le explica a Manuel lo que no le gusta y dónde prefiere vivir.
–Oye, aquí la gente es maleducada, me siento estúpida cuando…

15 Terminan despidiéndose.
–¡Tienes que seguir descansando ahora, Manuel! Vuelvo…

Gramática activa

La forme progressive

→ Précis 30.A

Observa
- ***Estábamos molestando.***
- *Santiago **sigue creciendo**.*

• Pour rendre la notion de durée, l'espagnol emploie la forme progressive avec notamment les verbes *estar*, *ir* ou *seguir* + gérondif.
Seguir + gérondif rend tout particulièrement l'aspect de continuité.

• D'autres verbes de mouvement peuvent être choisis pour le côté dynamique qu'ils véhiculent : ***andar*** + gérondif ou encore ***venir*** + gérondif.

Practica

Imite l'exemple.
Preparaban el baño. → *Estaban preparando el baño.*
a. Nosotros compartíamos la casa con los propietarios.
b. El tráfico se hacía agresivo.

→ Autre exercice p. 28

Recursos

Sustantivos
- el atasco: *l'embouteillage*
- la contaminación: *la pollution*
- el lujo
- la muchedumbre: *la foule*

Adjetivos
- asustado(a): *effrayé(e)*
- atónito(a) = sorprendido(a)
- encantado(a)
- maleducado(a): *malpoli(e)*

Verbos y expresiones
- acoger: *accueillir*
- agobiar: *oppresser*
- curarse: *se soigner*

Talleres de comunicación

Taller de comprensión oral

Canción de Amparanoia: *En la ciudad*

Objectif B1 : comprendre une chanson décrivant une ville.

: le lexique de la ville, le présent de l'indicatif, la forme négative, *ser*.

1. Primera escucha completa

a. Di qué tipo de canción es (estilo, ritmo, instrumentos) y lo que evoca.

2. Segunda escucha (Primera parte de la canción)

b. Fíjate en las palabras que acompañan a "mucho" y "poco". ¿Qué problema subrayan?

c. Di cómo es la gente que vive en la ciudad.

d. ¿Qué problemas de la vida moderna denuncia la canción?

3. Tercera escucha (Segunda parte de la canción)

e. Muestra que la ciudad es poco acogedora con los inmigrantes ilegales.

f. Apunta los sentimientos que predominan en la ciudad. Explica por qué.

g. Al final la cantante nos invita a reflexionar sobre...

Indígena vendiendo fruta en las calles de Quito (Ecuador)

RECURSOS

Sustantivos
- el atasco: *l'embouteillage*
- el derroche: *le gaspillage*
- las desigualdades: *les inégalités*
- el saldo: *(ici)* el dinero

Verbos y expresiones
- aprovecharse de: *profiter de, exploiter*
- atropellar: *écraser, renverser*
- enriquecerse ≠ empobrecerse

Taller de expresión oral

Desigualdades en la ciudad

Objectif B1 : décrire et expliquer un dessin humoristique montrant les contrastes urbains.

: le lexique de la ville, de la situation dans l'espace, la forme progressive.

Temps de parole: 2 ou 3 minutes.

Describe y explica el dibujo.

a. Describe a los personajes y el lugar por donde caminan.

b. Precisa el tema de su conversación.

c. Fíjate en la actitud del personaje de la derecha. Descríbela y explícala.

d. ¿Qué quiere denunciar el dibujante?

Desigualdades en la ciudad

RECURSOS

Sustantivos
- las chabolas: *les bidonvilles*
- condiciones de vida infrahumanas: *des conditions de vie inhumaines*
- la modernidad
- los rascacielos: *les gratte-ciel*
- la riqueza ≠ la pobreza

Adjetivos
- miserable
- pobre
- sucio(a): *sale*

TALLER DE INTERNET

TICE

Presentar el proyecto Madrid Río

Conéctate a: http://www.madrid.es/
Haz clic en *Ayuntamiento*, luego en *Urbanismo e Infraestructuras* y por fin en *Madrid Río*.

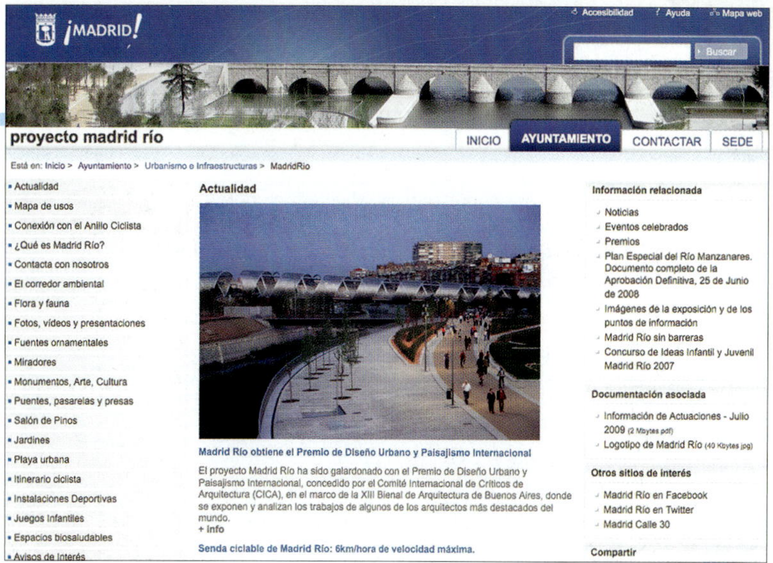

1. Busca información

a. Haz clic en *¿Qué es Madrid Río?* Explica en qué ha consistido el proyecto y qué actividades propone actualmente.
b. Pincha en el enlace *Flora y Fauna* y di por qué Madrid Río es un proyecto ecológico.
c. Haz clic en *Monumentos, Arte, Cultura* y muestra cómo el proyecto mezcla historia, arte y cultura.
d. Pincha en el enlace *Instalaciones deportivas* y cita todos los deportes que se pueden practicar.

2. Redacta y exprésate

e. Abre tu procesador de textos y toma notas para preparar tus respuestas. Puedes ilustrar tu trabajo con fotos si haces clic en *Fotos, vídeos y presentaciones*.
f. Presenta oralmente el trabajo a tu clase.

RECURSOS

Sustantivos
- un ave: *un oiseau*
- un eje: *un axe*
- el matadero: *l'abattoir*
- la M-30: *la rocade, le périphérique de Madrid*
- un polideportivo: *une salle omnisports*
- una presa: *(ici) un barrage*
- el soterramiento: *l'enfouissement*

Verbos y expresiones
- convertirse (ie, i) en: *se transformer en, devenir*
- recorrer: *parcourir*

TALLER DE VÍDEO

DVD
Desarrollo urbano sustentable en México

Vivir en una megalópolis

1. Fíjate

a. Describe los diferentes elementos urbanísticos que conforman esta ciudad.

2. Mira y escucha

b. Di si el crecimiento de México ha sido : ¿moderno – desordenado – razonable – sostenible? Justifica con elementos sonoros y/o visuales.
c. Di con qué ciudad se compara a México explicando por qué.
d. Cita y comenta los grandes problemas provocados por la expansión de Ciudad de México.

3. Exprésate

e. Aclara dónde tienen que vivir muchos habitantes de Ciudad de México. Comenta las causas y las consecuencias.
f. ¿Te parece que la vida en una gran megalópolis como México tiene ventajas o inconvenientes? ¿Cómo calificarías la calidad de vida?
g. Di cómo se podría construir la ciudad sostenible del futuro a partir del ejemplo de Ciudad de México.

Vista aérea de Ciudad de México

RECURSOS

Sustantivos
- un chalé: *une villa*
- una ciudad dormitorio: *une ville dortoir*
- el ordenamiento urbano: *l'aménagement urbain*
- una urbanización: *un lotissement*
- zonas ajardinadas

Adjetivos
- cansado(a): *fatigant*
- desmedido(a): *démesuré(e)*
- sustentable (Am.) = sostenible: *durable*

Verbos y expresiones
- mejorar ≠ empeorar
- pasar a ser = convertirse (ie, i) en: *devenir*

Panorama

Grandes ciudades y sostenibilidad

A

La megalópolis del gran Buenos Aires en Argentina

Para saber más: https://sites.google.com/espaciosurbanos340/métropolis-megaciudades-y-megalopolis

Megalópolis, megaciudades

Las megalópolis –ciudades habitadas por más de diez millones de personas– suelen ser ciudades grandes que se amplían con ciudades satélites. La ciudad-región de México, junto con las zonas metropolitanas, cuenta con más de 25 millones de habitantes; el gran Buenos Aires junto con el gran La Plata forma una megaciudad que supera los 20 millones de habitantes; y en Venezuela, la megápolis formada por las ciudades de la cordillera de la costa reúne el 50% de la población total del país con más de 14 millones de habitantes.

En estas megalópolis se concentran los poderes políticos, económicos y sociales.
También algunas ciudades grandes pasan a ser megaciudades que sufren problemas de contaminación, de agua y todos los problemas de las grandes urbes. Para esas grandes ciudades no resulta sencillo conformarse con una economía sostenible que respete la mejora del entorno económico como la competitividad y la sostenibilidad medioambiental.

B

Contaminación y falta de agua en Ciudad de México

El coche es uno de los principales problemas en Ciudad de México. Hace ya años que la ciudad respira uno de los aires más contaminados del planeta. Y hace también dos décadas que se implantó el discutido programa Hoy No Circula, que obliga a los coches a descansar un día a la semana, o dos, si los indicadores de la contaminación aumentan, empleando como referencia los números en los que terminan las matrículas de los coches. La corrupción, que hace posible la obtención de pegatinas[1] que falsean esas placas por precios módicos, suprime este sistema para reducir la contaminación atmosférica.

Pero al problema de la polución se añade el de la falta de agua. Desaparecidos los lagos históricos, la ciudad que se ubica en un llano y cuenta con numerosas industrias y una ingente población, no posee fuentes propias. México DF es hoy una megalópolis que vive desbordada por su propio crecimiento y congrega un cúmulo de problemas.

1. *auto-collants*

Atascos y contaminación en Ciudad de México

Para saber más: www.explorandomexico.com.mx/about-mexico/8/297/

C

Servicio de préstamo municipal de bicis en Barcelona

Transportes sostenibles en las grandes ciudades

Cada vez más se buscan soluciones para mejorar la calidad de vida de los ciudadanos. Por eso las ciudades privilegian el tranvía y proponen servicios de préstamo municipal de bicis con redes de carriles específicos que están protegidos de los coches.

Sevilla es un ejemplo de este esfuerzo: en tres años, los desplazamientos en bicicleta han pasado del 0,5% al 6,6% gracias a una red principal de carriles[1] específicos de 80 kilómetros y a una ordenanza municipal comprometida. En México, otro lugar que cuenta también con el servicio de préstamo de bicis, los concejales se echan a la calle de vez en cuando para pedalear. En España artistas como Cristina Rosenvinge o Belén Moneo, usuarias habituales de la bicicleta, contribuyen a hacerla más popular.

La bici es sostenible, humaniza las ciudades, combate el sedentarismo y proporciona una grata sensación de libertad.

1. *pistes cyclables*

Para saber más: www.sevilla.org/sevillaenbici/plandirector/06-PlanBiciSevilla.pdf

D

Urbanización sostenible

Aparecen también proyectos urbanísticos con el propósito de imaginar la ciudad sostenible del futuro.
Es innegable que las zonas urbanas representan amenazas potenciales para el desarrollo sostenible. Ahora bien, mediante unos procesos de decisión responsables, las ciudades también pueden convertirse en fuentes de oportunidades de progreso social y económico y mejora ambiental en los planos local, nacional y mundial. Por ejemplo, se piensa hoy día que las ciudades no deben seguir creciendo desorbitadamente y que son más sostenibles los pueblos más pequeños.
Para esta ciudad sostenible está emergiendo el concepto de "edificio inteligente" capaz, por ejemplo, de saber si hay gente en una habitación para apagar la luz o saber cuántas personas están en una sala pública para regular automáticamente la temperatura.

Edificio de bajo consumo en un barrio de Móstoles (Madrid)

Para saber más: http://www.unesco.org/new/es/education/

¿A ver si lo sabes?

1. Define simplemente lo que es una megalópolis y una megaciudad. Cita algunos de los problemas que conocen. **(A)**
2. Explica por qué Ciudad de México es una de las ciudades que más problemas de contaminación y agua conoce. **(B)**
3. Enumera las ventajas de la bici y cita una ciudad española ejemplar. **(C)**
4. Precisa en qué puede convertirse la ciudad del futuro. **(D)**

Lengua activa

Le passé composé

➜ *Gramática activa* p. 13, Précis 18.C

1 Conjugue les verbes au passé composé.

a. Nosotros … (acompañar) a nuestro amigo.

b. El empresario … (proteger) los puestos de trabajo.

c. Desde el mes pasado, … (haber) muchos problemas.

d. Vosotros … (participar) en algo muy importante.

e. Esta ciudad … (volverse) una ciudad muy atractiva.

f. Me parece que … (ver) la mayor metrópoli del mundo.

Les verbes à diphtongue

➜ *Gramática activa* p. 15, Précis 25.B

2 Conjugue ces verbes à diphtongue au présent de l'indicatif ou du subjonctif.

a. Los políticos … (poder) cambiar las cosas si … (querer).

b. Cada mañana, los obreros … (volver) al trabajo.

c. Tú no … (contar) con muchos apoyos.

d. Esta publicidad … (promover) los transportes sostenibles.

e. Es posible que yo no … (poder) irme de este barrio.

f. Los madrileños no … (querer) que las viviendas … (costar) mucho dinero.

Les temps du passé

➜ *Gramática activa* p. 17, Précis 18.C-F

3 Conjugue les verbes à l'imparfait de l'indicatif.

a. La gente … (salir) y … (entrar).

b. En el edificio … (haber) muchos empleados que … (ir) y … (venir).

c. Nosotras … (recordar) nuestro barrio donde … (vivir) cuando … (ser) jóvenes.

d. Antes vosotros … (tener) que subir las escaleras.

e. Tú … (ver) lo que los otros no … (poder) ver.

f. Los turistas … (visitar) la ciudad que … (contar) con muchos monumentos.

4 Conjugue les verbes au passé simple.

a. Los campesinos … (abandonar) el pueblo y … (instalarse) en las afueras de las grandes ciudades.

b. Aquel periodo … (ser) muy difícil.

c. Nosotros … (querer) comprender aquellos cambios.

d. Los políticos … (estar) muy contentos y … (celebrar) el acontecimiento.

e. Tú no … (aceptar) esa decisión y lo … (decir).

f. En otros tiempos … (construirse) muchas viviendas.

5 Conjugue les verbes à l'imparfait ou au passé simple en respectant la concordance des temps.

a. Cuando el hombre … (hablar), los otros … (dejar) de hablar.

b. Los inmigrantes que no … (tener) un techo, … (acudir) a la Casa de Caridad.

c. Se … (decidir) la creación del parque aunque los vecinos no … (estar) de acuerdo.

d. Vosotros … (evocar) en una frase lo que … (simbolizar) la ciudad para los turistas.

e. Yo … (ver) el AVE por primera vez cuando … (irme) a Madrid.

f. Hacía varios años que el monumento … (estar) en peligro de desplomarse cuando se … (anunciar) la consolidación.

Como si + imparfait ou plus-que-parfait du subjonctif

➜ *Gramática activa* p. 19, Précis 26.D

6 Conjugue les verbes au temps qui convient.

a. Los campesinos abandonan el pueblo como si la ciudad … (ser) un paraíso.

b. Hay cada vez más viviendas como si … (multiplicarse).

c. Tú hablas como si … (ser) un hombre político.

d. Los hombres comen como si … (morirse) de hambre.

e. Se consolida el monumento como si … (poder) desplomarse.

f. Volvíamos a casa como si … (volver) al paraíso.

Le gérondif

➜ *Gramática activa* p. 21, Précis 23

7 Mets les verbes au gérondif.

a. …(Abandonar) el campo, los campesinos pensaban encontrar mejores condiciones.

b. Los inmigrantes viven … (soñar) con volver a su país.

c. Los empresarios celebraban su acuerdo … (beber) champán.

d. Yo me paseaba por el parque … (respirar) aire puro.

e. Nos pasamos el día … (visitar) monumentos.

f. Las chicas trabajan … (escuchar) música.

La forme progressive

➜ *Gramática activa* p. 23, Précis 30.A

8 Remplace les verbes par *estar*, *ir* ou *seguir* + gérondif.

a. La gente pasea por los parques de la ciudad.

b. ¿Qué celebras?

c. Nosotros nos hacemos a esta idea.

d. Los trenes circulaban a gran velocidad.

e. Me contó la historia sin olvidar nada.

f. Después de miles de campesinos, otros abandonaron el campo.

Léxico

Fichier de l'élève p. 7

Con las palabras siguientes:

1. **Da argumentos que expliquen el éxodo rural. (columna I)**
2. **Di cómo se organiza la ciudad y lo que ofrece. (columna II)**
3. **Explica por qué la ciudad es un lugar atractivo. (columna III)**
4. **Precisa por qué hay más trabajo en las ciudades que en el campo. (columna IV)**
5. **Di en qué la ciudad se va adaptando a la protección del entorno. (columna V)**

I - DEL CAMPO...
los campesinos
condiciones de vida difíciles
el éxodo rural
pocos ocios
aislado(a)
abandonar el campo
emigrar
marcharse

II - ... A LA CIUDAD
las afueras
la aglomeración urbana
los barrios
las chabolas
la megalópolis
la vida cultural
encontrar (ue) trabajo
ofrecer oportunidades

III - OCIOS EN LA CIUDAD
el cine
animado(a)
concurrido(a)
acceder a museos
ir de tiendas
pasearse
practicar deporte
visitar monumentos

IV - TRABAJAR EN LA CIUDAD
el/la empleado(a)
las empresas
el/la empresario(a)
la jornada laboral
el/la obrero(a)
los puestos de trabajo
los servicios
trabajar en la construcción

V - TRANSPORTES PÚBLICOS
carriles específicos
servicios de préstamo de bicis
transportes sostenibles
el tranvía
evitar atascos
mejorar la calidad de vida
reducir la contaminación
usar transportes públicos

Plaza de Cibeles en Madrid

Proyecto final

Presentad un proyecto urbano para mejorar la calidad de vida en un barrio.

El municipio de una megalópolis latinoamericana lanza un concurso para mejorar la calidad de vida en un barrio desfavorecido en el que hubo problemas durante años.

→ Seleccionad una megalópolis latinoamericana.

→ Entre todos, haced una lista de los problemas que encontró el barrio durante años (éxodo rural, alojamiento en malas condiciones, transporte público insuficiente, contaminación, etc.).

→ Formad grupos para cada problema y redactad brevemente una explicación de cómo ocurrió y la solución que imagináis.

→ Cada grupo presenta su trabajo oralmente. Primero denuncia el problema y luego expone su solución y la defiende para que las cosas no sigan empeorando.

Evaluación

→ Fichier de l'élève, p. 8

Comprensión oral

Una exposición para el futuro

→ **Objectif B1** : comprendre des idées pour améliorer la vie dans les villes de demain.

Escucha la grabación y contesta las preguntas.

A2
- **a.** Di quién es el entrevistado y cuál es el título de la exposición.

B1
- **b.** Precisa cuál es la idea del proyecto.
- **c.** ¿Qué necesitamos para las ciudades del futuro?
- **d.** Di qué errores ha cometido la ciudad de México.
- **e.** Completa la frase: "Las ciudades del futuro van a ser ciudades donde … va a tener que ver con que la gente … de mucha mayor calidad".

apostar (ue): *parier, miser sur*

La ciudad del futuro

Comprensión escrita

Barcelona: barrios que cambian, barrios que no...

→ **Objectif B1** : comprendre un texte sur l'évolution de différents quartiers d'une grande ville.

Hacía tiempo que no pisaba esa parte de la ciudad, y al verla de nuevo se asombró al comprobar lo poco que había cambiado. Más o menos todos los barrios de Barcelona habían cambiado en los últimos años, pero era obvio que la zona alta permanecía inmune a[1] la mayoría de ellos. Ni turistas en masa, ni inmigrantes, excepto las que trabajaban limpiando en casas de la zona. Se preguntó si lo mismo sucedía en otras ciudades: la existencia de zonas impermeables, reductos que se protegían de los aires nuevos, no de forma hostil pero sí efectiva. El metro no llegaba a la parte alta de la ciudad, sus habitantes tomaban los ferrocarriles[2], lo que para ellos era algo distinto. Sonrió al recordar lo horrorizados que se habían quedado sus padres cuando su única hija abandonó el tranquilo barrio de Sarrià[3], y se fue a vivir con un argentino, con un sudaca[4], primero a Gràcia[3] y luego, horror, ahí abajo, cerca del mar. Por mucho que hubieran cambiado[5] tras las olimpiadas, las playas de Barcelona y sus alrededores seguían siendo destinos de cuarta fila para ellos. […] Caminaba despacio, bajando por Muntaner[6], hacia el centro de esa ciudad que había sido su hogar durante tantos años. Era un paseo largo, pero le apetecía andar un poco, retrasar la llegada a su piso vacío.

Toni HILL (escritor español), *El verano de los juguetes muertos*, 2011

Lee el texto y contesta.

A2
- **a.** Apunta dos elementos que indican dónde se encuentra el protagonista.
- **b.** Di qué diferencias existen entre esta zona y las demás.

B1
- **c.** Precisa la categoría social de los habitantes de este barrio. Justifica tu respuesta.
- **d.** Di cómo se llama la calle por la que pasa el protagonista al final y explica por qué toma un camino tan largo.

1. *(ici) restait à l'abri de*
2. *(ici) trains de banlieue*
3. barrios de Barcelona
4. *(pej.)* un latino
5. *Elles avaient beau avoir changé*
6. calle del barrio del Ensanche

EXPRESIÓN ORAL

Del campo a la ciudad

→ **Objectif B1** : décrire et commenter une affiche de sensibilisation au problème de l'exode rural.

Temps de parole : 3 à 5 minutes

Mira y exprésate

A2
1. Describe brevemente este cartel fijándote en los elementos que lo componen.
2. Explica por qué está tan triste la vaca. ¿Qué ha pasado?

B1
3. Imagina los motivos por los que los jóvenes han abandonado su pueblo.
4. Define el objetivo de este cartel.

Cartel del INTA: Instituto de Tecnología Agropecuaria (Argentina)

INTERACCIÓN ORAL

Ciudad o periferia, ¿a favor o en contra?

→ **Objectif B1** : opposer la vie en pleine nature à la vie au cœur de la ville.

Temps de parole : 3 à 5 minutes

En binôme

Debates con un(a) compañero(a) tuyo(a) que está a punto de marcharse del centro de la ciudad. Imaginad la conversación.

B1
Alumno A: Eres partidario(a) de vivir en una zona residencial alejada del centro de la ciudad pero, con todas las comodidades de la vida moderna.
Alumno B: Defiendes la idea de que es mucho mejor vivir dentro de la ciudad, con zonas verdes y poca contaminación.

EXPRESIÓN ESCRITA

Grandes urbes fascinantes

→ **Objectif B1** : rédiger un article sur les grandes agglomérations urbaines.

Nombre de mots : 100

Redacta un artículo de prensa.

B1
Para una revista de urbanismo y vivienda, escribe un artículo explicando las ventajas de vivir en una ciudad importante de España o América Latina, pero describe también lo que puede ser motivo de indignación dando ejemplos precisos.

a. Dale un título al artículo.
b. Piensa en los aspectos positivos y en las oportunidades que ofrece una ciudad.
c. Enumera algunas comodidades urbanas.
d. Explica los aspectos que pueden ser motivo de indignación.
e. Evoca los aspectos más negativos, como los contrastes urbanos o las desigualdades sociales.

→ Fichier de l'élève, p. 9

Compréhension orale

Prioridades para el futuro de Lima

CD CLASE

1 Prenez des notes lors des trois écoutes de l'enregistrement.

a. D'après le titre, imaginez de quoi va parler le document.

→ Première écoute

A1
b. Repérez le nombre de voix et identifiez la nature du document.
c. Notez le sujet général de ce document.

→ Deuxième écoute

A2
d. Notez le nom du / des intervenant(s), de la ville et du pays évoqués.
e. Notez les mots qui relèvent du champ lexical de l'environnement et de la ville (des problèmes auxquels elle peut être confrontée).

A2
f. Repérez les mots qui coordonnent les idées évoquées (*Por lo tanto*, etc.) et associez-les à des mots clés ou à des mots transparents.

→ Troisième écoute

A2
g. Notez le nombre d'habitants de la ville et précisez sa situation géographique.

B1
h. Citez le premier problème auquel sera confrontée la ville dans les années à venir et précisez les thèmes à aborder dans ce domaine.
i. Citez le deuxième grand problème que devra affronter la ville et précisez-en la ou les causes.
j. Notez le troisième problème évoqué et indiquez comment il se manifeste.

2 Rendez compte en français, à l'écrit, de ce que vous avez compris de cet enregistrement.

Para ayudarte

Attention : le jour de l'épreuve, vous n'aurez pas de consignes pour vous aider à prendre des notes.

- Soyez attentif(ive) au titre qui peut vous donner des pistes pour anticiper l'enregistrement.
- Lors de la première écoute, repérez le nombre de voix et appuyez-vous sur des mots transparents pour en déduire la thématique générale.
- Lors de la deuxième écoute, identifiez les voix et repérez les connecteurs afin d'identifier les problèmes abordés.
- Lors de la troisième écoute, appuyez-vous sur les mots transparents et notez ce que vous pensez avoir entendu autour de ces mots. Faites-en des déductions.
- Dans le compte rendu, respectez le déroulement de l'enregistrement et coordonnez les idées en y apportant les détails que vous aurez compris.

Expression orale

Lors de votre exposé, puis de l'entretien avec l'examinateur qui en découlera, vous pourrez aborder les notions du programme **Espaces et échanges** et **L'idée de progrès** grâce à l'unité ***Expansión urbana***, à travers, par exemple, les problématiques suivantes.

NOTION 1 Espaces et échanges (*Espacios e intercambios*)

Problématique

- **El desarrollo de las ciudades ¿puede crear desigualdades o acentuarlas?**

Para ayudarte

- **En vous appuyant sur les documents que vous aurez étudiés dans l'unité, vous pourrez développer les points suivants :**

1. Los motivos que incitan a la gente a vivir en las grandes ciudades o cerca de ellas.
–Del campo a la ciudad p. 12
–Chabolas en Madrid p. 13
–Vivir en una megalópolis, *Taller* p. 25

2. Grandes ciudades y características de su desarrollo.
–Viviendo en Ciudad de México p. 20-21
–No me gustó Santiago de Chile p. 22
–Grandes ciudades y sostenibilidad, *Panorama* p. 26-27

3. La(s) dificultad(es) de acoger a estas nuevas poblaciones (vivienda, transportes,...).
–Grandes ciudades y sostenibilidad, *Panorama* p. 26-27.
–¿Centro comercial o barriada? *Horizonte Bac* p. 32

4. En qué medida todo esto puede generar desigualdades.
–México desde arriba p. 21
–Desigualdades en la ciudad p. 24

- **Pensez à utiliser le lexique de l'exode rural, de la ville, du travail, des loisirs et de l'inégalité.**

Autres problématiques que vous pourrez aborder

- **Una megalópolis puede tener aspectos muy diferentes (urbanismo, viviendas, población, riquezas...).**
  –Viviendo en Ciudad de México p. 20
  –México desde arriba p. 21
  –Desigualdades en la ciudad p. 24

- **El fenómeno de migración entre campo y ciudad pone en evidencia las desigualdades sociales, pero puede contribuir a reducirlas.**
  –Del campo a la ciudad p. 12
  –Chabolas en Madrid p. 13

NOTION 2 L'idée de progrès (*La noción de progreso*)

Problématique

- **El desarrollo urbano ¿puede mejorar la vida o generar problemas e inconvenientes?**

Para ayudarte

- **En vous appuyant sur les documents que vous aurez étudiés dans l'unité, vous pourrez développer les points suivants :**

1. Realizaciones o proyectos urbanos que pueden aportar bienestar (transporte sostenible, ciudad verde, construcciones de bajo consumo energético...).
–Los madrileños disfrutan de Madrid Río p. 14
–La ciudad verde de Valencia p. 15
–2030 nuestras ciudades nuestro futuro p. 18
–Transportes sostenibles en las grandes ciudades, *Panorama* p. 27

2. Proyectos urbanos o situaciones que pueden generar molestias y rechazo (excavaciones para nuevas redes de transporte, deshumanización...).
–La Sagrada Familia corre peligro p. 16-17
–En la City de Buenos Aires p. 19
–No me gustó Santiago de Chile p. 22
–Contaminación y falta de agua en la ciudad de México, *Panorama* p. 26

- **Pensez à utiliser le lexique des transports, de la ville, de la pollution et de l'environnement.**

Autres problématiques que vous pourrez aborder

- **El desarrollo de los medios de transporte y vías de comunicación ¿favorece la movilidad y mejora la vida de la gente?**
  –La ciudad verde de Valencia p. 15
  –La Sagrada Familia corre peligro p. 16-17
  –2030 nuestras ciudades nuestro futuro p. 18

- **El desarrollo de los medios de transporte y vías de comunicación ¿favorece la movilidad y es compatible con la preservación del entorno?**
  –La Sagrada Familia corre peligro p. 16-17
  –2030 nuestras ciudades nuestro futuro p. 18
  –Transportes sostenibles en las grandes ciudades p. 27

Para ayudarte

N'oubliez pas que vous devez vous exprimer à la première personne, montrer une bonne connaissance des notions du programme et utiliser une langue correcte et riche.

- **Expressions utiles pour la prise de parole en continu**
  –En mi breve exposición sobre la expansión urbana, contestaré la pregunta.../desarrollaré la noción relativa al éxodo rural...
  –Primero voy a definir lo que significa para mí el concepto de desarrollo urbano/cómo entiendo yo la noción de progreso....
  –La frase/su pregunta/la cuestión se refiere al tema de...
  –Después diré lo que significa.../explicaré el significado del desarrollo sostenible de los transportes...
  –Luego apoyándome en... indicaré...
  –Tengo que añadir que los proyectos urbanos...
  –El ejemplo que saco del documento X me permite...
  –Voy a concluir.../Mi conclusión es que...

- **Expressions utiles pour l'interaction**
  Pour développer vos arguments : *Desde mi punto de vista... de modo que... por lo tanto.../Lo difícil para los ciudadanos es... ya que.../Por una parte... por otra parte...*
  Pour nuancer une opinion : *Aunque el desarrollo urbano... me parece importante...*
  Pour exprimer votre désaccord : *No comparto su opinión... /y personalmente me sorprende que los proyectos urbanos .../De acuerdo pero... no entiendo cómo...*
  Si vous n'avez pas compris la question : *¿Puede usted repetir? ¿Perdone señor(a), le importaría precisar su pregunta?*

→ Fichier de l'élève, p. 10

¿Centro comercial o barriada?

Se detuvo para consultar los planos. No lograba ubicar el sitio donde se levantaría el Centro Comercial. Orientándose finalmente se percató de que[1] las indicaciones apuntaban claramente al otro lado de la calle. Levantó la vista y miró de nuevo la sucesión de viviendas de cartón y tablas, el asentamiento de precaristas[2]. Barrios como aquél ocupaban la periferia de la ciudad y en ocasiones se infiltraban hacia las zonas céntricas.

Calculó que al menos cinco mil personas vivirían allí. La barriada lucía tranquila[3]. Tranquilidad de la pobreza. Niños desnudos. Niños de pantaloncitos cortos llenando baldes[4] de agua en un grifo común. Mujeres descalzas tendiendo ropas de telas delgadas y curtidas sobre oxidados alambres[5]. Allá una mujer molía maíz. En la esquina un hombre gordo atendía un taller de vulcanización[6].

Según los planos la esquina del Centro Comercial aplastaría el taller de vulcanización, lo sustituiría por una sorbetería. Las paredes de la nueva construcción atravesarían allá los pequeños jardines con matas de plátanos y almendros.

¿Y la gente? ¿Qué pasaría con la gente?, se preguntó. Más de alguna vez había leído de desalojos[7] en el periódico. Jamás pensó que le tocaría participar en uno. [...] Lavinia fue hacia la caseta de madera[8] que servía de taller de vulcanización. El hombre gordo metía un neumático en un barril lleno de agua, observaba esperando las burbujas que indicarían dónde estaba la rotura. Métodos primitivos, pobres, certeros[9], de diagnóstico. Ella saludó. [...]

–Usted sabe que en este terreno se está pensando construir un Centro Comercial –preguntó Lavinia al gordo.

–Sí –respondió él, deteniéndose. Dicen que nos van a trasladar a otro lado, que nos van a dar otras tierras. Yo tengo cinco años de estar aquí. Allá –señaló hacia dentro de las calles de tierra de la barriada– queda mi casa. Discutimos con la empresa lotificadora[10] pero ellos sostienen que estas tierras no nos pertenecen. ¡Como si no supiéramos que no somos dueños de nada! En cinco años nadie nos molestó. Invertimos aquí. Hasta una escuela levantamos entre todos. Pero a ellos no les importa. Nadie nos oye. Si no nos vamos nos echan la guardia[11]. Eso es lo que dijeron. ¿Y usted quién es? –requirió el hombre, mirándola de pronto desconfiado, como arrepintiéndose de hablar más de la cuenta–. ¿Es periodista?

–No, no –aclaró Lavinia, incómoda–. Yo soy arquitecta. Me pidieron revisar los planos. Yo no sabía de esta situación.

–En este país nadie sabe lo que no le conviene –dijo el gordo, percatándose de los planos debajo del brazo de ella.

Giaconda BELLI (Nicaragua, 1948), *La mujer habitada*, 1999

1. se dio cuenta de que
2. *le bidonville*
3. *le quartier avait l'air tranquille*
4. *remplissant des seaux*
5. *(ici) cordes à linge*
6. *atelier de réparation de chambres à air*
7. expulsiones
8. *la baraque en bois*
9. eficaces
10. *l'entreprise de travaux publics*
11. *on nous envoie la police*

Compréhension écrite

A2

1. Presenta brevemente a la protagonista con dos elementos del texto.

2. ¿Dónde se encontraba la protagonista y para qué había venido? Contesta citando elementos del texto.

3. Di si las afirmaciones siguientes son verdaderas o falsas y justifica cada respuesta citando el texto.
- **a.** Mucha gente vivía en la barriada.
- **b.** En este lugar había mucha pobreza.
- **c.** Era una zona peligrosa.

4. Muestra las consecuencias del trabajo de la protagonista sobre:
- **a.** el taller de vulcanización.
- **b.** los cultivos.
- **c.** la gente.

Apunta una frase del texto para cada elemento.

B1

5. Elige la(s) respuesta(s) correcta(s) y justifícala(s) citando elementos significativos del texto.
- **a.** La gente de la barriada: parecía resignada y fatalista – expresaba rebeldía – manifestaba hostilidad – se mostraba seria y responsable – se comportaba con alegría.
- **b.** La protagonista experimentaba un sentimiento de: entusiasmo y optimismo – preocupación – indiferencia – malestar y culpabilidad – rabia y enfado.

Para ayudarte

- Lisez le texte en entier au moins deux fois.
- N'oubliez pas de lire les notes du texte pour faciliter la compréhension.
- Repérez les personnages ainsi que les lieux évoqués.
- Réfléchissez au titre : que signifie-t-il ? N'oubliez pas que le titre pose souvent la problématique du texte.
- Lisez bien chaque question avant d'y répondre.
- Répondez avec précision en respectant les intitulés des questions posées.
- Vous pouvez, dans certains cas, répondre en reprenant les termes de la question : *La protagonista se encontraba en... Había venido a/para...*
- N'oubliez pas de justifier vos réponses en citant le texte, recopié correctement entre guillemets.

Expression écrite

Vous traiterez obligatoirement la première question et au choix la deuxième ou la troisième question.

B1 **1.** ***"En este país nadie sabe lo que no le conviene".***
Di lo que opinas de esta afirmación apoyándote en el texto. (Unas quince líneas)

Para ayudarte

- Lisez attentivement les consignes en notant sur le brouillon les idées qu'elles vous inspirent.
- Évitez les phrases longues et complexes.
- Situez la réplique dans son contexte (qui dit cela ? En réponse à quoi ?) et interprétez-la (que sous-entend le personnage ?)
- La 1re partie de l'épreuve (compréhension) doit vous permettre d'utiliser tout ce que vous avez compris pour répondre aux questions ou consignes de cette 2e partie d'expression personnelle.
- Exprimez-vous à la première personne (*Creo que... Me parece que...*)
- Veillez à la cohérence, à l'enchaînement des arguments ou des idées. Faites attention aux liens logiques et utilisez correctement ces connecteurs : *Primero... Después... Antes... Finalmente...*
- Relisez votre production en veillant à corriger les erreurs que vous avez l'habitude de faire.
- N'oubliez pas que dans l'épreuve d'expression, la qualité linguistique sera évaluée autant que la qualité des idées.

B1 **2. De regreso a su estudio de arquitectura la protagonista habla con su jefe y le da sus impresiones sobre el proyecto planteándose si es positivo o negativo. Imagina el diálogo. (Entre quince y veinte réplicas)**

Para ayudarte

- Utilisez le vouvoiement et veillez à utiliser les temps en fonction de l'action (passé composé : *He visto... He hablado con... Me ha dicho que...* ou présent : *No podemos... Hay que...*)
- Respectez la ponctuation, notamment dans les phrases interrogatives (¿...?) ou exclamatives (¡...!) et pensez à utiliser les tirets pour marquer les changements de personnage.
- Appuyez-vous sur les situations évoquées dans le texte pour étayer le dialogue.
- Afin de rendre le dialogue plus vivant, pensez à définir un enjeu (*abandonar o seguir con el proyecto ; ayudar a la gente a encontrar un nuevo lugar para vivir, etc.*)
- Évitez les répliques trop longues. Un dialogue ne doit pas être une succession de monologues.

B2 **3. Eres periodista y escribes un artículo para exponer la situación de este asentamiento de precaristas, denunciar la indiferencia de la que son víctimas sus habitantes y proponer soluciones. (Unas diez o quince líneas)**

Para ayudarte

- Donnez un titre à l'article en vous appuyant sur le texte.
- Dénoncez la situation (*Es injusto/intolerable... No se puede...*).
- Employez l'obligation pour évoquer une ou des solutions (*Hay que.../Es preciso...*).

La novela policíaca hispanoamericana

En las primeras décadas del siglo XX, la novela policíaca clásica no arraigó en España debido a la ausencia de estabilidad y avance social. Sin embargo, el género se difundió ampliamente entre 1940 y 1970 para consolidarse a partir de 1972 siguiendo los parámetros del género negro, en el que se consideran más los aspectos sociales dejando el enigma en segundo lugar. El género se suele caracterizar por localizaciones urbanas.

Pepe Carvalho, el héroe de las novelas de Vázquez Montalbán (serie de TVE)

1 Manuel Vázquez Montalbán: referente de la novela policíaca española

El referente ineludible del género policíaco en España es la serie del detective Pepe Carvalho de **Manuel Vázquez Montalbán**. Este detective es un personaje rico y complejo: militante del Partido Comunista de España encarcelado bajo el régimen franquista ejerció como agente de la CIA antes de ser detective privado en Barcelona. A través de sus aventuras el autor critica la situación política y cultural de la sociedad española y su evolución en las últimas décadas del siglo XX (crisis del PCE, transición democrática, Olimpiadas del 92...).

1. Di quién es el referente del género policíaco en España y qué personaje creó.
2. ¿Cuáles son las características de ese personaje?
3. ¿Qué critica el novelista a través de sus obras?

2 El relevo de las nuevas generaciones

En la década de los ochenta aparece una serie de autores con obras de notable valor en este campo en España, entre los que cabe citar a **Juan Madrid** (creador del detective Toni Romano), **Jorge Martínez Reverte** (creador del detective periodista Gálvez), Pedro Casals, Francisco González Ledesma, Carlos Pérez Merinero, etc. En aquella época el escritor hispanomexicano **Paco Ignacio Taibo II** creó la Semana Negra de Gijón, un festival de la novela policíaca de fama internacional hoy en día.

A partir de 1990, se renuevan los contenidos ampliando la gama de perfiles de asesinos, sustituyendo al detective por fuerzas de seguridad del estado y mezclando lo policíaco y la intriga con lo histórico, lo político, lo psicológico y la ciencia ficción. Aparecen nuevas figuras como **Lorenzo Silva**, **Alicia Giménez Bartlett** (creadora de la inspectora Petra Delicado).

4. Cita a los autores que siguieron los pasos de Vázquez Montalbán.
5. Explica gracias a qué el género policíaco español tiene reconocimiento a nivel mundial.
6. Apunta los cambios que experimentó la novela policíaca a partir de los años noventa.

Semana Negra de Gijón, 2011

Portada del cómic de Paco Ignacio Taibo II

3 La novela policíaca latinoamericana

Como la novela policíaca española, la latinoamericana contrasta con la creación norteamericana y europea. El papel de los factores sociales sustituye al planteamiento puramente deductivo a lo Conan Doyle o Agatha Christie. La novela negra latinoamericana se centra en los problemas sociales que sufre la región (brecha social, corrupción…) y en las sociedades actuales en general.

Abundan obras donde los peores criminales son presidentes, militares, policías, jueces supremos y senadores que cometen delitos de asesinato, tortura, narcotráfico, contrabando, malversación… Así pues numerosos casos reales sirven de fuente de inspiración a los creadores literarios.

7. Apunta las semejanzas entre la novela policíaca española y la latinoamericana.
8. Di quiénes suelen ser los protagonistas de las novelas policíacas latinoamericanas.

4 Autores latinoamericanos emblemáticos

Argentina representa uno de los países y una de las culturas más destacadas en los inicios de la novela policíaca. **Jorge Luis Borges** y **Adolfo Bioy Casares** desarrollaron una fructífera colaboración como narradores policíacos con la creación del personaje Isidro Parodi. Hoy en día **Mempo Giardinelli**, **Ernesto Mallo**, **Leonardo Padura** y **Paco Ignacio Taibo II** son de los más destacados representantes del género. A través de sus novelas, estos autores plasman la realidad de Argentina, Cuba y México. En Chile, la novela policíaca se ha centrado en la crítica de las instituciones (gobiernos autoritarios), la impunidad y el crimen de origen político. Sus máximos representantes son **Roberto Ampuero**, **Alberto Fuguet** y **Roberto Bolaño**.

Leonardo Padura presentando una de sus novelas policíacas

9. Di dónde empezó el género policíaco en América Latina y quiénes fueron los precursores.
10. Explica lo que reflejan las novelas policíacas latinoamericanas según su país de origen.
Cita un autor emblemático para cada uno de ellos.

Para ampliar

★ Películas

- ***Crímenes de Oxford***, Alex de la IGLESIA, 2008. Película hispanobritánica basada en la novela argentina *Crímenes imperceptibles* de Guillermo Martínez. Cuenta los actos de un asesino que sigue una serie aritmética. El investigador es un joven estudiante de Oxford.
- ***No habrá paz para los malvados***, Enrique URBIZU, 2011. El inspector de policía Santos Trinidad se ve involucrado en un triple asesinato. Pero hay un testigo que consigue escapar y que podría incriminarle. Santos Trinidad emprende una investigación destinada a localizar y eliminar al testigo.

★ Lugar de interés

- Gijón: Semana Negra (Julio)

★ Lecturas

- ***Muertos de papel***, Alicia GIMÉNEZ BARTLETT (España), 2000. Un periodista del corazón es asesinado en su propia casa. La inspectora Petra Delicado y el subinspector Fermín Garzón investigan el caso.
- ***El alquimista impaciente***, Lorenzo SILVA (España), 2000. Aparece un cadáver desnudo sin marcas de violencia en un motel de carretera. El sargento Bevilacqua, investigador criminal de la Guardia Civil, y su ayudante Chamorro tienen que resolver el enigma.
- ***Vientos de Cuaresma***, Leonardo PADURA (Cuba), 1994. Al investigar la vida de una joven profesora de química asesinada, el teniente Mario Conde entra en un mundo en descomposición, donde el tráfico de influencias, el consumo de drogas y el fraude revelan el lado oscuro de la sociedad cubana contemporánea.
- ***Cuatro manos***, Paco Ignacio TAIBO II (México), 1990. Todo gira en torno a un complejo plan llamado "Blancanieves" que la CIA ha trazado para desestabilizar al movimiento guerrillero en Nicaragua. Una novela que desvela la manera en la que el gobierno de Estados Unidos interviene en la vida política del continente americano.

TEXTO 1 El cadáver de Stuart Pedrell

Biografía

Manuel VÁZQUEZ MONTALBÁN (1939-2003), famoso escritor español, publicó la novela *Yo maté a Kennedy* en 1972 en la que apareció por primera vez el detective Pepe Carvalho, que se convirtió en personaje central de su obra narrativa y le dio fama internacional. Recibió el Premio Planeta por *Los mares del Sur* (1979).

▶ Resumen

Los mares del Sur

Durante las elecciones municipales de Barcelona en los años 1970, el detective privado Pepe Carvalho investiga las causas del misterioso asesinato de un millonario, encontrado en un barrio extremo de la ciudad cuando todo el mundo creía que estaba de viaje por los mares del Sur en Polinesia.

La ruina de mapa quedó desplegada ante él. Con un dedo señaló la zona donde habían encontrado el cadáver de Stuart Pedrell. La mirada viajó hacia el otro extremo de la ciudad. El barrio de San Magín. Un hombre muere apuñalado[1] y a sus asesinos se les ocurre descontextualizarlo. Hay que llevarlo a la otra punta de la ciudad, pero también a un marco en el que la muerte tenga sentido, tenga paisaje humano y urbano adecuado.

–¿Fuiste a los mares del Sur en metro?

Como Stuart Pedrell no contestaba, Carvalho concentró su interés en la barriada de San Magín. [...] A Stuart Pedrell se atribuían un buen puñado de especulaciones, pero sobre todo la de *San Magín, barrio de*. "A finales de los años cincuenta, y dentro de la política de expansión especulativa del alcalde Porcioles, la sociedad Construcciones Iberisa compra a bajo precio descampados, solares[2] donde se ubicaba alguna industria venida a menos y huertos familiares del llamado *camp de Sant Magí*, zona dependiente del municipio de Hospitalet. Construcciones Iberisa construyó un barrio entero en San Magín y al mismo tiempo adquirió también a bajo precio los terrenos que quedaban entre el nuevo barrio y la ciudad de Hospitalet. En un segundo plan de construcciones, esa tierra de nadie también fue urbanizada y multiplicó por mil la inversión[3] inicial de la Constructora..." San Magín fue mayoritariamente poblado por proletariado inmigrante. El alcantarillado[4] no quedó totalmente instalado hasta cinco años después del funcionamiento del barrio. Falta total de servicios asistenciales. Reivindicación de un ambulatorio[5] del seguro de enfermedad. De diez a doce mil habitantes. Menuda pieza estabas hecho[6], Stuart Pedrell. [...]

El criminal vuelve al lugar del crimen, Stuart Pedrell. Tú te fuiste a San Magín a ver tu obra de cerca, a ver cómo vivían tus canacos[7] en las cabañas que les habías preparado. ¿Un viaje de exploración? ¿Tal vez de búsqueda de la autenticidad popular?

Manuel VÁZQUEZ MONTALBÁN, *Los mares del Sur*, 1979

1. *poignardé*
2. *terrains vagues*
3. *investissement*
4. *les égouts*
5. *cabinet médical*
6. *Tu étais un drôle d'oiseau*
7. indígenas, de Tahití y otras islas de Oceanía

Descubre y disfruta

1. Di quién era Stuart Pedrell, cómo murió y dónde fue encontrado. (l. 1-6)
2. ¿Qué hipótesis formula el detective sobre el lugar del asesinato?
3. Explica en qué tipo de negocios estaba metido el empresario. (l. 8-19)
4. Describe cómo quedó el barrio de San Magín después de su construcción. (l. 20-24)
5. ¿Qué deduces a propósito de la personalidad de Stuart Pedrell?

Texto 2 Asesinato en Santa Ana

Biografía

Francisco Ignacio TAIBO MAHOJO (1949), conocido como Paco Ignacio Taibo II, es un escritor nacido en Gijón. En 1958 emigró con su familia a México huyendo de la dictadura franquista. Fundó la Asociación Internacional de Escritores Policíacos y la Semana Negra de Gijón de la que es director.

▶ Resumen

La vida misma

José Daniel Fierro, famoso escritor de novelas policíacas, acepta el cargo de jefe de la policía municipal de Santa Ana, una imaginaria ciudad al norte de México con ayuntamiento de izquierdas. Tendrá que investigar el crimen de una mujer joven en un contexto social y político complejo.

Canales tomó el micro, cambió un *switch* y se lanzó en vivo[1].

–Y aquí, desde la cabina central de Radio Santa Ana, una entrevista en vivo con nuestro jefe de policía, el famoso escritor José Daniel Fierro, que nos resumirá los datos del extraño asesinato sucedido esta noche en nuestra ciudad.

José Daniel se puso serio. La radio tenía la virtud de hacerlo personaje de melodrama.

–A las diez de la noche fue asesinada en la iglesia de la calle Lerdo una mujer de unos 25 años, rubia, de ojos azules. El cuerpo fue descubierto minutos más tarde por accidente. Se encontraba desnuda. La habían matado con un cuchillo de cocina.

–¿Sabe usted el nombre de la mujer muerta?

–Aún no poseemos datos, aunque estamos investigando.

–¿Tienen alguna pista?

–Para no obstacularizar la investigación me reservo la respuesta.

–¿Quisiera usted colaboración de la población?

–Sí, vamos a hacer varias peticiones. Nos urge averiguar[2] quién es la mujer, por lo tanto les pedimos a los habitantes de Santa Ana, que si conocen o vieron a una mujer que corresponda a la descripción, lo reporten de inme-

1. en directo
2. Es urgente saber

diato. Pondremos en el tablero a la entrada del ayuntamiento una foto del cadáver para facilitar la identificación. También querríamos información sobre si alguien vio algo fuera de lo normal hacia las diez de la noche en las afueras del templo de la calle Lerdo. Como la mujer apareció desnuda, si aparecen ropas de mujer tiradas[3] en alguna parte de la ciudad querríamos que se nos informara de inmediato.

–¿Está usted pidiendo, jefe, que la población se sume[4] a la investigación?

–Así es. Una mujer murió hoy brutalmente asesinada en nuestra ciudad. Todos somos responsables de encontrar a los asesinos.

–Aquí, en Radio Santa Ana, en vivo, acaban de escuchar una entrevista con el jefe de policía de la ciudad, una hora después del asesinato cometido en la Iglesia del Carmen de la calle Lerdo…

Paco Ignacio TAIBO II, *La vida misma*, 1995

3. *jetés*
4. *se joigne*

Descubre y disfruta

1. Di quién es José Daniel Fierro y por qué acudió a la emisora de radio.
2. Apunta todos los elementos relativos a la víctima. (l. 8-15)
3. ¿Cómo piensa organizar la investigación el jefe de policía? (l. 16-25)
4. ¿Por qué le pidió a la población que se sumara a la investigación? (l. 26-28)
5. Deduce qué papel desempeña la población en esta investigación.

Texto 3 Asesinar a Castro

Biografía

Roberto AMPUERO (1953), escritor chileno que creó la popular saga del detective privado de origen cubano Cayetano Brulé. Abandonó Chile en 1973, vivió en Cuba, Alemania, Suecia y Estados Unidos. Escribió en diarios chilenos como *La Tercera* y *Mercurio*. También es el autor de la primera serie policial de la televisión chilena, "Brigada Escorpión". En la actualidad es embajador de Chile en México.

▶ Resumen

Halcones de la noche

Un grupo disidente cubano contrata a Lucio Ross, un mercenario, para asesinar a Fidel Castro. El gobierno norteamericano se entera de este proyecto y le encarga a la CIA que evite el homicidio. La CIA chantajea al detective Cayetano Brulé para que acepte la misión.

Cuando el 747-400 de Air France aterrizó en el aeropuerto Benito Juárez de Ciudad de México, Lucio respiró tranquilo. Bento lo esperaba cerca de la estación de busecitos de la Hertz dentro de un Volkswagen alquilado. Le entregó un sobre y le anunció que lo conduciría a un sencillo hotel próximo al Paseo de la Reforma. […]

–En el sobre está el comprobante del depósito[1] en su cuenta de Bahamas y el pasaporte –dijo Bento–. Es de un mexicano parecido a usted.

1. *le justificatif du virement*

Cuando llegue al hotel, pase directamente a su habitación, la 202.

–No necesito presentarme en la recepción, ¿verdad?

–En el turno de la mañana ya ocupé la habitación por usted y di un número de tarjeta. Así que a la entrada simule que está volviendo a su cuarto después de un día agitado. Está todo pagado.

–¿Me dejó en el cuarto lo que le pedí?

–En el cuarto hallará un maletín con ropa de su talla.

–¿Este es el pasaporte con que viajaré a Cuba? –preguntó Lucio extrayéndolo del sobre. [...]

–Absolutamente. En el sobre hallará también la reserva en el hotel de La Habana y el pasaje[2] de ida y vuelta. El del pasaporte no ha estado nunca en Cuba. Se supone que va en busca de mulatas[3] y emociones fuertes. No tendrá problemas.

Lucio le entregó a su vez sus documentos a Bento y examinó el comprobante de su cuenta en clave y la foto del pasaporte bajo el foco[4] interior del carro[5]. Había cierta similitud entre el tipo de la foto y su rostro, cosa que lo tranquilizó. En La Habana se alojaría en el hotel Ambos Mundos.

–¿Cuenta ya con los materiales? –preguntó Bento.

–Me llegarán por correo.

–Eso sí suena raro[6]...

No podía explicarle que Malévich enviaría todo del modo más seguro imaginable: empleando los sistemas internacionales de despacho[7] de paquetes. [...]

–Prefiero que no se inmiscuya en lo mío, Bento –aclaró Lucio al rato, al percibir cierto escepticismo en el cubano–. Sé cómo reunir todo para el éxito de Sargazo.

Roberto AMPUERO, *Halcones de la noche*, 2005

2. el billete
3. *métisses*
4. la luz
5. (*amer.*) coche
6. *Ça, c'est bizarre...*
7. *envoi*

Descubre y disfruta

1. Identifica a los protagonistas y el lugar donde transcurre la acción.

2. Di lo que le entrega Bento a Lucio. ¿Qué deduces? (l. 4-7)

3. ¿Dónde se alojará Lucio? Explica cómo hará para entrar de incógnito. (l. 8-12)

4. Apunta todas las modalidades de su próxima misión. (l. 13-30)

5. Gracias al texto y al resumen deduce lo que es "Sargazo". (l. 32-33)

Horizonte BAC LELE

Pour aider les élèves de Littérature étrangère en langue étrangère (LELE, séries L) à constituer le dossier qu'ils présenteront à l'oral, voici les thématiques du programme auxquelles sont liés ces textes.

Texto 1. L'écrivain dans son siècle (El escritor en su siglo)
La novela policíaca
En este texto, la resolución del caso ocupa un plano secundario porque se centra más en la explicación del contexto: la expansión urbana en la Barcelona de los años setenta. Denuncia una trama de corrupción y una agresiva especulación inmobiliaria.

Texto 2. Le personnage, ses figures et ses avatars
(El personaje, figuras y evoluciones)
El detective
El marco de la ciudad imaginaria de Santa Ana, traduce la realidad de México porque presenta el crimen como producto de instituciones políticas y sociales. La originalidad de este texto reside en la unión del pueblo para la investigación policial configurando un protagonista colectivo y poniendo en cuestión la construcción clásica del detective « todopoderoso » y representante de la racionalidad.

Texto 3. L'écrivain dans son siècle (El escritor en su siglo)
La novela negra
Lo novedoso de esta novela negra reside en el marco de la globalización. Desaparecen las fronteras geográficas a favor de un espacio internacional, al contrario de la novela policíaca clásica que se enmarca en un contexto local. También aparecen recursos electrónicos actuales como el uso de Internet.

UNIDAD 2

Mythes et héros
Espaces et échanges
Lieux et formes du pouvoir
L'idée de progrès

Mundo global

Activités de communication B1/B2

Écouter
Comprendre un reportage sur le succès des réseaux sociaux en Espagne.
Comprendre un projet pour préserver la biodiversité en Équateur.

Lire
Comprendre un texte sur la perte d'identité culturelle.
Comprendre les avantages et les inconvénients de la délocalisation.
Comprendre les grands défis énergétiques du XXIe siècle.

Parler en continu
Exprimer sa colère face à la délocalisation d'une entreprise.
Exprimer son inquiétude sur l'implantation d'une multinationale.

Parler en interaction
Échanger sur l'uniformisation de la culture.
Se réjouir à l'annonce d'un projet écologique.

Écrire
Lancer un appel sur un réseau social pour aider une association.
Imaginer la fin d'un dialogue sur les énergies renouvelables.

Outils linguistiques

- Les adverbes en *-mente* (p. 45)
- Le futur et le conditionnel (p. 47)
- *Usted / Ustedes* (p. 49)
- *Ser* et *estar* (p. 51)
- *No... sino* (p. 53)
- Les subordonnées au subjonctif (p. 55)

Proyecto final

→ **Preparad una presentación pública sobre el impacto de la globalización en un país hispánico.**

1 Una tienda Zara en Baréin

Recursos

Sustantivos
- el acceso a Internet
- la globalización: *la mondialisation*
- el medio ambiente: *l'environnement*
- los recursos naturales: *les ressources naturelles*
- la selva amazónica: *la forêt amazonienne*

Adjetivos
- extraño(a) = sorprendente
- gigantesco(a)
- tradicional

Verbos y expresiones
- extraer: *extraire*
- navegar por la red: *surfer sur le net*
- talar árboles: *abattre des arbres*

2

Explotación minera en Los Pijiguaos, Venezuela

3

Una escuela a 4800 m de altura en Perú

Y tú, ¿cómo lo ves?

1. ¿Qué sabes de la tienda de la primera foto ? Di en qué país fue sacada. ¿Qué deduces?
2. Describe la segunda foto. ¿Qué te llama la atención?
3. Di quiénes son las personas fotografiadas en la tercera foto. Fijándote en lo que está escrito en la pared, imagina qué estarán haciendo.
4. Relaciona estas fotos con el tema de la globalización.

B1 Redes sociales para todos los gustos

Joven española navegando por la red

1 Observa la fotografía

a. Describe brevemente la fotografía.
b. Explica para qué sirven las redes sociales ¿Conoces alguna?

2 Escucha e identifica

c. El documento es… que trata de… He oído las voces de….
d. Cita el nombre de las redes sociales más utilizadas todos los días.

3 Profundiza

e. A uno de los usuarios le gusta un montón *Twitter*. Explica por qué.
f. ¿Qué red social utiliza Bárbara? ¿Para qué? ¿Cómo funciona?
g. Di qué tipo de red es *Rotten Tomatoes* y por qué le gusta a Pablo.
h. Muestra que Internet está llena de redes sociales para todos los gustos y que los usuarios son numerosos.

Horizonte BAC

Resume en francés

Redacta en francés todo lo que has entendido de la grabación.

→ *Fichier de l'élève p. 12*

RECURSOS

Sustantivos
- un(a) espía: *un(e) espion(ne)*
- un montón (fam.) = mucho
- una red social: *un réseau social*
- el uso: *l'utilisation*
- un(a) usuario(a): *un(e) utilisateur(rice)*

Verbos y expresiones
- colgar (ue) en la red: *mettre en ligne*
- comunicarse
- enterarse de (algo): *apprendre (quelque chose)*
- relacionarse

Fonética

a. **Escucha las palabras y di si llevan el sonido [θ] (c, z) o [s] (s) o los dos.**
b. **Repite estas palabras.**

Ampliar lazos

Hoy más que nunca las redes cuentan con una poderosa aliada: la tecnología. Y eso significa que seguirán existiendo, creciendo, generando fuerza.

Hubo un hecho que me llamó la atención hace bastantes años, en un congreso en Perú, en el que participé. Una mujer indígena explicaba las actividades de un movimiento que quería conseguir que todos los niños y las niñas tuvieran un vaso de leche en la escuela, ya que en casa muchas veces no podían tenerlo. Al terminar la ponencia[1], estuvimos hablando, y cuando le pregunté cómo podíamos seguir en contacto, en un papelito de cuadritos azules me dio su dirección de correo electrónico. Fue algo que me sorprendió y que a la vez me pareció esperanzador. Hoy contamos con nuevos instrumentos para ampliar lazos y potenciar el alcance de ciertos compromisos[2]. Las redes tecnológicas se han convertido en las grandes aliadas de las redes informales. Con las nuevas tecnologías, tu compromiso puede limitarse a escribir y enviar masivamente un correo electrónico, eso se convierte en un mensaje que va llegando a un número de personas que a su vez lo envían a otras. Eso posibilita llamadas y convocatorias[3] que pueden ser físicas o simplemente virtuales. [...] Para las mujeres, "enredarnos"[4] ha sido vital. Cualquier causa puede darse a conocer a escala mundial, un llamamiento puede esparcirse[5] a través de miles de ordenadores, móviles, iPhones, Blackberrys.

Carmen ALBORCH (escritora española), *La ciudad y la vida*, 2009

1. *l'exposé*
2. *renforcer la portée de certains engagements*
3. *Cela permet les appels et les rassemblements*
4. tener acceso a la red
5. *un appel peut se répandre*

LEE Y EXPRÉSATE

1. Di qué le llamó la atención a la narradora en un congreso en Perú. (l. 1-10)
2. Explica qué le pareció sorprendente y a la vez esperanzador. ¿Por qué?
3. Según la narradora, ¿qué posibilidades ofrecen las nuevas tecnologías?
4. Comenta la frase "Para las mujeres, "enredarnos" ha sido vital". (l. 19) ¿Qué defiende Carmen Alborch?

RECURSOS

Sustantivos
- la condición femenina
- una herramienta: *un outil*
- la igualdad ≠ la desigualdad
- los vínculos: *les liens*

Adjetivos
- aislado(a): *isolé(e)*
- eficaz
- potente: *puissant(e)*

Verbos y expresiones
- ensanchar = ampliar: *élargir*
- difundirse: *se diffuser, se répandre*
- hacer oír su voz
- sorprender que + subj.

Gramática activa

Les adverbes en *-mente*

→ Précis 40.H

Observa

▸ *masiva**mente**, simple**mente***

• Certains adverbes se forment à partir des adjectifs qualificatifs au féminin auxquels s'ajoute la terminaison *-mente*.

• Attention, il faut veiller à la formation du féminin des adjectifs : seul l'adjectif qui se termine par un **o** au masculin prend un ***a*** au féminin ; les autres adjectifs ont une forme commune et invariable.

Practica

Transforme les adjectifs en adverbes.

a. Es un acto ... (político) importante.
b. Estuvieron hablando ... (virtual).

→ Autre exercice p. 60

¡Y ahora tú!

Hago un llamamiento en una red social

Quieres aportar tu ayuda a una asociación de protección de la infancia. Redacta un llamamiento para recaudar fondos (*lever des fonds*). Define las razones y lo que proyectas hacer con el dinero.

→ *Personalmente, quisiera...*
→ *Por eso necesito urgentemente...*

→ *Fichier de l'élève, p. 15*

B2 Cultura global

Cuando, ante la indiferencia popular, las viejas librerías, las tiendas de discos y las salas de conciertos se transforman en *bistros*, tiendas fashion y cafeterías posmodernas, es que la cultura agoniza. Todos aquellos lugares mágicos que nos guiaban como faros en la tormenta, poniendo al alcance de nuestra curiosidad mundos ignotos[1], sonidos formidables y pensamientos rebeldes, esos lugares que marcaban el pulso[2] de la cultura de una ciudad han sido desplazados no sólo por la torpeza[3] de las editoriales o la amenaza de las descargas[4] ilegales, sino por la especulación inmobiliaria, la competencia desleal de las grandes superficies, la incompetencia de las administraciones y la trivialización[5] del conocimiento. [...]

Vivimos gobernados por el poder financiero. La apología de lo superficial, una orgía consumista, el esplendor del *low cost* intelectual, la movilización de Internet y las redes sociales por la inmediatez y la gratuidad.

¿La globalización? Podría parecer que los cientos de miles de millones de individuos que pululamos por el planeta somos capaces de encontrar todo el conocimiento, el entretenimiento y el ocio de calidad en los posos de un *caffè*[6] *latte*, en una cadena de televisión dedicada las veinticuatro horas del día a Gran hermano[7] o en un clic del ratón del ordenador. No es así.

El bienestar de nuestra sociedad, construido de espaldas a la solidaridad, la dignidad, la verdad y la ética, es precario. No podía ser de otra manera: está basado en el egoísmo. La cultura, como la libertad o la democracia, también son creaciones sociales perecederas[8]. Mantener esa llama exige un mantenimiento[9], una atención constante. En caso contrario retrocederemos y reviviremos miserias pasadas.

Javier PÉREZ DE ALBÉNIZ (escritor español), *Reacciona*, 2011

1. desconocidos
2. *qui faisaient battre le coeur*
3. *la maladresse*
4. *téléchargements*
5. *la vulgarisation*
6. *le marc du café*
7. Programa de telerealidad
8. *périssables*
9. *un entretien*

Lee y exprésate

1. Según el narrador, ¿cómo se nota la decadencia de la cultura española?
2. Apunta los sustantivos que muestran que le afecta mucho este fenómeno. ¿A quiénes acusa? (l. 3-6)
3. Lista el léxico despreciativo y di que visión del mundo nos da. (l. 7-10)
4. Explica el papel de la globalización en la deculturación. (l. 11-14)
5. Aclara qué le reprocha el narrador a la sociedad de hoy. (l. 15-19)
6. ¿Qué consejo nos da el narrador en el último párrafo? ¿Por qué?
7. ¿En qué demuestra el texto que la globalización de la cultura no es un progreso para España?

Recursos

Sustantivos
- la deculturación: *la perte d'identité culturelle*
- la pérdida de identidad
- la pobreza intelectual
- la sociedad de consumo

Adjetivos
- culto(a): *cultivé(e)*
- exagerado(a)
- pesimista

Verbos y expresiones
- atontar: *abrutir*
- carecer de: *manquer de*
- conformarse con: *se contenter de*
- consumir
- lamentar que + subj: *déplorer que*

Starbucks Coffee en Madrid donde antes estaba el famoso café de Fornos

Mira y exprésate

1. Di lo que representa la foto y dónde fue sacada.
2. Fíjate en el pie de foto y en los datos culturales e imagina lo que hacía antes la gente en este lugar y lo que hace ahora.
3. ¿De qué país vienen estas cafeterías? Explica lo que simboliza para los consumidores.

Recursos

Sustantivos
- una cadena de cafeterías
- el cosmopolitismo
- el escaparate: *la vitrine*
- la modernidad

Adjetivos
- estadounidense

Verbos y expresiones
- charlar = conversar
- quedar (con): *donner rendez-vous (à)*
- relajarse

Datos culturales

El **Café de Fornos** era uno de los cafés más famosos y lujosos que existieron hasta comienzos del siglo XX en Madrid. Era un lugar de reunión de escritores e intelectuales.

Gramática activa

Le futur et le conditionnel

→ Précis 18.B, 19

Observa

▶ ***Retrocederemos*** *y* ***reviviremos***
▶ ***Podría*** *parecer*

- **Formation**

- Le **futur** : verbe à l'infinitif + **-é**, **-ás**, **-á**, **-emos**, **-éis**, **án**
- Le **conditionnel** : verbe à l'infinitif + ***ía***, ***ías***, ***ía***, ***íamos***, ***íais***, ***ían***

- **Remarques** : Au futur et au conditionnel, la terminaison est la même pour tous les verbes mais le radical de certains verbes peut être modifié.

decir > *diré / diría*, ***haber*** > *habré / habría*,
hacer > *haré / haría*, ***poder*** > *podré / podría*,
tener > *tendré / tendría*, ***venir*** > *vendré / vendría...*

Practica

Mets les verbes au futur, puis au conditionnel.

a. Nosotros ... (acompañarte) y (venir) contigo.
b. Yo no ... (poder) vivir en esa sociedad y lo ... (decir).

→ Autre exercice p. 60

¡Y ahora tú!

Intento convencer a un(a) amigo(a) para que cambie de costumbres

A ti te gustan los típicos bares de tapas, los cafés, y todo lo tradicional de la cultura española. En cambio tu amigo(a) dice que es más moderno(a) porque a él/ella le gusta la cultura global. Cada uno intenta convencer al otro.

→ *No deberías despreciar lo típico porque...*
→ *A mi no me interesa... prefiero... verás cómo...*

→ *Fichier de l'élève, p. 14*

B1 Fabricar a bajo coste

Los protagonistas están buscando un tesoro de gran valor arqueológico. Habla Marta Torrent, famosa arqueóloga.

–¿Cómo han podido aprender ustedes la lengua aymara[1]?

–No hemos aprendido aymara –repuse–. Utilizamos un traductor automático.

–No me lo diga –bromeó la catedrática[2]–. El "JoviLoom". ¿También tienen el "JoviKey"? Vaya, vaya... ¿Saben ustedes lo que quiere decir el nombre de esos programas?

–¿El "Telar[3] de Jovi"...? –respondió *Proxi*–. ¿La "Llave de Jovi"?

–Sí, en efecto –dijo ella–, de jo-vi. Pero de Joffre Viladomat, mi marido. Jovi para los amigos.

–¿Su marido es programador? –desconfió *Jabba*.

–No, mi marido es economista y abogado. Tiene una empresa en Filipinas que actúa como intermediaria entre las Zonas de Producción de Exportaciones del Sudeste Asiático y las compañías españolas. [...] Joffre compra productos fabricados en el Sudeste Asiático y los vende a las empresas interesadas. Podría decirse que es una especie de intermediario que facilita a las firmas españolas la adquisición de mercancías de bajo coste de producción. Su despacho está en Manila y, desde allí, compra y vende material tan variado como pantalones vaqueros, electrodomésticos, balones de fútbol o programas informáticos. Yo le pedí hace dos años un par de aplicaciones para traducir el aymara y para proteger con clave[4] mi ordenador portátil. Joffre encargó los programas a una empresa filipina de software y, al cabo de unos cuantos meses, me envió el "JoviKey" y el "JoviLoom", que habían sido diseñados[5] siguiendo mis indicaciones y con mis bases de datos.

–O sea, ¿lo que está diciendo es que su marido –silabeó lentamente *Proxi*, que se había puesto roja de rabia[6]– compra productos fabricados en condiciones infrahumanas por trabajadores esclavos del Tercer Mundo y los vende a conocidas marcas españolas que, de este modo, se ahorran[7] los costes y los impuestos de una fábrica en nuestro país y el pago de la Seguridad Social de los trabajadores españoles?

Marta sonrió con una mezcla de ironía y pesar[8].

–Veo que conoce usted el panorama económico mundial. Pues sí, Joffre se dedica a eso exactamente. Y no es el único, desde luego.

Matilde ASENSI (escritora española), *El origen perdido*, 2005

Matilde ASENSI (1962) trabajó de periodista antes de conocer el éxito como novelista. Su primera novela, *El salón de ámbar*, obtuvo un gran éxito. Su última novela, *Martín Ojo de Plata*, se publicó en 2011.

1. lengua andina
2. profesora
3. *le métier à tisser ; (fig.) la toile*
4. *(ici) mot de passe*
5. *(ici) conçus*
6. *était devenue rouge de colère*
7. *elles économisent*
8. *regret, peine*

LEE Y EXPRÉSATE

1. Presenta a los protagonistas y precisa el tema de la conversación.
2. Di qué le sorprende a Marta Torrent, y qué revela a sus compañeros. (l. 1-9)
3. ¿Qué les explica sobre las actividades profesionales de su marido? (l. 10-23)
4. Aclara por qué *Proxi* se pone roja de rabia. ¿Qué realidad denuncia? (l. 24-29)
5. Precisa y comenta los sentimientos de Marta Torrent. Justifica.

RECURSOS

Sustantivos
- el apodo: *le surnom*
- la compasión
- la mano de obra
- los remordimientos: *les remords*

Adjetivos
- barato(a): *bon marché*
- fatalista
- infrahumano(a): *inhumain(ne)*

Verbos y expresiones
- aprovecharse de: *profiter de*
- explotar: *exploiter*
- reducir costes: *réduire les coûts*
- sorprender que + subj.
- a costa de: *sur le dos de, au détriment de*

Protesta contra el cierre de una empresa en Burgos

Mira y exprésate

1. Fíjate en las banderolas. ¿Qué denuncian los trabajadores?
2. Imagina las razones por las que la empresa ha tomado esta decisión. ¿Qué consecuencias supone para los empleados?

Recursos

Sustantivos

- el coste salarial
- el descontento: *le mécontentement*
- la deslocalización
- el/la empresario(a): *le/la chef d'entreprise*

Verbos y expresiones

- abaratar los costes: *réduire les coûts*
- desp<u>e</u>dir (i) a: *licencier*
- estar en el paro: *être au chômage*

Gramática activa

Usted(es) → Précis 17

Observa

- ***No*** *me lo* ***diga****.*
- ***Saben ustedes****...*
- *Lo que* ***está diciendo*** *es que* ***su marido*** *compra...*

- ***Usted*** et ***ustedes*** traduisent le « vous » de politesse français qui est utilisé pour s'adresser à une ou plusieurs personnes que l'on vouvoie. ***Usted/ustedes*** correspondent aux troisièmes personnes du singulier et du pluriel.
- Le « vous » français, qui est utilisé pour s'adresser à plusieurs personnes que l'on tutoie individuellement et qui correspond à la 2e personne du pluriel, est traduit par ***vosotros(as)***.
- Il faut employer les pronoms compléments et les possessifs qui correspondent à ces personnes.

Practica

Transforme *vosotros* en *ustedes*. Attention aux autres éléments de la phrase (possessifs, pronoms).

a. No habéis terminado vuestro trabajo.

b. Comunicáis y así os enteráis de lo que tenéis que hacer.

→ Autre exercice p. 60

¡Y ahora tú!

Expreso mi enfado a un empresario

Asistes a una reunión con un empresario que tiene la intención de deslocalizar su fábrica. Con cortesía, le llamas la atención y le manifiestas tu enfado.

→ *Oiga señor... me he enterado de que usted...*

→ *No tiene usted vergüenza...*

→ *Fichier de l'élève, p. 14*

B1 La nueva conquista

Cartel de una conferencia sobre la implantación de las multinacionales españolas en América Latina

Datos culturales

A partir de 1990, las **empresas multinacionales españolas** aumentaron su capital comprando empresas latinoamericanas. Actualmente, ocho empresas líderes en los sectores de la energía (Repsol, Gas Natural, Iberdrola, Unión Fenosa, Endesa), de la banca (BBVA, Santander) y de las telecomunicaciones (Telefónica) representan el 80% de la inversión española en América Latina.

- *BBVA: Banco Bilbao Vizcaya Argentaria*
- *Grupo Agbar: grupo especializado en el ciclo integral del agua*
- *Cauca: región de Colombia con fuentes de agua y potencial para la generación de energía hidráulica*

Mira y exprésate

1. Describe brevemente el documento y precisa lo que anuncia.
2. Deduce qué temas abordará y desde qué punto de vista.
3. ¿A qué acontecimiento histórico se refiere?
4. Explica por qué la llegada de las empresas multinacionales españolas puede considerarse como un "nuevo desembarco".

Recursos

Sustantivos
- una carabela
- la explotación
- las ganancias: *les bénéfices*
- las riquezas naturales
- las velas

Adjetivos
- imperante: *dominant(e)*

Verbos y expresiones
- apoderarse de: *s'emparer de*
- arrebatar las tierras: *prendre les terres*
- causar estragos: *faire des ravages*
- navegar

Lo que puede el petróleo

He conocido a un ejecutivo petrolero. Es uno de esos hombres que de sólo verlos sabes que viaja en Business Class. Y le he dicho:

–¿Y cómo les va con Hugo Chávez[1]?

–Genial. No molesta para nada.

No esperaba esa respuesta.

–¿Cómo que no?

–Tiene un montón de dinero del petróleo y hace proyectos de asistencia social. Pero con nosotros no se ha metido[2]. Chávez ha convencido a todo el mundo de que ha hecho grandes cambios, pero la estructura de la propiedad sigue igual. [...] El precio del petróleo está muy alto –dice al fin–. El margen[3] que deja es bastante. Y también es capital político. Chávez regala petróleo a Cuba, pero con eso sostiene a los médicos y profesores[4] que le dan popularidad. En el plano internacional, su petróleo barato lo hace imprescindible para los países más industrializados de la región. Evidentemente, quiere ampliar su margen en detrimento de las empresas privadas. Lo mismo Evo[5]. Es lógico. Es rentable por donde lo mires[6].

–¿Y ustedes no están furiosos?

–Lo damos por sentado[7]. Forma parte de un Estado soberano. En España los hidrocarburos también son del Estado. En Chile, el cobre, principal recurso natural, es del Estado.

Santiago RONCAGLIOLO (escritor peruano), *Jet Lag*, 2007

1. Presidente de Venezuela
2. *(fam) il ne nous embête pas*
3. *La marge (de bénéfice)*
4. cubanos (→ datos p. 223)
5. Evo Morales, presidente de Bolivia
6. *quoi qu'il en soit, de toute façon*
7. *(fig.) On l'accepte*

LEE Y EXPRÉSATE

1. Identifica a los protagonistas y define el tema de la conversación.
2. Explica qué le sorprende al narrador. (l. 1-5)
3. Aclara por qué Hugo Chávez no molesta a las multinacionales petroleras. ¿Quién hace como él?
4. ¿Qué representa el petróleo para Hugo Chávez ? (l. 10-14)
5. ¿A cambio de qué le regala Chávez petróleo a Cuba?

RECURSOS

Sustantivos
- el beneficio

Adjetivos
- popular

Verbos y expresiones
- aprovecharse de: *profiter de*
- dar/producir dinero: *rapporter de l'argent*
- ganarse la simpatía
- regalar = ofrecer

Gramática activa

Ser et *estar* → Conjugaisons p. 252, Précis 29

Observa

- ***Es lógico. Es rentable.***
- ***Están furiosos.***
- *El precio del petróleo **está** muy **alto**.*

● Le verbe ***ser*** est utilisé pour exprimer une qualité essentielle, définir, caractériser.
Ser est toujours employé avec des adjectifs comme: *cierto, evidente, fácil, frecuente, imposible, improbable, indispensable, interesante, necesario, posible, preciso, probable...*

● Le verbe ***estar*** est utilisé pour décrire un état, souvent passager, correspondant à une circonstance et sans valeur de caractérisation.

Practica

Choisis entre *ser* et *estar*. Emploie le présent.

a. ... cierto que Bolivia ... un país que posee muchas riquezas.
b. ... evidente que los ejecutivos petroleros ... satisfechos.

→ Autre exercice p. 60

¡Y ahora tú!

Expreso mis preocupaciones por la implantación de una multinacional

Eres latinoamericano(a) y te acabas de enterar de la implantación de una multinacional española en tu país. Estás preocupado(a) por las consecuencias de esta llegada y se lo comentas a un(a) compañero(a).

→ *Estoy muy preocupado(a) por...*
→ *La llegada de... es un desastre para...*

→ *Fichier de l'élève, p. 14*

B1 El proyecto Yasuní

1 Observa la fotografía

a. Di qué representa el cartel e imagina a qué se refiere la expresión "oro verde".

2 Escucha e identifica

b. El documento es... Trata de... He oído las voces de...

c. Identifica el léxico relacionado con el medio ambiente y la explotación del petróleo.

3 Profundiza

d. Di quién lanzó el proyecto Yasuní-ITT, cuándo y en qué consiste.

e. Explica cómo Ecuador prevé realizar este proyecto.

f. ¿Qué quieren las empresas ecuatorianas y las multinacionales? ¿Por qué?

g. Precisa el punto de vista de Ivonne Baki.

h. Destaca los logros del proyecto y lo que queda por hacer.

Horizonte BAC

Resume en francés

Redacta en francés todo lo que has entendido de la grabación.

→ *Fichier de l'élève p. 13*

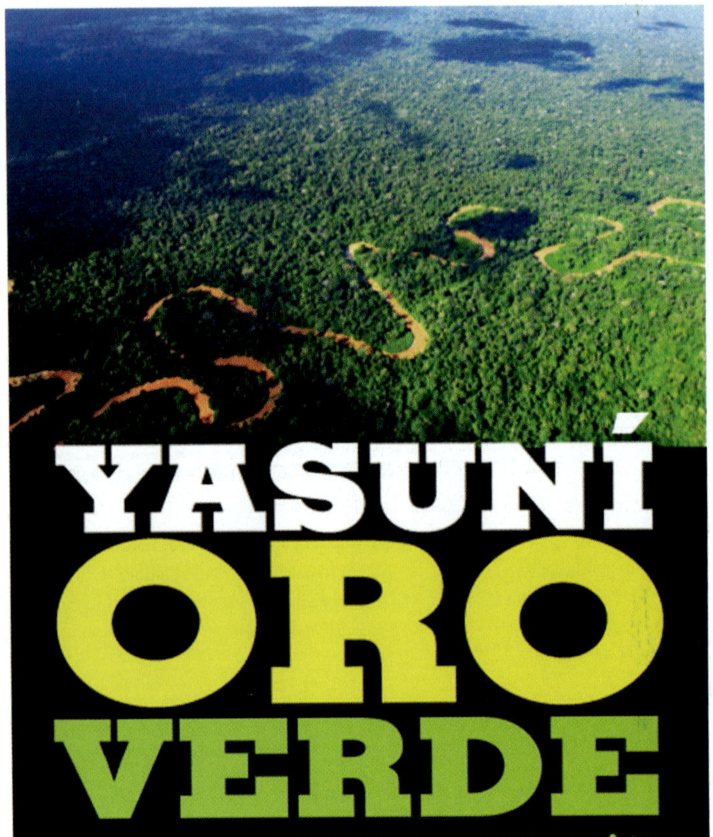

Campaña de protección del parque Yasuní

RECURSOS

Sustantivos
- una compensación financiera
- los gases de efecto invernadero: *les gaz à effet de serre*
- el liderazgo: *la direction, le contrôle*
- los logros: *les réussites*
- el medio ambiente = el entorno
- el oro negro
- un yacimiento petrolífero: *un gisement de pétrole*

Adjetivos
- catastrófico(a)
- irreversible

Verbos y expresiones
- dañar: *nuire (à)*
- ejercer una presión
- extraer: *extraire*
- gestionar: *gérer*

Fonética

a. **Escucha las palabras y clasifícalas según la "r" se pronuncie de manera suave [r] o de manera fuerte [rr].**

b. **¿Qué deduces? Repite estas palabras en voz alta.**

¿Ecología profunda?

Douglas Tompkins se dedica a comprar centenares de miles de hectáreas de tierras más o menos vírgenes, sobre todo en el cono sur de América Latina, para asegurar su conservación y restauración. Tompkins milita en lo que se llama *deep ecology* (ecología profunda). El filántropo tiene que pelear[1] día a día para convencer a vecinos y autoridades de que realmente aspira a entregarles en algún momento ese formidable legado[2] y de que no está acumulando esa inmensa cantidad de suelo, agua y aire en beneficio de nadie en particular, sino del planeta.

Su primer gran y polémico proyecto conservacionista le llevó a Chile donde compró 298 000 hectáreas de hermosísimos valles, montes y bosques para crear el espectacular Parque Pumalín, la mayor reserva privada del mundo.

La segunda gran operación es esta, en los Esteros del Iberá, un terreno pantanoso[3] completamente distinto al chileno, en el corazón de una de las provincias más tradicionales y conservadoras de Argentina, donde ha sido acogido con gran recelo y revuelo[4].

A Tompkins parece importarle muy poco que le tengan simpatía o no. "Yo no les compré esta tierra (139 000 hectáreas) a pequeños productores endeudados sino a grandes terratenientes y hacendados[5]", recuerda. Douglas Tompkins tiene 67 años y una figura delgada y fibrosa que responde muy bien a su historial de antiguo alpinista. Resulta más raro imaginarle como astuto empresario textil californiano, pero eso es exactamente lo que hizo durante muchos años y de donde sacó su fortuna.

El País Semanal (revista española), *28 de noviembre de 2010*

1. *se battre*
2. *héritage*
3. *marécageux*
4. desconfianza y agitación
5. *propriétaires terriens*

Lee y exprésate

1. Presenta a Douglas Tompkins, di a qué se dedica y para qué.
2. Explica cómo intenta convencer a los vecinos y a las autoridades de su buena fe. (l. 1-8)
3. Lista sus grandes proyectos. (l. 9-16)
4. En tu opinión, ¿son desinteresados los proyectos de Douglas Tompkins?

Recursos

Sustantivos
- el patrimonio

Verbos y expresiones
- entregar: *remettre*
- especular: *spéculer*
- pretender
- ser un amante de: *être amateur de*
- tener (ie) la intención de
- trasmitir

Gramática activa

No... sino → Précis 35

Observa

- **No** *está acumulando en beneficio de nadie en particular* **sino** *del planeta.*
- **No** *le compré esta tierra a pequeños productores* **sino** *a grandes terratenientes.*

Lorsqu'un élément ou une phrase sont négatifs et que l'adversatif "mais" implique l'opposition de deux éléments, ce "mais" ne se traduit pas par *pero* mais par ***sino***.

Practica

Emploie *pero* ou *sino*.

a. Son grandes terratenientes ... quieren preservar la naturaleza.
b. Durante muchos años, este hombre no fue un terrateniente ... un empresario textil.

→ Autre exercice p. 60

¡Y ahora tú!

Me entusiasmo por un proyecto ecológico

Imagina que acaba de tocarle la lotería a un(a) amigo(a) tuyo(a) y te cuenta su intención de comprar una parte de la selva amazónica para salvarla. Él/ella lo justifica, y tú le expresas tu entusiasmo. Imaginad el diálogo.

→ *No me voy a comprar coches de lujo sino que voy a invertir en...*
→ *¡No me lo creo! En serio vas a...*

→ *Fichier de l'élève, p. 15*

B1 La energía es el motor del mundo

El presidente del gobierno de España se entrevista con su antiguo maestro de economía.

Deforestación de la selva amazónica

–Hoy mi ministro de Energía me ha confirmado algo y es que dentro de poco España puede tener verdaderos problemas a causa de nuestra deficitaria producción de energía… No tenemos ninguna fuente…

El presidente, que deseaba contarlo todo, estaba obligado a callar ciertas cosas; por ello, el maestro decidió ser él mismo quien lanzara cuestiones al aire.

–La energía es el motor del mundo. Quien tiene la energía tiene un gran poder. […] Y, a pesar de que ciertas voces hablen de sostenibilidad y reducción del consumo de energía, y aquí podríamos incluir todo el tema de las emisiones nocivas y perjudiciales para el medio ambiente, los países que la poseen no dejarán de realizar actividades que consuman recursos energéticos. ¿Y sabes por qué? Por supuesto que lo sabes. Pues porque las actividades que dan riqueza de verdad a un país son aquellas que necesitan energía: industria pesada, industria media e incluso industria ligera. Porque un país que venda artesanía o telares caseros[1] confeccionados con tejidos naturales nunca se enriquecerá con ello. ¿Te acuerdas de cuando fui a la Universidad de Costa Rica durante un año como asesor[2] del Gobierno? Pues aprendí cosas como éstas. Los Países Bajos dan un montón de dinero a América Central para que mantenga sus bosques y no los talen[3]. ¿Sabes por qué? Porque si talan aumenta la temperatura terrestre, provocando la llegada del deshielo[4] y con ello la inevitable consecuencia de la subida del nivel del mar. Los diques cederían y los Países Bajos desaparecerían… Aun así nadie para de consumir energía, ni siquiera ellos.

–Es cierto, opino lo mismo que usted –dijo el presidente–, si seguimos así tendremos que poner en marcha un plan de energía nuclear por falta de gas y de petróleo. Y aunque estamos investigando sobre energías alternativas… […]

–Me vas a decir que no son rentables, ¿verdad hijo? Me vas a decir que las energías renovables no son capaces de satisfacer toda la demanda que genera nuestro país y que además agotan los recursos económicos, porque un kilovatio producido por energía nuclear vale, digamos, uno, y un kilovatio obtenido a partir de las energías renovables vale cincuenta. ¿Es así?

José Luis GALAR (escritor español), *Angelitos negros*, 2011

1. *(ici) des tissages artisanaux*
2. consejero
3. *qu'on ne les abatte pas*
4. *la fonte des glaces*

Comprensión escrita guiada

Antes de leer

1 Observa la fotografía y di qué representa. ¿Qué consecuencias ambientales tiene esta actividad?

2 A partir de estas palabras, explica en una frase lo que es el calentamiento global.
el aumento – la temperatura media – los gases de efecto invernadero – las actividades humanas

Lee

3 Se trata de un diálogo entre:
a. un ministro y un presidente **b.** un padre y su hijo
c. un profesor y un presidente

4 ¿Quién tutea a quién?

5 El tema de la conversación es:
a. la puesta en marcha de un plan de energía nuclear.
b. el déficit energético de España en los próximos años.
c. la contaminación producida por la energía nuclear.

6 Busca en el texto:
a. Las consecuencias de las actividades que consumen recursos energéticos.
b. Las medidas para evitar estas consecuencias.
c. Las alternativas limpias a los recursos energéticos clásicos.

Profundiza

7 Escoge la respuesta correcta:
a. Los países con recursos energéticos quieren: reducir su consumo – seguir desempeñando actividades.
b. Un país puede enriquecerse con: la industria – la artesanía.
c. América Central recibe dinero de los Países Bajos a cambio de: deforestar sus bosques – dejar sus bosques intactos.
d. Los Países Bajos pueden desaparecer a causa: de la falta de solidez de los diques – del cambio climático.
e. Si España sigue consumiendo tanta energía tendrá que desarrollar: la energía nuclear – las energías renovables.

Resume y exprésate

8 Di por qué el presidente está preocupado y de qué quiere convencerle el maestro.

9 Explica por qué los países que tienen energía no tienen intención de reducir sus actividades.

10 Describe las consecuencias de estas actividades citando ejemplos concretos.

11 ¿Qué están dispuestos a hacer los Países Bajos para no dejar de consumir energía?

12 Según el presidente, ¿qué única opción energética tiene España si sigue consumiendo tanta energía? Justifica por qué.

Expresión escrita guiada

Redacto el final de un diálogo
El presidente reconoce el coste de las energías renovables pero no quiere renunciar a esta solución. Intenta convencer al maestro de que, en el futuro, estas energías serán el motor del mundo. El maestro está de acuerdo con él o no, tú decides.

13 El presidente expone su punto de vista y lo defiende.
–Así es…sin embargo las energías renovables son…
–A largo plazo, las energías renovables no sólo permitirán… sino…

14 El maestro se entusiasma/expresa dudas acerca de los argumentos del presidente.
–Tienes razón hijo…pero… aunque…/Estoy de acuerdo contigo…a pesar de que…/yo no pienso lo mismo que tú… /no estoy de acuerdo con…

15 Terminan despidiéndose.
–Perdona, lo siento es que… hablamos otro día.
–Le estoy muy agradecido por…

Gramática activa

Les subordonnées au subjonctif

→ Précis 26-27

Observa

- *No dejarán de realizar actividades* ***que consuman*** *recursos.*
- *Un país* ***que venda*** *artesanía nunca se enriquecerá.*

Le choix du mode subjonctif dans une proposition subordonnée met en évidence une non-réalité ou une action qui s'inscrit dans un devenir. **Attention** à respecter la règle de la concordance des temps. (→ Précis 28)

Practica

Conjugue les verbes au mode qui convient.
a. Ya no se aceptarán energías que … (contaminar).
b. Las fábricas que … (producir) gases tóxicos serán cerradas.

→ Autre exercice p. 60

Recursos

Sustantivos
- el calentamiento: *le réchauffement*
- el efecto invernadero: *l'effet de serre*
- la energía limpia
- el medio ambiente
- los residuos

Adjetivos
- inagotable: *inépuisable*
- renovable: *renouvelable*
- sostenible: *durable*

Verbos y expresiones
- agotar: *épuiser*
- contaminar
- emitir
- respetar
- talar un árbol: *abattre un arbre*

Talleres de comunicación

TALLER DE COMPRENSIÓN ORAL

Canción de Ska-P: *Los hijos bastardos de la globalización*

Objectif B1 : comprendre une chanson dénonçant la mondialisation et le travail des enfants.
: le lexique de l'exploitation économique, l'obligation personnelle et impersonnelle.

Niño obrero en Colombia

1. Primera escucha completa

a. Apunta las palabras relacionadas con la globalización y el trabajo y define el tema de la canción.

2. Segunda escucha (dos primeras estrofas y estribillo)

b. Di quién habla y qué nos cuenta.
c. Explica a quiénes hace referencia la palabra "víctimas".
d. ¿Qué relación tienen estas víctimas con la globalización? ¿Por qué?

3. Tercera escucha (final de la canción)

e. Identifica quiénes son las "máquinas robotizadas produciendo sin parar".
f. Describe la actitud de los occidentales con respecto a este tema.

4. Cuarta escucha completa

g. Aclara ahora el título de la canción "Los hijos bastardos de la globalización".
h. Explica las intenciones del cantante cuando dice "Te importa a ti, me importa a mí".

RECURSOS

Sustantivos
- la economía de mercado
- la globalización: *la mondialisation*
- la productividad

Adjetivos
- indiferente

Verbos y expresiones
- avergonzarse (üe): *avoir honte*
- denunciar
- explotar: *exploiter*

TALLER DE INTERACCIÓN ORAL

Un mundo sin distancias

Objectif B1 : participer à un débat sur les nouvelles technologies.
: le lexique de l'Internet, de l'éducation et de la culture, le futur et le conditionnel, *no... sino*.
Temps de parole: 10 minutes — En groupe

Trabajar sin distancias

Participas en la mesa redonda:
Tecnologías e Internet, un mundo sin distancias.

1. Preparación

a. En cada grupo, uno hace de moderador.
b. Los demás eligen una profesión (periodista, empresario, profesor...) y una nacionalidad (español, argentino, peruano, ...)
c. Cada profesional lista los beneficios de las nuevas tecnologías en su oficio.

2. Debate

d. El moderador presenta a los participantes y el tema de la mesa redonda.
e. Cada participante da su visión del tema, intercambia con los demás y contesta las preguntas de la sala.
d. El moderador concluye resumiendo lo esencial y abriendo pistas de reflexión.

RECURSOS

Sustantivos
- la democratización de la información
- la enseñanza a distancia

Adjetivos
- accesible

Verbos y expresiones
- acortar distancias: *réduire les distances*
- contactar con: *contacter*
- ganar tiempo
- reducir costes: *réduire les coûts*

Taller de Internet

TICE

Presenta un proyecto internacional de preservación del medio ambiente

Conéctate a: http://yasuni-itt.gob.ec/

1. Busca información

a. Haz clic en *¿Qué es la iniciativa?* Sitúa el parque y di en qué consiste la iniciativa.
b. Pincha en *¿Por qué Ecuador propone la iniciativa?* y explica sus objetivos.
c. Haz clic en *¿Cómo funciona la iniciativa?* y explica su funcionamiento.
d. Pincha en *¿Qué puedo hacer yo?* Di cuál es la situación del proyecto y muestra en qué aspectos es globalizante.

2. Haz una presentación oral

e. Prepara tu presentación tomando notas.
f. Presenta oralmente tu trabajo a la clase.

RECURSOS

Sustantivos
- la biodiversidad
- el cambio climático: *le changement climatique*
- un compromiso: *un engagement*
- el desarrollo: *le développement*

Adjetivos
- sustentable (am.) = sostenible: *durable*

Verbos y expresiones
- explotar: *exploiter*
- invertir (ie, i): *investir*
- involucrar(se): *(s') impliquer*
- preservar

Taller de vídeo

DVD
También la lluvia, Icíar Bollaín, 2010

En un mundo globalizado

El alcalde de Cochabamba recibe al director y a los actores de una película que se rueda en Bolivia.

1. Fíjate

a. ¿Qué representa la escena? Lista a los diferentes protagonistas y sitúa la acción.

2. Mira y escucha

b. Precisa los dos lugares donde transcurre la escena y di qué pasa en cada uno.
c. Precisa las reivindicaciones de los manifestantes y sus amenazas.
d. ¿A qué organismo internacional critica uno de los actores? Indica por qué.
e. ¿Cómo calificarías la intervención de uno de los actores con el alcalde?
correcta – incorrecta – pertinente – impertinente
Explica por qué no le contesta el alcalde.
f. ¿Cómo reacciona el director de la película frente a la situación de los manifestantes?

3. Exprésate

g. ¿En qué medida te permite esta secuencia comprender el impacto de la globalización en la sociedad boliviana?

El agua de Cochabamba es nuestra

RECURSOS

Sustantivos
- el abastecimiento de aguas : *(ici) le service des eaux*
- el alcalde: *le maire*
- el director = el realizador
- los extras: *les figurants*
- una inversión: *un investissement*
- un megáfono: *un porte-voix*
- un presupuesto: *un budget*
- un recibo = una factura

Verbos y expresiones
- amenazar
- discutir: *se disputer*
- rodar (ue) una película: *tourner un film*

Panorama

Globalización El Dorado de las empresas

Implantación de la empresa española Telefónica en Argentina

A

Nueva conquista de las multinacionales españolas

Las grandes empresas españolas han encontrado en Latinoamérica un refugio para esquivar los efectos de la crisis y seguir aumentando su volumen de negocio[1]. Telefónica tiene más de 190 millones de accesos (el 64% de sus clientes). Realiza allí el 46% de sus ventas y se posiciona como operador líder en Brasil, Argentina, Chile y Perú. Gas Natural Fenosa, primera distribuidora de gas natural de Latinoamérica, pretende invertir en la zona 3 000 millones hasta 2014. La empresa eléctrica Endesa hará lo mismo y prevé obtener la mitad de su resultado bruto de explotación de sus negocios en Colombia, Chile, Perú, Brasil y Argentina. Pero el potencial de la zona no está exento de riesgos que dependen de las decisiones arbitrarias de los gobiernos de nacionalizar los recursos naturales, como ya ha ocurrido en Venezuela o Bolivia. Sin embargo, el futuro se juega al otro lado del Océano Atlantico.

1. *chiffre d'affaires*

Para saber más: http://www.telefonica.com/
http://www.endesa.com/

B

Energías renovables y oportunidades de negocio

España se ha posicionado como un referente tecnológico a escala mundial gracias al destacado papel que desempeña en el desarrollo de las energías renovables: eólica, hidroeléctrica, solar fotovoltaica, biocarburantes… Este liderazgo[1] le está ofreciendo nuevas oportunidades de negocio en el exterior sobre todo en Estados Unidos donde el presidente Barack Obama le ha abierto puertas. Este país está viviendo un boom imparable en la fotovoltaica, especialmente en los Estados del suroeste, desde California hasta Tejas. Estados Unidos es también el primer mercado al que exportan empresas españolas especializadas en la energía eólica como Acciona e Iberdrola Renovables. Todas estas empresas cuentan con el apoyo del Ministerio de Industria, Turismo y Comercio que ha diseñado el plan "Made in Spain" para promocionar la imagen y los intereses de las empresas españolas en EU.

Paneles españoles en la base de Nellis (EE.UU.)

1. *leadership*

Para saber más: http://www.frv.com/sp/home
http://www.iberdrola.es/

C

Cadena de televisión mexicana La Sexta en España

El boom de las "multilatinas"

En Europa, asistimos al desembarco progresivo de los grandes grupos de Latinoamérica. Este viaje hacia Europa lo protagonizan sobre todo grupos brasileños y mexicanos. En España están presentes la cementera mexicana Cemex, la petrolera Pemex (con el 3% del capital de Repsol), el productor de cerveza Modelo (Coronita) y la compañía de medios de comunicación Televisa (La Sexta). Hay varias multinacionales brasileñas instaladas ya en España a través de compañías españolas adquiridas como el grupo multisector Camargo Correa, que factura[1] unos 10 000 millones de dólares y extiende sus actividades desde la moda hasta la construcción, pasando por el cemento, las concesiones, la electricidad, los astilleros[2], el petróleo o la siderurgia. También empresas emergentes de Chile empiezan a tener dimensión y prestigio.

1. *qui enregiste un chiffre d'affaires* 2. *les chantiers navals*

Para saber más: http://www.pemex.com/
http://www.camargocorrea.com.br/

D

Confianza y competitividad

La nota atribuida por las agencias calificadoras[1] es importante para un país porque da confianza a los inversores, quienes la consideran como una señal de salud económica y fiabilidad. Chile y México tienen buenas calificaciones ya desde hace años. A pesar de la crisis de 2007, cuatro países han obtenido también notas favorables: Brasil, Perú, Panamá y últimamente Colombia.

Una inversión extranjera bien orientada permite a estos receptores aumentar la productividad y la competitividad a través de la promoción de exportaciones. Con la inversión no sólo llegan capitales, sino que además viene tecnología, buenas prácticas, que es precisamente lo que Latinoamérica necesita.

Empresas exportadoras de flores en Colombia

1. *agences de notation*

¿A ver si lo sabes?

1. Enumera los países donde invierte España y explica por qué las inversiones son arriesgadas en Venezuela o Bolivia. **(A)**
2. ¿Qué perspectivas le ofrece a España ser un referente en materia de energías renovables? **(B)**
3. Explica lo que es una "multilatina". ¿De dónde son, dónde se implantan y en qué sectores de actividad? **(C)**
4. ¿Por qué es tan importante la nota de calificación para los países latinoamericanos? **(D)**
5. Apoyándote en los cuatro documentos, explica el título "Globalización, El Dorado de las empresas".

Lengua activa

Les adverbes en *-mente*

→ *Gramática activa* p. 45 , Précis 40.H

1 Transforme les adjectifs en adverbes.

a. Este ordenador es … (exacto) lo que necesitas.

b. Se traducen estos textos … (automático).

c. Las viejas librerías se transforman … (irremediable) en tiendas y cafeterías.

d. Descargas … (ilegal) estos programas.

e. Nos hablaba … (constante) de su trabajo.

f. La empresa quiere … (único) proteger los puestos de trabajo.

Le futur et le conditionnel

→ *Gramática activa* p. 47, Précis 18.B, 19

2 Conjugue ces verbes au futur.

a. Yo te … (decir) lo que esperamos.

b. En el futuro, las tecnologías … (ofrecer) cada vez más oportunidades.

c. Estos sistemas ... (convertirse) en los mejores del mundo.

d. Nosotros … (poder) trabajar en casa con el ordenador.

e. Estas viejas librerías … (desaparecer) si no hacemos nada para protegerlas.

f. En la universidad vosotros ... (estudiar) y … (aprender) otras lenguas.

3 Conjugue les verbes au conditionnel.

a. Me ... (gustar) hablar muchos idiomas.

b. Con más tiempo, yo … (explicarle) lo que no comprende y … (darle) consejos.

c. Nosotros … (tener) interés en conocer las nuevas tecnologías.

d. Para reducir la contaminación, …(ser) necesario no consumir tanta energía.

e. Estos países … (deber) hacer esfuerzos.

f. Vosotros … (viajar) si lo pudierais.

Usted(es)

→ *Gramática activa* p. 49, Précis 17

4 Transforme *vosotros* en *ustedes*. Attention aux autres éléments de la phrase (possessifs, pronoms) ainsi qu'aux temps des verbes.

a. Vosotros queréis conocer más lenguas.

b. Contáis con muchas ayudas porque sois técnicos.

c. Con vuestro compromiso, pudisteis obtener estas nuevas normas.

d. Estáis construyendo un mundo nuevo gracias a vuestros esfuerzos.

e. ¿Os acordáis de cuándo fuisteis a Perú?

f. Vuestra región permite que os vayáis a otros países.

Ser et *estar*

→ *Gramática activa* p. 51, Précis 29

5 Emploie *ser* ou *estar* comme il se doit. Conjugue-les au présent.

a. Las nuevas tecnologías … instrumentos indispensables.

b. El petróleo … un recurso que … en Bolivia.

c. En el Congreso, una mujer indígena … explicando las especificidades de su país.

d. Estas comunicaciones … físicas o virtuales.

e. Este terreno pantanoso … en Chile.

f. La energía … imprescindible para que nosotros … eficaces.

No... sino

→ *Gramática activa* p. 53, Précis 35

6 Emploie *pero* ou *sino*.

a. Las nuevas tecnologías no son inútiles … indispensables.

b. Los usuarios no son pocos … numerosos.

c. No hablo el aymara … el quechua.

d. Las viejas librerías no deben cerrar … mantenerse abiertas.

e. El petróleo es importante … existen otras energías que no son sucias.

f. No queréis comportaros como egoístas ... como gente responsable.

Les subordonnées au subjonctif

→ *Gramática activa* p. 55, Précis 27.B

7 Conjugue les verbes au subjonctif présent.

a. Será interesante un nuevo sistema que ... (permitir) comunicar más fácilmente.

b. Es posible que aparezcan nuevas tecnologías que ... (cambiar) nuestra vida cotidiana.

c. Los empresarios que lo ... (querer) podrán vender sus producciones.

d. No se aceptarán energías que ... (contaminar) el medio ambiente.

e. Cualquier trabajo que no... (ser) rentable desaparecerá.

f. Las nuevas generaciones seguirán protegiendo a los que lo … (necesitar).

8 Complète les phrases avec un verbe au subjonctif.

a. Las nuevas tecnologías permiten que vosotros…

b. Puede que la globalización…

c. Es indispensable que los gobiernos…

d. Los jóvenes tienen conciencia de la necesidad de proteger la naturaleza y por eso quieren que…

e. Ya que unas energías contaminan, es necesario que...

f. Costa Rica protege el entorno porque piensa que es indispensable que nosotros...

Léxico

Fichier de l'élève p. 15

Con las palabras siguientes,

1. **Di qué permite la red. (columna I)**
2. **Indica qué incidencias puede tener la globalización. (columna II)**
3. **Explica por qué parece necesaria la industrialización. (columna III)**
4. **¿Cuáles son las prioridades de las multinacionales? (columna IV)**
5. **Precisa cómo se puede reducir el calentamiento global. (columna V)**

I – LAS NUEVAS TECNOLOGÍAS
el blog
el correo electrónico
las páginas web
el proveedor de acceso
la red (Internet)
las redes sociales
interactivo(a)
enviar mensajes

II – LA GLOBALIZACIÓN
la deculturación
la deslocalización
el mundo global
idéntico(a)
uniforme
hacer negocios
perder (ie) una identidad
sacar provecho de

III – LA INDUSTRIALIZACIÓN
las empresas
las energías limpias/sucias
el progreso industrial
un valor económico
indispensable
sostenible
dar trabajo
mejorar las condiciones de vida

IV – LAS MULTINACIONALES
la industria petrolífera
el liderazgo
la rentabilidad
internacional
competir (i) con otras empresas
desarrollarse
explotar
enriquecerse

V – EL CALENTAMIENTO GLOBAL
el cambio climático
el ecosistema
el efecto invernadero
la emisión de gases tóxicos
el planeta
los recursos naturales
proteger el medio ambiente
promover (ue) el desarrollo sostenible

Un cibercafé en Bolivia

Proyecto final

Preparad una presentación pública sobre el impacto de la globalización en un país hispánico.

Participáis en una cumbre de los países hispánicos sobre el tema "Globalización ¿una oportunidad o un freno para nuestros países?"

→ Formad grupos y reunid el material necesario para vuestra presentación (textos, fotos, grabaciones...).

→ Cada grupo elige un país hispánico (España, Ecuador, Perú, Venezuela, Colombia...).

→ En cada grupo, repartid los papeles entre detractores y defensores de la globalización y de las incidencias en vuestro país (económicas, sociales, culturales, medioambientales...).

→ Preparad la estructura de la presentación según las siguientes etapas: formalidades (saludo, presentación de cada alumno del grupo, contextualización del tema, sumario del desarrollo de la presentación), desarrollo y conclusión.

→ Presentad vuestro trabajo al resto de la clase.

Evaluación

→ Fichier de l'élève, p. 16

Comprensión oral

Tratados de libre comercio en América Latina

→ **Objectif B1**: comprendre un point de vue sur les traités de libre échange.

Escucha la grabación y contesta las preguntas.

A2
- **a.** Apunta el tema de la entrevista.
- **b.** Según el periodista, ¿con qué argumento defendieron estos tratados los políticos?
- **c.** Lista los sectores a los que pertenecen las empresas españolas implantadas en América Latina.

B1
- **d.** Di lo que exigen estas empresas.
- **e.** Según Héctor León Moncayo, ¿quiénes ganan en estos acuerdos? ¿Qué deduces a propósito de estos tratados?

Los Príncipes de Asturias de viaje en Perú para desarrollar relaciones empresariales

Comprensión escrita

Explotación petrolera en Guatemala

→ **Objectif B1**: comprendre les difficultés rencontrées par une multinationale pétrolière implantée en Amérique latine.

Durante varios días, él y John hubieron de asistir a largas reuniones con directivos de la Texoil. Había dudas sobre si seguir o no con las explotaciones en Guatemala. De una parte, la situación política ponía en cuestión los intereses de la Compañía y, en general, de las empresas estadounidenses en el país. Un par de meses antes, un finquero[1] norteamericano había sido asesinado por la guerrilla en una localidad de Baja Verapaz y ello había creado serias inquietudes en los Estados Unidos. Por otra parte, los índices de producción de los pozos[2] de Guatemala se mantenían bajos y, de momento, la situación de la Texoil en el país continuaba deficitaria.

En las oficinas de aquel alto y moderno edificio del centro de Ciudad de Guatemala, Manuel discutió durante horas con técnicos y directivos llegados desde Houston. Exageró el alcance de sus investigaciones[3] y el optimismo de sus pesquisas[4]. Aventuró la posibilidad de encontrar en breve plazo algún yacimiento importante. Expresó su fe en la bondad[5] petrolífera de los bosques que rodeaban El Naranjo. Tal vez nada de cuanto dijo sirvió para mucho pero la Compañía, sin cerrar la posibilidad de retirarse de Guatemala en los próximos meses, pareció concederse un nuevo plazo.

La última noche antes de regresar al campamento, él y John cenaban en un restaurante.

–No entiendo por qué no deseas irte, John.

-¿Y qué haría? La Compañía tiene pozos en Arabia, en Oriente, en África… sí, hay lugares donde ir. Pero están lejos, muy lejos, y lo de aquí, además, sería un fracaso.

Javier REVERTE, *escritor español*, El aroma del copal, 2000

Lee el texto y contesta.

A2
- **a.** Di quiénes son los protagonistas, dónde están y en qué empresa trabajan.

B1
- **b.** Explica por qué la compañía tenía la intención de abandonar el país.
- **c.** Apunta los argumentos que Manuel expuso a sus directivos para que la compañía no se fuera.
- **d.** ¿Por qué querían los dos protagonistas que la empresa se quedara?

1. *un propriétaire terrien*
2. *des puits de pétrole*
3. *la portée de ses recherches*
4. *enquêtes*
5. *(ici) la richesse*

EXPRESIÓN ORAL

Monopolios petroleros

→ **Objectif B1 :** donner son opinion sur la pertinence d'une couverture.

Temps de parole : 4 minutes

A2
1. Apunta los elementos que componen esta portada.
2. ¿Qué simboliza la mano que está escurriendo el continente suramericano?
B1
3. Aclara lo que denuncia esta portada. ¿Te parece acertada? Justifica tu respuesta.

Memoria de los seminarios del CEDIB (Centro de documentación e información Bolivia)

INTERACCIÓN ORAL

Entrevistar a un manifestante

→ **Objectif B1 :** interviewer un manifestant qui est contre la délocalisation de son entreprise.

Temps de parole : 3 minutes

En binôme

Con un(a) compañero(a), imaginad la entrevista.

B1
Alumno A: Eres periodista y entrevistas a un(a) empleado(a) que se manifiesta contra la deslocalización de su empresa a Asia. Le pides información sobre: su cargo en la empresa, el tiempo que lleva trabajando allí, los motivos de esta deslocalización,...
Alumno B: Eres un(a) empleado(a) de una empresa informática que va a deslocalizar su actividad a Asia. Estás furioso(a) por esta decisión y has decido manifestar con tus compañeros de trabajo. Contestas las preguntas de un periodista.

EXPRESIÓN ESCRITA

Proteger la naturaleza

→ **Objectif B1 :** poster un message sur un forum pour exprimer son inquiétude.

Nombre de mots : 100/120

Dejas un mensaje en un foro para expresar tu preocupación.

Acabas de enterarte de la futura explotación de un yacimiento de petróleo en una reserva natural de un país latinoamericano. Dejas un mensaje en un foro para expresar tus preocupaciones.

B1
a. Saludas a los lectores.
b. Les informas de la noticia de la que acabas de enterarte.
c. Explicas las consecuencias de esta futura explotación para esta reserva natural.
d. Expresas tus preocupaciones.
e. Te despides de los lectores.

→ Fichier de l'élève, p. 17

Compréhension orale

Escuela de Chefs en Lima

CD CLASE — DVD *Escuela de chefs en Lima*

1 Prenez des notes lors des trois visionnages.

a. D'après le titre, imaginez de quoi va parler le document.

→ Premièr visionnage

A1
b. Repérez le nombre de voix et identifiez la nature du document.
c. Notez le thème de ce document.
d. Prenez note de quelques mots-clés en relation avec ce thème.

→ Deuxième visionnage

A2
e. Repérez les principaux éléments qui montrent la variété de la cuisine péruvienne d'aujourd'hui.

A2
f. Notez le nom de l'école de cuisine et le lieu où elle se trouve.
g. Relevez des informations concernant le cursus dans cette école (type d'études, durée).
h. Faites la liste de ses partenaires étrangers.

→ Troisième visionnage

B1
i. Identifiez les objectifs et les atouts de cette école.
j. Expliquez pourquoi les accords avec de prestigieuses écoles étrangères sont importants.

B2
k. Pourquoi un pays comme le Pérou mérite-t-il d'avoir une « École de Chefs » de renommée internationale ?

2 Rendez compte en français, à l'écrit, de ce que vous avez compris de ce document.

Para ayudarte

Attention : le jour de l'épreuve, vous n'aurez pas de consignes pour vous aider à prendre des notes.

- Il s'agit d'un document vidéo. Ce support pourra être proposé pour l'épreuve de compréhension orale du Baccalauréat.
- Les images peuvent vous aider à mieux comprendre le sujet et son développement, mais attention à ne pas vous laisser distraire. Il s'agit d'une épreuve de compréhension orale et aucun commentaire d'ordre visuel n'est attendu dans votre compte rendu.
- Soyez attentif(ive) au titre qui peut être une aide à la bonne compréhension de l'enregistrement.
- Repérez les principaux axes du document pour construire votre compte rendu : la cuisine péruvienne, « l'École de Chefs » de Lima (objectifs, cursus, atouts).
- Mettez en relation les questions **e** et **i** pour répondre à la question **k**.

Expression orale

Lors de votre exposé, puis de l'entretien avec l'examinateur qui en découlera, vous pourrez aborder les notions du programme **Espaces et échanges**, **Lieux et formes du pouvoir** et **L'idée de progrès** grâce à l'unité ***Mundo global***, à travers, par exemple, les problématiques suivantes :

NOTION 1 Espaces et échanges (*Espacios e intercambios*)

Problématique

- **La globalización ¿una oportunidad para las multinacionales?**

Para ayudarte

- **En vous appuyant sur les documents que vous aurez étudiés dans l'unité, vous pourrez développer les points suivants :**

1. Deslocalizar para aumentar productividad y competitividad.
   –Fabricar a bajo coste p. 48
   –Protesta contra el cierre de una empresa en Burgos p. 49
   –Los hijos bastardos de la globalización, *Taller* p. 56
2. La conquista de nuevos mercados.
   –La nueva conquista p. 50
   –Globalización, El Dorado de las empresas, *Panorama* p. 58-59

- **Pensez à utiliser le lexique de la mondialisation et des multinationales.**

Autre problématique que vous pourrez aborder

- **Nuevas tecnologías: el motor de la globalización**
  - –Redes sociales para todos los gustos p. 44
  - –Ampliar lazos p. 45
  - –Fabricar a bajo coste p. 48
  - –Un mundo sin distancias, *Taller* p. 56

NOTION 2 Lieux et formes du pouvoir (*Lugares y formas del poder*)

Problématique

- **¿Es responsable la globalización de una explotación desenfrenada?**

Para ayudarte

• **En vous appuyant sur les documents que vous aurez étudiés dans l'unité, vous pourrez développer les points suivants :**

1. La búsqueda de una mano de obra cada vez más barata.
   - –Fabricar a bajo coste p. 48
   - –Protesta contra el cierre de una empresa en Burgos p. 49
   - –Los hijos bastardos de la globalización, *Taller* p. 56
2. La guerra por los recursos naturales.
   - –La nueva conquista p. 50
   - –Lo que puede el petróleo p. 51
   - –En un mundo globalizado, *Taller* p. 57
3. Las consecuencias medioambientales y las soluciones.
   - –Proyecto Yasuní p. 52
   - –¿Ecología profunda? p. 53

• **Pensez à utiliser le lexique des multinationales, de l'énergie et de l'écologie.**

Autre problématique que vous pourrez aborder

- **La globalización ¿un paso necesario para la competitividad?**
  - –Fabricar a bajo coste p. 48
  - –Protesta contra el cierre de una empresa en Burgos p. 49
  - –Los hijos bastardos de la globalización, *Taller* p. 56
  - –Confianza y competitividad, *Panorama* p. 59

NOTION 3 L'idée de progrès (*La noción de progreso*)

Problématique

- **La globalización ¿un avance social y cultural?**

Para ayudarte

• **En vous appuyant sur les documents que vous aurez étudiés dans l'unité, vous pourrez développer les points suivants :**

1. Internet y las nuevas tecnologías para crear vínculos.
   - –Redes sociales para todos los gustos p. 44
   - –Ampliar lazos p. 45
   - –Un mundo sin distancias, *Taller* p. 56
2. El drama humano de las deslocalizaciones.
   - –Fabricar a bajo coste p. 48
   - –Protesta contra el cierre de una empresa en Burgos p. 49
3. La cultura uniformizada.
   - –Cultura global p. 46-47

• **Pensez à utiliser le lexique des nouvelles technologies, de l'industrialisation et des multinationales.**

Autre problématique que vous pourrez aborder

- **¿Son compatibles el crecimiento económico y el desarrollo sostenible?**
  - –El proyecto Yasuní p. 52
  - –La energía es el motor del mundo p. 54
  - –En un mundo globalizado, *Taller* p. 57
  - –Energías renovables y oportunidades de negocio, *Panorama* p. 58

→ Fichier de l'élève, p. 18

Texto 1. La globalización amenaza el TIPNIS

La caminata de casi un millar de indígenas en rechazo a la construcción de una carretera por una reserva del Amazonas pone en tela de juicio la vocación de "defensor de la Madre Tierra" de Evo Morales[1] y abre un frente de conflicto con un sector que, siendo minoritario, es el símbolo de mayor peso dentro del electorado que llevó al poder al primer presidente aimara[2]. [...]

En su actual diseño, la carretera, que une Cochabamba y Beni[3] y ha sido adjudicada a una empresa brasileña, atraviesa el corazón del Territorio Indígena del Parque Nacional Isiboro Sécure (TIPNIS), habitado por unas 15.000 personas de las etnias chimane, yuracaré y moxeños.

El lugar alberga una gran riqueza de flora y fauna aún no estudiada ; se trata de una región de densos bosques, ubicada en las estribaciones[4] de la cordillera andina y origen de corrientes hídricas que alimentan los ríos de la cuenca[5] del Amazonas. La carretera, dice el Gobierno, es esencial para la integración del país. Pero se da la circunstancia de que la nueva Constitución, impulsada por el Gobierno, obliga a consultar con los pueblos indígenas cualquier proyecto que les afecte. Los líderes del TIPNIS han expresado su temor a que la carretera abra la vía a una invasión de campesinos cocaleros[6] del Chapare[3] base política del presidente Morales. De hecho, los *colonizadores* están provocando una intensa deforestación para cultivar hoja de coca en otras áreas de esta región, rica en biodiversidad, donde ya se han asentado unos 50 sindicatos de cocaleros.

Mabel AZCUI, *El País*, 17/08/2011

1. Presidente de Bolivia
2. indígena de los Andes
3. Cochabamba, Beni y Chapare son departamentos de Bolivia.
4. *(ici) au pied de*
5. *du bassin*
6. productores de coca

Cartel

Cartel de protesta de TIPNIS en contra del proyecto de carretera

Texto 2. Defensores modernos de la Madre Tierra

En Bolivia los indígenas amazónicos consiguieron en octubre otra victoria paralizando la construcción de la carretera en el TIPNIS, Territorio Indígena y Parque Nacional Isidoro-Secure. Para ello tuvieron que marchar cientos de kilómetros caminando hasta La Paz, recibieron golpes de la policía en más de una ocasión y tuvieron fuertes enfrentamientos con los cocaleros[1] que aprobaban la medida del Presidente Morales.

1. productores de coca

Un último logro que me llama la atención es el de los campesinos en Guatemala, y no por el resultado, que también es positivo, sino por la estrategia. El Congreso de la República aprobó en noviembre el Presupuesto del Estado[2] para 2012, asignándole al Ministerio de Agricultura un incremento sustancial con respecto al año anterior. Una parte de este importe irá destinado a apoyar a campesinos con proyectos de regadío[3], créditos y asistencia técnica. Esta victoria no se consiguió a través de la movilización en la calle sino a través de una magnífica jugada de los campesinos que tuvo como principal estrategia la presión a los diputados [...] a través de una campaña on-line, siendo twitter y facebook fundamentales.

Hasier HERNANDO, *El País*, 29/12/2011

2. *le Budget de l'Etat*
3. *d'irrigation*

Compréhension écrite

A2

1. Los 3 documentos hacen referencia a un proyecto de:
a. implantación de una multinacional brasileña en la selva amazónica.
b. construcción de una carretera que atraviesa un parque natural de Bolivia.
c. lucha contra el narcotráfico en Colombia.

2. Apunta los elementos del texto 1 que indican quién tuvo la iniciativa de este proyecto y cómo lo justificó.

3. Citando los 3 documentos, di quiénes están en contra de este proyecto y qué organizaron para protestar.

4. Los cocaleros apoyan la realización de este proyecto. ¿Verdadero o falso? Justifica tu respuesta con citas de ambos textos.

A2 **5. Este proyecto tiene repercusiones medioambientales. Muéstralo con elementos sacados de los documentos.**

B1 **6. En los documentos, busca tres elementos que muestran que este proyecto cuestiona la vocación de "defensor de la Madre Tierra" del Presidente de Bolivia.**

B2 **7. El texto 2 alude a otra movilización, cítala. Apunta una similitud y una diferencia entre las dos movilizaciones.**

Expression écrite

Vous traiterez obligatoirement les deux sujets.

B1 **1. ¿Te parece normal que el desarrollo económico de un país se haga en detrimento del entorno natural? Desarrolla tu opinión en unas quince líneas.**

Para ayudarte

- Structurez votre texte.
- Donnez votre opinion en vous exprimant à la 1re personne.
- Inspirez-vous des idées contenues dans cette unité pour construire votre argumentation.
- Pensez aux connecteurs pour argumenter :
  –Por un lado, se necesitan energías ... y no se puede dejar de consumir, ya que...
  –Pero por otro lado, las emisiones son nocivas y perjudiciales para el medio ambiente...

B2 **2. Redacta un artículo de prensa sobre las ventajas o los inconvenientes de construir una carretera por el territorio del TIPNIS. (Unas quince líneas)**

Para ayudarte

- Pensez à structurer votre article (*presentar los hechos, aclarar los diferentes puntos de vista, proponer soluciones*)
- Inspirez-vous des documents pour définir les éléments que vous allez développer pour analyser le projet, et utilisez diverses formules pour présenter les faits : *Lo cierto es que... Dicen que... También se considera...*
- Employez l'obligation pour évoquer une ou des solutions : *Es preciso que + subj... Se debe tomar en cuenta que...*

UNIDAD 3

Exilios y migraciones

Activités de communication B1/B2

Écouter
Comprendre un reportage sur les flux migratoires en Espagne.
Comprendre des témoignages d'immigrées latino-américaines en Espagne.

Lire
Comprendre la description d'un exode historique.
Comprendre un texte sur les efforts d'intégration d'un immigré.
Comprendre le récit du voyage d'un clandestin.
Comprendre un texte évoquant les migrations successives d'une famille espagnole.

Parler en continu
Décrire des réfugiés à leur arrivée.
Expliquer les raisons d'une émigration.

Parler en interaction
Interviewer des Espagnols pour connaître les circonstances de leur émigration.
Échanger avec une émigrée latino-américaine en difficulté.

Écrire
Rédiger un message de soutien à un immigré.
Rédiger la suite d'un récit sur l'immigration d'une famille espagnole.

Outils linguistiques

- Les relatifs (p. 71)
- *No... más que* (p. 73)
- Les pronoms compléments (p. 75)
- L'impératif (p. 77)
- La concession avec *aunque* (p. 79)
- Les possessifs (p. 81)

Proyecto final

→ **Organizad la exposición "Historia de unas migraciones".**

1 Republicanos españoles huyendo a Francia (1939)

RECURSOS

Sustantivos
- un bulto: *un baluchon*
- la convivencia: *la cohabitation, la coexistence*
- la (des)esperanza
- la exclusión
- la miseria
- la persecución
- la pobreza
- el respeto

Adjetivos
- integrado(a)
- mutuo(a): *mutuel(elle)*

Verbos y expresiones
- cambiar de vida: *changer de vie*
- favorecer: *favoriser*
- huir de: *fuir*
- mejorar: *améliorer*
- perderlo (ie) todo: *tout perdre*

2

Inmigrantes hispanos en la frontera de México con Estados Unidos

3

Marcha por el derecho a la igualdad de los inmigrantes en España

Y tú, ¿cómo lo ves?

1. Observa la primera foto. Describe la situación de estas personas.
2. Fíjate en la foto 2. ¿Qué imagen tenemos de la frontera entre México y Estados Unidos?
3. ¿Qué representa la tercera foto? ¿Cuál es el objetivo de este tipo de manifestaciones?
4. ¿Qué fotografía te impacta más? Jutifica tu respuesta.

B2 El éxodo republicano

El periodista belga Jacques Mornard observa la escena en la frontera francesa a principios de 1939.

Comprobó que, desde el promontorio donde se hallaban los reporteros de prensa, no podría reconocerlo ninguna de las personas que, ya en territorio francés, eran conducidas como rebaños por los soldados senegaleses, encargados de vigilar y controlar a los refugiados. La escena resultó más patética de lo que su imaginación le hubiera permitido concebir. Una marea humana, cubierta con mantas harapientas[1], viajando sobre unos pocos autos o arracimados en carretones destartalados[2] tirados por caballos famélicos, o simplemente a pie, arrastrando maletas y bultos donde atesoraban todas las pertenencias de sus vidas, aceptaban en silencio las órdenes para ellos incomprensibles, gritadas en francés y acentuadas con gestos conminatorios y porras[3] amenazantes. Aquéllas eran personas lanzadas a un éxodo de proporciones bíblicas, empujadas sólo por la voluntad de sobrevivir, seres cargados con una enorme lista de frustraciones y pérdidas patentes en unas miradas de las que incluso se había esfumado[4] la dignidad. Jacques sabía que muchos de aquellos hombres y mujeres eran quienes habían cantado y bailado las victorias republicanas, los mismos que habían soñado con la victoria, la revolución, la democracia, la justicia, y habían practicado en muchas ocasiones la violencia revolucionaria de un modo despiadado[5]. Ahora la derrota los rebajaba a la condición de parias sin un sueño al cual aferrarse[6]. Muchos vestían los uniformes del Ejército Popular y, ya entregadas sus armas, acataban[7] en silencio las órdenes de los senegaleses (*Reculez!*, *reculez!*, insistían los africanos), sin importarles mantener un mínimo de compostura en el desastre. [...] La única orden que tenían los franceses era la de incautar[8] todas las armas y conducir a los refugiados, grandes y pequeños, a unos campamentos, cercados con alambre de espino[9], donde permanecerían hasta que se decidiera la suerte de cada uno de ellos.

Leonardo PADURA (escritor cubano), *El hombre que amaba a los perros*, 2009

Leonardo PADURA, (La Habana, Cuba, 1955), novelista y periodista cubano, es conocido por sus novelas policíacas cuyo protagonista principal es el detective Mario Conde.

Datos culturales

Tras la derrota de la Guerra Civil española de 1936, se refugiaron en Francia cerca de 500 000 republicanos. Muchos de ellos lucharían luego en la Segunda Guerra Mundial contra la Alemania nazi.

1. *des couvertures en lambeaux*
2. *entassés sur des charrettes délabrées*
3. *des matraques*
4. había desparecido
5. cruelmente
6. *s'accrocher*
7. obedecían
8. *saisir, confisquer*
9. *entourés de barbelés*

LEE Y EXPRÉSATE

1. Sitúa la escena e identifica a las diferentes personas evocadas.
2. ¿Qué palabras evocan la pobreza, la deshumanización y la represión? Describe a los refugiados.
3. Precisa las ideas políticas de los refugiados y di por qué habían luchado. (l.15-19)
4. Apunta el léxico del estado moral. ¿Cómo se sentían los españoles? ¿Por qué?
5. Explica qué debían hacer los soldados franceses y cómo se manifestaba su poder.

RECURSOS

Sustantivos
- un bulto: *un baluchon*
- la desesperanza
- un rebaño: *un troupeau*

Adjetivos
- agotado(a): *épuisé(e)*
- amenazado(a)
- derrotado(a): *vaincu(e)*
- desilusionado(a): *désabusé(e)*
- sumiso(a)

Verbos y expresiones
- comparar con
- tener (ie) miedo: *avoir peur*

Refugiados republicanos en la frontera francesa (1939)

Mira y exprésate

1. Sitúa la escena y di a quiénes representa la fotografía y qué están haciendo.
2. Describe la situación material y moral de los refugiados.
3. Di qué imagen tenemos de estos refugiados y por qué huyeron de su país.

Recursos

Sustantivos
- el desamparo: *la détresse*
- la desesperación: *le désespoir*
- una manta: *une couverture*

Adjetivos
- cansado(a): *fatigué(e)*
- desmoralizado(a) = desalentado(a)

Verbos y expresiones
- andar = caminar: *marcher*
- estar en fila
- huir de: *fuir*
- llorar: *pleurer*
- vigilar: *surveiller*

Gramática activa

Les relatifs (1) → Précis 16.C

Observa

▶ *Sin un sueño* ***al cual*** *aferrarse.*
▶ *Hombres y mujeres eran* ***quienes*** *habían cantado.*
▶ *Unas miradas de* ***las que*** *se había esfumado la dignidad.*
▶ *La escena resultó más patética* ***de lo que*** *su imaginación le hubiera permitido concebir.*

- Le relatif ***que*** peut être précédé par l'article défini: *el, la, los, las* : ***el/los que, la/las que*** (celui/ceux qui, celle/celles qui, lequel/lesquels, laquelle/lesquelles) et par le neutre *lo* : ***lo que*** (ce que/ce qui). On trouve également les formes ***el/la cual, los/las cuales***.
- ***quien/quienes*** ne s'appliquent qu'aux personnes.
- Le « que » français est rendu par ***de lo que*** dans une phrase où la proposition principale comporte une comparaison avec un adjectif, un verbe ou un adverbe et où le verbe de la subordonnée est différent de celui de la principale.

Practica

Utilise le pronom relatif qui convient.

a. Los hombres ... arrastraban las maletas eran exiliados.
b. Las frustraciones ... hablaban los hombres eran importantes.

→ Autre exercice p. 86

¡Y ahora tú!

Describo una llegada de refugiados

Eres periodista y describes una llegada de refugiados. Sitúa la escena y describe la situación física, moral y material de estos refugiados.

→ *La escena tiene lugar...*
→ *Los refugiados que... son quienes...*
→ *Llevan bultos en los que...*

→ *Fichier de l'élève, p. 21*

B1 Movimientos migratorios en España

TU CD 10 · CD CLASE

Inmigrantes jugando al baloncesto con españoles en Lavapiés (Madrid 2010)

1 Observa la fotografía

a. Di dónde fue sacada esta fotografía, a quiénes representa y qué están haciendo.

b. ¿Qué imagen nos da de la sociedad española?

2 Escucha e identifica

c. El documento es... que trata de... He oído las voces de... y la música evoca...

d. Identifica el léxico de los movimientos migratorios.

3 Profundiza

e. Cita las dos épocas evocadas y para cada una precisa el destino, las causas y las consecuencias de la emigración española.

f. Di qué ha cambiado en los últimos diez años y qué sentimientos ha provocado esa situación. ¿Por qué es paradójico?

g. ¿Qué época y qué ciudad evoca el primer hombre? ¿Por qué emigró su padre?

h. Precisa quién es el segundo hombre y cómo se sentía. ¿Por qué?

Horizonte BAC

Resume en francés

Redacta en francés lo que has entendido de la grabación.

→ *Fichier de l'élève p. 19*

RECURSOS

Sustantivos
- el desarrollo: *le développement*
- el desprecio: *le mépris*
- el enfado: *la colère*
- la esperanza: *l'espoir*
- un(a) inmigrante ≠ un(a) emigrante
- una remesa: *un envoi d'argent*

Adjetivos
- alegre: *joyeux(euse)*
- parecido(a): *ressemblant(e), semblable*

Verbos y expresiones
- ayudar: *aider*
- costarle (ue) a uno: *avoir du mal à*
- mejorar: *améliorer*
- pasar hambre: *souffrir de la faim*

Fonética

TU CD 11 · CD CLASE

a. **Escucha las palabras y di si llevan el sonido [θ] como en "hacer" o el sonido [s] como en "saber".**

b. **Repite estas palabras en voz alta.**

¡Lo nuestro era legal!

Un padre le cuenta a su hijo cómo emigró a Alemania en los años 60.

–Nosotros fuimos con papeles y un contrato como Dios manda –murmuró– [...] ¡Lo nuestro era legal! Nada más enterarme de que buscaban hombres para ir a trabajar a Alemania, fui corriendo a apuntarme[1]. Me estaba quedando cegato de[2] tallar la madera; no hacía más que echar horas y no sacaba ni para pipas[3]. Así que fui a la oficina donde tramitaban los papeles... [...] Varias semanas después me llamaron para ir al reconocimiento médico[4].

Papá profirió un largo suspiro.

–Era duro el reconocimiento. No creas que lo pasaba cualquiera. –Su índice derecho apuntó al ojo del mismo lado–. Con éstos vi llorar a un tío como un armario de grande, porque le habían sacado no sé qué en la espalda y se quedó sin papeles. Nos querían bien sanos para exprimirnos[5], no fuéramos a ponernos malos y arruinarles la *krankenkasse*.[6]

–¿Y el siguiente paso fue el viaje?

–Nos dijeron: el jueves día tal, a tal hora, en la Estación del Norte. El que llegue tarde se queda en tierra, que el tren no espera.

Mi padre se estudió las manos jaspeadas de manchas marrones y suspiró.

–En el tren no íbamos más que hombres, todos jóvenes y fuertes, más pobres que los *ratolins*[7] de iglesia. Cada uno con su maleta de cartón a cuestas. Y cuando llegamos a la estación de Colonia, había un tío imbécil dando vueltas con un megáfono, que no hacía más que ladrarnos[8].

Carmen SANTOS (escritora española), *Días de menta y canela*, 2009

1. *m'inscrire*
2. *Je devenais aveugle à force de...*
3. (*fam.*) trabajaba por una miseria
4. *visite médicale*
5. (*ici*) *nous exploiter*
6. la Seguridad Social alemana
7. (cat.) *les souris*
8. *nous aboyer dessus*

LEE Y EXPRÉSATE

1. Di adónde, cómo y cuándo emigró el padre. ¿Por qué lo hizo? (l. 1-6)
2. Explica por qué era duro el reconocimiento médico.
3. Describe el perfil de los que emigraban. (l. 18-20)
4. ¿Cómo calificarías la llegada? Agradable – tranquila – estresante – desagradable. Justifica tu respuesta.

RECURSOS

Sustantivos
- la llegada: *l'arrivée*

Adjetivos
- explotado(a): *exploité(e)*

Verbos y expresiones
- ahorrar: *économiser*
- elegir (i) = escoger: *choisir*
- estar en buena salud ≠ estar enfermo
- gritar: *crier*
- huir de la miseria: *fuir la misère*
- salir adelante: *s'en sortir, réussir*
- superar: *surmonter*

Gramática activa

No... más que → Précis 35

Observa

- **No** *hacía* **más que** *echar horas.*
- **No** *íbamos* **más que** *hombres.*
- **No** *hacía* **más que** *ladrarnos.*

• Pour rendre l'idée de restriction donnée en français par la tournure « ne ... que », l'espagnol peut employer deux tournures négatives encadrant le verbe : ***no... más que...*** ou ***no... sino...***

• Si la restriction énoncée est envisagée comme une simple constatation, on peut remplacer ces locutions négatives par ***sólo*** placé devant le verbe → *Sólo íbamos hombres.*

Practica

Imite l'exemple.

Sólo íbamos hombres → No íbamos más que hombres.

a. Sólo llevaban una maleta de cartón.

b. Sólo hablaba mi padre.

→ Autre exercice p. 86

¡Y ahora tú!

Entrevisto a emigrantes españoles

Tu instituto organiza un Día de la Memoria con emigrantes españoles. Por parejas, imaginad la entrevista a uno de ellos que os cuenta sus recuerdos y explica cuándo y por qué se fue.

→ *¿Por qué se fue usted de España?*

→ *Me fui de España porque no había más que...*

→ *Me acuerdo de que no hacíamos más que...*

→ *Fichier de l'élève, p. 21*

B1 Carta de Nor

En un instituto Ángel, un profesor, recibe a la tía de su alumno guineano Nor.

–Buenos días, señora. Creo que ha preguntado por mí.
–¿Es usted señor Ángel?
–Sí, ese es mi nombre.
–Entonces yo quiero hablar.

Le impresionó su presencia, tan alta, tan grande, con la piel negra, el turbante verde y la túnica azafrán.

–Venga conmigo– dijo.

La señora le siguió a lo largo del pasillo. Arrastrando tras de sí todas las miradas[1], pasaron a la habitación reservada para las visitas de padres.

–Es para usted. Nor dijo que si él no venir, yo darte.

Ángel no entendía nada. ¿Un sobre[2] para él? Si no volvía, ¿de dónde? Hizo un gesto como de pedir permiso para abrir el sobre. Ella lo entendió y movió la cabeza afirmativamente. Se puso las gafas y empezó a leerlo. A la mitad, levantó los ojos y vio que la mujer lloraba. Siguió leyendo. Intentó calmarse. Volvió a leer la carta y junto a la desazón[3] se alegró de ver los progresos de Nor. Ni una falta. Seguro que había usado el diccionario.

Estimado profesor:

Le dejo esta carta porque sólo usted debe saber qué me ocurre. Quiero que sepa que no falto a clase porque sea un vago[4] o esté calentando el sofá como usted dice, ni viendo vídeos, ni jugando a maquinitas. He ido a buscar a mi hermano. Tiene que llegar esta semana. Aunque desconozco el día, quiero estar allí para recibirlo. Si lo logra, si consigue pasar, lo traeré a casa y quizá algún día pueda conocerlo. Si lo detienen o si le ocurre algo (aquí debo poner "Dios no lo quiera", ¿no es así?) yo no volveré, y me iré con él. Si eso me reserva el destino, algún día le enviaré una carta por si quiere venir a pasar sus vacaciones a Guinea. Muchas gracias por los libros, y por el diccionario. Si no regreso, dígale a mi tía que se los devuelva[5], ella sabe dónde los tengo.

Un saludo (me hubiese gustado darle un abrazo).

Nor

Eliacer CANSINO MACÍAS (escritor español), *Una habitación en Babel*, 2009

1. *Attirant sur eux tous les regards*
2. *Une enveloppe*
3. *(ici) malgré sa gêne*
4. un perezoso
5. *qu'elle vous les rende*

LEE Y EXPRÉSATE

1. Sitúa la escena y presenta a los diferentes personajes.
2. Apunta el léxico de las emociones. Describe y comenta los sentimientos de los dos protagonistas. (l. 11-16)
3. Muestra que Nor respeta a su profesor y que es un alumno serio que quiere integrarse. (l. 17-20)
4. Di por qué no ha venido a clase. (l. 20-21)
5. *"Si consigue pasar"*, *"Si lo detienen o si le ocurre algo"* ¿Qué puedes deducir de la situación de su hermano?
6. Explica las dos opciones previstas por Nor. ¿Cómo calificarías a este joven?

RECURSOS

Sustantivos
- un(a) clandestino(a)

Adjetivos
- emocionado(a): *ému(e)*
- generoso(a)
- nervioso(a) = tenso(a): *tendu(e)*
- preocupado(a): *inquiet(ète)*
- solidario(a)
- valiente: *courageux(euse)*

Verbos y expresiones
- disculparse: *s'excuser*
- esmerarse: *faire de son mieux*
- estar orgulloso(a) de: *être fier(ère) de*
- hacer esfuerzos: *faire des efforts*
- preguntar por alguien: *demander à voir qqn*

Favorecer la cohesión social en Getxo (ciudad del País Vasco)

Mira y exprésate

1. Identifica el documento. ¿Quién lo promueve y qué anuncia?
2. Di en qué lenguas está escrito. Explica por qué.
3. Describe la imagen del centro. ¿Qué simbolizará?
4. Describe los colores y los movimientos de las siluetas que están dibujadas. ¿Qué emociones sugieren?
5. ¿Cuál es el objetivo del documento?

Recursos

Sustantivos
- la convivencia: *la cohabitation*
- el intercambio: *l'échange*
- la paz: *la paix*
- un puente: *un pont*
- el respeto
- la tolerancia

Verbos y expresiones
- crear vínculos: *créer des liens*
- cruzar fronteras: *traverser des frontières*
- romper prejuicios: *briser des préjugés*
- saltar de alegría: *sauter de joie*

Gramática activa

Les pronoms compléments

→ Précis 16.B

Observa

- *Ha preguntado por **mí**.*
- *Si **lo** detienen o si **le** ocurre algo.*
- *Arrastraron tras de **sí** todas las miradas.*
- *Díga**le** a mi tía que se **los** devuelva.*

1. Les pronoms personnels compléments non introduits par une préposition

COD	COI	Réfléchi
me *te* *lo/la* *nos* *os* *los/las*	*me* *te* *le* *nos* *os* *les*	*se*

Attention : l'enclise est obligatoire pour les pronoms compléments à l'infinitif, au gérondif et à l'impératif affirmatif.

2. Les pronoms personnels compléments introduits par une préposition

	Singulier	Pluriel
1re pers. 2e pers. 3e pers.	***mí*** ***ti*** ***él, ella, usted***	***nosotros(as)*** ***vosotros(as)*** ***ellos, ellas, ustedes***
Pronom réfléchi	***sí***	***sí***
Pronom neutre	***ello***	

Practica

Emploie les pronoms compléments qui conviennent.

a. Leyó la carta: ... volvió a leer. Quería saber ... de memoria.
b. El joven usaba un diccionario: ... usaba porque ... permitía hacer progresos y escribir... una carta a su profesor.

→ Autre exercice p. 86

¡Y ahora tú!

Escribo un mensaje para animar a un inmigrante

Imagina que eres el profesor de Nor. Redacta el mensaje que le escribirías. Felicítale por sus progresos, precisa tus sentimientos acerca de su situación.

→ *Querido Nor, te escribo para...*
→ *A mí no me importa que...*

→ *Fichier de l'élève, p. 22*

B1 La emigración latinoamericana tiene rostro de mujer

TU CD 12 · CD CLASE

Mujer latinoamericana cuidando de una anciana en España

1 Observa la fotografía

a. Di quién es la mujer latinoamericana y qué está haciendo.
b. ¿Qué le puede aportar a la anciana?

2 Escucha e identifica

c. El documento es... Trata de... He oído las voces de...
d. Identifica el léxico del trabajo y de la familia.

3 Profundiza

e. Evalúa la inmigración femenina latinoamericana en España.
f. Di en qué sector trabajan estas mujeres. ¿Por qué es paradójico?
g. Identifica a la mujer entrevistada. ¿Qué sabes de su vida? ¿Por qué ha emigrado a España?
h. Describe la situación de las mujeres y del trabajo en su país.
i. Di qué sentimiento experimenta esta mujer. ¿Cómo lo explica?

Horizonte BAC

Resume en francés
Redacta en francés lo que has entendido de la grabación

➔ *Fichier de l'élève p. 20*

RECURSOS

Sustantivos
- el alejamiento = la distancia
- un dilema
- el paro: *le chômage*

Adjetivos
- anciano(a) ≠ joven
- angustiado(a): *angoissé(e)*

Verbos y expresiones
- cuidar de: *s'occuper de, veiller sur*
- mantener (ie) a alguien: *subvenir aux besoins de quelqu'un*
- preocuparse por: *s'inquiéter de*
- sacar adelante: *élever dignement, faire prospérer*

Fonética

TU CD 13 · CD CLASE

a. Escucha las palabras y clasifícalas según lleven el sonido [χ] →(ge, gi, j) o el sonido [r] → (r) o los dos.

Palabras con el sonido [χ]	
Palabras con el sonido [r]	
Palabras con el sonido [χ] y [r]	

b. Repite estas palabras en voz alta.

Traer a su familia

A Rosa le costó seis meses reunir dinero bastante para los billetes de avión de sus hijos.

–Si los chicos son menores de edad, algún familiar tiene que reclamarlos desde España para que puedan entrar en el país, ¿lo sabe? –le dijo el hombre de la agencia de viajes.

–¿Reclamarlos? –Rosa no entendía–. Yo soy su mamá y los reclamo.

–¿Tiene usted sus papeles en regla?

–No... –murmuró Rosa, mirando a su alrededor un tanto asustada[1].

–Entonces no sirve. No puede reclamarlos si no está legalizada su situación en España. Arregle sus papeles[2] y vuelva luego –sugirió el hombre.

–¡No me diga eso, señorcito! –gimió Rosa–. Para arreglar mis papeles tengo que ir al Ecuador y conseguir[3] desde allí un contrato de trabajo en España. ¿Quién me lo va a hacer, dígame usted? Dizque[4] me regreso... ¿De qué vive mi familia hasta que mis papeles no se arreglen? Les hace mucha falta la platita[5] que yo les mando...

–Es muy triste eso que me cuenta, pero yo no puedo hacer nada, señora. [...]

Paloma BORDONS (escritora española), *Pollos, pepinos y pitufos*, 2007

1. *assez effrayée*
2. *Mettez vos papiers en règle*
3. obtener
4. *(amer.) Admettons que*
5. *(amer.) el dinero*

LEE Y EXPRÉSATE

1. Presenta a Rosa (nacionalidad, dónde trabaja, dónde viven sus hijos...). (l. 3-13)
2. Cita el consejo que le da el señor de la agencia de viajes y explica por qué Rosa no puede traer a sus hijos. (l. 10-15)
3. Cita una expresión que muestra el disgusto de Rosa. Para arreglar la situación en su país, Rosa necesita que... (l. 11-15)

RECURSOS

Sustantivos
- un(a) inmigrante clandestino(a)

Adjetivos
- disgustado(a): *contrarié(e), déçu(e)*
- ilegal

Verbos y expresiones
- contratar: *embaucher, engager*
- estar en regla
- infringir la ley: *enfreindre la loi*
- trabajar en negro
- traer: *ramener*

Gramática activa

L'impératif → Précis 21

Observa

- ***Arregle*** *sus papeles y* ***vuelva*** *después.*
- ***Dígame usted.***
- ***No me diga*** *eso.*

- L'espagnol a deux formes d'impératif : l'impératif d'ordre, formé sur le subjonctif, sauf aux 2es personnes du singulier et du pluriel, et l'impératif de défense, formé uniquement sur le subjonctif. Attention : l'enclise ne se fait qu'à l'impératif d'ordre. (→ Précis 31)
- Les irrégularités des verbes au subjonctif se retrouvent à l'impératif.

Practica

Conjugue les verbes à l'impératif.

a. ¡... (Regresar / tú) a casa y no ... (perder) tiempo!

b. ¡... (Irse / usted) a Ecuador y no ... (olvidarse) de sus papeles!

→ Autre exercice p. 86

¡Y ahora tú!

Expreso preocupación por la situación de una inmigrante

Eres voluntario(a) en una asociación de apoyo a mujeres inmigrantes latinoamericanas (Alumno A) y te interesa el caso de una de ellas (Alumno B). Le haces preguntas y expresas tu preocupación.

→ *A. ¿Cómo es posible? ¡Tus hijos están en Ecuador! Tráelos aquí.*

→ *B. ¡No creas que sea tan fácil!*

→ *Fichier de l'élève, p. 22*

B1 Viajando dentro de un contenedor

Debió de ser cuando salió a la venta el primer LP[1] de John Lennon sin los Beatles cuando mi papá ya no pudo más soportar su situación. Así que una mañana se dirigió a Estados Unidos –oyendo en la radio a Lennon y la Plastic Ono Band–, pero en lugar de entregar[2] el cargamento de jeans americanos hechos en México al troque transfer[3] que llevaría el contenedor al otro lado del puente, lo estacionó en una calle polvorienta de Matamoros, se fue a pie hasta la línea fronteriza, se metió sin ser visto en un contenedor lleno de balas de algodón[4] y esperó a cruzar.

El trayecto dentro del contenedor fue largo y oscuro. No tenía manera de orientarse, pero sabía que estaba en Estados Unidos porque, ahí sentado entre balas de algodón, sintió la tersura de la carretera[5]. [...] Se imaginó la autopista, ancha y sedosa[6] y eterna. Se preguntó qué tipo de paisaje estaría cruzando en ese momento, y se dio cuenta de que, aunque ya llevaba más de cuatro horas en los Estados Unidos, había visto más de ese país en películas. En la tarde, las fibras de algodón que se habían desprendido de las balas y que flotaban en el contenedor ya se le habían metido en la nariz y lo estaban haciendo estornudar.

Cuando finalmente sintió el frenazo de la primera parada, le volvieron de golpe todos sus miedos, pero trató de convencerse de que un colega transportista, sin importar su nacionalidad, no lo entregaría a las autoridades. Sabía que en ese día se había convertido en visitante ilegal. También calculó que eso no le importaría a su colega. Pero quien le abrió la puerta trasera del contenedor no fue el troquero americano de ceño endurecido[7], dos metros de estatura y conocimientos de agente de viajes que se había imaginado. Era Virginia Ryder, que en cuanto lo vio salir de entre el algodón soltó un gritito de asombro[8] seguido de una carcajada limpia y sana[9].

"¡Me asustaste!", exclamó. "Sal de ahí, guapo."

María Amparo ESCANDÓN (escritora mexicana),
Transportes González e hija. Una vida sobre ruedas, 2005

María Amparo ESCANDÓN (Ciudad de México, 1957) novelista mexicana residente en Estados Unidos cuyas novelas tratan de la vida de los inmigrantes latinoamericanos en Estados Unidos.

1. *disque 33 tours*
2. *livrer*
3. camión
4. *balles de coton*
5. *la douceur de la route*
6. *(ici) lisse*
7. *le camionneur américain à l'air sévère*
8. *un petit cri de surprise*
9. *un éclat de rire franc et sain*

LEE Y EXPRÉSATE

1. Di en qué época tuvo lugar la escena y presenta al padre de la narradora (profesión, nacionalidad).
2. ¿Qué decidió hacer el protagonista? ¿Cómo lo hizo? (l. 3-8)
3. Cita las palabras asociadas a la carretera. ¿Qué traducen? (l. 9-12)
4. Al no poder ver el paisaje, el protagonista se dio cuenta de que... aunque... (l. 12-15)
5. Describe sus sentimientos en la primera parada. ¿Cómo lo explicas?
6. ¿Quién abrió el camión? ¿Cómo reaccionó? (l. 22-28)
7. ¿Qué representarán los Estados Unidos para el mexicano?

RECURSOS

Sustantivos
- un(a) camionero(a) = un(a) transportista
- la Migra = la policía fronteriza
- un paraíso

Adjetivos
- comprensivo(a)
- desarrollado(a): *développé(e)*

Verbos y expresiones
- cruzar = atravesar (ie)
- estar asustado(a): *être effrayé(e)*
- estar resentido(a) con alguien: *en vouloir à quelqu'un*
- soñar (ue) con: *rêver de*
- temer que + *subj*: *craindre que*
- tomar a bien/a mal: *prendre bien/mal*

Mural de la casa del migrante de Tecún Umán (Guatemala)

MIRA Y EXPRÉSATE

1. ¿Qué frontera y qué parte del mundo representa el mural?
2. Identifica a las personas y di qué medios de transporte utilizan para viajar.
3. Di cómo están representados el país de destino y su frontera.
4. En tu opinión, ¿cuál es el objetivo de este mural?

RECURSOS

Sustantivos
- una balsa: *un radeau*
- un burro: *un âne*
- la esperanza
- un mojado = un inmigrante ilegal
- un paraíso

Adjetivos
- arriesgado(a): *risqué(e)*
- desarraigado(a): *déraciné(e)*

Verbos y expresiones
- buscar: *(re)chercher*
- franquear = cruzar: *franchir*
- rendir (i) homenaje: *rendre hommage*
- superar: *surmonter*

Gramática activa

La concession avec *aunque* → Précis 26.F

Observa

▶ *Se dio cuenta de que,* ***aunque*** *ya* ***llevaba*** *más de cuatro horas en los Estados Unidos, había visto más de ese país en películas.*

- La subordonnée de concession est généralement introduite par la locution de subordination ***aunque*** qui peut être suivie d'un verbe à l'indicatif ou au subjonctif.
- ***Aunque*** + indicatif introduit une notion de concession qui porte sur un fait réel (= bien que).
- ***Aunque*** + subjonctif exprime la concession sur un fait hypothétique (= même si).

Practica

Imite l'exemple.

Trabajaba pero no tenía papeles. → Aunque no tenía papeles trabajaba.

a. Seguía viviendo en México, pero quería emigrar.

b. Era ilegal, pero los empresarios le daban trabajo.

→ Autre exercice p. 86

¡Y ahora tú!

Explico la decisión de un inmigrante

En un documental acerca de la inmigración mexicana a Estados Unidos, te impactó la historia de un hombre en particular. Le explicas a un(a) compañero(a) las razones de su decisión.

→ *Decidió irse a... porque... aunque su familia...*

→ *Aunque el viaje era...*

→ *El viaje fue... pero...*

→ *Fichier de l'élève, p. 21*

B2 Itinerario de un inmigrante

Jorge MOLIST (Barcelona, 1951) es un escritor español de novelas históricas y de aventuras como *Presagio*.

Mi abuelo paterno luchó en una vieja guerra civil europea por su libertad, la de sus hijos y la de su pequeña patria. Murió sin conseguir[1] nada de ello. Lo único que logró fue dejar su ejemplo a su hijo, mi padre. Le hizo prometer que sería un hombre que no se dejaría pisar[2] y que siempre lucharía por sus ideales.

Mi padre, Joan, emigró a Cuba, donde durante muchos años trabajó para su tío, instalado en La Habana, fundando con su ayuda un comercio floreciente. Pasado el tiempo, ya con un buen patrimonio, se casó con una señorita de la sociedad. Allí nací yo. Mi padre simpatizaba con la revolución de Castro e incluso la apoyó clandestinamente.

En la Nochevieja de 1959 los revolucionarios entraron en La Habana y Batista[3] y los suyos huyeron[4]. A pesar de la consternación del resto de la familia, en casa de mis padres se brindó[5] alegremente por el futuro y por la nueva vida en libertad.

Muy pronto mi padre se desencantó. El nuevo año trajo una nueva forma de dictadura. Las tensiones con los norteamericanos llevaron a Castro a apoyarse en los rusos y pronto se prohibió[6] el comercio con Estados Unidos.

Eso arruinó a mi padre económicamente. Y fue también un gran golpe moral, ya que él había puesto su pequeña aportación para aquel cambio. Había creído en el mensaje de libertad, y ahora perdía gran parte de la suya. Mi madre le dijo: "Joan, esto va de mal en peor. Ese Castro nos hace comunistas a todos. Vayámonos, mi amor, antes de que la situación se estropee más[7]".

Vendieron lo que pudieron y con algún dinero ahorrado embarcaron hacia Estados Unidos. [...]

Al entrar en el puerto de Nueva York vimos la estatua de la Libertad. Yo era demasiado joven para recordarlo, pero mi madre lo cuenta. Mi padre me cogió en brazos y, sujetándome con su brazo derecho, puso el izquierdo en los hombros de mi madre. Luego, desde la cubierta del barco[8], contemplando aquel maravilloso símbolo, nos dijo solemnemente: "Ésta es la patria de los libres. Llegamos a la libertad".

El inicio de la nueva vida fue durísimo. Los amigos que por negocios tenía mi padre en Nueva York sólo le consiguieron un trabajo como vendedor comisionista. Su zona era la que nadie quería. Comprendía Harlem y otros barrios pobres. Con su deficiente inglés y una familia a la que alimentar, Joan no podía escoger[9].

Jorge MOLIST (escritor español), *El retorno cátaro*, 2006

1. lograr, obtener
2. *qui ne se laisserait pas marcher sur les pieds*
3. dictador de Cuba, 1952-1959
4. *s'enfuirent*
5. *on trinqua*
6. *fut interdit*
7. *avant que la situation n'empire*
8. *sur le pont du bateau*
9. *n'avait pas le choix*

Manifestación de cubanos exiliados en EE.UU. en contra de la dictadura de Castro

Comprensión escrita guiada

Antes de leer

1 Observa la fotografía.
a. Sitúa la escena y di a quiénes representa la foto.
b. En tu opinión, ¿por qué emigraron a Estados Unidos?

Lee

2 Identifica el documento. El documento es:
a. un testimonio de un exiliado español.
b. un fragmento de novela sobre una familia de emigrantes.
c. una autobiografía.

3 Identifica al narrador. El narrador es:
a. un cubano que nació en Estados Unidos.
b. el padre de un exiliado español.
c. el hijo de un español que emigró a Cuba.

4 Identifica a personas y acontecimientos históricos.
a. Cita el nombre de personajes históricos mencionados.
b. Cita el nombre de dos acontecimientos históricos evocados.

5 En el texto evocan un viaje:
a. de España a Cuba y luego de Cuba a Estados Unidos.
b. de Cuba a España y luego de España a Estados Unidos.
c. de España a Cuba y luego de Cuba a España.

6 Identifica el léxico del trabajo, de la política y de la emigración.

Profundiza

7 ¿Verdadero o falso? Justifica citando el texto.
a. El padre del narrador luchó contra la Revolución cubana.
b. Los resultados de la Revolución cubana decepcionaron al padre del narrador.
c. La familia tuvo muchas dificultades en Estados Unidos.

8 Contesta las siguientes preguntas.
a. Di en qué guerra participó el abuelo del narrador.
b. ¿Cuál fue la causa de la ruina de la familia?
c. ¿Qué simbolizaban los Estados Unidos para el padre del narrador?

Resume

9 Completa las frases para resumir el texto.
El abuelo del narrador participó en ... para defender ... pero ... . El padre del narrador emigró a ... y allí ... . Al principio, el padre del narrador ... la Revolución cubana porque pensaba que ... . Sin embargo, la revolución ... a su padre y la prohibición ... provocó ... . Entonces los padres del narrador decidieron ... . Cuando llegaron delante de ... el padre dijo que ... pero la nueva vida fue ... porque ... .

Expresión escrita guiada

Redacto la continuación de un relato
Imagina lo que les pasó al narrador y a su padre en Estados Unidos. Cuenta cómo superaron las dificultades del principio y cómo salieron adelante.

10 Describe la vida del narrador y el trabajo de su padre en Harlem.
–Al principio fue muy difícil para mi padre porque...
–En mi barrio, yo tenía dificultades porque...
–Antes de emigrar... mientras que ahora aquí...

11 Imagina cómo mejoró su vida.
–Al cabo de cierto tiempo mi padre ya...
–En la escuela yo... aunque...

12 Imagina cómo triunfaron en la vida.
– Al final mi padre... En cuanto a mí, ...

Gramática activa

Les possessifs
→ Précis 9

Observa
- ***Mi** abuelo, **mis** padres, **su** hijo, **sus** ideales.*
- *Gran parte de **la suya**.*
- *Batista y **los suyos**.*

• Les adjectifs possessifs s'accordent en genre et en nombre avec le nom qu'ils introduisent.

	Singulier	Pluriel
1res pers.	*mi, nuestro, nuestra*	*mis, nuestros, nuestras*
2es pers.	*tu, vuestro, vuestra*	*tus, vuestros, vuestras*
3es pers.	*su*	*sus*

• Les pronoms possessifs, précédés ou non de l'article, s'accordent en genre et en nombre avec le substantif auquel ils se rapportent.

	Singulier	Pluriel
1res pers.	*mío, mía, nuestro, nuestra*	*míos, mías, nuestros, nuestras*
2es pers.	*tuyo, tuya, vuestro, vuestra*	*tuyos, tuyas, vuestros, vuestras*
3es pers.	*suyo, suya*	*suyos, suyas*

Practica

Utilise le possessif qui convient.
a. A nosotros aquel país nos pareció ser el ... .
b. Vosotros no queríais perder ... ilusiones.
→ Autre exercice p. 86

Recursos

Sustantivos
- la ayuda: *l'aide*
- el éxito: *le succès*

Adjetivos
- defraudado(a) = decepcionado(a)
- traicionado(a): *trahi(e)*

Verbos y expresiones
- apoyar = sostener (ie)
- celebrar: *fêter*
- desilusionarse
- estar entre la espada y la pared: *être dos au mur*
- fracasar: *échouer*
- salir adelante: *s'en tirer, réussir (sa vie)*
- tener (ie) suerte: *avoir de la chance*
- traer: *apporter*

Talleres de comunicación

TALLER DE COMPRENSIÓN ORAL

CD CLASE

Canción de Chambao: *Papeles mojados*

Objectif B1: comprendre une chanson évoquant le sort des émigrés clandestins.

: le lexique de l'émigration, de la mer, des sentiments et des émotions, les possessifs, l'impératif.

1. Primera escucha completa

a. Di qué tipo de canción es (estilo, ritmo, instrumentos, lenguas habladas) y precisa de qué trata.

2. Segunda escucha (Tres primeras estrofas)

b. Completa: "Miles de... cada noche trae..., / navegan cargados... que en la orilla..." ¿Qué evoca la cantante?

c. Describe las condiciones del viaje y los sentimientos de estas personas.

3. Tercera escucha (Estribillo)

d. Completa el estribillo: "Muchos..., / se hunden... / papeles..., papeles sin..."

4. Cuarta escucha (Tres últimas estrofas)

e. ¿Qué palabras o expresiones utiliza la cantante para evocar la muerte?

f. Cita un imperativo y di qué siente la cantante. ¿Cuál es su intención?

Inmigrantes en el mar Mediterráneo

RECURSOS

Sustantivos
- el cuerpo
- la travesía: *la traversée*

Adjetivos
- peligroso(a): *dangereux(euse)*

Verbos y expresiones
- ahogarse: *se noyer*
- cruzar: *traverser*
- flotar
- hundirse: *(ici) couler*

TALLER DE EXPRESIÓN ORAL

Todos diferentes. Todos necesarios.

Objectif B1: dire en quoi l'intégration des immigrés est un atout pour le pays d'accueil.

: lexique de l'immigration, de l'intégration, les pronoms compléments, l'impératif.

Temps de parole: 5 minutes.

Campaña para la integración de los inmigrantes en España

a. Identifica el documento y a sus protagonistas.

b. Di qué elemento favorece la integración de los inmigrantes.

c. Explica por qué la inmigración puede ser positiva para la sociedad.

d. Por parejas, imaginad el diálogo entre las dos personas. Cada uno dice lo que necesita y lo que espera del otro.

RECURSOS

Sustantivos
- la calidad de vida
- el crecimiento económico: *la croissance économique*
- la diversidad cultural

Adjetivos
- beneficioso(a) = provechoso(a): *profitable*

Verbos y expresiones
- enriquecer: *enrichir*
- mejorar: *améliorer*
- no sólo... sino también: *non seulement... mais aussi*

TALLER DE INTERNET — TICE

Presentar la situación de un inmigrante en España

→ **Conéctate a:** http://www.elmundo.es/especiales/2005/02/sociedad/inmigracion/index.html

1. Busca información

a. Pincha en *la ley* y explica cómo un extranjero que no sea miembro de la Comunidad Europea puede conseguir papeles en España.
b. Haz clic en *cifras* y precisa el porcentaje de extranjeros en España según el último padrón.
c. Pincha en *gente corriente* y en cada una de las fotografías. Elige a un(a) inmigrante y cuenta cómo y por qué vino a España. Di en qué trabaja y cuáles son sus proyectos.

2. Redacta y exprésate

d. Abre tu procesador de textos y redacta las respuestas a las diferentes preguntas.
f. Presenta oralmente tu trabajo a la clase o grábate.

RECURSOS

Sustantivos
- el arraigo: *l'enracinement*
- un padrón: *un recensement*
- una vivienda = un alojamiento

Adjetivos
- empadronado(a): *recensé(e)*

Verbos y expresiones
- acreditar: *justifier, prouver*
- arreglar: *régler, arranger*
- buscar: *chercher*
- conseguir (i): obtener
- superar: *vaincre, surmonter*

TALLER DE VÍDEO

DVD *Cuéntame cómo pasó, RTVE, 2001*

¿Emigrar o quedarse?

1. Fíjate

a. Di dónde pasará la escena y a quiénes vemos.

2. Mira y escucha

b. Indica cuántas voces oyes y di a quiénes corresponden. Precisa el papel de la voz en off y di cómo se llaman los dos protagonistas.
c. A lo largo de la conversación se repite muchas veces el mismo verbo. Apúntalo, explica lo que significa y lo que revela sobre la situación social de los protagonistas.
d. ¿Qué le reprocha Antonio a Miguel?
e. Precisa cuál es la verdadera situación de Miguel en Francia.

Rumbo a Francia

3. Exprésate

f. Trata de situar el contexto histórico y social en que transcurre la secuencia.
g. Aclara y comenta las frases: "Ahora los españoles ya no tenemos que marcharnos al extranjero en busca de trabajo. Ahora son los extranjeros los que vienen a España." ¿Qué traducen sobre la evolución de la sociedad española?

RECURSOS

Sustantivos
- un mecánico: *un mécanicien*
- una mentira: *un mensonge*
- un oficial: *un ouvrier spécialisé*
- el sueldo = el salario

Verbos y expresiones
- dejar en mal lugar a alguien: *faire honte à quelqu'un*
- fastidiar: *embêter*
- reprochar que + subj: *reprocher de + inf*

Panorama

Flujos migratorios hispánicos

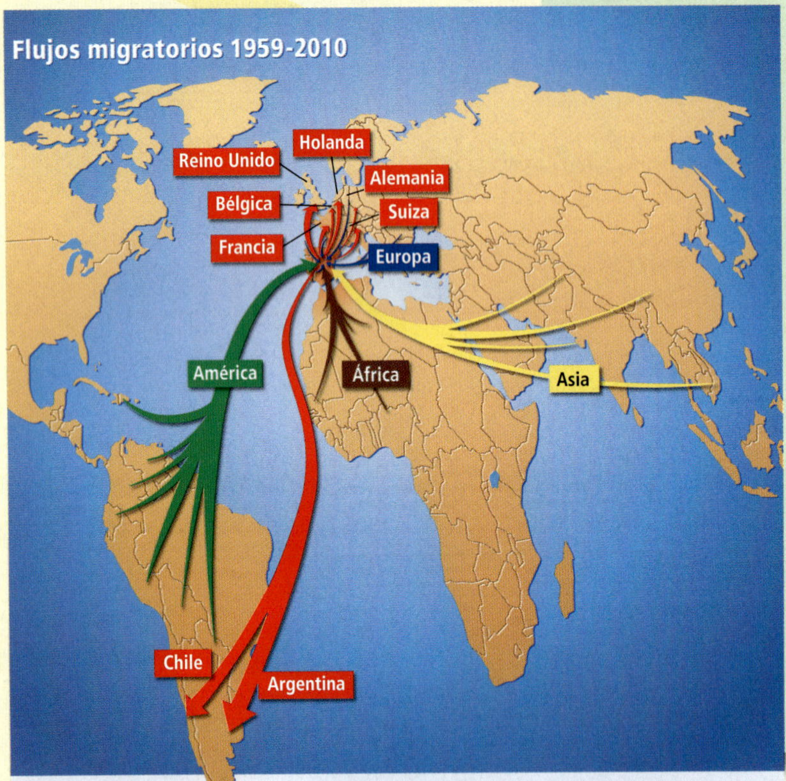

Países a los que viajaron españoles entre 1959-1973

Emigración española
- Suiza
- Alemania
- Francia
- Holanda
- Reino Unido
- Bélgica
- Argentina
- Chile

Países inmigrantes a España entre 1990-2010

América
- Ecuador
- Colombia
- Perú
- Bolivia
- Argentina
- Brasil
- Rep. Dominicana
- Paraguay
- Venezuela
- Cuba
- Chile
- Uruguay

Asia
- China
- Pakistán
- Filipinas
- India

África
- Marruecos
- Senegal
- Argelia
- Nigeria
- Malí

Europa
- Rumania
- Reino Unido
- Bulgaria
- Portugal
- Alemania
- Francia
- Italia

Flujos migratorios españoles entre 1959 y 2010

A

España, país de emigración

• De los años 50 a los años 70

Según cifras oficiales, entre 1959 y 1973 emigraron al continente europeo un millón de españoles que huían de la dictadura franquista, del hambre y de la miseria. La mayoría de los emigrantes salían del país con un contrato de trabajo establecido entre el Instituto Español de Emigración y las autoridades de los países receptores.

• Los nuevos emigrados españoles

La crisis ha alejado de España a 110.000 personas entre abril de 2008 y abril de 2010, según un estudio de Adecco, lo que supone un aumento de un 9,2% en el número de españoles que residen en el extranjero. El perfil del demandante de empleo en el extranjero es un hombre de entre 25 y 35 años, altamente cualificado: ingeniero, arquitecto, informático.

http://www.elpais.com/

Para saber más: http://sauce.pntic.mec.es/jotero/

B

España, país de inmigración

En España, en las dos últimas décadas, la población extranjera ha pasado de 198.042 inmigrantes censados en el año 1981 (el 0,52% de la población) a más de 5 millones, lo que representa un 12%. Están repartidos por todo el país de forma desigual, ya que son cuatro comunidades autónomas las que representan el mayor porcentaje, con un 65,7 % de los inmigrantes. Los extranjeros comunitarios[1], representan cerca del 40% de todos los inmigrantes; el 28% procede de América Latina, siendo las comunidades más numerosas la ecuatoriana y la colombiana; y el 21% procede de África, mayoritariamente de Marruecos.

http://fsc.ccoo.es/

1. procedentes de la Comunidad Europea

Para saber más: http://sauce.pntic.mec.es/jotero/Inmigra/Cuantos.htm

C

Latinoamericano con su nuevo pasaporte español

De América Latina a España

El incremento y el peso de la inmigración latinoamericana tiene relación con los lazos[1] históricos y sociales que fue forjando la emigración española a lo largo del pasado siglo, pero también con decisiones políticas que van desde la firma de convenios[2] bilaterales para regular los flujos migratorios a las favorables condiciones para la obtención de la nacionalidad española [...] para hijos y nietos de españoles; a las mayores facilidades para la obtención y renovación del permiso de residencia y el acceso a la nacionalidad tras sólo dos años de residencia legal.
Como consecuencia de todo ello, hay que señalar que un 21.25% de los inmigrantes nacidos en los diversos países de América Latina (488.515) posee en 2008 la nacionalidad española.

http://www.ejournal.unam.mx/

1. *les liens*
2. acuerdos

Para saber más: http://www.scielo.org.mx/

D

De América Latina a Estados Unidos

Los hispanos representan una tajada grande[1] de los inmigrantes legales e indocumentados (los mexicanos, por ejemplo, constituyen más del 50% de los 12 millones de inmigrantes ilegales). Claro que la población latina en general es cada vez más grande, representando actualmente alrededor del 15% de la población total estadounidense. De hecho, hoy en día los hispanos constituyen la minoría más numerosa de los Estados Unidos y la mayoría de los hispanos son de origen mexicano (el 59%). El tamaño de la población hispana seguirá creciendo: se espera que para el 2020 haya alrededor de 80 millones y 154 millones para el 2050 (representando entonces el 30% de la población estadounidense).
El gran tamaño[2] de la población latina significa que el voto hispano también está cobrando un peso cada vez mayor en Estados Unidos.

http://www.inmigracionyvisas.com/

1. *une grande partie*
2. importancia

Cubanos en el barrio de Little Habana en Florida (EE.UU.)

Para saber más: http://www.monografias.com/

¿A ver si lo sabes?

1. ¿Qué diferencia existe entre la emigración española de los años 50 y 70 y la emigración actual? **(A)**
2. Di cómo se reparte la población de inmigrantes en España. **(B)**
3. ¿Cómo se explica la importancia de la población latinoamericana en España? **(C)**
4. Di qué porcentaje de la población estadounidense representan los latinoamericanos. Explica cuál es el peso de la población latina en Estados Unidos **(D)**

Lengua activa

Les relatifs

→ *Gramática activa* p. 71, Précis 16.C

1 Emploie le relatif qui convient.

a. Esta oficina era ... me correspondía.

b. El tren ... mi padre iba a tomar era ... salía a las 11.

c. Estos hombres eran ... querían cruzar la frontera ... separaba dos mundos.

d. La chica no comprendía ... decíamos.

e. El chico ... hablaba era ... tomaba las decisiones.

f. El exilio nos pareció más difícil ... imaginábamos.

La restriction avec *no ... más que*

→ *Gramática activa* p. 73, Précis 35

2 Imite l'exemple.

Sólo íbamos hombres → no íbamos más que hombres.

a. Sólo eran refugiados.

b. El alumno sólo quería contarle a su profesor lo que hacía.

c. Los empresarios sólo hablaban inglés.

d. Sólo me llamaron después de varias semanas.

e. El contenedor sólo iba al otro lado del puente.

f. Sólo le conseguimos un trabajo como vendedor comisionista.

Les pronoms compléments

→ *Gramática activa* p.75, Précis 16.B

3 Choisis entre *le* ou *lo*.

a. Había un paquete en el suelo: un policía ... vio.

b. Era duro el reconocimiento médico: el padre ... sabía y quería que ... dijeran que era un hombre fuerte.

c. En el bar la chica ... sirvió una copa y ... ofreció trabajo.

d. Este relato, la madre suele contar ... a todos.

e. El contenedor era largo y oscuro: pronto ... abandonó.

f. Al periodista ... permitieron hablar con la policía.

4 Complète avec le pronom complément qui convient.

a. Cuando llegó a la frontera, ... cruzó clandestinamente.

b. A nosotros ... dijo que debíamos esconder ... para que la policía no ... detuviera.

c. ... dijo a su hijo: "Hijo mío, no debes convertir ... en visitante ilegal."

d. A vosotros ... impresiona este relato, pero es importante conocer ... .

e. A ... no me gusta mi trabajo, pero a ellos ... gusta lo que hacen.

f. Señor, para ..., no existen problemas porque no ... da cuenta de cómo vive la gente.

L'impératif

→ *Gramática activa* p. 77, Précis 21

5 Conjugue les verbes à l'impératif de défense. Attention aux pronoms compléments !

a. ¡No ... (cubrirse / tú) con esa manta!

b. ¡No ... (alejarse / vosotros) de la frontera!

c. ¡No ... (ir / nosotras) allá!

d. ¡No ... (contradecirse / ustedes)!

e. ¡No ... (tener / tú) miedo!

f. ¡No ... (volver / usted) a su país!

6 Transforme ces impératifs de défense en impératifs d'ordre.

a. ¡No compruebes lo que pasa y no te olvides del pasado!

b. ¡No se vaya y no abandone la lucha!

c. ¡No penséis que es fácil encontrar trabajo!

d. ¡No cuentes tus historias y no te hagas el ingenuo!

e. ¡No nos digáis la verdad!

f. ¡No abras la puerta y no escuches!

La concession avec *aunque*

→ *Gramática activa* p. 79, Précis 26.F

7 Imite l'exemple.

Trabaja pero no tiene papeles. → Aunque no tiene papeles trabaja.

a. Se ven cambios en la sociedad, pero todavía es frágil la democracia.

b. Era un hombre generoso, pero era pobre.

c. Se fueron a Estados Unidos para trabajar, pero lo hicieron con desgana.

d. El empresario era español, pero hablaba inglés.

e. No protestamos, pero no estábamos de acuerdo con el contrato.

f. Los clandestinos cruzan la frontera, pero hay controles.

Les possessifs

→ *Gramática activa* p. 81, Précis 9

8 Utilise le possessif qui convient.

a. Mis padres me hablaban de ... experiencias y de ... vida en Cuba.

b. Los amigos que teníais no nos gustaban y preferíamos ... .

c. Usted encontró trabajo en Estados Unidos y abandonó ... en México.

d. Nosotros leemos ... cartas y vosotros leéis ... .

e. Ustedes conocen ... empresa mejor que nosotros.

f. Este documento es importante para vosotros porque es ... .

Léxico

Fichier de l'élève p. 22

Con las palabras siguientes:

1. **Explica lo que tienen que hacer los refugiados y explica sus motivos. (columna I)**
2. **¿Qué suele representar el exilio? (columna II)**
3. **Da dos sinónimos de "indocumentados" y explica el origen de las palabras. (columna III)**
4. **Di qué favorece una buena integración. (columna IV)**
5. **Cita 5 países y precisa cómo se llaman sus habitantes. (columna V)**

I – EL ÉXODO
campamentos de refugiados
la derrota
desterrado(a)
abandonar el país
arrastrar maletas
caminar = andar
huir de la miseria, de la represión
refugiarse
infrahumano(a)
arrestar = detener (ie)
evitar las patrullas
llevar a la frontera

II – EXILIOS
el desarraigo
el flujo migratorio
un(a) inmigrante clandestino(a)
en busca de
cruzar la frontera
dejar la patria
exiliarse
sufrir discriminación

III – LOS ILEGALES
los indocumentados = los sin papeles
la Migra = la policía fronteriza
los mojados (mojarse: *se mouiller*)
los policías

IV – INTEGRACIÓN
la convivencia
la educación
la igualdad
aceptar ≠ rechazar
aprender el idioma
esforzarse (ue) por
integrarse en
legalizar

V – PAÍSES Y NACIONALIDADES
Colombia → el/la colombiano(a)
Costa Rica → el/la costarricense
Cuba → el/la cubano(a)
Ecuador → el/la ecuatoriano(a)
Estados Unidos → el/la estadounidense
Guatemala → el/la guatemalteco(a)
México → el/la mexicano(a)
Nicaragua → el/la nicaragüense
Venezuela → el/la venezolano(a)

Marcha de inmigrantes en España por el derecho a la igualdad

Proyecto final

Organizad la exposición "Historia de unas migraciones"

La casa del migrante de una gran ciudad española organiza una exposición en la que participáis. La exposición tratará de los flujos migratorios en España o en América.

→ Entre todos, buscad información sobre emigrantes o exiliados (país de origen, destino y motivos de su emigración).

→ Formad grupos. Elegid y presentad un flujo migratorio (época, razones, origen y destino).

→ Redactad tres ejemplos de testimonios (un inmigrante describe las circunstancias de su viaje o de su llegada, otro le manda una carta a su familia para explicar su decisión, otro, ya de mayor, cuenta los recuerdos de su integración: sus dificultades y sus éxitos). Podéis filmar o grabar algunos testimonios.

→ Terminad expresando las preocupaciones comunes de muchos inmigrantes.

→ Realizad carteles. Podéis exponerlos.

Páginas web que puedes consultar: http://www.elmundo.es/especiales/2005/02/sociedad/inmigración/

→ Fichier de l'élève, p. 23

Comprensión oral

CD CLASE

La nueva emigración española

→ **Objectif B2** : comprendre les différences entre deux vagues d'émigration espagnole.

Escucha la grabación y contesta las preguntas.

B1

a. Di qué busca la nueva emigración española y cuál es su formación.
b. ¿Qué elemento ha provocado esa nueva emigración? Justifica citando un porcentaje.
c. ¿Verdadero o falso? Justifica citando la grabación.
1. La situación actual está provocando un éxodo masivo de españoles. **2.** Los nuevos emigrantes españoles tienen un perfil diferente.

B2

d. ¿Qué nivel de calificación tenían los que emigraban en los años 40-50? ¿Por qué emigraban?
e. Di por qué emigró la generación de los años 60-70.

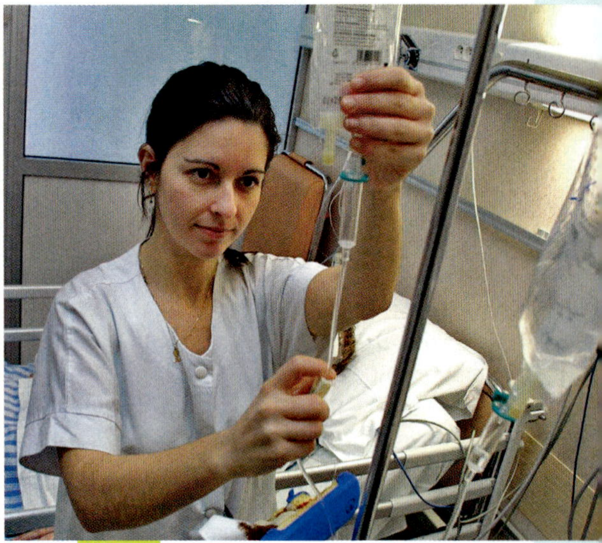

Enfermera española en Francia

Comprensión escrita

El turno de los "terceros"

→ **Objectif B1** : comprendre l'importance de prouver son ascendance espagnole à Cuba.

La familia entera está sumida en la búsqueda de los papeles[1] que prueban la procedencia española de los abuelos maternos. Ya tienen las certificaciones de nacimiento y las actas de bautismo[2] de todos los tíos. Antes de noviembre deben hacer el árbol genealógico probando que son nietos de españoles, "terceros" en una línea de sucesión que podrá garantizarles un nuevo pasaporte.

La embajada de España en La Habana se está preparando para el tsunami de cubanos que puedan presentar pruebas de su ascendencia peninsular a finales de este año. Son los descendientes de aquellos que una vez hicieron el viaje hacia esta isla en busca de mejores oportunidades. Muchos de aquellos inmigrantes de mediados del siglo XX se aplatanaron[3], perdieron el acento y terminaron por sentirse cubanos. Ahora sus nietos quieren emprender el camino de retorno, empujados por la falta de expectativas y las penurias materiales.

Mi vecino Yampier está entre esos casi tres millones de cubanos interesados en rescatar su estirpe[4] española. Para adaptarse a su nueva condición, ha comenzado a leer la biografía de Juan Carlos y de Sofía, a decir "Madriz" y no "Madrí", como lo pronunciamos por aquí. [...]

En unos años, cuando alguien le pregunte por su origen, dirá algo así como: "Una parte de mi infancia y juventud la pasé en Cuba, pero en realidad soy europeo".

Yoani SÁNCHEZ (escritora cubana),
Cuba libre. Vivir y escribir en La Habana, 2010

Lee el texto y contesta.

B1

a. Explica por qué las familias cubanas buscan papeles que prueben su ascendencia española.
b. Di quiénes eran sus ascendentes, cuándo y por qué emigraron a Cuba.
c. Explica por qué los cubanos quieren emigrar a España.

B2

d. Di quién es Yampier y qué intenta hacer.
e. ¿Qué le reprocha la narradora a Yampier? Justifica.

1. *la recherche de papiers, de documents*
2. *de baptême*
3. se aclimataron, se adaptaron
4. *faire valoir leur origine*

Expresión oral

Hablar de los flujos migratorios en España

Objectif B2 : présenter les flux migratoires de l'histoire espagnole en s'appuyant sur un document iconographique.

Temps de parole : 5 minutes

A2 **1.** Identifica el documento y describe los diferentes elementos que lo componen.

B1 **2.** Di a qué épocas y a qué exilios o emigraciones se hace referencia.

B2 **3.** Basándote en tus conocimientos, presenta los diferentes movimientos migratorios que tuvieron lugar en España.

Exposición "Historia de nuestras migraciones"

Interacción oral

Hablar de un flujo migratorio hispánico

Objectif B1 : échanger sur un flux migratoire hispanique.

Temps de parole : 5 minutes

En binôme

Participáis en un programa de radio sobre los flujos migratorios en España y América. Por parejas, elegid un flujo migratorio hispánico y evocad algunos de sus aspectos.

B1 **Alumno A:** Le haces preguntas a un(a) compañero(a) para saber más cosas sobre un flujo migratorio hispánico (época, personas que emigraron, motivos y lugar de la emigración, integración, consecuencias, etc.)
Alumno B: Contestas las diferentes preguntas de tu compañero(a).

Expresión escrita

Defender a los inmigrantes

Objectif B1 : rédiger une lettre à une association de défense des droits des immigrés.

Nombre de mots : 200

Redacta una carta a una asociación de defensa de los derechos de los inmigrantes para apoyarla y expresar tu preocupación acerca de una persona o un grupo de personas que sufren alguna discriminación o algún problema.

B1

a. Primero saluda al presidente de la asociación y presenta la situación del/de los inmigrante(s) (nombre y apellido, edad, país de origen, motivo de su emigración, lugar donde vive, situación social).

b. Después precisa el/los problema(s) que tiene(n) esa(s) persona(s).

c. Luego di por qué estás preocupado y qué esperas de la asociación.

d. Por último, dale las gracias y pídele que te informe sobre la evolución del caso.

→ Fichier de l'élève, p. 24

Compréhension orale

El exilio de los republicanos españoles

1 Prenez des notes lors des trois écoutes de l'enregistrement.

a. D'après le titre, imaginez de quoi va parler le document.

→ Première écoute

A1
b. Repérez le nombre de voix et identifiez la nature du document.
c. Notez le sujet général de ce document.

→ Deuxième écoute

A2
d. Identifiez les voix que vous avez entendues.
e. Notez les mots des champs lexicaux de la guerre et de la mort.
f. Citez le nom des deux guerres évoquées dans l'extrait.

→ Troisième écoute

A2
g. Dites quelle émigration est évoquée et précisez les conditions d'accueil dans le pays étranger.
h. Précisez comment une partie de cette émigration a apporté un soutien militaire au pays qui l'a accueillie.

B1
i. Identifiez la personne interviewée et expliquez ce qu'elle a été amenée à faire.
j. Dites quelle commémoration est évoquée. Précisez le lieu.

2 Rendez compte en français, à l'écrit, de ce que vous avez compris de ce document.

Para ayudarte

Attention : le jour de l'épreuve, vous n'aurez pas de consignes pour vous aider à prendre des notes.

- Soyez attentif(ive) au titre qui peut vous donner des pistes pour comprendre l'enregistrement.
- Appuyez-vous sur le champ lexical de la guerre et sur les mots transparents pour faire des déductions sur le sens global de l'enregistrement.
- Repérez des données chiffrées et des noms de lieux ou de nationalités.
- Dans le compte rendu, respectez le déroulement de l'enregistrement en l'enrichissant d'autant de détails que vous pourrez.

Expression orale

Lors de votre exposé, puis de l'entretien avec l'examinateur qui en découlera, vous pourrez aborder les notions du programme **Espaces et échanges**, **Lieux et formes du pouvoir** et **L'idée de progrès** grâce à l'unité ***Exilios y migraciones***, à travers, par exemple, les problématiques suivantes :

NOTION 1 Espaces et échanges (*Espacios e intercambios*)

Problématique

- **España ¿país de emigración o de inmigración?**

Para ayudarte

- **En vous appuyant sur les documents que vous aurez étudiés dans l'unité, vous pourrez développer les points suivants :**

1. El éxodo republicano (a Francia, Cuba, etc.)
   –El éxodo republicano p. 70-71
   –Itinerario de un inmigrante p. 80
   –El exilio de los republicanos españoles p. 90
2. Las emigraciones españolas.
   –Movimientos migratorios en España p. 72
   –¡Lo nuestro era legal! p. 73
   –¿Emigrar o quedarse?, *Taller* p. 83
   –España, país de emigración, *Panorama* p. 84
   –La nueva emigración española, *Evaluación* p. 88
3. España, país de inmigración.
   –Movimientos migratorios en España p. 72
   –Carta de Nor p. 74
   –Favorecer la cohesión social en Getxo p. 75
   –La emigración latinoamericana tiene rostro de mujer p. 76-77
   –Papeles mojados, *Taller* p. 82
   –Todos diferentes. Todos necesarios, *Taller* p. 82
   –Flujos migratorios hispánicos, *Panorama* p. 84-85

- **Pensez à utiliser le lexique de l'exode, de l'exil, de l'immigration et de l'intégration.**

Autre problématique que vous pourrez aborder

- **Sueños y dificultades de las emigraciones latinoamericanas.**
  –La emigración latinoamericana tiene rostro de mujer p. 76-77
  –Viajando dentro de un contenedor p. 78-79
  –Itinerario de un inmigrante p. 80
  –Presentar la situación de un inmigrante en España, *Taller* p. 83
  –Flujos migratorios hispánicos, *Panorama* p. 84-85

NOTION 2 Lieux et formes du pouvoir (*Lugares y formas del poder*)

Problématique

- **Poder político y económico ¿motores de la emigración?**

Para ayudarte

- **En vous appuyant sur les documents que vous aurez étudiés dans l'unité, vous pourrez développer les points suivants :**

1. La emigración política.
–El éxodo republicano p. 70-71
–Itinerario de un inmigrante p. 80
–El exilio de los republicanos españoles p. 90
–La cárcel o el exilio, *Horizonte Bac* p. 92
–Emigrados p. 96

2. La emigración económica.
–Movimientos migratorios en España p. 72
–¡Lo nuestro era legal! p. 73
–La emigración latinoamericana tiene rostro de mujer p. 76
–Traer a su familia p. 77
–¿Emigrar o quedarse?, *Taller* p. 83
–La nueva emigración española, *Evaluación* p. 88

- **Pensez à utiliser le lexique du travail, de la politique, de l'immigration ainsi que des pays et des nationalités.**

NOTION 3 L'idée de progrès (*La noción de progreso*)

Problématique

- **Emigrar: ¿mejorar su situación o crearse nuevas dificultades?**

Para ayudarte

- **En vous appuyant sur les documents que vous aurez étudiés dans l'unité, vous pourrez développer les points suivants :**

1. La emigración permite mejorar su situación.
–Carta de Nor p. 74
–Favorecer la cohesión social en Getxo p. 75
–Viajando dentro de un contenedor p. 78
–Mural de la casa del migrante de Tecún Umán p. 79
–Todos diferentes. Todos necesarios, *Taller* p. 82

2. La emigración puede crear nuevas dificultades.
–Carta de Nor p. 74
–La emigración latinoamericana tiene rostro de mujer p. 76
–Traer a su familia p. 77
–Papeles mojados, *Taller* p. 82

- **Pensez à utiliser le lexique de l'immigration, de l'exil et de l'intégration.**

Autre problématique que vous pourrez aborder

- **¿Cómo puede el multiculturalismo beneficiar al país de inmigración?**
  –Carta de Nor p. 74
  –Favorecer la cohesión social en Getxo p. 75
  –La emigración latinoamericana tiene rostro de mujer p. 76
  –Todos diferentes. Todos necesarios, *Taller* p. 82
  –Ser ciudadano del mundo, p. 98

→ Fichier de l'élève, p. 25

Texto 1. La cárcel o el exilio

Ella huyó de Aquella Isla: una isla que quiso construir el paraíso y creó el infierno.

Yocandra consiguió escapar en una balsa que se hizo pedazos antes de llegar a tierra. Aferrada a un madero, encalló en la arena[1]. Se despertó casi achicharrada[2], los ojos vidriosos, caminó hacia el asfalto, y ahí volvió a caerse, derrumbada desde dentro, desde lo más remoto de ella misma... Lo que vino después fue semejante a lo que han vivido miles de cubanos: la lucha por hacerse un hueco en un país extraño.

Comparado con la mayoría de sus compatriotas, fue relativamente breve el tiempo en que se quedó en Miami: solamente un año y un día; el lapso necesario para volver a ser una documentada y poder realizar su sueño.

Su sueño consistía en viajar a Europa, a París o a Venecia. [...] Con anterioridad, ya ella había vivido cinco años en París. En aquella época habría deseado pedir asilo político, pero prefirió regresar e incorporarse al movimiento pictórico que se estaba desarrollando en La Habana; tenía la sensación que debía hacer cosas desde adentro, probar desde el interior que no estaba de acuerdo con aquella asquerosidad[3] de gobierno e intentar cambiar aquel mundo, su mundo, al menos desde lo que le había tocado del ámbito cultural. Tenía veintiséis años. Nunca había hecho declaraciones en contra del exilio, tampoco a favor de la dictadura; se las arreglaba para sortear las asperezas, o las trampas[4]. No deseaba ofender al exilio ni entregarle las armas al régimen, ni tampoco gastar balas y que la señalaran demasiado. [...] Además, tenía allí a su madre, que le rogaba que no desertara, como si ella fuera militar, que ella era lo único que le quedaba en la vida. Volver no fue un error. El error fue creer que podían transformar el país con formas de expresión culturales. Resistió, hasta que no pudo más; la cárcel[5] o el exilio. El exilio.

Se echó al mar; no fue exactamente eso, echarse al mar es un gesto demasiado reflexionado, e incluso elegante. No, se lanzó al agua, como una irresponsable, como una loca, ansiosa de libertad. De libertad, de nada más. No creía que nadie arriesgara su vida por comer más y mejor, por vestir y por aspirar a ser millonario. [...]

Yocandra repeló[6] desde el primer día a Miami, y Miami a ella. Tuvo la sensación de que en Miami hacía el doble de calor y de extremismo que en La Habana; que toda aquella gente inteligente que habían sido sus amigos, se habían vuelto idiotas o gente burda interesada únicamente por la ascendencia social y, una vez allí, se olvidaban de lo que habían pasado en Cuba.

Zoé VALDÉS (Cuba, 1959), *El todo cotidiano*, 2010

1. *Accrochée à une planche de bois, elle échoua sur le sable*
2. *brûlée*
3. *saleté*
4. *esquiver les difficultés, ou les embûches*
5. la prisión
6. *rejeta*

Texto 2. Aumenta el número de cubanos que intenta llegar a Estados Unidos
Se trata del mayor incremento de la inmigración ilegal por mar desde 2007

El número de cubanos que llegó por mar a Estados Unidos de forma irregular durante el último año, [...] o que fueron atrapados en el intento, fue más del doble que en el ejercicio anterior, informó hoy *The Miami Herald*.

Citando datos del Departamento de Seguridad Nacional de EE. UU., el diario de Florida detalla que los guardacostas interceptaron a 1.000 personas de nacionalidad cubana tratando de llegar a territorio estadounidense por mar desde la isla caribeña durante el último año, frente a los 422 detenidos el ejercicio anterior.

Según *The Miami Herald* este incremento de la inmigración ilegal cubana por mar es el primero desde el ejercicio fiscal de 2007, algo que los expertos consultados por el diario atribuyen a un empeoramiento de la situación económica y a un incremento del malestar social en la isla, entre otros factores.

El País Internacional, 9/10/11

Balseros cubanos detenidos por los guardacostas, 2011

Compréhension écrite

A2

1. **Completa la frase apoyándote en los dos textos.**
Los protagonistas son de... y deciden ir a...

2. **¿Cómo viajan esas personas? Elige la respuesta correcta:**
a. en coche **b.** en avión **c.** en balsa **d.** nadando

3. **Indica si los inmigrantes viajan legalmente o si son clandestinos. Entresaca un elemento en cada texto que lo demuestra.**

4. **Apoyándote en los dos textos, cita tres razones que les incitan a marcharse de su país.**

B1

5. **Entresaca dos elementos, uno en cada texto, que dan informaciones sobre el flujo de inmigrantes.**

6. **Di si las afirmaciones siguientes son verdaderas o falsas y justifica cada respuesta citando el texto 1.**
a. La travesía fue peligrosa.
b. La madre de Yocandra estaba de acuerdo con su voluntad de exiliarse.
c. Yocandra hubiera podido vivir tranquilamente con su madre en vez de exiliarse.

B2

7. **Determina los rasgos característicos de Yocandra y justifica los que le corresponden con elementos del texto 1:** romántica – comprometida – pacifista – enferma – rebelde – valiente – agresiva

8. **Precisa con qué soñaba Yocandra al exiliarse. Di si sus sueños son los mismos que los de sus antiguos amigos. Justifica citando tres elementos del texto 1.**

Expression écrite

Vous traiterez obligatoirement la première question et au choix la deuxième ou la troisième question.

B1 **1.** **Haz el retrato de Yocandra en unas quince líneas.**

Para ayudarte

- Pensez à structurer vos idées pour présenter ce personnage.
- Servez-vous du texte (*Su experiencia, sus ilusiones, sus decisiones y sus decepciones*).
- Pensez à argumenter en expliquant la situation: *Aunque fuera peligroso..., no soportaba más que...*

B1 **2.** **Yocandra le anuncia a su madre que decide exiliarse y le explica sus motivos. Imagina la conversación. (Unas quince réplicas)**

Para ayudarte

- Veillez à bien enchaîner les idées d'une réplique à l'autre.
- Pensez à vous appuyer sur le texte.
- Respectez la ponctuation, notamment dans les phrases interrogatives (¿...?) ou exclamatives (¡...!) et pensez à utiliser les tirets pour marquer les changements de personnage :
  –¡No te vayas...!
- Afin de rendre le dialogue plus vivant pensez à la réaction des différents personnages :
  –¿No pensarás echarte al agua? ¡Estás más loca de lo que... ! Y si te ocurre algo...
  –Mis intenciones siguen siendo...
  –Allí podré...

B2 **3.** **Yocandra le escribe a su madre para contarle su viaje y sus impresiones al encontrarse con sus amigos de antes. Imagina su carta. (Unas quince líneas)**

Para ayudarte

- Respectez la présentation de la lettre (*Lugar, fecha, saludos: Querida mamá..., despedida: te echo de menos, escríbeme pronto, etc.*)
- Utilisez le tutoiement.
- N'hésitez pas à vous inspirer des situations du texte pour étayer votre dialogue : *Durante el viaje no tenía más que..., aunque todavía no tengo...*
- Pensez aux impressions du personnage pour rendre la lettre plus vivante: *Me parece increíble cómo amigos míos...*

Del destierro al éxito internacional

Muchos escritores españoles o latinoamericanos pasaron parte de su vida fuera de su país. Unos por sus ideas políticas y otros por razones editoriales o económicas. Desde su exilio muchos siguieron denunciando la situación política de su patria y otros aprovecharon la intensa vida cultural del país de acogida para crear nuevas técnicas narrativas y alcanzar el éxito internacional.

La pérdida de las colonias

1. Di quién era José Martí y por qué luchaba.
2. Cita el nombre de un gran escritor de la Generación del 98 y di por qué fue desterrado de España.
3. ¿Qué denunciaba la Generación del 98?

1 De la literatura de la Colonia a la Generación del 98

José María Heredia (1803-1839), llamado el "poeta nacional" de Cuba y **José Martí** (1853-1895), tuvieron que exiliarse porque luchaban contra el régimen colonial español. Muchos poemas suyos evocan la nostalgia de Cuba o incitan a la rebelión.

La pérdida de las islas de Cuba, Filipinas y Puerto Rico en 1898 provocó en España una grave crisis. Una generación de escritores, llamada **Generación del 98**, empezó a interrogarse sobre la decadencia del país. Uno de ellos, **Miguel de Unamuno** (1864-1936), cuya famosa frase "me duele España" le hizo emblemático de esta generación, fue exiliado por oponerse a la dictadura del general Primo de Rivera.

2 Exiliados de las guerras y de la dictadura franquista

Tras la Guerra Civil española (1936-1939) miles de intelectuales y científicos españoles que apoyaban al Gobierno del Frente Popular huyeron de la represión y de la dictadura franquista. Muchos emigraron a México, como el poeta **Luis Cernuda**, o a Argentina como **Francisco de Ayala** o el poeta **Rafael Alberti**. Desde allí siguieron denunciando la dictadura a través de sus libros. Muchos más huyeron a Francia, como el poeta **Antonio Machado** que murió en Collioure (Francia) en 1939, **Juan Goytisolo**, o la familia del escritor **Jorge Semprún**. Este último integró la Resistencia francesa y luchó contra la Alemania nazi durante la Segunda Guerra Mundial. Del mismo modo miles de soldados del antiguo ejército republicano español participaron en la Liberación de París.

Cartel de una exposición sobre el exilio republicano en México

4. Di qué acontecimiento histórico provocó la huida de miles de intelectuales españoles. ¿Adónde se fueron a vivir?
5. Cita el nombre de dos poetas españoles que huyeron de la dictadura franquista.

1900 — 1931 — 1936 — 1939 — 1975 — 1990

- **1895** Muerte de José Martí
- **1898** España pierde Cuba y Filipinas
- **1923-1930** Dictadura de Primo de Rivera (España)
- **1924-1930** Exilio de Miguel de Unamuno
- **Segunda República** (1931-1936)
- **Guerra Civil española** (1936-1939)
- **1939** Muere Antonio Machado en Collioure. Exilio de miles de españoles
- **Dictadura de Franco** (1939-1975)
- **1959** Revolución cubana anti Batista
- **1960** Se inicia la dictadura castrista (Cuba)
- **1973-1990** Dictadura de Pinochet (Chile)
- **1973-1985** Dictadura de Juan Bordaberry (Uruguay)
- **1976-1983** Dictadura de Rafael Videla (Argentina)

3 Huyendo de las dictaduras latinoamericanas

Entre los años 60 y 80, en plena Guerra Fría se produjeron numerosos golpes de Estado en América Latina apoyados por la CIA y los Estados Unidos. Tenían como objetivo defender los intereses de las grandes compañías estadounidenses e impedir que llegaran al poder partidos de izquierda. Las más conocidas tuvieron lugar en Chile (Pinochet) en Argentina (Videla) y en Uruguay (Bordaberry) en los años 70 y 80. Esas dictaduras llevaron a cabo una represión sanguinaria que causó miles de muertos y de desaparecidos y el exilio o la emigración de un gran número de personas, entre ellas escritores como **Mario Benedetti** (Uruguay), **Isabel Allende** y **Luis Sepúlveda** (Chile).

En Cuba, la dictadura de Fidel Castro, también provocó la huida de muchos escritores como **Reynaldo Arenas**, **Zoé Valdés** o **Jesús Díaz**.

Manifestación en memoria de los desaparecidos, Santiago de Chile, 2009

6. Cita el nombre de tres dictadores sudamericanos.
7. ¿Qué famosa escritora chilena huyó de la dictadura de Pinochet?

Autores latinamericanos de éxito internacional

4 Buscando otra tierra

A finales de los años 50, grandes editoriales europeas o estadounidenses empezaron a interesarse por la literatura latinoamericana proponiendo contratos literarios muy interesantes a un gran número de escritores como **Julio Cortázar**, **Alfredo Bryce Echenique**, **Mario Vargas Llosa** o **Ernesto Sábato** que emigraron a Francia o España. Esta generación de escritores obtuvo un éxito literario inmenso entre los años 60 y 70 conocido como el "boom"de la literatura latinoamericana. Entre estos escritores hay que destacar a **Gabriel García Márquez** (*Cien años de soledad*, 1967) y a **Mario Vargas Llosa** (*La ciudad y los perros*, 1963) que obtuvieron el Premio Nobel de Literatura respectivamente en 1982 y en 2010.

8. ¿En qué época tuvo lugar el "boom" de la literatura latinoamericana?
9. Cita el nombre de dos escritores latinoamericanos que obtuvieron el Premio Nobel de Literatura.

Para ampliar

★ Películas

- ***Otaola, o la República del Exilio***, Raúl BUSTEROS (México), 2000. El velorio de un muerto en una familia republicana española en el exilio es el pretexto para recordar el pasado.
- ***Exilio***, Pedro CARVAJAL (España), 2002. Documental sobre el exilio como consecuencia de la Guerra Civil.
- ***Balseros***, Carlos BOSCH y Josep María DOMÉNECH (España), 2002. Documental sobre el exilio de los cubanos a partir de 1994.
- ***Un franco 14 pesetas***, Carlos IGLESIAS (España), 2006. España, 1960. Dos amigos, Martín y Marcos, deciden marcharse a Suiza en busca de trabajo.

★ Lecturas

- ***Paula***, Isabel ALLENDE, 1994. Novela autobiográfica en la que Isabel Allende se dirige a su hija Paula (que está muy enferma en un hospital) para contarle su vida y cómo el golpe de Estado de Pinochet cambió su vida y la de su país.
- ***El tiempo del exilio***, Jordi SIERRA I FABRA, 2002-2003. Trilogía que cuenta la historia de varias familias desde el final de la Guerra Civil española y su exilio en México durante los siguientes 40 años.
- ***Demasiados héroes***, Laura RESTREPO, 2009. Mateo viaja a Argentina con su madre Lorenza para conocer a su padre. El viaje es la ocasión para Lorenza de contarle a su hijo cómo fueron los años de la dictadura argentina.

★ Lugares de interés

Museo Memorial del Exilio de La Jonquera (Cataluña, España)

TEXTO 1 Emigrados

Biografía

Juan GOYTISOLO (1931). Escritor español que emigró a París en 1956. En sus primeras obras denuncia la miseria de la sociedad española durante el franquismo lo que provoca la censura de sus libros. Sus primeras novelas *Juegos de manos* (1954) y *Duelo en el paraíso* (1955) se inscriben en el realismo social, pero a partir de *Señas de identidad* (1966) incluye nuevas técnicas de la novela moderna.

▶ Resumen

La Chanca

La Chanca es un barrio de la ciudad andaluza de Almería al que el autor viajó en los años 60. En el libro, describe de manera realista la miseria de ese barrio e intenta conectar el exilio político de miles de españoles con la marginación social que sufría una parte de la sociedad española.

En Francia, en Bélgica, en Suiza, en Alemania, a la ventura de mis peregrinaciones, había topado con[1] hombres y mujeres parecidos –chicas de servicio, albañiles, mineros, agricultores– y junto a un mostrador de cinc[2] o en torno a una mesilla triste, nos habíamos detenido a echar un párrafo[3]. Todos habían ido fuera a trabajar; ninguno se acomodaba a la idea de vivir lejos de España. Y nuestra conversación era la misma siempre y, después de sonar y maldecir, cada cual se recogía[4] insatisfecho, con su deseo de regresar intacto. [...]

En una de esas veladas[5] –recuerdo que era un día sucio y la lluvia humedecía imperceptiblemente la calle–, la charla recayó en Almería y, durante largo rato, el compañero y yo hablamos de su tierra y sus hombres. [...] El almeriense no había vuelto allí desde el final de la guerra. Mirando con atención, se adivinaba que cada arruga de su rostro[6] obedecía a una espera impaciente, sin cesar contrariada. El cansancio lo había marcado poco a poco, pero los ojos conservaban entero su brillo. No se me despinta de la memoria[7] su frente seca, el tacto amistoso, velludo de su mano.

Vitorino había hablado en su tiempo de hambre, de iniquidad y de miseria –de la triple cosecha de muerte que medra[8] en la tierra de Almería–. Él fue de los que empuñaron el fusil y combatieron porque la injusticia acabase. Pero habían transcurrido veinte años y, ahora, ya no hablaba. Quería saber –sólo– si florecían los naranjos en Benahadux[9] y granaba la uva[10] en Canjavar[9], si el sol brillaba siempre con fuerza. Repuse que sí y me miró con los ojos húmedos. [...] "Tengo familia allá, me dijo. Un primo más joven que yo, pescador él, que le dicen el Cartagenero. Si pasa usté por la Chanca[9], váyale a ver de mi parte. Hace años mi mujer recibió unas letras suyas. Le contestamos pero, desde entonces, no ha vuelto a resollar[11]. Yo no lo he visto desde que tuve que irme afuera..."

Juan GOYTISOLO, *La Chanca*, 1962

1. había conocido a
2. *un comptoir en zinc*
3. charlar
4. *rentrait chez soi*
5. *soirées*
6. *chaque ride de son visage*
7. No puedo olvidar
8. *moisson de mort qui abonde*
9. pueblos de la provincia de Almería y barrio de la ciudad de Almería
10. *le raisin poussait*
11. *(ici) donner signe de vie*

Descubre y disfruta

1. Según el narrador, ¿en qué se parecían todos los emigrados que conoció? (l. 1-8)
2. Di quién era Vitorino y precisa dónde lo conoció el narrador.
3. Describe su aspecto físico y moral. ¿En qué medida lo moldeó (*l'a façonné*) la historia de su país?
4. Deduce en qué guerra participó Vitorino ¿Por qué y para qué luchó? (l. 17-20)
5. Describe la relación de Vitorino con su tierra y su familia española. ¿Qué deducimos de sus sentimientos? (l. 21-27)

Texto 2 Adaptarse a una nueva vida

Biografía

Mario BENEDETTI (1920-2009) Poeta y escritor uruguayo muy comprometido políticamente. Tuvo que exiliarse durante doce años en países latinoamericanos y en España tras el golpe de Estado de 1973. Su enorme producción literaria abarca todos los géneros, incluyendo famosas canciones, y suma más de sesenta obras, entre las que destacan las novelas *La Tregua* (1960) y *Gracias por el fuego* (1965).

▶ Resumen

Primavera con una esquina rota (1987) es una novela que cuenta la separación de una familia uruguaya tras el golpe de Estado de 1973. Describe los sentimientos de un padre de familia encarcelado por motivos políticos y la vida de su mujer, su hija y su propio padre, exiliados en un país europeo.

Habla Don Rafael, un profesor uruguayo que se ha exiliado en Alemania para huir de la dictadura.

Lo esencial es adaptarse. Ya sé que a esta edad es difícil. Casi imposible. Y sin embargo. [...] Yo diría que hay que empezar a apoderarse de[1] las calles. De las esquinas[2]. Del cielo. De los cafés. Del sol, y lo que es más importante, de la sombra. Cuando uno llega a percibir que una calle no le es extranjera, sólo entonces la calle deja de mirarlo a uno como a un extraño[3]. Y así con todo. Al principio yo andaba con un bastón, como quizá corresponda a mis sesenta y siete años. Pero no era cosa de la edad. Era una consecuencia del desaliento[4]. *Allá*, siempre había hecho el mismo camino para volver a casa. Y *aquí* echaba eso de menos. La gente no comprende ese tipo de nostalgia. [...] En la nueva ciudad había nuevos derroteros[5]. Derrotero viene de derrota[6], ya lo sé. Nuestra derrota no será total, pero es derrota. Ya lo había comprendido, pero lo confirmé plenamente cuando di la primera clase. El alumno se puso de pie y pidió permiso para preguntar. Y preguntó: "Maestro, ¿por qué razón su país, una asentada[7]

1. *s'approprier*
2. *Des coins de rues*
3. *un étranger*
4. *du découragement*
5. caminos
6. *défaite*
7. consolidada

democracia liberal, pasó tan rápidamente a ser una dictadura militar?" Le pedí que no me llamara maestro. No es nuestra costumbre. Pero se lo pedí solamente para organizar la respuesta. Le dije lo consabido: que el proceso empezó mucho antes, no en la calma, sino en el subsuelo de la calma. Y fui anotando en el pizarrón los varios rubros[8], los períodos, las caracterizaciones, los corolarios. El muchacho asintió[9]. Y yo leí en sus ojos comprensivos toda la dimensión de mi derrota, de mi derrotero. Y desde entonces regreso cada tarde por una ruta distinta.

Mario BENEDETTI, *Primavera con una esquina rota*, 1982

8. títulos
9. *acquiesça*

Descubre y disfruta

1. Identifica al narrador y di por qué vive lejos de su país.
2. Precisa cómo empezó el narrador a adaptarse a su nueva vida. (l. 2-6)
3. Di cómo se sentía el narrador. ¿Qué echaba de menos? (l. 7-10)
4. Di en qué ocasión comprendió el narrador que su exilio era una derrota. (l. 11-22)
5. A partir de la biografía del escritor, muestra cómo se mezclan ficción literaria y experiencia personal.

Texto 3 Ser ciudadano del mundo

Biografía

Mario VARGAS LLOSA (1935). Escritor y ensayista peruano nacionalizado español en 1993. Fue una de las grandes figuras del "boom latinoamericano" de los años 60 y 70. Recibió el Premio Nobel de Literatura en 2010. Entre sus obras más famosas hay que destacar *La ciudad y los perros* (1963), *Lituma en los Andes* (1993).

▶ Resumen

Elogio de la lectura y la ficción

Este discurso fue pronunciado por Mario Vargas Llosa el 7 de diciembre de 2010 cuando recibió el Premio Nobel de Literarura. En este discurso, el escritor recuerda sus influencias literarias, los grandes acontecimientos de su vida y la evolución de sus ideas políticas.

Nunca me he sentido un extranjero en Europa, ni, en verdad, en ninguna parte. En todos los lugares donde he vivido, en Paris, en Londres, en Barcelona, en Berlín, en Washington, Nueva York, Brasil o la República Dominicana, me sentí en mi casa. Siempre he hallado una querencia[1] donde podía vivir en paz y trabajando, aprender cosas, alentar ilusiones, encontrar amigos, buenas lecturas y temas para escribir. No me parece que haberme convertido, sin proponérmelo, en ciudadano del mundo,

1. *(ici) J'ai toujours trouvé un foyer*

haya debilitado[2] eso que llaman "las raíces"[3], mis vínculos[4] con mi propio país. El amor al país en que uno nació no puede ser obligatorio, sino, al igual que cualquier otro amor, un movimiento espontáneo del corazón, como el que une a los amantes, a padres e hijos, a los amigos entre sí.

Al Perú yo lo llevo en las entrañas porque en él nací, crecí, me formé, y viví aquellas experiencias de niñez y juventud que modelaron mi personalidad, fraguaron[5] mi vocación, y porque allí amé, odié, gocé, sufrí y soñé. Lo que en él ocurre me afecta más, me conmueve y exaspera más que lo que sucede en otras partes. No lo he buscado ni me lo he impuesto, simplemente es así. [...]

Quiero a España tanto como al Perú y mi deuda[6] con ella es tan grande como el agradecimiento[7] que le tengo. Si no hubiera sido por España jamás hubiera llegado a esta tribuna, ni a ser un escritor conocido, y tal vez, como tantos colegas desafortunados, andaría en el limbo de los escritores sin suerte, sin editores, ni premios, ni lectores, cuyo talento acaso –triste consuelo– descubriría algún día la posteridad. En España se publicaron todos mis libros, recibí reconocimientos exagerados [...]. Y España me concedió una segunda nacionalidad cuando podía perder la mía. Jamás he sentido la menor incompatibilidad entre ser peruano y tener un pasaporte español porque siempre he sentido que España y el Perú son el anverso y el reverso de una misma cosa, y no sólo en mi pequeña persona, también en realidades esenciales como la historia, la lengua y la cultura.

Mario VARGAS LLOSA, *Elogio de la lectura y la ficción*, Discurso del Premio Nobel de Literatura ante la Academia Sueca, 07/12/2010

2. *ait affaibli*
3. *les racines*
4. *mes liens*
5. *ont forgé*
6. *ma dette*
7. *la reconnaissance*

Literatura y cultura

DESCUBRE Y DISFRUTA

1. Identifica el documento. Di quién lo escribió y en qué ocasión.
2. Explica por qué el autor se siente "un ciudadano del mundo" y di con qué compara el amor a su país. (l. 2-11)
3. ¿Por qué quiere a su país? (l. 12-17)
4. ¿Por qué quiere a España? Explica por qué emigró a ese país. (l. 18-24)
5. ¿Cuáles son las nacionalidades del escritor? ¿Por qué son compatibles según él? (l. 25-29)

Horizonte BAC LELE

Pour aider les élèves de Littérature étrangère en langue étrangère (LELE, séries L) à constituer le dossier qu'ils présenteront à l'oral, voici les thématiques du programme auxquelles sont liés ces textes.

Texto 1. Voyage, parcours initiatique, exil (Viaje, recorrido iniciático, exilio)

El exilio, el regreso

Este fragmento cuenta los sentimientos de los exiliados o de los emigrados españoles que añoraban su tierra pero no podían regresar a causa de sus ideas políticas o de la miseria causada por la dictadura del régimen franquista.

Texto 2. Je de l'écrivain et jeu de l'écriture (El yo del escritor y el juego de escritura)

La expresión de los sentimientos

Este fragmento cuenta los sentimientos de un uruguayo que tuvo que exiliarse en Europa para huir de la dictadura. Trata de la dificultad de adaptarse a una nueva vida y la nostalgia que afecta al exiliado. Mario Benedetti se inspira de lo que le pasó realmente en la vida para explicarlo a través de la voz de un personaje literario. La realidad se mezcla con la ficción.

Texto 3. Voyage, parcours initiatique, exil (Viaje, recorrido iniciático, exilio)

El desarraigo

En este texto, el escritor se considera un ciudadano del mundo porque tuvo que vivir en muchos países diferentes. También explica que España fue un país que favoreció su carrera literaria. De cierta manera se evoca el exilio por motivos económicos, pero el autor también recuerda sus sentimientos y sus emociones al vivir en otros países.

UNIDAD 4

- Mythes et héros
- Espaces et échanges
- Lieux et formes du pouvoir
- L'idée de progrès

Poder y creación artística

Activités de communication B1/B2

Écouter
Comprendre un reportage sur des œuvres d'art en péril en temps de guerre.
Comprendre l'interview d'un artiste argentin victime de la dictature.

Lire
Comprendre un dialogue sur un monument objet de polémique.
Comprendre une anecdote sur l'inauguration d'une œuvre d'art provocatrice.
Comprendre l'analyse critique d'un poème sur la Révolution cubaine.

Parler en continu
Décrire une œuvre majeure de l'histoire de la peinture espagnole.
Faire la visite guidée d'une exposition sur Velázquez.
Exprimer son soulagement que des œuvres d'art aient été préservées.
Raconter un quiproquo comique.

Parler en interaction
Débattre sur la nécessité de préserver un monument.

Écrire
Évoquer les souvenirs d'un(e) rescapé(e) de l'opération Condor.
Imaginer et raconter la vie d'un personnage.

Outils linguistiques

- La restriction avec *sólo* (p. 103)
- Les verbes à affaiblissement : *e* → *i* (p. 105)
- Le subjonctif: emplois particuliers (p.107)
- La préposition *por* (p. 109)
- Le participe passé (p. 111)
- L'obligation personnelle (p. 113)

Proyecto final

→ **Organizad una exposición de arte titulada "Artistas comprometidos".**

1 Francisco Franco comprobando el funcionamiento de una cámara de cine

Recursos

Sustantivos
- los atributos del poder
- el bastón de mando: *le bâton de commandement*
- un caballo encabritado: *un cheval cabré*
- un cadáver
- un mural: *une peinture murale*
- una obra de encargo: *une œuvre de commande*
- el retrato: *le portrait*

Adjetivos
- comprometido(a)
- halagador(a): *flatteur(euse)*
- poderoso(a)

Verbos y expresiones
- denunciar
- enaltecer/ensalzar: *porter aux nues, exalter*
- rodar (ue) una película

2

Retrato de *Felipe IV a caballo* (1633-35), Diego Velázquez, Museo del Prado (Madrid)

3

Del *Porfirismo a la Revolución* (1957-1966), Mural de David Alfaro Siqueiros en Chapultepec (México)

Y tú, ¿cómo lo ves?

1. Di quién aparece en la primera foto y explica qué está haciendo.
2. Describe brevemente el cuadro de Velázquez. ¿Cómo ilustra la imagen del poder?
3. Precisa qué representa el mural de la tercera foto. ¿Cuál es la intención del artista?
4. ¿Cuál de estas tres fotos ilustra mejor el título de la unidad? Explica por qué.

B1 Velázquez, pintor de corte

Manuel Numérique
Animation

Diego VELÁZQUEZ (pintor español), *Las Meninas* (1656), Museo del Prado, Madrid

MIRA Y EXPRÉSATE

1. Presenta el cuadro: di cuándo fue pintado y sitúa a las personas representadas. ¿Cómo se comprende que estamos en la Corte?
2. ¿Quién es, a tu parecer, el personaje más importante de la escena? Justifica.
3. Examina al grupo central formado por la infanta y las meninas. Describe lo que están haciendo.
4. Di hacia dónde convergen las miradas de algunos personajes y fíjate en el espejo situado al fondo de la pieza. ¿Qué conclusiones puedes sacar?
5. Describe la posición y actitud del pintor. ¿Qué estará pintando?
6. Imagina las circunstancias de la escena y muestra lo cotidiano de la situación.

RECURSOS

Sustantivos
- el espectador
- el espejo: *le miroir*
- la infanta = la hija de los reyes
- el lienzo: *la toile*
- la menina: *la dame de compagnie*
- el pincel: *le pinceau*
- un retrato: *un portrait*
- los reyes: *le roi et la reine*

Adjetivos
- elegante: *élégant(e)*
- respetuoso(a)

Verbos y expresiones
- jugar (ue)
- posar
- reflejarse: *se refléter*

Ascenso social de un pintor

Al ver las obras del aspirante a pintor de corte, Felipe IV se dio cuenta de que estaba delante de un genio y, sin hacer caso de la oposición de los expertos, decidió confiar su imagen y la de su familia a aquel joven indolente y audaz, de insultante modernidad. Al hacerlo entró en la Historia por la puerta grande. [...]

Los dioses habían concedido a Felipe IV todo el poder imaginable, pero a él sólo le interesaba el arte. Velázquez había recibido el don de ser uno de los más grandes pintores de todos los tiempos, pero él sólo anhelaba[1] un poco de poder. Al final los dos vieron realizados sus deseos. Felipe IV dejó a su muerte un país arruinado, pero legó a España la más extraordinaria pinacoteca del mundo. Velázquez subordinó el arte a su afán por medrar[2] en la corte sin más credenciales[3] que su talento. Pintó poco y a desgana[4], para obedecer y complacer al Rey, sin más finalidad que merecer el ascenso social. Al final de su vida obtuvo el ansiado blasón[5]. [...]

Velázquez, que sólo pintaba a instancias ajenas y no sentía la menor apetencia por trabajar, se retrató a sí mismo muy pocas veces. De joven, quizá como escéptico testigo de la efímera rendición de Breda[6]; más tarde, al término de su carrera, representando a su propio personaje en *Las Meninas*. En esta última obra luce ya la cruz de la Orden de Santiago que lo acredita como gentilhombre.

Eduardo MENDOZA (escritor español), *Riña de gatos. Madrid 1936*, 2010.

1. deseaba
2. progresar, elevarse socialmente
3. *(ici) sans autres recommandations*
4. *sans conviction*
5. *(ici) la récompense tant désirée* (la cruz de la Orden de Santiago)
6. Victoria de España contra Flandes (1625)

LEE Y EXPRÉSATE

1. Muestra que el rey Felipe IV y Velázquez eran dos personalidades opuestas y al mismo tiempo complementarias.
2. Felipe IV fue un monarca muy hábil en política. ¿Verdadero o falso? Cita una frase que justifique tu respuesta.
3. Di si el autor hace un retrato halagador del pintor. Justifica apoyándote en el texto.

RECURSOS

Sustantivos
- la ambición
- un genio
- un objetivo

Adjetivos
- ambicioso(a)
- halagador(a): *flatteur(euse)*
- perezoso(a): *paresseux(euse)*

Verbos y expresiones
- conseguir (i): *obtenir, parvenir à*

Gramática activa

La restriction avec *sólo* → Précis 35

Observa

▸ ***Sólo*** *le interesaba el arte.*
▸ ***Sólo*** *anhelaba un poco de poder.*

- Pour rendre l'idée de restriction donnée en français par la tournure « ne ...que », l'espagnol peut employer l'adverbe ***sólo*** devant le verbe. Cette restriction est envisagée alors comme une simple constatation.
- Les locutions négatives ***no... más que*** ou ***no... sino*** encadrant le verbe peuvent remplacer ***sólo*** pour introduire une notion de qualité ou de quantité → ***no*** *le interesaba* ***más que*** *el arte* ; ***no*** *anhelaba* ***sino*** *un poco de poder.*

Practica

Imite l'exemple.

No le interesaba más que el arte → Sólo le interesaba el arte.

a. No pintaba más que para ganar dinero.
b. No quería más que complacer al rey.

→ Autre exercice p. 118

¡Y ahora tú!

Hago de guía en un museo

Te han contratado en un museo para hacer de guía en una exposición de pintura española. Con un grupo de visitantes, te paras delante de las famosas *Meninas* de Velázquez. Describes el cuadro o haces un breve relato de la vida y las ambiciones del pintor.

→ *Esta obra no sólo... sino...*
→ *Cuando comenzó Velázquez, sólo era...*

→ *Fichier de l'élève, p. 29*

B1 La odisea de los cuadros del Prado

TU CD 14 · CD CLASE

Preparando el traslado de las obras del Museo del Prado, Madrid, 1937

1 Observa la fotografía

a. Di dónde y cuándo fue sacada la fotografía.
b. ¿Qué están haciendo las personas de la foto?

2 Escucha e identifica

c. El documento es... Trata de... He oído las voces de... y los ruidos de...
d. Apunta las palabras que evocan el arte y la política.

3 Profundiza

e. Completa la frase: "Da gritos... También da gritos..." Di a qué la asocia José Bergamín.
f. ¿Quién era José Bergamín? ¿Qué exigió?
g. Di qué organismo creó el Gobierno de José Giral y cuál era su objetivo.
h. ¿Adónde y por qué se trasladó el Gobierno de la República? ¿Qué medida dictó?
i. Cita el nombre de dos obras que salieron con el Gobierno y di qué denunció el bando nacional.

Horizonte BAC

Resume en francés

Redacta en francés todo lo que has entendido de la grabación.

→ *Fichier de l'élève p. 27*

RECURSOS

Sustantivos
- una caja de madera: *une caisse en bois*
- un disparo: *un tir*
- un lienzo = un cuadro

Adjetivos
- protegido(a)
- seguro(a): *sûr(e)*

Verbos y expresiones
- asediar: *assiéger*
- (des)cargar: *(dé)charger*
- descolgar (ue): *décrocher*
- incautar: *saisir*
- proteger
- trasladar(se) = desplazar(se)

Fonética

TU CD 15 · CD CLASE

a. **Escucha las siguientes palabras y di cómo se pronuncia la "g".**
b. **Repite estas palabras en voz alta.**

¿Se debe el creador a su obra?

Tras el trágico bombardeo del pueblo de Guernica en 1937, el Gobierno republicano encargó un cuadro emblemático al pintor vasco Aurelio Arteta.

Se trataba de mostrar al mundo lo que había ocurrido allí, la masacre que habían cometido los nazis. Iba a ser la oportunidad de su vida. Aun así, Arteta declinó el encargo. Arguyó[1] que estaba cansado de la guerra, que lo que él quería era exiliarse y reunirse con su familia en México. Al final, el encargo recayó en Pablo Picasso. Lo que vino después es de todos conocido. Pintar el cuadro sobre Gernika[2] hubiera sido un salto definitivo en la carrera de Arteta, pero no lo aceptó. Por delante del arte, eligió su vida. Prefirió reunirse con su familia a ser recordado en la posteridad.

A muchos les parecerá que la elección de Arteta fue un error. Cómo pudo perder la oportunidad de su vida [...]. Cómo pudo anteponer el amor por su familia a la creación artística. Es más, habrá quienes no le perdonen eso jamás[3], y piensen que el creador se debe a su obra antes que nada.

En más de una ocasión me he preguntado qué habría hecho yo en la situación de Arteta, cuál habría sido mi elección. No sabría decirlo, para ello hay que haber vivido ese mismo momento.

Kirmen URIBE (escritor español), *Bilbao-New-York-Bilbao*, 2010

1. Argumentó
2. ortografía vasca
3. *il y aura des gens qui ne le lui pardonneront jamais*

LEE Y EXPRÉSATE

1. Precisa las circunstancias del encargo del Gobierno republicano al pintor Arteta.
2. Explica por qué, para Arteta, el encargo representaba "la oportunidad de su vida".
3. Arteta declinó el encargo porque... y Picasso...
4. Di qué le parecerá a la gente la decisión de Arteta.
5. Precisa el punto de vista del autor y di si lo compartes.

RECURSOS

Sustantivos
- el encargo: *la commande*

Adjetivos
- incomprensible

Verbos y expresiones
- comprometerse: *s'engager*
- desperdiciar: *gâcher*
- hacerse famoso(a): *devenir célèbre*
- negarse (ie) a: *refuser de*
- parece sorprendente que + subj.

Gramática activa

Les verbes à affaiblissement : e → *i*

→ Précis 25.C

Observa

- ***Eligió*** *su vida.*
- ***Prefirió*** *reunirse.*

On appelle verbes à affaiblissement les verbes dont le **e** au radical se change en ***i***, à certaines personnes et à certains temps comme ***elegir***, ***pedir***, ***repetir***, ***seguir***, ***servir ...***

Présent de l'indicatif : *s**i**rvo, s**i**rves, s**i**rve, servimos, servís, s**i**rven*

Présent du subjonctif : *s**i**rva, s**i**rvas, s**i**rva, s**i**rvamos, s**i**rváis, s**i**rvan*

Prétérit : *serví, serviste, s**i**rvió, servimos, servisteis, s**i**rvieron*

Gérondif : *s**i**rviendo*

Practica

Conjugue les verbes au passé simple.

a. El pintor ... (seguir) pensando en el cuadro.

b. Ellos ... (pedir) que salvaran este cuadro.

→ Autre exercice p. 118

¡Y ahora tú!

Expreso alivio porque se hayan preservado obras de arte

En un reportaje sobre la pintura española, te enteras de que muchos cuadros del Museo del Prado estuvieron a punto de desaparecer durante la Guerra Civil.

Se lo comentas a un amigo(a) tuyo(a) y expresas tu alivio.

→ *¡Qué suerte que estos cuadros sigan...!*

→ *Menos mal que no sirvieron para...*

→ *Fichier de l'élève, p. 29*

B1 El pasado no se puede cambiar

Conversación entre tres amigos en un restaurante.

–El pasado se puede conocer, pero no se puede cambiar –dijo Bárbara [...]–. Nos gusten, nos den lo mismo[1] o nos parezcan detestables, las cosas fueron como fueron, y punto. Y algunas personas piensan que es mejor ir hacia delante que hacia atrás y creen, si tú se lo permites, que no se puede ir a buscar el futuro dentro de una tumba.

–¿Una tumba como cuál? ¿Por ejemplo como el Valle de los Caídos? ¿Tengo que volver a explicarte –respondió, empuñando sus cubiertos, inconscientemente, como si fueran armas– por qué es un doble despropósito[2] que Salvador Silva y otros cuarenta mil republicanos estén allí y que el Estado español le pague el monumento funerario más megalómano de todo el siglo XX a un dictador que masacró este país durante cuatro décadas?

–Sí, ya he visto en la prensa que vosotros exigís su demolición –dijo Enrique–, y a mí eso me parece una barbaridad. Por suerte, los visigodos no echaron abajo el Acueducto de Segovia para eliminar los símbolos romanos, ni los Reyes Católicos pegaron fuego a la Alhambra de Granada y a la Mezquita de Córdoba al reconquistar Al-Ándalus.

–En cualquier caso, lo que nosotros hemos dicho es: uno, que se quite la cruz; dos, que se saque de allí al tirano y que su familia lo entierre en la capilla del cementerio de Mingorrubio, junto a su mujer, o donde crea conveniente; tres, que en su lugar se ponga un centro de estudios de la Guerra Civil; cuatro, que la nave central albergue[3] una exposición en la que se honre a quienes[4] fueron obligados a construir ese lugar por la fuerza, [...]; cinco, que se acabe de una vez con la paradoja de que las víctimas y sus herederos tengan que pagar con sus impuestos la tumba de su verdugo[5]; y seis [...] que los restos de los republicanos que fueron profanados y están allí contra la voluntad de sus familias les sean devueltos a éstas. Me parece que todo esto es de lo más razonable.

Benjamín PRADO (escritor español), *Operación Gladio,* 2011

Benjamín PRADO (Madrid, 1961). Poeta y novelista prolífico. Es relevante su interés por la historia reciente de España. Así en la novela *Mala gente que camina* (2006) investiga sobre la desaparición de hijos de madres republicanas "adoptados" por los vencedores de la Guerra Civil. En su última obra *Operación Gladio* se interesa por los problemas que acarrea la Recuperación de la Memoria Histórica.

1. *Que cela nous plaise, nous soit égal*
2. cosa absurda y sin sentido
3. *que la nef centrale accueille*
4. *où l'on honore ceux qui*
5. *leur bourreau*

LEE Y EXPRÉSATE

1. Define el tema de la conversación y explica el punto de vista de Bárbara. (l. 1-5)
2. Califica la reacción de su contradictora. Justifica apoyándote en el texto. (l. 6-11)
3. Apunta las palabras que caracterizan a Franco en el texto. ¿Qué deduces de los sentimientos de la protagonista?
4. Di qué comparaciones hace Enrique. ¿Te parecen convincentes? Explica. (l. 13-16)
5. Lista y comenta los deseos expresados en el último párafo. (l. 17-27)

RECURSOS

Sustantivos
- los cadáveres
- el odio ≠ el amor
- la rabia: *la colère*
- los rastros del pasado: *les traces du passé*
- el rencor

Adjetivos
- agresivo(a)
- legítimo(a)

Verbos y expresiones
- borrar: *effacer*
- enterrar (ie)
- estar obligado(a) a
- tal vez = quizás: *peut-être*

Entierro de Franco en la Basílica del Valle de los Caídos el 23 de noviembre de 1975

Datos culturales

El **Valle de los Caídos** es un monumento situado cerca de Madrid. Su construcción (1940-1959) fue ordenada por Francisco Franco. Ahí reposa, así como los restos mortales de unos 40.000 soldados de los dos bandos que se enfrentaron durante la Guerra Civil (republicanos y nacionales), aunque en un principio sólo estaba destinado a honrar la memoria de los soldados del bando nacional.

MIRA Y EXPRÉSATE

1. Describe la foto y precisa en qué ocasión fue tomada.
2. Tras leer los datos di qué sabes del monumento de la foto.
3. ¿Qué impresiones puede producir un monumento como este?

RECURSOS

Sustantivos
- la cruz
- el entierro: *l'enterrement*
- los militares
- las rocas

Adjetivos
- gigantesco(a)
- impresionante

Verbos y expresiones
- en la cumbre se yergue...: *au sommet se dresse...*
- a sus espaldas: *dans leur dos*

Gramática activa

Le subjonctif : emplois particuliers

→ Précis 37, 38

Observa

▶ *Es un despropósito **que estén** allí.*
▶ *Hemos dicho: uno, **que se quite** la cruz, dos, **que se saque** de allí.*
▶ *Nos **gusten**, nos **den** lo mismo, las cosas fueron como fueron.*

● Comme en français, le subjonctif peut se trouver dans les complétives. En revanche, l'espagnol peut utiliser des verbes au subjonctif de façon particulière, sans qu'ils soient introduits par la conjonction ***que***.
Une proposition complétive peut ainsi être sujet sans être introduite par ***que***.

● Après des verbes de demande ***decir*** (dire/demander de), ***pedir*** (demander de), ***impedir*** (empêcher de), ***mandar*** (demander/ordonner de), etc., l'espagnol privilégie la proposition complétive au subjonctif à la place d'un infinitif. **Attention** à la concordance des temps.

Practica

Conjugue au subjonctif présent.

a. Es una vergüenza que se ... (conservar) este monumento.
b. Los descendientes de las víctimas les piden que ... (reconocer) sus errores.

→ Autres exercices p. 118

¡Y ahora tú!

Opino sobre la preservación de un monumento

En un foro español se discute la posibilidad de destruir el Valle de los Caídos. En una vídeo-charla en Internet debates con otros dos chateadores sobre si se debe preservar el monumento o no, y por qué. Imaginad la charla.

→ *Me parece un despropósito que...*
→ *Sin embargo, no se puede exigir que...*

→ *Fichier de l'élève, p. 30*

B1/B2 Miguel Ángel Estrella: un músico comprometido

TU CD 16 · CD CLASE

Miguel Ángel Estrella tocando contra el golpe de Estado de 1976 en Argentina

Datos culturales

El Plan Cóndor fue una operación de coordinación de los servicios secretos de Argentina, Chile, Brasil, Paraguay, Bolivia, Uruguay y Estados Unidos destinada a detener, torturar o matar a las personas que se oponían a las dictaduras de esos países durante los años 70.

1 Observa la fotografía

a. Di a quién representa la fotografía y en qué ocasión fue tomada. Precisa la profesión de esta persona.

2 Escucha e identifica

b. El documento es... Trata de... He oído las voces de...
c. Apunta las palabras que evocan el campo léxico de la detención.

3 Profundiza

d. Di qué sabes de Miguel Ángel Estrella. Cita los adjetivos que lo califican y los valores que defiende.
e. Precisa dónde, cuándo y en qué circunstancias fue detenido Miguel Ángel Estrella.
f. Precisa las condiciones de su detención. ¿Qué le decían? ¿Qué querían de él?

Horizonte BAC

Resume en francés
Redacta en francés todo lo que has entendido de la grabación.

→ *Fichier de l'élève p. 28*

RECURSOS

Sustantivos
- una capucha: *une cagoule*
- un presidio = una prisión

Adjetivos
- comprometido(a): *engagé(e)*

Verbos y expresiones
- denunciar
- detener (ie): *arrêter*
- encarcelar: *emprisonner*
- estar preso(a): *être prisonnier(ère)*
- luchar por: *lutter pour*
- rezar: *prier*
- tocar un instrumento: *jouer d'un instrument*

Fonética

TU CD 17 · CD CLASE

a. Escucha las siguientes palabras y completa el cuadro

Palabras con acento tónico en la última sílaba	Palabras con acento tónico en la penúltima sílaba	Palabras con acento escrito

b. Explica la regla de la sílaba tónica y repite estas palabras en voz alta.

El canto no se silencia

El canto no se silencia
ni con prisión ni con balas,
las palabras van más lejos
y la historia lo señala.

Cantor, te cortan el canto
como si eso fuera simple
y América rompe en llanto[1]
por ver tu guitarra libre.

Guitarra de cuerdas rotas
que de llorar ya no nombras[2],
se han quebrado[3] ya tus notas
porque mi patria está en sombras.

Guitarra, fusil del canto,
contra la bota dispara[4]
por tu boca las palabras
y por tus cuerdas las balas.

Hugo ARÉVALO (cantante chileno), *Sólo digo compañeros*, 1975

1. *fond en larmes*
2. ya no puedes hablar
3. *se sont brisées*
4. *tire*

Lee y exprésate

1. Di de qué tipo de canción se trata.
2. Explica por qué, según el autor, el canto representa la libertad de expresión. (v. 1-4)
3. Di qué significa el verso “Cantor, te cortan el canto”. Explica las consecuencias. (v. 5-8)
4. Busca las expresiones que acompañan a la palabra “guitarra” (v. 9-16). Analiza y comenta las diferencias.

Recursos

Sustantivos

- un arma (fem.)
- una canción comprometida: *une chanson engagée*
- la copla: *le couplet*
- el ejército: *l'armée*
- la letra: *les paroles (d'une chanson)*
- el verdugo: *le bourreau*

Verbos y expresiones

- conseguir (i): *réussir à*
- encerrar (ie): *enfermer*
- impedir (i): *empêcher*
- oprimir
- secuestrar

Gramática activa

La préposition *por* → Précis 39.G

Observa

- *Rompe en llanto **por** ver tu guitarra libre.*
- *Dispara **por** tu boca las palabras y **por** tus cuerdas las balas.*

- La préposition ***por*** s'emploie dans l'expression de la cause et peut former la locution conjonctive ***porque***: *porque mi patria está en sombras.*
- Elle peut également introduire une proposition infinitive avec la même valeur causale.
- La préposition ***por*** peut aussi introduire un complément d'agent, de manière, de moyen.

Practica

Imite l'exemple.

Se han quebrado tus notas porque está mi patria en sombras.
→ *Se han quebrado tus notas por estar mi patria en sombras.*

a. Disparan contra el cantante porque es un rebelde.
b. El cantante ya no canta porque piensa que no sirve.

→ Autre exercice p. 118

¡Y ahora tú!

Relato el recuerdo de un secuestro

Para una investigación sobre el terrorismo de Estado en Argentina en las décadas 1970-1980, cuentas la detención de un(a) superviviente de la Operación Cóndor. Relata cuándo fue secuestrado(a) y lo que recuerda de sus condiciones de detención.

→ *Le/la detuvieron por la noche...*
→ *Fue denunciado(a) por...*

→ *Fichier de l'élève, p. 30*

B2 ¿Provocación artística?

Lo que me llamaba la atención era la constancia con que los murales mexicanos en los Estados Unidos eran objeto de censura, controversia y obliteración[1]. ¿Los artistas eran simplemente unos provocadores, los patrocinadores eran unos cobardes[2], cómo podían ser tan ingenuos en pensar que Rivera, Orozco o Siqueiros no pintarían obras convencionales, decorativas, al gusto de quienes las pagaban? Los Médicis[3], gringos de Nueva York, Detroit y Los Ángeles, quizás pensaban que ordenar y pagar una obra de arte era suficiente para anular su intención crítica, hacerla inocua[4] [...].

Miramos durante unos minutos el mural al fresco de Siqueiros, pintado sobre la alta pared exterior de un edificio de tres pisos. La obra fue restaurada después de setenta años de ceguera y de silencio. En 1930 lo comisionó una rica dama californiana que había oído hablar del "Mexican Renaissance" y, ocupados Rivera en Detroit y Orozco en Dartmouth, contrató a Siqueiros y le preguntó cuál sería el tema de la obra.

–La América tropical –contestó sin inmutarse el muralista de negra cabellera rizada y alborotada [...].

La patrocinadora tuvo una visión maravillosa, oyendo a Siqueiros, de palmeras y puestas de sol, rumberas cimbrantes[5] y gallardos charros[6], techos de tejas coloradas y decorativos nopales[7]. Firmó el cheque y dio el visto bueno.

El día de la inauguración, con la vieja plaza repleta de autoridades y gente de sociedad, se corrió el velo[8] de *América tropical* y apareció el mural de una América Latina representada por un Cristo moreno, esclavizado y crucificado. Una América Latina crucificada, desnuda, agónica, colgando de una cruz sobre la cual rampaba[9], con ánimo feroz, el águila del escudo norteamericano...

La patrocinadora sufrió un desmayo[10], las autoridades pusieron el grito en el cielo, Siqueiros había puesto a Los Ángeles en el infierno, y al día siguiente el mural amaneció totalmente cubierto de cal, ciego y segado[11], invisible para el mundo, como si nunca hubiera existido. *Nothing*. Nada.

Carlos FUENTES (escritor mexicano), *Los años con Laura Díaz*, 1999

1. obstrucción
2. *les mécènes étaient des lâches*
3. Famosa familia de mecenas florentinos que, en los siglos XV y XVI, favoreció el Renacimiento.
4. *la rendre inoffensive*
5. *danseuses de rumba qui se balancent*
6. *(ici) fiers cavaliers*
7. una variedad de cactus
8. *on leva le voile*
9. *(ici) se dressait sur ses pattes*
10. *s'évanouit*
11. *couvert de chaux, masqué et saccagé*

LEE Y EXPRÉSATE

1. Explica por qué parece contradictoria la postura de los mecenas "gringos" frente a los muralistas mexicanos. (l. 1-8)
2. Di todo lo que sabes sobre el mural y el pintor evocados en el texto (l. 9-16)
3. ¿Qué imaginó la patrocinadora al enterarse del tema del mural? Califica su concepción del arte. (l. 26-30)
4. Cuenta qué reacciones provocó el mural cuando se desveló al público.
5. Compara la descripción del texto (l. 23-26) con el mural de la derecha. ¿Comprendes por qué fue tan polémico? Justifica tu respuesta.

RECURSOS

Sustantivos
- el esnobismo
- la ideología
- un mecenas = un patrocinador
- un tópico: *un lieu commun, un cliché*

Adjetivos
- proscrito(a) = excluido(a)
- provocativo(a): *provocant(e)*

Verbos y expresiones
- empeñarse en: *s'entêter, s'obstiner à*
- escandalizar
- renunciar a
- sin mucho interés

América tropical (1932), Mural de David Alfaro Siqueiros en Los Ángeles

Datos culturales

David Alfaro Siqueiros (1896-1974) es uno de los tres principales representantes del Muralismo mexicano, con Diego Rivera y José Clemente Orozco. Sus obras denuncian las injusticias y desigualdades. Su activismo político lo llevó a ser condenado a penas de prisión.

Mira y exprésate

1. Describe la parte central y analiza su significado simbólico.
2. Identifica a los personajes de la derecha y describe su actitud.
3. ¿Qué ha querido denunciar el artista con este mural?

Recursos

Sustantivos
- un águila (fem.): *un aigle*
- una escopeta: *un fusil*
- un(a) guerrillero(a)
- un templo maya

Adjetivos
- crucificado(a)
- dominador(a)

Verbos y expresiones
- apuntar: *viser*
- defender(se) (ie)

Gramática activa

Le participe passé ➞ Précis 22

Observa

▸ *El mural pint**ado**, la obra restaur**ada**, había **puesto**, el mural **cubierto**.*

- **Formation** : verbes en *-ar* : radical + ***-ado***, verbes en *-er* et *-ir* : radical + ***-ido***.
- Attention, certains verbes ont un participe passé irrégulier : *abrir*: ***abierto***, *cubrir*: ***cubierto***, *decir*: ***dicho***, *escribir*: ***escrito***, *poner*: ***puesto***, *ver*: ***visto***…
- Le participe passé accompagne l'auxiliaire ***haber***. Dans ce cas, il est toujours invariable. Avec d'autres verbes ou lorsqu'il prend la valeur d'un adjectif, il s'accorde avec le sujet du verbe ou le substantif qu'il détermine.

Practica

Forme le participe passé et fais l'accord si nécessaire.

a. Los jóvenes han … (restaurar) la obra.
b. Los cuadros … (pintar) por Rivera habían sido … (exponer) en el museo.

➞ Autre exercice p. 118

¡Y ahora tú!

Me río de un malentendido

Un(a) amigo(a) tuyo(a) le ha encargado a un artista que le haga un retrato. Invita a toda su familia y a sus amigos para desvelar el lienzo... que resulta ser una caricatura terrible.
Al día siguiente se lo cuentas a tus compañeros(as), riéndote de la situación.

→ *Le había encargado un retrato realista…*
→ *Cuando se desveló el lienzo tan esperado…*

➞ *Fichier de l'élève, p. 29*

B2 Un poeta adulón

–Del que seguro te acuerdas es de ese otro adulón[1] que fue Nicolás Guillén, nuestro poeta nacional, que acabó también chocheando[2] de tanto cacarear a su Comandante[3] su "Tengo lo que tenía que tener[4]", en los tiempos victoriosos en que su líder predicaba que ésta era la Revolución de los humildes, donde todo era del pueblo trabajador y revolucionario. Recuerdo que empezaba así: "Yo Juan sin Nada no más ayer, hoy Juan con Todo. Tengo, vamos a ver, el gusto de andar por mi país, dueño de cuanto hay en él. Zafra[5] puedo decir, ciudad, puedo decir, ejército puedo decir. Tengo, vamos a ver, que siendo negro nadie me puede detener en la carpeta[6] de un hotel. Que no hay guardia rural que me agarre y me encierre en un cuartel ni me arranque y me arroje de mi tierra. Que ya aprendí a leer, a contar, a escribir, a pensar. Que ya tengo donde trabajar y ganar lo que me tengo que comer...".

Cada uno lo recita ahora a su manera. ¿Qué les queda de su tierra a todos los que se fueron y no los dejan volver? ¿Qué queda de una ciudad que se derrumba a pedazos? y ¿los hoteles? No sólo no entran los negros sino tampoco los blancos. Los cubanitos de a pie[7] no llegan a la carpeta, ya en la misma puerta te para la policía, y te dice: ¿usted es turista extranjero? ¿No? Entonces circule, ciudadano. Cierto que ya no hay guardia rural que te agarre y te meta en el cuartel. Para eso está la seguridad del Estado y las celdas de Villa Marista[8] porque la Revolución que te enseñó a leer, a escribir y a pensar, te negó el derecho a expresar lo que se piensa. Trabajar para ganar lo que me tengo que comer. Parece cosa de burla[9], ¿no? ¿Te acuerdas de la última estrofa? "Como tengo la tierra, tengo el mar. No Country, no Jailaif[10], no Tennis, no Yatch, sino de playa en playa, y ola en ola, gigante azul abierto, democrático, en fin el mar"... Para remar y remar debió haber dicho...

Dará no daba más[11].

–Por favor, tía, no sigas. No puedo oírte... Damián vivía con esa poesía en la boca; cada vez que íbamos al Malecón, se sentaba de cara al mar y... decía lo mismo que me estás diciendo tú... –dijo, y la voz se le rajó en un sollozo.

Ángela se mordió los labios.

–Perdona, no lo pensé... no sé cómo se me ocurrió algo así... Soy una vieja odiosa... carcomida de resentimiento... ¿Ves, cómo meto la pata[12]? Ahora entenderás por qué me cuesta hablar del pasado; en cuanto me dejo llevar por los recuerdos, se me suben los demonios y digo lo que no debo.

Ana CABRERA VIVANCO (escritora cubana),
Las horas del alma, 2009

1. *flatteur*
2. *était devenu gâteux*
3. *à force de rabâcher à son Commandant (ici, Fidel Castro)*
4. verso de "Tengo", famoso poema de Nicolás Guillén → voir p. 130
5. *Récolte de la canne à sucre.*
6. (amer.) la recepción
7. corrientes
8. nombre de una prisión
9. *Ça a l'air d'une plaisanterie*
10. del inglés *high life*
11. Dará no podía soportar más
12. *je suis maladroite*

La Habana, años después de la Revolución cubana

Comprensión escrita guiada

Antes de leer

1 Observa la foto y di qué representa. ¿Qué imagen nos da de la capital cubana?

Lee

2 El texto es:
a. un estudio universitario sobre los poetas de la Revolución cubana.
b. un diálogo a propósito de un poeta comprometido con la Revolución cubana.
c. un monólogo que trata de los poetas cubanos comprometidos.

3 Indica las respuestas correctas y justifica con elementos del texto. En el poema recitado por la protagonista el poeta:
a. se expresa en primera persona.
b. se burla del dictador que reinaba en Cuba antes de la Revolución.
c. expresa su satisfacción porque se siente libre.
d. se siente agradecido por las cosas positivas que trajo la Revolución.

4 Completa las frases con el texto.
a. ... es un poeta famoso que fue partidario de la Revolución cubana.
b. Las personas de baja condición social son personas...
c. Para el poeta evocado en el texto el mar es un...
d. La famosa avenida de La Habana que bordea el mar se llama...
e. Expresión que significa "me pongo muy nerviosa": ...

Profundiza

5 Busca en el poema las expresiones que corresponden a estas ideas:
a. Los beneficios de la alfabetización.
b. La libertad de expresión.
c. La posibilidad de vivir dignamente de su trabajo.
d. El fin de la discriminación.
e. La libertad de ir y venir como uno quiere.
f. El fin de las detenciones arbitrarias.

6 Elige las palabras que permiten calificar el punto de vista de la protagonista a propósito de este poema (l. 14-27). Justifica apoyándote en elementos concretos.
a. admirativo
b. crítico
c. entusiasta
d. irónico
e. sarcástico
f. encantado

Resume y exprésate

7 Completa las frases para resumir el texto:
Desde el principio la protagonista muestra claramente que desprecia a... ya que lo califica de... y subraya que... . Además, expresa un punto de vista... sobre... . A propósito de la libertad de circular... . Sobre el tema de la discriminación en los hoteles... . Recuerda también que las detenciones arbitrarias no han desaparecido porque... . En cuanto a la alfabetización... . Por último, la posibilidad de... con un trabajo digno le parece... ya que... .

Expresión escrita guiada

Imagino la historia de un personaje
Imagina quién es Damián y por qué estará tan triste la sobrina de la protagonista.

8 Adopta el punto de vista narrativo de la sobrina.
–Tía, no hace falta que me recuerdes que...
–Damián también era un poeta lleno de esperanzas que...

9 Imagina lo que le pasó a Damián y cuéntalo.
–Para él, era necesario que todos...
–Pero debió haber dicho algo que...
–Cuando intentó... le debieron de arrestar porque...

10 Termina expresando los sentimientos de la sobrina acerca de lo que le ocurrió a Damián.
–Tienes que saber que no pasa un día sin que...

Gramática activa

L'obligation personnelle

→ Précis 33

Observa

▸ ***Tengo que*** *comer.*
▸ ***Debió*** *haber dicho.*

L'obligation peut s'exprimer de façon personnelle ou de façon impersonnelle.

• L'obligation personnelle peut être rendue par ***tener que*** + infinitif ou ***deber*** + infinitif.

• Certaines formes impersonnelles comme ***ser necesario/preciso*** + infinitif, ***hacer falta*** + infinitif peuvent être transformées en formes personnelles en rajoutant le relatif *que* + le verbe conjugué au subjonctif.

▸ *Es necesario que yo coma.*

Practica

Imite l'exemple.
Es necesario que yo coma. → *Tengo que comer.*
a. Es necesario que digamos la verdad.
b. Es necesario que me acuerde de este poeta.

→ Autre exercice p. 118

Recursos

Adjetivos
- divertido(a): *amusant(e)*
- partidario(a): *partisan(e)*

Verbos y expresiones
- arrestar = det<u>e</u>ner (ie)
- criticar
- despreciar: *mépriser*
- estar muy resentido(a) con... : *en vouloir à...*
- huir: *fuir*
- p<u>e</u>dir (i) disculpas: *s'excuser*
- rec<u>o</u>rdar (ue): *(se) rappeler*

Talleres de comunicación

TALLER DE COMPRENSIÓN ORAL

CD CLASE

Poema de Gabriel Celaya cantado por Paco Ibáñez: *La poesía es un arma cargada de futuro*

Objectif B1: comprendre un poème engagé chanté.
: le lexique de l'art et de l'engagement, *deber*, le gérondif.

1. Primera escucha completa

a. Cita las palabras que evocan el arte y el compromiso. Di qué tipo de canción es y qué critica.

2. Segunda escucha (dos primeras estrofas)

b. Completa:
"Cuando ya nada ... personalmente ...,
más ... y se sigue más acá de ...,
fieramente ..., ciegamente ...,
como un pulso que ..., que ..."

c. Di con qué compara la poesía. ¿Cuál es la intención del poeta?

3. Tercera escucha (estribillo)

d. Completa el estribillo:
"Porque vivimos ..., porque apenas si nos dejan ...,
nuestros cantares no ...
Estamos ..., estamos ..."

4. Cuarta escucha (cuatro estrofas siguientes)

e. Di qué tipo de poesía maldice. Cita sus características.

f. Completa las frases para dar una definición de la poesía según Gabriel Celaya:
El poeta debe... y se compara con un... Para él la poesía es...

Cartel para un concierto de artistas comprometidos

RECURSOS

Sustantivos
- la belleza
- el lujo: *le luxe*
- la perfección

Adjetivos
- indispensable
- partidista: *partisan(e)*

Verbos y expresiones
- buscar: *(re)chercher*
- comprometerse: *s'engager*
- denunciar = criticar
- maldecir (i): *maudire*

TALLER DE EXPRESIÓN ORAL

Arte comprometido hoy

Objectif B1: décrire une affiche engagée d'aujoud'hui.
: le lexique de l'art de la rue et de l'engagement, l'obligation personnelle.
Temps de parole: 5 minutes.

Con el movimiento de los indignados, las calles de España se llenaron de carteles contestatarios. Describe uno de ellos y di en qué es una forma de arte comprometido.

RECURSOS

Sustantivos
- los ahorros : *les économies*
- la codicia: *la cupidité*
- el combate = la lucha
- la hucha: *la tirelire*
- un(a) miltante

Adjetivos
- engañoso(a): *trompeur(euse)*
- rebelde
- reivindicativo(a)

Verbos y expresiones
- aprovecharse de: *profiter de*
- comprometerse: *s'engager*
- denunciar
- robar: *voler*

Cartel comprometido en Valencia, 2011

TALLER DE INTERNET — TICE

Presentar un movimiento artístico comprometido: el Muralismo mexicano

Conéctate a: http://www.arts-history.mx/ **(a, b, c)**
http://www.diegorivera.com/?lang=es **(d)**

1. Busca información

a. Di cuándo y cómo comenzó el Muralismo en México. ¿Qué quería el Estado mexicano?
b. Cita el nombre de tres grandes muralistas y dos características fundamentales de ese movimiento.
c. A partir de las biografías de estos tres grandes artistas, muestra cómo su arte estuvo al servicio o, al contrario, luchó en contra del poder político. Precisa dónde se realizaron sus murales.
d. Observa los murales de Rivera. ¿Qué temas se repiten? Muestra en qué es comprometida su pintura.

2. Haz una presentación oral

e. A partir de las notas que has tomado, haz una presentación oral sobre el Muralismo mexicano y muestra cómo este movimiento se comprometió política y socialmente.

RECURSOS

Sustantivos
- un acontecimiento: *un événement*
- la lucha: *la lutte*

Adjetivos
- didáctico(a)

Verbos y expresiones
- denunciar
- exaltar
- militar: *militer*
- promover (ue): *promouvoir*

TALLER DE VÍDEO

DVD *Los fantasmas de Goya*, Milos FORMAN, 2006

Pintor de corte

1. Fíjate

a. Describe el fotograma indicando a quiénes vemos, dónde están y qué están haciendo.

2. Mira y escucha

b. Identifica a los protagonistas de la secuencia y explica por qué están reunidos.
c. Explica por qué al pintor y a su modelo les molesta la presencia del rey. ¿Cómo lo interpretas?
d. Di si a tu parecer el retrato ha gustado. Justifica con elementos visuales y sonoros.
e. Precisa y comenta la reacción del rey: obliga al pintor a… y éste tiene que…

3. Exprésate

f. Califica la actitud de cada uno de los tres protagonistas principales.
g. Di en qué medida la actitud del pintor y la de los reyes marcan los límites de la libertad de creación del artista.

"Parece que no les gusta el retrato…"

RECURSOS

Sustantivos
- la cena: *le dîner*
- un retrato ecuestre = un retrato a caballo
- los reyes: *le roi et la reine*

Adjetivos
- burlón(a): *moqueur(euse)*
- cortés: *poli(e)*
- furioso(a)
- halagador(a): *flatteur(euse)*

Verbos y expresiones
- dar a entender: *faire comprendre*
- hacer daño: *faire mal*
- molestar: *déranger*
- poner mala cara: *faire grise mine*

Panorama

Creación artística y censura

A

Los blancos[1] de la censura

En los países con régimen autoritario o dictatorial los principales blancos de la censura son: el sexo, la moral, la religión y por supuesto las ideas políticas, o sea, producciones artísticas consideradas como chocantes, atentatorias a la moral, políticamente subversivas o molestas para el gobierno o la religión. En España, la dictadura franquista (1939-1975) fue sin duda uno de los mayores ejemplos en este tema. En América Latina, varios países (Cuba, Chile, Argentina) conocen o conocieron períodos de dictadura particularmente duros en materia de censura. La bloguera cubana Yoani Sánchez, por ejemplo, denuncia que siguen existiendo controles y vigilancia en Cuba aunque las cosas van cambiando con Raúl Castro, el hermano de Fidel.

1. *cibles*

los gallegos = *(ici)* los españoles

Caricatura sobre la censura en Cuba

B

Cine y censura en España

Durante la dictadura franquista miles de películas sufrieron los tijeretazos[1] de la censura. Empezando por las películas extranjeras en las que se cortaban las escenas donde los actores se besaban. En las películas de producción nacional, no se podía mostrar a mujeres con vestidos demasiado sensuales.

En los primeros tiempos el régimen promovía un tipo de cine que exaltaba los valores de la dictadura. El ejemplo más representativo: *Raza* (1940), con guión escrito por el mismo Franco.

Paralelamente, algunos cineastas consiguieron evitar la censura con obras maestras como *¡Bienvenido Mr Marshall!* (1952), *El Verdugo* (1963) de Luis García Berlanga; *Calle mayor* (1956) de Juan Antonio Bardem. Buñuel, ya por entonces muy famoso, también evitó la censura con *Viridiana* (1961) que obtuvo la *Palme d'or* en el Festival de Cine de Cannes.

1. *coups de ciseaux*

Para saber más: www.cinematical.es/2008/10/24/especial-grandes-exitos-y-fracasos-de-la-censura-franquista/

Cartel de una conferencia sobre cine y censura en la España de Franco

C

El escritor Juan Marsé recibe el Premio Cervantes en 2009

Para saber más: www.clubcultura.com/clubliteratura/censurados/index.htm

Literatura y censura

A propósito de su novela *Si te dicen que caí* (1973), el novelista español Juan Marsé declaró: "Escribí esta novela convencido de que no se iba a publicar jamás". La novela se sitúa durante la posguerra y cuenta la sórdida vida cotidiana de unos chicos que viven una infancia muy dura. El libro fue prohibido por la censura en España. En 1973 se publicó en México y algunos ejemplares pudieron circular clandestinamente por España. En 1976, después de la muerte de Franco, pudo ser publicada en España.

Actualmente algunos escritores hispánicos son blanco de la censura porque sus obras no se publican en su país de origen. Esta es la situación de la novelista cubana Zoé Valdés cuyas novelas, por marcar su clara oposición al castrismo, no se publican en Cuba. Se vio obligada al exilio tras publicar la novela *La nada cotidiana* (1995). Sin embargo, otros novelistas cubanos como Leonardo Padura, Pedro Juan Gutiérrez o Wendy Guerra, cuyas obras se publican en España, han optado por quedarse en Cuba.

D

Cantautores y censura

En los años 60 y 70 emerge en España una generación de cantantes militantes que critican la sociedad burguesa, y luchan por la justicia, la libertad, la igualdad.

Algunos de estos cantautores, como Paco Ibáñez, vivían en Francia. Los que vivían en España recurrían a estratagemas para evitar la censura y decir en clave cosas que no podían decir de manera explícita pero que el público sabía interpretar. El ejemplo más conocido es *L'estaca*, del cantautor catalán Lluís Llach. En la canción hay un diálogo entre un abuelo y su nieto. La letra dice así: "¿No ves la estaca[1] a la que todos estamos atados?/Si no podemos librarnos de ella, nunca podremos caminar. /Si tiramos todos ella caerá / y mucho tiempo no puede durar. /Seguro que cae, cae, cae / bien podrida[2] debe estar ya."

El público de la época comprendió que "la estaca" simbolizaba a Franco, ya viejo dictador que no podía tardar mucho en caer.

Un concierto de Lluís Llach

1. *le poteau* 2. *pourrie*

Para saber más: http://www.aflordetiempo.com/webNovaFr.htm
http://www.lluisllach.cat/espanol/biografia.htm

¿A ver si lo sabes?

1. Di durante qué periodo se ejerció la censura en España y América Latina. **(A)**
2. Cita a dos directores de cine que evitaron la censura con obras maestras. **(B)**
3. Di qué escritor español fue censurado y cómo consiguió publicar uno de sus libros. ¿Conoces a otro(a) autor(a) censurado(a) en otro(s) país(es) hispánico(s)? **(C)**
4. Cita a dos cantautores españoles famosos y di en contra de qué cantaron. **(D)**

La restriction avec *sólo*

→ *Gramática activa* p. 103, Précis 35

1 Imite l'exemple.

No le interesaba más que el arte. → Sólo le interesaba el arte.

a. El pintor no aceptó pintar más que una obra.

b. No me gusta más que este cuadro.

c. Este cuadro no es más que una reproducción.

d. El Valle de los Caídos no es más que un monumento espantoso.

e. Los guardias no vigilan sino la frontera.

f. No hablabais más que de los daños.

Les verbes à affaiblissement : e → *i*

→ *Gramática activa* p. 105, Précis 25.C

2 Conjugue ces verbes au passé simple.

a. El pintor ... (preferir) aceptar la decisión.

b. Los reyes ... (seguir) considerando que era la mejor obra.

c. El Estado le ... (pedir) que construyera otro monumento.

d. Los republicanos ... (sentir) lástima por las víctimas.

e. Unos cubanos ... (convertirse) en revolucionarios.

f. Tu familia ... (adherir) a este nuevo partido.

Le subjonctif : emplois particuliers

→ *Gramática activa* p. 107, Précis 37, 38

3 Conjugue les verbes au subjonctif présent.

a. Es importante que se ... (proteger) el arte.

b. Nos dice que ... (venir) y ... (traer) los libros.

c. Puede que los murales ... (evocar) frustraciones.

d. Que el Estado ... (ayudar) a los artistas es normal.

e. Es una sorpresa que el museo ... (estar) abierto.

f. Os piden que vosotros ... (exponer) vuestras obras.

4 Conjugue les verbes au subjonctif imparfait.

a. Velázquez quería que el rey ... (acreditarlo) como gentilhombre.

b. Le pidieron al pintor que ... (realizar) la obra.

c. Me interesaba que vosotros ... (poder) ver este museo.

d. Usted no estaba contento y le dijo a este señor que ... (irse).

e. Era imposible que se ... (inaugurar) estos monumentos.

f. Hacía falta que ustedes ... (defender) este proyecto y ... (hacerlo) posible.

5 Traduis les phrases suivantes.

a. Nous voulons que cet artiste vienne dans notre ville.

b. Il est important que tu parles de tes projets.

c. Monsieur, vous nous demandez de vous donner ce tableau.

d. L'an dernier il nous a dit de venir.

e. Que tu ne sois pas d'accord, c'est normal!

f. Le policier nous a dit de circuler.

La préposition *por*

→ *Gramática activa* p. 109, Précis 39.G

6 Imite l'exemple.

Se han quebrado tus notas por estar mi patria en sombras.
→ Se han quebrado tus notas porque está mi patria en sombras.

a. Felipe IV admiraba a Velázquez por ser el mayor pintor de España.

b. Velázquez sentía rencor por no ser noble.

c. Ayer no aceptamos esta decisión por no comprender el motivo.

d. El creador quedó desilusionado por perder esta oportunidad.

e. Por haber hecho la revolución, los cubanos exigieron libertades.

f. Ustedes tienen derecho a vivir aquí por ser de la ciudad.

Le participe passé

→ *Gramática activa* p. 111, Précis 22

7 Transforme l'infinitif en participe passé. Fais l'accord si nécessaire.

a. El rey había ... (conceder) mucho poder al pintor ... (elegir).

b. Todas las pinturas que vosotros habíais ... (realizar) estaban ... (reunir).

c. Nosotros hemos ... (venir) a visitar el museo.

d. Las obras ... (censurar) habían ... (desaparecer).

e. Las cosas ... (decir) fueron ... (repetir).

f. Los artistas ... (comprometer) han ... (denunciar) las desigualdades.

L'obligation personnelle

→ *Gramática activa* p. 113, Précis 33

8 Imite l'exemple.

Es necesario que yo coma. → Tengo que comer.

a. Es necesario que reconozcamos el talento del artista.

b. Es necesario que pienses en tu proyecto.

c. Es necesario que sepáis decirlo.

d. Es necesario que elijas tu destino.

e. Es necesario que quiten esos monumentos.

f. Es necesario que vayan al museo.

Léxico

Fichier de l'élève p. 30

Con las palabras siguientes,

1. **Da nombres de artistas famosos que has estudiado y precisa cuál es su expresión artística. (columna I)**
2. **Di qué poder tiene el arte. (columna II)**
3. **Define simplemente la creación artística. (columna III)**
4. **Precisa lo que permite el mecenazgo. (columna IV)**
5. **Explica qué puede conducir a un artista comprometido a rebelarse contra un poder autoritario. (columna V)**

I – LAS ARTES
el arte → las artes
el/la artista
las Bellas Artes
la escultura → el escultor
una exposición
la música → el/la músico(a)
la pintada, el grafiti → el grafitero
la pintura → el pintor

II – EL PODER DEL ARTE
comprometido(a)
contestatario(a)
burlarse de
comunicar
denunciar
enseñar
expresar ideas/opiniones
romper moldes = innovar

III – LA CREACIÓN ARTÍSTICA
el/la creador(a)
la estética
el grafismo
la vanguardia
convencional ≠ novedoso(a)
original
vanguardista ≠ académico(a)
crear

IV – EL MECENAZGO
una galería
el mecenas
el/la patrocinador(a)
el patrocinio
comisionar
exponer cuadros
pagar obras
patrocinar

V – ARTE Y OPRESIÓN
la censura
la destrucción de obras
la represión
correr peligro
impedir (i) que
ser encarcelado(a)
sufrir represalias
verse obligado(a) a

Exposición de carteles comprometidos, 2011

Proyecto final

Organizad una exposición de arte titulada "Artistas comprometidos"

Se organiza una semana del Arte en vuestro instituto. Preparad carteles que se podrán ver en el centro de documentación sobre el tema "Artistas comprometidos hispánicos".

→ Entre todos, elegid artistas famosos y obras que ilustren las relaciones entre el poder y la creación artística en España o América Latina (obras patrocinadas, comprometidas, controvertidas, censuradas, innovadoras, provocativas, etc).

→ Formad grupos para preparar los carteles. En cada cartel se presentarán:
–2 obras de arte de un artista famoso;
–4 párrafos: una nota biográfica sobre el artista, una presentación y descripción de las obras seleccionadas, una breve presentación del contexto histórico y argumentos para justificar vuestra selección.

→ Cada grupo presenta oralmente su cartel o imagina en un diaporama una visita virtual de la exposición.

→ Fichier de l'élève, p. 31

Comprensión oral

CD CLASE

El Valle de los Caídos

→ **Objectif B1** : comprendre la description d'un monument et les raisons de sa construction.

Escucha la grabación y contesta las preguntas.

A2
- **a.** Di dónde fue construido el Valle de los Caídos.
- **b.** ¿Quién ordenó su construcción? Precisa cuándo y para qué se construyó.
- **c.** Cita tres cifras que muestran que el monumento es gigantesco.

B1
- **d.** Di cuál era la idea inicial de su instigador.
- **e.** Precisa la fecha de su inauguración y quiénes son los que están enterrados allí.

La Basílica del Valle de los Caídos

Comprensión escrita

"Yo no pienso; pinto"

→ **Objectif B2** : comprendre un entretien imaginaire avec un grand maître de la peinture.

Una joven periodista entrevista a Pablo Picasso

–Usted es el primer pintor que ha entrado en vida en el Louvre. ¿Qué sensación le causa?

–Y también he recibido más insultos que cualquier otro pintor en la historia –concluyó, bromeando–. ¿Qué quiere que le diga? La exposición la vieron más de ochocientas cincuenta mil personas. Una barbaridad. Siempre he pintado como me ha dado la gana[1] y me pregunto si eso puede interesar a tanta gente.

–Es usted el pintor más famoso de la historia.

–A nadie desearía mi fama; ni a mi peor enemigo... Me pone físicamente enfermo... Me protejo todo lo que puedo... Vivo día y noche detrás de las puertas, cerradas con doble llave. Aun así, la gente acude en tropel[2], incluso espían con prismáticos[3]. Es una locura.

–Es inmensamente rico.

–Hace mucho tiempo que el dinero no me preocupa. Pero aun así soy capaz de recordar cuando no lo tenía. Usted no puede ni imaginar lo que es no tenerlo.

–Hablemos de *Las señoritas de Aviñón*[4].

–Nunca hablo de mis cuadros. Sobre él se ha escrito mucho.

–Pero ¿usted qué piensa?

–Yo no pienso; pinto. –Picasso comprendió que la chica no estaba dispuesta a abandonar el tema–. El cuadro permaneció oculto hasta 1916 porque nadie lo comprendió en su momento.

–¿Y ahora, después de tanta tinta[5], cree usted que sí?

–Tampoco. Pero dejemos que los críticos hagan su trabajo.

Esteban Martín (escritor español), *El pintor de sombras*, 2009

Lee el texto y contesta.

A2
- **a.** Apunta tres elementos que confirman que Picasso es "el pintor más famoso de la historia".
- **b.** ¿Verdadero o falso? Justifica apoyándote en el texto.
  - –A Picasso le cuesta entender el interés del público por su obra.
  - –Para él las opiniones del público frente a sus obras son una cosa muy importante
  - –Picasso vive muy bien de su arte.

B1
- **c.** Di cómo vive Picasso su extraordinaria fama y popularidad. Justifica.
- **d.** Di qué te enseña el texto sobre *Las señoritas de Aviñón*.

B2
- **e.** ¿Le interesa a Picasso hablar de su obra? Explica por qué.

1. *comme j'ai voulu*
2. *les gens viennent en foule*
3. *des jumelles*
4. Cuadro famoso pintado en 1907
5. *(ici) après tant de critiques*

Expresión oral

Retrato de un presidente

→ **Objectif** B2 : décrire un tableau contemporain illustrant l'idée de pouvoir.

Temps de parole : 3 à 5 minutes

A2 **1.** Di qué representa este cuadro.
2. Fíjate en los elementos vegetales. ¿Qué puedes deducir en cuanto al tipo de país?
B1 **3.** Describe la ropa que lleva el personaje y precisa qué elementos simbolizan el poder.
4. Define los rasgos físicos del personaje y del caballo.
B2 **5.** Califica y comenta la imagen del poder que nos da el artista.

RECURSOS

Sustantivos
- la banda: *l'écharpe*
- la fusta: *la cravache*

El presidente a caballo, Fernando BOTERO, 1989

Interacción oral

El mecenas y el artista

→ **Objectif** B1 : imaginer une scène d'inauguration polémique.

Temps de parole : 5 minutes

En binôme

B1 Presenciáis la inauguración de la obra de un artista muy famoso, encargada por un rico mecenas. Al desvelarse la obra, el mecenas se escandaliza, ya que no corresponde a lo que esperaba. Un(a) alumno(a) hace de mecenas y se escandaliza y el/la otro(a) hace de artista y se justifica. Imaginad el diálogo.

Expresión escrita

Descubrir a un artista

→ **Objectif** B1 : rédiger une courte biographie d'un artiste.

Nombre de mots : 100 à 120

B1 Para el programa "*Cinco minutos para descubrir a un artista*", tienes que redactar una breve biografía de Velázquez.
a. Precisa el contexto histórico.
b. Describe los temas y contenidos de sus obras.
c. Explica las relaciones que tenía con el poder.

→ Fichier de l'élève, p. 32

Compréhension orale

El día en que el *Guernica* volvió a España

1 Prenez des notes lors des trois écoutes de l'enregistrement.

a. D'après le titre, imaginez de quoi va parler le document.

→ Première écoute

A1
b. Repérez le nombre de voix et identifiez la nature du document.
c. Notez le sujet général de ce document.

→ Deuxième écoute

A2
d. Identifiez les voix que vous avez entendues.
e. Notez les mots des champs lexicaux de l'art et de la sécurité.
f. Citez le nom de l'artiste qui a réalisé cette œuvre d'art et dites dans quelles villes elle a été exposée.

→ Troisième écoute

A2
g. Donnez des informations concernant le vol aérien qui a acheminé l'œuvre d'art : provenance, destination, jour et heure d'arrivée.

B1
h. Décrivez les mesures de sécurité qui ont été prises afin de protéger ce chef-d'œuvre.
i. Précisez qui a commandé cette œuvre, en quelle année et à quelle occasion.

B2
j. Dites dans quel musée elle se trouve actuellement. Où a-t-elle été exposée pendant 44 ans ? Pourquoi ?

2 Rendez compte en français, à l'écrit, de ce que vous avez compris de ce document.

Para ayudarte

Attention : le jour de l'épreuve, vous n'aurez pas de consignes pour vous aider à prendre des notes.

- Soyez attentif(ive) au titre qui peut vous donner des pistes pour anticiper l'enregistrement.
- Repérez les noms de villes, de musées et toutes les données chiffrées.
- Appuyez-vous sur le champ lexical de la sécurité pour répondre à la question **h**.
- Réfléchissez à la date de commande de cette œuvre et au nombre d'années passées à l'étranger. A quoi peuvent-elles correspondre ?

Expression orale

Lors de votre exposé, puis de l'entretien avec l'examinateur qui en découlera, vous pourrez aborder les notions du programme **Mythes et héros** et **Lieux et formes du pouvoir** grâce à l'unité ***Poder y creación artística***, à travers, par exemple, les problématiques suivantes :

NOTION 1 Mythes et héros (*Mitos y héroes*)

Problématique

- **¿Son héroes los artistas comprometidos?**

Para ayudarte

- **En vous appuyant sur les documents que vous aurez étudiés dans l'unité, vous pourrez développer les points suivants :**

1. Arte y artistas frente a la represión o a la censura.
   –El canto no se silencia p. 109
   –¿Provocación artística? p. 110-111
   –La poesía es un arma cargada de futuro, *Taller* p. 114
   –Creación artística y censura, *Panorama* p. 116-117
2. Arte y artistas comprometidos hasta el heroísmo.
   –Miguel Ángel Estrella: un músico comprometido p. 108
3. Arte y artistas fuera de todo alcance.
   –Velázquez, pintor de corte p. 102-103
   –Pintor de corte, *Taller* p. 115
   –"Yo no pienso; pinto", *Evaluación* p. 120

- **Pensez à utiliser le lexique de la création artistique, de l'engagement, de l'oppression et de l'héroïsme.**

NOTION 2 Lieux et formes du pouvoir (*Lugares y formas del poder*)

Problématique

- ¿Siempre debe comprometerse el arte?

Para ayudarte

- En vous appuyant sur les documents que vous aurez étudiés dans l'unité, vous pourrez développer les points suivants :

1. Arte y artistas independientes.
   –Velázquez, pintor de corte p. 102-103
   –Pintor de corte, *Taller* p. 115
   –"Yo no pienso; pinto", *Evaluación* p. 120
2. Arte y artistas comprometidos.
   –El canto no se silencia p. 109
   –¿Provocación artística? p. 110-111
   –La poesía es un arma cargada de futuro, *Taller* p. 114
   –Arte comprometido hoy, *Taller* p. 114
   –Creación artística y censura, *Panorama* p. 116-117
3. Compromiso artístico: efectos y consecuencias.
   –Miguel Ángel Estrella: un músico comprometido p. 108
   –Un poeta adulón p. 112
   –Ardiente función, *Horizonte Bac* p. 124

- Pensez à utiliser le lexique de la création artistique, de l'engagement, de l'oppression et de l'héroïsme.

Autres problématiques que vous pourrez aborder

- **Arte y poder político: entre fascinación y repulsión.**
  –Velázquez, pintor de corte p. 102-103
  –La odisea de los cuadros del Prado p. 104
  –El pasado no se puede cambiar p. 106
  –¿Provocación artística? p. 110-111
  –Creación artística y censura, *Panorama* p. 116-117

- **Artistas y mecenas, una relación ambigua.**
  –Velázquez, pintor de corte p. 102-103
  –¿Provocación artística? p. 110-111
  –Pintor de corte, *Taller* 115
  –"Yo no pienso; pinto", *Evaluación* p. 120

Para ayudarte

N'oubliez pas que vous devez vous exprimer à la première personne, montrer une bonne connaissance des notions du programme et utiliser une langue correcte et riche.

- **Expressions utiles pour la prise de parole en continu**
  –En mi breve exposición sobre las relaciones entre poder y creación artística hablaré primero de… y luego de…
  –Primero diré que, para mí, la noción de arte por el arte significa…/que las relaciones entre arte y poder político siempre…
  –En cuanto a la noción de arte comprometido me parece que…; por otra parte, para mí el estatuto social del artista…
  –Pienso que los artistas comprometidos…
  –El poder político debería considerar como un deber…
  –Frente a la censura cualquier artista debe…
  –En lo que se refiere a obras controvertidas como… pienso que…
  –Mi conclusión es que cuando un artista/una obra alcanza cierto nivel de fama…

- **Expressions utiles pour l'interaction**

  Pour développer vos arguments : *Desde mi punto de vista un artista debe… de modo que… por lo tanto…; lo difícil para un poeta/un pintor/un músico…*

  Pour nuancer une opinion : *Aunque… me parece importante proteger/conservar…*

  Pour donner une explication : *Lo que quiero decir es que un artista/una obra como…*

  Pour décrire une œuvre : *Este cuadro representa… El monumento que vemos aquí fue construido durante…*

  Si vous n'avez pas compris la question : *¿Puede usted repetir? ¿Perdone señor(a), le importaría precisar su pregunta?*

Fichier de l'élève, p. 33

Texto 1. Ardiente función

La escena se desarrolla en 1936.

La Barraca de Lorca en 1936

Los focos verdes, rojos, azules con que se iba iluminando la representación cautivaron a aquel público, que nunca había tenido un escenario con luces y escenografía moderna. La fantasía de los tules de las ropas de los actores, de sus trajes de lamé de plata, los colores de sus cabellos y de sus rostros pintados, los escenarios recortados en perspectivas angulosas, como las del cine expresionista, todo esto era lo que aquella compañía de universitarios estaba llevando en su barraca ambulante por los pueblos más atrasados y por las ciudades más adelantadas de España. [...]

Empezó a llover a cántaros[1]. Los actores dudaron un instante, pero Federico García Lorca, que seguía la obra discretamente desde el escenario, les indicó con un gesto a sus compañeros que continuaran la representación, pues estaba viendo que el público no hacía ninguna señal de querer irse. Detrás de los decorados, decía a sus actores con voz temblorosa: que siga la obra, que siga, si ellos aguantan, nosotros seguimos. [...]

Otro relámpago alumbró el escenario sobre el que Agustina hacía la doña Inés de *El caballero de Olmedo*. Declamaba la muchacha con la ropa cada vez más empapada[2]. Nadie había abandonado su silla en aquella plaza y ninguno de los que allí estaban se dio cuenta de que un grupo de muchachos, con los zapatos cargados de barro y con las camisas verdes pegadas a la piel, habían llegado sigilosamente al chamizo[3] donde ronroneaban los acumuladores eléctricos. [...]

Se liaron[4] los camisas verdes a garrotazos con[5] los acumuladores y luego los rociaron con petróleo, y al tiempo que se alejaban arrojaron a aquel destrozo un encendedor[6] que lamió con su lengua temblorosa el combustible. Las llamaradas alcanzaron el escenario, y la explosión hizo temblar a la gente. Empezaron a correr por el pueblo hombres y mujeres gritando fuego, fuego. Velasco Flaínez acudió entre los primeros para sofocar el incendio, pero cuando lograron extinguirlo ya no quedaba nada del entarimado[7] ni de los decorados. Agustina lloraba y abrazaba a Federico y a sus compañeros, y la lluvia caía cada vez más fuerte sobre los tizones que aún brillaban enrojecidos.

Javier PÉREZ ANDÚJAR (España, 1965), *Todo lo que se llevó el diablo*, 2010.

1. mucho
2. *les vêtements trempés*
3. *cabane*
4. Comenzaron
5. *à taper sur*
6. *un briquet*
7. *estrade*

Texto 2. Teatro y turismo cultural

Son muchos los territorios de España vinculados a obras literarias, principalmente teatrales. Estos son nombrados en las propias obras, en títulos, incluso pueblos son los protagonistas, algunos de ellos con una tradición teatral muy consolidada. Tal es el caso de Fuente Obejuna, municipio protagonista de los sucesos acontecidos en una de las obras de Lope de Vega *Fuenteovejuna* la cual se lleva representando en el municipio que le da nombre desde 1935, en principio por grupos de teatro profesionales [...] y con los vecinos participando como figurantes.

Encontraremos otros, como Zalamea la Serena, donde desde 1994 cada mes de agosto se representa también por los vecinos del municipio la obra de Calderón de la Barca *El Alcalde de Zalamea*. [...]

El teatro como forma de lenguaje ha sido un patrimonio común a todos los hombres desde que el hombre existe y uno de los índices más sensibles del desarrollo cultural del hombre. Por todo ello se debe potenciar el teatro como una herramienta de desarrollo para impulsar el turismo cultural en nuestros territorios.

http://www.teatropueblo.com/

Compréhension écrite

A2
1. Elige la respuesta correcta en el texto 1. En la plaza la gente estaba asistiendo a:
- **a.** un número de circo.
- **b.** un concurso de poesía.
- **c.** una obra de teatro.

2. Cita dos elementos del texto 1 que muestran que a la gente le gustaba mucho lo que veía.

3. Copia una frase del segundo texto que explica este interés de la gente por el teatro.

4. Apoyándote en los dos textos y en la foto di si los artistas son todos profesionales.

B1
5. Elige la respuesta correcta y justifícala citando una frase significativa del texto 1.
- **a.** Los artistas pararon la función porque el público se había ido.
- **b.** La función siguió su curso porque los espectadores no se iban.

6. Di si la representación pudo llevarse a cabo hasta el final y cita dos elementos del texto 1 que muestran lo que pasó.

B2
7. ¿Qué aspectos comunes del mundo del teatro o qué diferencias ponen de relieve estos dos textos? Justifica citando ambos textos.

Expression écrite

Vous traiterez obligatoirement les deux sujets.

B1
1. Describe y valora la actitud de Federico García Lorca y de sus compañeros durante la representación y después. (Unas diez líneas)

Para ayudarte

- Au cours de la première partie de l'épreuve, prenez soin de lister les éléments qui se rattachent à cette question afin d'être en mesure d'y répondre dans les meilleures conditions.
- Employez les temps du passé, comme dans le texte, et veillez à faire correctement les accords (au singulier : *Federico les decía…* au pluriel : *Los actores no sabían si…*).
- Respectez l'ordre chronologique des faits et articulez vos remarques en utilisant les connecteurs appropriés (*Al principio... Luego… De pronto… Finalmente…*).
- Exprimez un jugement de valeur sur l'attitude des acteurs (*Se portaron muy bien porque…*).

B1
2. Como periodista, has asistido a la representación. Escribe el artículo que vas a publicar en el periódico local para narrar y valorar los hechos. (Unas quince líneas)

Para ayudarte

- Un article de fait divers est toujours ancré dans le réel. Inventez un nom de lieu, précisez l'heure, etc. (*La representación tuvo lugar en… a las…*).
- Vous pouvez :
  – introduire quelques remarques sur la qualité de la pièce, des acteurs, sur l'adhésion du public malgré les conditions défavorables, etc. (*La joven actriz Agustina actuó… A pesar de… nadie se movió porque…*)
  – préciser les circonstances d'interruption du spectacle (*De pronto…*)
  – exprimer de l'indignation face à l'agression (*Es inaudito que…*+ subj.)
  – exiger que les coupables soient arrêtés et jugés (*Es de esperar que los culpables…*)
- Veillez à utiliser les temps du passé (*La gente había venido para asistir a… Los artistas eran… Llegaron unos individuos que…*).
- Appuyez-vous sur les éléments significatifs du texte 1 pour étayer votre production.
- Évitez les phrases trop longues.

Poesía comprometida

Cuando en España estalló la Guerra Civil y luego durante los años del franquismo, los poetas "tomaron partido" por un campo o por otro. La Revolución cubana o las dictaduras que hicieron historia en varios países de América Latina (Chile, Argentina...) también incitaron a los poetas a tomar partido a favor de la defensa de las libertades.

1 Poetas de las dos Españas

El famoso tópico de "las dos Españas" (republicana y nacional) puede aplicarse a la poesía española del siglo XX. El concepto se cristaliza durante la Guerra Civil, y perdura durante los años del franquismo. Durante la guerra existían unidades móviles de imprenta que, cerca del frente, imprimían revistas o libros de poesía que luego se distribuían entre los soldados. En el bando republicano destacan **Antonio Machado**, **Rafael Alberti**, **Federico García Lorca** y **Miguel Hernández**. Como muchos otros participaron en el *Segundo Congreso Internacional de Escritores para la Defensa de la Cultura* (julio de 1937).

Poetas como **Dionisio Ridruejo** (*Poesía en armas*) y **José María Pemán** (*La bestia y el ángel*), se hacen la voz del bando nacional.

1. Precisa cómo se difundía la poesía en el frente durante la Guerra Civil.
2. Cita cuatro nombres de poetas que se comprometieron durante la Guerra Civil y precisa a qué bando pertenecían.

2 Temas e ideologías

Durante la Guerra Civil española, los grandes temas de los poemas republicanos son la tierra, la lucha de clases, la esperanza en la victoria, etc. Denuncian la ideología del bando opuesto, los crímenes y horrores de la guerra, las situaciones de injusticia.

Otros enfoques y temas son los del bando nacional: se habla de la lucha entre el bien y el mal (*La bestia y el ángel*), se utiliza un repertorio de palabras clave grandilocuentes (Cruzada, España Imperial, etc.), se recurre al simbolismo cristiano (Pasión de Cristo, Resurrección, etc.).

Durante el franquismo destacan **Gabriel Celaya** (*Cantos íberos*, 1955) y **Blas de Otero** (*Pido la paz y la palabra*, 1955), que defienden una idea de la poesía como "instrumento para transformar el mundo"(Celaya).

3. Apunta las diferencias de temas entre los poemas de un bando y del otro durante la Guerra Civil.
4. Cita a dos poetas famosos durante el franquismo y di qué concepción de la poesía defienden.

Obra de Gabriel Celaya, poeta comprometido

Cartel conmemorativo

3 Poesía de compromiso social en América Latina

En el siglo XX los poetas latinoamericanos también han denunciado desigualdades, injusticias sociales y represión política. Muchos de los poemas del mexicano **Octavio Paz** denuncian las duras y dramáticas condiciones de vida de los campesinos mexicanos (*Entre la piedra y la flor*, 1941). También hay que destacar la inmensa figura del chileno **Pablo Neruda** que era cónsul de su país en Madrid cuando estalló la Guerra Civil española. Su obra maestra se titula *Canto General* (1950).

5. Cita a dos poetas latinoamericanos comprometidos en la lucha contra las injusticias.
6. Apunta dos títulos de obras que revelan su compromiso.

4 Poesía y Revolución cubana

Nicolás Guillén es el "poeta nacional de Cuba" y mayor representante de la llamada poesía afrocubana. Su origen mulato influye considerablemente en su obra. Un ejemplo de ello: *Balada de los dos abuelos* (1934) donde evoca su doble origen, africano y español.

Su activismo político (era comunista) le obligó a exiliarse varias veces hasta 1959, año de la Revolución cubana. En su poema, *Tengo* (1964), manifiesta su entusiasmo y apoyo a dicha Revolución.

Nicolás Guillén participó, con Pablo Neruda, Octavio Paz, y muchos otros en el *II Congreso Internacional de Escritores para la Defensa de la Cultura* (Valencia, Madrid y Barcelona, julio de 1937) donde se codearon con (*ils ont côtoyé*) Machado, Hernández o Alberti.

7. Enumera las principales características de la obra de Nicolás Guillén.
8. Precisa sus opiniones políticas y di qué consecuencias tuvieron para él.
9. Di en qué ocasión pudieron encontrarse los más famosos poetas de lengua española del siglo XX.

Edición cubana de 3 discos de los poemas de Nicolás Guillén

Para ampliar

★ Películas

- ***Muerte en Granada***, Marcos ZURINAGA, 1996. Un joven periodista regresa a su España natal en la posguerra para tratar de descubrir las verdaderas circunstancias de la muerte de García Lorca.
- ***La luz prodigiosa***, Miguel HERMOSO, 2003. Agosto de 1936, un joven pastor andaluz recoge a un hombre dejado por muerto y descubre más tarde que es Federico García Lorca.

★ Lecturas

- ***Ardiente paciencia – El cartero de Neruda***, Antonio SKÁRMETA, 1985. Mario Jiménez es el cartero de Isla Negra donde la única persona que recibe y envía correspondencia es el poeta Pablo Neruda. Inicialmente, película rodada en 1983 con guión de Antonio Skármeta. Posteriormente Antonio Skármeta escribirá la novela con el mismo título.

★ Enlaces de interés

- Gabriel CELAYA: http://www.ctv.es/USERS/cpralcoben/antologia/portadaantologiapoesia.htm
- Octavio PAZ: http://www.poesi.as/Octavio_Paz.htm

★ Lugares de interés

- Tumba de Antonio Machado en Collioure.
- Estatua de Lorca en la Plaza de Santa Ana de Madrid.

TEXTO 1 El crimen fue en Granada

Biografía

Antonio MACHADO (1875-1939), forma parte de la Generación del 98 como Miguel de Unamuno o Ramón del Valle-Inclán. Al estallar la Guerra Civil española se determina por el bando republicano. En el diario *La Vanguardia*, en una rúbrica titulada *Desde el mirador de la guerra*, escribe una serie de artículos que son otros tantos testimonios sobre la Guerra Civil. En enero de 1939, la guerra ya a punto de terminar, se exilia a Francia donde muere poco después, el 22 de febrero.

▶ Resumen

El crimen fue en Granada

Durante la Guerra Civil Machado defiende a la República utilizando el arma que mejor sabe manejar: la palabra. Publicará *El crimen fue en Granada* en octubre de 1936 que denuncia el asesinato de Federico García Lorca por el bando nacional.

I
EL CRIMEN

Se le vio, caminando entre fusiles,
por una calle larga,
salir al campo frío,
aún con estrellas, de la madrugada.
Mataron a Federico
cuando la luz asomaba[1].
El pelotón de verdugos[2]
no osó mirarle la cara.
Todos cerraron los ojos;
rezaron: ¡ni Dios te salva!
Muerto cayó Federico.
–sangre en la frente y plomo en las entrañas–.
...Que fue en Granada el crimen
sabed –¡pobre Granada! –, en su Granada...

II
EL POETA Y LA MUERTE

Se le vio caminar solo con Ella,
sin miedo a su guadaña[3]. [...]
Hablaba Federico,
requebrando[4] a la muerte. Ella escuchaba.
"Porque ayer en mi verso, compañera,
sonaba el golpe de tus secas palmas,
y diste el hielo a mi cantar[5], y el filo
a mi tragedia de tu hoz de plata[6],
te cantaré la carne que no tienes,
los ojos que te faltan,
tus cabellos que el viento sacudía,
los rojos labios donde te besaban...
Hoy como ayer, gitana, muerte mía,
qué bien contigo a solas,
por estos aires de Granada, ¡mi Granada!"

III

Se le vio caminar.
Labrad[7], amigos,
de piedra y sueño, en el Alhambra,
un túmulo[8] al poeta,
sobre una fuente donde llore el agua,
y eternamente diga:
el crimen fue en Granada, ¡en su Granada!

Antonio MACHADO,
El crimen fue en Granada, 1936

1. aparecía
2. *bourreaux*
3. *sa faux*
4. *tenant des propos galants*
5. *tu as figé mon chant dans la glace*
6. *et passé ma tragédie au fil de ta faucille d'argent*
7. Construid
8. una tumba

Descubre y disfruta

1. Di qué evento evoca el poema ¿Dónde y cuándo tuvo lugar? (v. 1-6)
2. Lista los verbos que evocan la actitud de los verdugos y coméntala. (v. 7-10)
3. Di quién es "Ella" y precisa qué atributo(s) lo confirman.
4. Muestra que Federico no teme a la muerte: le habla como si... ¿Cómo se comporta "Ella"? (v. 15-29)
5. ¿Qué pide Antonio Machado en la última estrofa? Explica por qué.

Texto 2 Las oligarquías

Biografía

Pablo NERUDA (1904-1973), poeta y diplomático chileno, de quien Gabriel García Márquez dijo que era "el más grande poeta del siglo XX en cualquier idioma". Era cónsul de su país en Madrid al estallar la Guerra civil y apoyó a la República española. Una de sus obras más importantes y famosas es el *Canto General* (1950). Obtuvo el Premio Nobel de Literatura en 1971.

▶ Resumen

Canto General

Es una "biografía" de América: época precolombina, conquista, descolonización y época contemporánea. Refleja el militantismo de su autor, como en "Las oligarquías", poema de crítica social contra los que se aprovecharon de la Independencia para acaparar todos los bienes y poderes.

No, aún no secaban las banderas,
aún no dormían los soldados
cuando la libertad cambió de traje,
se transformó en hacienda[1]:
de las tierras recién sembradas
salió una casta, una cuadrilla
de nuevos ricos con escudo[2],
con policía y con prisiones.

Hicieron una línea negra:
«Aquí nosotros, porfiristas[3]
de México, "caballeros"
de Chile, pitucos[4]
del Jockey Club de Buenos Aires,
engomados[4] filibusteros
del Uruguay, pisaverdes[4]
ecuatorianos, clericales
señoritos de todas partes.»
«Allá vosotros, rotos, cholos,
pelados[5] de México, gauchos,
amontonados en pocilgas[6], [...]
sucios, perezosos, pueblo.» [...]

Quemaron por la mano del verdugo
los libros de Bilbao[7].
El policía
custodió la muralla, y al hambriento
que se acercó a los mármoles sagrados
le dieron con un palo en la cabeza
o lo enchufaron en un cepo agrícola[8]
o a puntapiés lo nombraron soldado.
Se sintieron tranquilos y seguros.
El pueblo fue por calles y campiñas
a vivir hacinado[9], sin ventanas,
sin suelo, sin camisa,
sin escuela, sin pan.

Pablo NERUDA, *"Las oligarquías"*, en *Canto General*, 1950

1. *(ici) biens, fortune*
2. *blason*
3. Partidarios de Porfirio Díaz, Presidente de México en el siglo XIX
4. *snobs, bien sapés, minets*
5. *les minables, les fauchés*
6. *porcheries*
7. Francisco Bilbao, filósofo
8. *le mirent au pilori de la charrue*
9. *entassé*

Descubre y disfruta

1. Apunta palabras que corresponden a la idea de "oligarquía". (v. 1-8)
2. Precisa quiénes son los que "hicieron una línea negra" y di a qué correspondía. (v. 9)
3. ¿Qué muestra la oposición entre "nosotros" y "vosotros". ¿A quiénes se refieren? Di cómo el poeta subraya las desigualdades. (v. 10-22)
4. ¿Quiénes son los que "se sintieron tranquilos y seguros"? Explica por qué y compara con la situación del pueblo. (v. 30-35)

Texto 3 Tengo

Biografía

Nicolás GUILLÉN (1902-1989), poeta cubano. Ingresó en el Partido Comunista en 1937, lo que le obligó a exiliarse. Después de la Revolución regresó a Cuba y presidió la Unión Nacional de Escritores de Cuba. Su poesía trata sobre todo del mestizaje y la identidad cubana, como en *Sóngoro cosongo; poemas mulatos* (1931) pero también de su compromiso político como en *La paloma de vuelo popular* (1958).

▶ Resumen

Tengo
Este poema fue escrito poco después de la revolución castrista de 1959, que fue recibida como una liberación después de los años de dictadura de Fulgencio Batista (1952-1959).

Cuando me veo y toco
yo, Juan sin Nada no más ayer,
y hoy Juan con Todo,
y hoy con todo,
vuelvo los ojos, miro,
me veo y toco
y me pregunto cómo ha podido ser.
Tengo, vamos a ver,
tengo el gusto de andar por mi país,
dueño[1] de cuanto hay en él,
mirando bien de cerca lo que antes
no tuve ni podía tener.
Zafra[2] puedo decir,
monte puedo decir,
ciudad puedo decir,
ejército decir,
ya míos para siempre y tuyos, nuestros […]

1. propietario
2. *Récolte de la canne à sucre*

Literatura y cultura

Tengo, vamos a ver,
tengo el gusto de ir
yo, campesino, obrero, gente simple,
tengo el gusto de ir
(es un ejemplo)
a un banco y hablar con el administrador,
no en inglés,
no en señor,
sino decirle compañero como se dice en español.
Tengo, vamos a ver,
que siendo un negro
nadie me puede detener
a la puerta de un dancing o de un bar.
[...]
Tengo que como tengo la tierra tengo el mar,
no country,
no jailáif[3],
no tennis y no yatch,
sino de playa en playa y ola en ola,
gigante azul abierto democrático:
en fin, el mar.
Tengo, vamos a ver,
que ya aprendí a leer,
a contar,
tengo que ya aprendí a escribir
y a pensar
y a reír.
Tengo que ya tengo
donde trabajar
y ganar
lo que me tengo que comer.
Tengo, vamos a ver,
tengo lo que tenía que tener.

Nicolas GUILLÉN, *Tengo*, 1964

Descubre y disfruta

1. Recuerda qué acontecimiento histórico inspiró este poema a Nicolás Guillén.
2. Apunta las expresiones que traducen el cambio y el progreso. ¿Cómo se nota que este cambio asombra al poeta? (v. 1-7)
3. Di qué palabras te llaman la atención, explica por qué y qué quiere expresar aquí el poeta. (v. 38-41)
4. Lista los valores que evocan los versos 38 a 49. ¿Cómo los calificarías? Justifica tu respuesta.

3. deformación del inglés *high life*

Horizonte BAC LELE

Pour aider les élèves de Littérature étrangère en langue étrangère (LELE, séries L) à constituer le dossier qu'ils présenteront à l'oral, voici les thématiques du programme auxquelles sont liés ces textes.

Texto 1. L'écrivain dans son siècle (El escritor en su siglo)
Literatura de guerra, de compromiso y de denuncia
Escrito después del asesinato de García Lorca, este poema constituye un testimonio y una denuncia de las atrocidades de la guerra y condena a los que cometieron un acto a la vez bárbaro y cobarde (no osaron "mirarle a la cara"). Ensalza la figura del poeta que se comporta como un héroe.

Texto 2. L'écrivain dans son siècle (El escritor en su siglo)
Literatura comprometida, panfleto y sátira
El poema procede a una virulenta crítica social contra las clases ricas que se aprovecharon de los movimientos de independencia para acaparar todos los bienes y poderes.

Texto 3. L'écrivain dans son siècle (El escritor en su siglo)
Compromiso por un ideal
El poema hace una especie de balance positivo de la Revolución cubana. Ya no existen las desigualdades de antes. El cambio es tan importante que para el poeta Cuba evoluciona, en cierto modo, hacia una forma de sociedad que considera ideal.

UNIDAD 5

Abriendo caminos

Activités de communication B1

Écouter
Comprendre un documentaire sur les moments clefs de la démocratisation de l'Espagne.
Comprendre les intentions de la révolution cubaine et le rôle de Fidel Castro.

Lire
Comprendre un discours qui défend l'accès à la culture pour tous.
Comprendre la portée d'un projet d'insertion à travers la musique.
Comprendre l'hommage d'un grand écrivain à un grand chef d'État.

Parler en continu
Imaginer un discours d'inauguration.
Exprimer son admiration pour un chef d'État.
Raconter le succès d'un projet d'insertion sociale par la musique.

Parler en interaction
Défendre son opinion sur une œuvre d'art.
Échanger sur le personnage de Fidel Castro.

Écrire
Rendre hommage à un grand homme.

Outils linguistiques

- *Si* + imparfait ou plus-que-parfait du subjonctif (p. 135)
- L'enclise (p. 137)
- *Al* + infinitif (p. 139)
- *Hace/desde hace* (p. 141)
- L'apocope (p. 143)
- La concordance des temps (p. 145)

Proyecto final

→ **Realizad un folleto de homenaje a grandes figuras hispánicas del siglo XX.**

1 Picasso pintando un cuadro cubista

Recursos

Sustantivos
- la bandera: *le drapeau*
- la condición femenina
- el cubismo
- una democracia constitucional
- los rasgos: *les traits*
- la voluntad del pueblo

Adjetivos
- determinado(a)

Verbos y expresiones
- dar un nuevo aliento: *donner un nouveau souffle*
- dedicarse a: *se consacrer à*
- innovar
- luchar por: *lutter pour*
- romper los moldes: *briser les schémas*

2

El rey Juan Carlos ante las Cortes en 1976

3

Michelle Bachelet, directora de la ONU Mujeres

Y tú, ¿cómo lo ves?

1. Precisa lo que está pintando Picasso en la primera foto, a qué tipo de pintura corresponde y cuál será la intención del pintor.
2. Para los españoles, ¿qué simbolizan el rey Juan Carlos y las Cortes? (foto 2)
3. Di de qué es directora hoy día la ex presidenta de Chile Michelle Bachelet y a qué se dedica. (foto 3)

Federico GARCÍA LORCA (1898-1936), es uno de los poetas españoles más importantes de su siglo (*Poema del cante jondo*, 1921, *El romancero gitano*, 1928). Sus obras dramáticas, (*Bodas de Sangre*, 1933, *La casa de Bernarda Alba*, 1936) también forman parte del patrimonio literario universal.

B1 Medio pan y un libro

"No tengo nunca un libro, porque regalo cuantos compro[1], que son infinitos, y por eso estoy aquí honrado y contento de inaugurar esta biblioteca del pueblo, la primera seguramente en toda la provincia de Granada.

No sólo de pan vive el hombre. Yo, si tuviera hambre y estuviera desvalido en la calle no pediría un pan; sino que pediría medio pan y un libro. Y yo ataco desde aquí violentamente a los que solamente hablan de reivindicaciones económicas sin nombrar jamás las reivindicaciones culturales que es lo que los pueblos piden a gritos. Bien está que todos los hombres coman, pero que todos los hombres sepan. Que gocen todos los frutos del espíritu humano porque lo contrario es convertirlos en máquinas al servicio del Estado, es convertirlos en esclavos de una terrible organización social.

Yo tengo mucha más lástima[2] de un hombre que quiere saber y no puede, que de un hambriento. Porque un hambriento puede calmar su hambre fácilmente con un pedazo de pan o con unas frutas, pero un hombre que tiene ansia de[3] saber y no tiene medios, sufre una terrible agonía porque son libros, libros, muchos libros los que necesita y ¿dónde están esos libros?

¡Libros! ¡Libros! Hace aquí[4], una palabra mágica que equivale a decir: "amor, amor", y que debían los pueblos pedir como piden pan o como anhelan la lluvia para sus sementeras[5]. [...] Porque la agonía física, biológica, natural, de un cuerpo por hambre, sed o frío, dura poco, muy poco, pero la agonía del alma insatisfecha dura toda la vida.

Ya ha dicho el gran Menéndez Pidal, uno de los sabios[6] más verdaderos de Europa, que el lema de la República debe ser: "Cultura". Cultura porque sólo a través de ella se pueden resolver los problemas en que hoy se debate el pueblo lleno de fe, pero falto de luz[7]."

Federico GARCÍA LORCA (escritor español), *Discurso de inauguración de la biblioteca de su pueblo*, Fuente Vaqueros (Granada), 1931

1. todos los que compro
2. *J'ai davantage pitié*
3. *désire ardemment*
4. *Voici*
5. *ils attendent la pluie pour les terres ensemencées*
6. *sages, savants*
7. sin luz

LEE Y EXPRÉSATE

1. Precisa con qué motivo pronuncia Federico García Lorca este discurso y di cómo se siente el poeta. (l. 1-3)
2. Di cuáles son los dos tipos de reivindicaciones que opone el poeta. Para él, ¿cuál es la más importante y cómo lo justifica? (l. 4-9)
3. Para el poeta, ¿en qué se convierte el hombre que no tiene acceso a la cultura? (l. 10-11)
4. Aclara por qué "el lema de la República debe ser: 'Cultura'". (l. 14-27)
5. ¿Qué revela este discurso sobre Federico García Lorca y sus deseos?

RECURSOS

Sustantivos
- los derechos humanos
- la dignidad
- la inauguración

Adjetivos
- comprometido(a): *engagé(e)*
- culto(a): *cultivé(e)*
- orgulloso(a): *fier(ère)*

Verbos y expresiones
- con motivo de: *à l'occasion de*
- convertirse (ie, i) en: *devenir*
- expresar opiniones
- luchar por
- reivindicar

Cartel de guerra de las Milicias de la Cultura, Propaganda y Prensa (1936-1939)

MIRA Y EXPRÉSATE

1. Di cuáles son los diferentes elementos que componen este cartel y descríbelos.
2. Fíjate en las fechas dadas en el pie de foto y precisa el contexto de la publicación de este cartel.
3. Analizando más particularmente el grafismo y los colores, aclara el objetivo del cartel.
4. Concluye completando la frase: *Los hombres no harían la guerra si...*

RECURSOS

Sustantivos
- la frialdad: *la froideur*
- la instrucción
- el rostro: *le visage*
- la sencillez: *la simplicité*

Adjetivos
- ciego(a): *aveugle*
- claro(a) ≠ oscuro(a)
- impasible
- inhumano(a)

Verbos y expresiones
- con los ojos vendados: *les yeux bandés*
- reflexionar: *réfléchir*
- sensibilizar

Gramática activa

Si + imparfait ou plus-que-parfait du subjonctif → Précis 26.C

Observa

▸ ***Si tuviera** hambre y **estuviera** desvalido en la calle no **pediría** un pan.*

- Avec une proposition principale au conditionnel présent ou passé, le verbe de la subordonnée de condition se met au subjonctif imparfait ou plus-que-parfait.
- L'imparfait du subjonctif est formé à partir de la 3e personne du pluriel du passé simple :

*cant**ar*** → *cant**aron*** → *cant**ara*** / *cant**ase***
*com**er*** → *com**ieron*** → *com**iera*** / *com**iese***
*viv**ir*** → *viv**ieron*** → *viv**iera*** / *viv**iese***
*est**ar*** → ***estuvieron*** → ***estuviera*** / ***estuviese***
*hab**er*** → ***hubieron*** → ***hubiera*** / ***hubiese***
ir / ***ser*** → ***fueron*** → ***fuera*** / ***fuese***
*ten**er*** → ***tuvieron*** → ***tuviera*** / ***tuviese***

Practica

Conjugue les verbes.

a. Si yo ... (ser) poeta, escribiría versos.
b. Si los políticos ... (aceptar) esta prioridad, las cosas cambiarían.

→ Autre exercice p. 150

¡Y ahora tú!

Imagino un discurso de inauguración

Eres el alcalde de un pueblo en el que se inaugura una biblioteca. Imagina un breve discurso en el que expresas tus ilusiones y las esperanzas que lleva este proyecto.

→ *Los más humildes no podrían tener acceso a las mejores obras si no...*
→ *No habríamos construido esta biblioteca si...*

→ *Fichier de l'élève, p. 37*

B1 Nuevas formas artísticas

Manuel Numérique
Animation

Pablo PICASSO (pintor español), *Las Meninas*, 1957 (Museo Picasso, Barcelona)

Datos culturales

Se considera que **Pablo Ruiz Picasso** (1881-1973) es el artista más polifacético y prolífico del siglo XX. Entre 1908 y 1911 trabajó la descomposición y el análisis de las formas, desarrollando la primera fase del cubismo.

Mira y exprésate

1. Precisa el nombre del pintor y de la obra así como la fecha de composición del cuadro. ¿A qué obra anterior remite este cuadro?
2. Califica las formas y los colores del cuadro de Picasso. ¿A qué corriente pictórica corresponde?
3. A tu parecer, ¿qué quiere expresar el artista con su versión de *Las Meninas*?
4. Muestra que la obra de Picasso también rinde homenaje al gran pintor Velázquez. (→ *Voir p. 102*)

Recursos

Sustantivos
- los colores fundamentales: *les couleurs primaires*
- la creación artística
- formas geométricas
- el maestro
- tonos fríos ≠ cálidos

Adjetivos
- académico(a)
- vanguardista: *d'avant-garde*

Verbos y expresiones
- apropiarse: *s'approprier*
- expresar admiración
- reinterpretar
- rendir (i) homenaje: *rendre hommage*
- romper moldes: *briser des normes*

No se puede pintar como antes

El joven Pablo Picasso está confiando sus aspiraciones a su padre.

–¿Usted ha visto lo que se está haciendo en Barcelona?

–¿Te refieres a lo que hacen tus amigos bohemios? No, no lo he visto. Pero ésos no son pintores, Pablo. No se puede pintar llevando una vida desordenada, pasándose el día de charla en los bares y visitando los prostíbulos. Más de la mitad son ricos que se entretienen pintando, viajando a París, ilusionándose con cartelistas de medio pelo[1]. Eso no es serio, Pablo. Ellos se lo pueden permitir porque casi todos son ricos. Pero tú ... nunca te aceptarán. No eres de los suyos. Eres pobre y andaluz; ahora todos te jalean[2] porque, y no lo dudo, pintas mejor que todos ellos. ¿Cuánto durará eso? Yo creo que debes prepararte, buscarte una salida decorosa que te permita vivir de tu talento y, por otro lado ...

–No, padre. Eso se acabó. Quiero romper con todo eso. Yo no puedo pintar como sus amigos[3]. Lo que yo quiero, padre, es romper con la pintura tal y como se hace, lo que quiero es destruirla. Quiero algo más directo, más feroz, más valiente, no quiero obedecer ninguna norma. [...] ¿No ve lo que está pasando en Barcelona? ¿En España?

–¿Qué está pasando, hijo?

–Todo se desmorona[4]. Hay todo un mundo, hay toda una masa humana que sufre y que desea ser vista y oída. Yo no quiero pintar una realidad aparente y vacía de contenido. Hay nuevos mundos, padre; los hay. Hay nuevas visiones, nuevas potencias, y ya no se puede pintar como se ha hecho hasta ahora.

–¿Y cómo debemos pintar?

–Aún no lo sé, padre. Pero lo encontraré.

Esteban MARTÍN (escritor español), *El pintor de sombras*, 2009

1. *affichistes médiocres*
2. *t'acclament*
3. El padre de Picasso era profesor de dibujo
4. *s'écroule*

Lee y exprésate

1. Precisa lo que reúne y opone a los dos personajes.
2. Di cómo ve el padre a los amigos pintores de su hijo. ¿Por qué piensa que no pueden ser verdaderos amigos?
3. Califica la actitud del padre y la del hijo. ¿Cómo las explicas?
4. Aclara cómo justifica el hijo su visión de la expresión artística.

Recursos

Sustantivos
- el éxito ≠ el fracaso: *le succès ≠ l'échec*

Adjetivos
- comprometido(a): *engagé(e)*
- conservador(a) ≠ innovador(a)
- resignado(a) ≠ rebelde

Verbos y expresiones
- cambiar de rumbo: *changer de cap*
- conformarse con: *se satisfaire de*
- denunciar

Gramática activa

L'enclise → Précis 31

Observa

- ***Pasándose*** *el día de charla,* ***ilusionándose****.*
- *Debes* ***prepararte, buscarte*** *una salida.*

• L'enclise consiste à placer le pronom personnel après le verbe et à le souder à celui-ci à l'infinitif, au gérondif, et à l'impératif affirmatif.

• Le verbe devant conserver son accentuation initiale, l'ajout d'une ou deux syllabes peut donc provoquer parfois l'apparition d'un accent écrit :

- *ilusionando → ilusionándose, buscar → buscarte*

Practica

Fais l'enclise si nécessaire. Attention à l'accent.

a. Al padre ... (le / es) difícil ... (le / decir) a su hijo lo que piensa.

b. El padre ... (le / habla) ... (le / dando) consejos.

→ Autre exercice p. 150

¡Y ahora tú!

Defiendo mi opinión sobre una obra de arte

En una exposición de pintura, te gusta mucho un cuadro cubista, mientras que a tu compañero(a) le gusta la pintura más tradicional. Imaginad el diálogo.

→ *Pintar como los demás es imitarlos, no...*

→ *Representar la realidad, es trascenderla, mientras que...*

→ *Fichier de l'élève, p. 38*

B1 Construyendo la democracia

TU CD 18 · CD CLASE

El rey Juan Carlos y la reina Sofía votando en las primeras elecciones generales de la Transición

Datos culturales

La Transición democrática española se situó entre 1975 (muerte de Franco) y 1982. Se produjeron cambios políticos que permitieron pasar de una dictadura a la democracia. Se ratificó la Constitución en 1978. Pero hasta el 23 de febrero de 1981, cuando se intentó un golpe de Estado, fue frágil la democracia.

1 Observa la fotografía

a. Di a quiénes representa la foto y cuándo fue sacada.

2 Escucha e identifica

b. Identifica las voces que has oído y precisa el tema de la grabación.
c. Cita las palabras que evocan al sistema político.

3 Profundiza

d. Di cuándo se celebraron las primeras elecciones generales en España. Precisa la tasa de participación y el resultado de los diferentes partidos.
e. Completa la frase: "Era una España que salía de... y que quería..."
f. Di a qué se debían las dificultades de España y describe la división de los franquistas.
g. ¿Qué elementos favorecieron la democratización de España?

Horizonte BAC

Resume en francés

Redacta en francés todo lo que has entendido de la grabación.

➔ *Fichier de l'élève p. 35*

RECURSOS

Sustantivos
- un cambio: *un changement*
- un(a) diputado(a)
- un momento clave: *un moment clef*
- un referéndum
- la voluntad

Adjetivos
- conservador(a) ≠ progresista
- impulsado(a)

Verbos y expresiones
- estar dispuesto(a): *être prêt(e) à*
- evolucionar: *évoluer*
- movilizarse: *se mobiliser*
- permanecer: *rester, demeurer*

Fonética

TU CD 19 · CD CLASE

a. Escucha las palabras y di si piensas que llevan una "b" o una "v".

b. ¿Cómo se pronuncia la "v"? Repite estas palabras en voz alta.

23-F 1981: el rey salva la democracia

El mensaje era una reelaboración de un télex que a las diez y media de la noche se había remitido desde la Zarzuela[1] a los capitanes generales y decía textualmente lo que sigue: «Al dirigirme a todos los españoles, con brevedad y concisión, en las circunstancias extraordinarias que en estos momentos estamos viviendo, pido a todos la mayor serenidad y confianza y les hago saber que he cursado[2] a los Capitanes Generales de las Regiones Militares, Zonas Marítimas y Regiones Aéreas la orden siguiente: "Ante la situación creada por los sucesos desarrollados en el Palacio del Congreso de los Diputados y para evitar cualquier posible confusión, confirmo que he ordenado a las autoridades civiles y a la Junta de Jefes de Estado Mayor que tomen todas las medidas necesarias para mantener el orden constitucional dentro de la legalidad vigente[3]. Cualquier medida de carácter militar que, en su caso, hubiera de tomarse, deberá contar con la aprobación de la Junta de Jefes de Estado Mayor. La Corona, símbolo de la permanencia y la unidad de la Patria, no puede tolerar en forma alguna acciones o actitudes de personas que pretendan interrumpir por la fuerza el proceso democrático que la Constitución votada por el pueblo español determinó en su día a través de referéndum». Estas palabras –pronunciadas por un monarca enfundado en su uniforme de capitán general y con el rostro[4] transfigurado por las horas más difíciles de sus cuarenta y tres años de vida– son una palmaria[5] declaración de lealtad constitucional, de apoyo a la democracia y de rechazo del asalto al Congreso.

Javier CERCAS (escritor español), *Anatomía de un instante*, 2009

1. residencia del Rey
2. he enviado
3. *en vigueur*
4. *le visage*
5. evidente

LEE Y EXPRÉSATE

1. Precisa quién les dirige este mensaje a los españoles desde la Zarzuela y con qué motivo.
2. Di lo que ordenó el rey.
3. Al aparecer enfundado en su uniforme de Capitán General, ¿qué quiere el rey? (l. 18-22)
4. ¿Qué le permitió a España la determinación del rey Juan Carlos?

RECURSOS

Sustantivos
- un golpe de Estado
- la intentona: *la tentative*
- el jefe del ejército: *le chef de l'armée*

Adjetivos
- determinado(a) = decidido(a)
- valiente: *courageux(euse)*

Verbos y expresiones
- impedir (i) que + subj.: *empêcher de + inf.*
- impresionar
- superar: *surmonter*

Gramática activa

Al + infinitif → Précis 32

Observa

▸ ***Al dirigirme*** *a todos los españoles...*

- ***Al* + infinitif** rend la notion de simultanéité lorsque l'action énoncée a une conséquence immédiate. Il équivaut à un gérondif ou à "dès que".
- ***Al* + infinitif** peut marquer également une notion temporelle avec une valeur de cause à effet. Il peut être remplacé par une proposition temporelle commençant par *cuando*.

Practica

Imite l'exemple.

Cuando los españoles vieron al rey, perdieron el miedo. → Al ver al rey, los españoles perdieron el miedo.

a. Cuando los generales irrumpieron, los diputados gritaron.
b. Cuando apareció el rey con el uniforme militar, se tranquilizaron.

→ Autre exercice p. 150

¡Y ahora tú!

Expreso admiración ante la actitud del rey

Acabas de ver un documental sobre el 23-F. Te ha impactado mucho la actitud del rey Juan Carlos. Se lo comentas a un(a) amigo(a) haciendo un retrato del rey y describiendo su determinación.

→ *Al aparecer Juan Carlos...*
→ *Al dirigirse a los españoles...*

→ *Fichier de l'élève, p. 37*

B1 Gracias a la música

¿Quién es José Antonio Abreu ? Este economista apasionado de las matemáticas que se decidió por perseguir la utopía de la dirección musical, quizá embrujado[1] por las notas de la Quinta sinfonía de Chaikovski, su favorita, tuvo un día un sueño. Fue a la manera de Martin Luther King: "Llenar Venezuela de orquestas". Eso, dicho hace 36 años movía a la carcajada, a la burla[2]. Pero él no se arredró[3].

Empezó con 11 músicos en un garaje dispuesto con 25 atriles[4]. El primer día de ensayo sobró espacio. Hoy no caben a lo largo y ancho del país, donde ha abierto 280 escuelas. Hoy es una realidad que ha implantado, además de un sistema pedagógico revolucionario donde se multiplican los prodigios como el ya reconocido joven director Gustavo Dudamel, los incontestables resultados de una inclusión social que ha rescatado de la marginación actualmente a 400.000 niños y jóvenes –la mayoría, con escasos[5] recursos– en un país azotado por la violencia, el crimen y la inseguridad.

Y lo ha hecho a través de la música. [...]

Su sistema de orquestas ha cuajado con[6] resultados asombrosos en Venezuela desde hace cuatro décadas, pero ahora se extiende por América Latina en proyectos similares dentro de las favelas de Río de Janeiro, los rincones más apartados de Argentina o los barrios más hundidos en la miseria de Colombia. Por no hablar de Estados Unidos, Asia y Europa, donde muchos países tratan de implantar un método pedagógico que salve el nivel de sus estudiantes para el futuro de la música clásica.

Ya no sólo sirve la música al mero disfrute[7], sino que entra de lleno en la esfera de valores. Ya no se atiene al efecto que pueda causar en la crítica especializada o en ciertos sectores de la élite, sino que busca abrirse a un público más amplio que se deje contagiar precisamente por los orígenes de quienes forman las orquestas: niños y jóvenes salidos de barrios marginales, con medios y bajos recursos, comprometidos con sus entornos y sus países y su identidad latinoamericana como prueba de una energía distinta.

Jesús RUIZ MANTILLA, *El País Semanal* (revista española, 30/10/2011)

1. *envoûté*
2. *donnait envie de rire, de se moquer*
3. *ne s'est pas effrayé*
4. *pupitres (à musique)*
5. pocos
6. ha dado
7. *seulement pour le plaisir*

LEE Y EXPRÉSATE

1. Precisa quién es José Antonio Abreu.
2. Di lo que empezó a construir hace 36 años. (l. 5-8)
3. Explica lo que les permite a los jóvenes el sistema pedagógico de Abreu. (l. 9-14)
4. Completa: *No sólo existe su sistema de orquesta en Venezuela sino también en...* Aclara lo que pasa en esos países (l. 16-22).
5. ¿Qué aportan estos jóvenes a la música? (l. 23-30) Coméntalo.
6. ¿En qué se puede decir que la música es un vector de progreso y esperanza, tanto para los jóvenes como para su público?

RECURSOS

Sustantivos
- un(a) director(a) de orquesta: *un(e) chef d'orchestre*
- el éxito: *le succès*
- un(a) músico(a): *un(e) musicien(ne)*
- una oportunidad: *une chance*

Adjetivos
- comprometido(a): *engagé(e)*
- generoso(a)

Verbos y expresiones
- escapar: *échapper*
- intentar: *essayer de*
- rescatar: *sauver*
- salir adelante: *s'en sortir*

La orquesta Simón Bolívar dirigida por el ecuatoriano Patricio Alomoto

RECURSOS

Sustantivos
- la bandera: *le drapeau*
- la batuta: *la baguette*
- la cazadora: *le blouson*
- el contrabajo: *la contrebasse*
- el violín
- el violoncelo

Adjetivos
- entusiasta
- orgulloso(a): *fier(ère)*
- venezolano(a)

Verbos y expresiones
- alzar los brazos: *lever les bras*
- estar (son)riendo: *(sou)rire*
- expresar alegría: *exprimer sa joie*
- tocar un instrumento

MIRA Y EXPRÉSATE

1. Describe la foto. Fíjate en los músicos y en el director, ¿qué te llama la atención?
2. Precisa qué ropa llevan los jóvenes y qué quiere expresar eso.
3. Califica y explica la expresión de los músicos y del director.

Datos culturales

La **Orquesta Juvenil Simón Bolívar** forma parte del Sistema Nacional de Orquestas Juveniles e Infantiles de Venezuela, una organización que agrupa en la actualidad a 275 orquestas juveniles y 122 orquestas infantiles, integrando en un proyecto de desarrollo social y artístico a 265.000 niños y jóvenes, en su mayoría de barrios desfavorecidos y hasta marginales.

Gramática activa

Hace/desde hace

→ Précis 44

Observa

- ▶ ***Hace*** *36 años.*
- ▶ ***Desde hace*** *cuatro décadas.*

- Lorsque « il y a » est suivi d'un **élément temporel**, il est rendu par le verbe ***hacer*** à la 3e personne du singulier.
- Lorsque « depuis » est suivi d'un élément temporel rendant une notion de durée, l'espagnol emploie ***desde hace***.

Practica

Utilise *hace* ou *desde hace*.

a. ... dos años que están en la orquesta.
b. Los jóvenes ya no viven en ese barrio ... varios meses.

→ Autre exercice p. 150

¡Y ahora tú!

Me alegro del éxito de la inserción por la música

Eres miembro de una asociación que promueve la inserción por la música. Se acaba de dar el primer concierto que fue todo un éxito. Se lo cuentas a un(a) amigo(a) tuyo(a) expresando tu alegría.

→ *Hace meses que preparamos...*
→ *Esperaba este momento desde hace...*

→ *Fichier de l'élève, p. 37*

B1 La revolución de Fidel Castro

Fidel Castro y sus hombres entrando en La Habana en 1959

1 Observa la fotografía

a. Di a quiénes representa la foto y precisa cuándo fue sacada.
b. ¿Qué imagen tenemos de Fidel Castro?

2 Escucha e identifica

c. El documento es... Trata de...
d. Identifica el campo léxico de la política.

3 Profundiza

e. Da informaciones sobre este hombre (fecha de nacimiento, origen social, tiempo que estuvo al frente del gobierno, por qué se transformó en guerrillero...).
f. Di a quién se oponía Fidel Castro. ¿Qué simbolizaba esa persona?
g. ¿Cuándo tuvo lugar la Revolución cubana y cuáles eran sus compromisos?
h. Di quién lo rechazó y quién lo apoyó políticamente.

Horizonte BAC

Resume en francés
Redacta en francés todo lo que has entendido de la grabación.

→ *Fichier de l'élève p. 28*

RECURSOS

Sustantivos
- un compromiso: *un engagement*
- la desigualdad
- el despilfarro: *le gaspillage*
- un dictador
- un(a) revolucionario(a)

Adjetivos
- idealista

Verbos y expresiones
- convertirse en (ie, i): *devenir*
- derrocar: *renverser*
- devolver (ue): *rendre*
- luchar por: *lutter pour*

Fonética

a. Escucha las palabras y di si la "d" se pronuncia de manera fuerte o suave.
b. Repite estas palabras en voz alta.

Fidel o Castro

Fidel o Castro –su nombre depende de afinidades y odios– ha sido una presencia ineludible desde que entró triunfalmente en La Habana con su ejército de barbudos, cargando sobre sus hombros verde olivo las esperanzas revolucionarias de todo el orbe[1] [...]. Entre el Fidel de 1959 y el Castro del 2009 median cinco décadas de aventuras y desdichas[2] propias de una gran novela latinoamericana, de esa novela épica y terrible que, *hélas*, su amigo García Márquez no va a escribir.

Estamos demasiado acostumbrados a su presencia, a saber que siempre ha estado allí, como un buen padre o como un padre atroz, para reparar en[3] el carácter demencial y frenético de su itinerario: encabezar el primer triunfo revolucionario en América Latina; encarnar, al lado del Che, un mito inextinguible; asumirse como un héroe intachable[4] y luego, con el tiempo, intuir su propia decadencia; y sobre todo, atestiguar la insólita caída del Muro, el lamentable derrumbe de la Unión Soviética y sobrevivir como si nada, acomodado en sus laureles, dispuesto a conservar su régimen en formol, a defender la isla como si fuera una isla, un último reducto, un último bastión. ¿De qué? ¿De su orgullo? Impresionante, tremenda, dolorosa historia. Aun cuando Fidel Castro ya no habrá de marcar el destino de América Latina en el siglo XXI, su barba, sus cigarros, sus noches de oratoria inagotable[5], su uniforme verde olivo y sus *pants* Adidas continuarán hechizando[6] la imaginación latinoamericana durante muchos años como símbolos imperecederos de nuestros más altos ideales, y de su traición.

Jorge VOLPI (escritor mexicano), *El insomnio de Bolívar*, 2009

1. mundo
2. dramas
3. *remarquer*
4. irreprochable
5. *discours inépuisables*
6. *ensorceler*

LEE Y EXPRÉSATE

1. ¿Qué revela el primer párrafo sobre Fidel Castro?
2. Explica a qué corresponden las visiones del "buen padre" y del "padre atroz". (l. 8-15) ¿Qué supone esta oposición?
3. Castro se ha empeñado en "defender la isla como si fuera una isla". Comenta.
4. Aclara si en el texto sólo se define a Fidel Castro como a un héroe.

RECURSOS

Sustantivos
- el comunismo
- una (des)ilusión
- los opositores ≠ los seguidores

Adjetivos
- aislado(a): *isolé(e)*

Verbos y expresiones
- castigar: *punir*
- empeñarse en = esforzarse (ue) en
- salvar de la opresión

Gramática activa

L'apocope → Précis 15

Observa

▶ *Una **gran** novela, un **buen** padre, el **primer** triunfo*

- L'apocope est la chute, devant un nom masculin singulier, d'une voyelle ou d'une syllabe à la fin de certains mots comme *grande*, *bueno*, *malo*, *uno*, *primero*, *tercero*, *alguno* (quelque), *ninguno* (aucun), *cualquiera* (n'importe quel/quelle).
- L'apocope est facultative devant un nom féminin singulier mais l'usage tend à rendre systématique l'apocope des adjectifs *grande* et *cualquiera*.

Practica

Complète les phrases.

a. Fidel es una figura de ... (grande) revolucionario.
b. ... (Alguno) día se escribirá otro ... (bueno) libro sobre Fidel Castro.

→ Autre exercice p. 150

¡Y ahora tú!

Intercambio opiniones sobre la figura de Castro

Un(a) amigo(a) tuyo(a) lleva una camiseta con la cara de Castro y el lema ¡Viva la revolución! Te choca ya que consideras que se ha convertido en un dictador y se lo dices. Él/ella no comparte tu punto de vista y se defiende.

→ A. *Cómo te atreves a...*
→ B. *Castro es un gran revolucionario...*

→ *Fichier de l'élève, p. 38*

B2 Un líder carismático

Mi pueblo ha sido el más traicionado[1] de este tiempo. De los desiertos del salitre[2], de las minas submarinas del carbón, de las alturas terribles donde yace el cobre[3] y lo extraen con trabajos inhumanos las manos de mi pueblo, surgió un movimiento liberador de magnitud grandiosa. Ese movimiento llevó a la presidencia de Chile a un hombre llamado Salvador Allende para que realizara reformas y medidas de justicia inaplazables[4], para que rescatara[5] nuestras riquezas nacionales de las garras[6] extranjeras.

Donde estuvo, en los países más lejanos, los pueblos admiraron al presidente Allende y elogiaron el extraordinario pluralismo de nuestro gobierno. Jamás en la historia de la sede[7] de las Naciones Unidas, en Nueva York, se escuchó una ovación como la que le brindaron al presidente de Chile los delegados de todo el mundo. Aquí, en Chile, se estaba construyendo, entre inmensas dificultades, una sociedad verdaderamente justa, elevada sobre la base de nuestra soberanía, de nuestro orgullo nacional, del heroísmo de los mejores habitantes de Chile. De nuestro lado, del lado de la revolución chilena, estaban la constitución y la ley, la democracia y la esperanza. [...]

Allende era un dirigente colectivo; un hombre que, sin salir de las clases populares, era un producto de la lucha de esas clases contra el estancamiento[8] y la corrupción de sus explotadores.

Sólo la nacionalización del cobre fue una empresa titánica, y muchos objetivos más que se cumplieron bajo su gobierno de esencia colectiva. Las obras y los hechos de Allende, de imborrable[9] valor nacional, enfurecieron a los enemigos de nuestra liberación. El simbolismo trágico de esta crisis se revela en el bombardeo del palacio de gobierno; uno evoca la Blitz Krieg de la aviación nazi contra indefensas ciudades extranjeras, españolas, inglesas, rusas; ahora sucedía el mismo crimen en Chile; pilotos chilenos atacaban en picada el palacio que durante dos siglos fue el centro de la vida civil del país.

Escribo estas rápidas líneas para mis memorias a sólo tres días de los hechos incalificables que llevaron a la muerte a mi gran compañero el presidente Allende. Su asesinato se mantuvo en silencio; fue enterrado secretamente.

Pablo NERUDA (escritor chileno),
Confieso que he vivido. Memorias, 1974

Pablo NERUDA (1904-1973) poeta escritor y político chileno, obtuvo el Premio Nobel de Literatura en 1971. También fue un destacado activista político y senador. Apoyó a Salvador Allende, a quien secundó en su campaña electoral.

1. *trahi*
2. *les déserts de salpêtre*
3. *le cuivre*
4. urgentes
5. recuperara
6. manos
7. *du siège*
8. inmobilismo
9. *indélébile*

Pablo Neruda y su amigo el presidente Salvador Allende

Comprensión escrita guiada

ANTES DE LEER

1 Observa la fotografía y precisa a quiénes representa.

2 ¿Qué puedes deducir de su actitud? ¿Qué relación tenían estos dos hombres?

LEE

3 Elige la respuesta correcta. El documento es:
a. lírico b. autobiográfico c. satírico d. poético

4 Al hablar de Salvador Allende, Pablo Neruda siente:
a. rencor b. odio c. admiración d. tristeza

PROFUNDIZA

5 Primera parte. (l. 1-7)
1. Cita 3 recursos naturales de Chile entre:
a. el oro b. el cobre c. el salitre d. el carbón
2. Completa la frase.
Los obreros chilenos trabajaban en... en... y en... .
3. Elige la respuesta correcta. El trabajo era inhumano y por eso:
a. los obreros se exiliaron.
b. cambiaron las condiciones de vida.
c. hubo un alzamiento popular.
d. se abandonaron esas actividades.
4. ¿Verdadero o falso? Salvador Allende:
a. se fue a Nueva York. b. fue elegido presidente.
c. trabajó en la sede de las Naciones Unidas.
d. instauró un régimen totalitario.

6 Segunda parte. (l. 8-20)
1. Di cómo se recibió la elección de Salvador Allende en el mundo. Justifica con el texto.
a. con una buena acogida. b. con críticas.
c. con manifestaciones de descontento.
2. El nuevo régimen garantizaba las libertades.
Justifica con una frase del texto.

7 Tercera parte. (l. 21-37)
1. En cambio, en Chile, los conservadores reaccionaron muy mal. Cita el verbo que lo expresa y di cuáles fueron las consecuencias.
2. ¿Qué quiere expresar la comparación con la aviación nazi?

RESUME

8 Resume lo que cambió en Chile con la elección de Salvador Allende y lo que provocó. Precisa la intención de Pablo Neruda.

Expresión escrita guiada

Redacto un discurso de homenaje
En el instituto se organiza una exposición en torno a los presidentes del siglo XX que marcaron la historia de América Latina. Redactas un discurso de homenaje al Presidente Salvador Allende.

9 Explica por qué Salvador Allende merece que se le rinda un homenaje.
–Quisiera rendirle este homenaje a Salvador Allende para que los chilenos... .

10 Recuerda quién fue Salvador Allende y lo que hizo por Chile.
–El presidente Salvador Allende luchó para que...
–Eran inaplazables las reformas que...

11 Valora el poder de la voluntad popular.
–Cuando un pueblo quiere que...

12 Concluye
–Por eso, en nombre de aquel gran hombre...

Gramática activa

La concordance des temps → Précis 28

Observa

▶ *Llevó a un hombre llamado Salvador Allende **para que** realiz**ara** reformas, **para que** rescat**ara** nuestras riquezas*

Lorsque dans une proposition subordonnée, le verbe est au subjonctif, le temps de ce verbe dépend du temps du verbe de la proposition principale, obéissant ainsi à la règle de la concordance de temps.

proposition principale	proposition subordonnée au subjonctif
Présent Futur Passé composé	Présent
Imparfait Plus-que-parfait Passé simple Conditionnel	Imparfait ou plus-que-parfait

Practica

Applique la concordance des temps.
a. Pablo Neruda escribe sus memorias para que el mundo ... (saber) lo que pasó.
b. Era indispensable que ... (realizarse) esta reforma.

→ Autres exercices p. 150

RECURSOS

Sustantivos
- la acogida: *l'accueil*
- el alzamiento popular: *le soulèvement populaire*
- los mineros
- una violencia extrema

Adjetivos
- admirativo(a)
- determinado(a)

Verbos y expresiones
- aportar cambios significativos
- devolverle (ue) la dignidad al pueblo: *rendre sa dignité au peuple*
- olvidarse de
- realizar reformas
- rendir (i) homenaje: *rendre hommage*

Talleres de comunicación

TALLER DE COMPRENSIÓN ORAL

Canción de Inti Illimani: *Canción del poder popular*

Objectif B1: comprendre une chanson engagée et le message d'espoir qu'elle véhicule.

: lexique de la politique, le futur, le présent du subjonctif.

1. Primera escucha completa

a. Di qué tipo de canción es (estilo, ritmo, instrumentos), precisa cómo te parece su tono y di de qué trata.

2. Segunda escucha (2 primeras estrofas y estribillo)

b. Di qué país evoca la canción. Precisa a quién se dirige el cantante y qué quiere.

c. Cita las palabras del estribillo.

3. Tercera escucha (Tercera y cuarta estrofas)

d. Cita el nombre de una alianza política y di qué pretende hacer.

4. Cuarta escucha (Quinta y sexta estrofas)

e. Precisa cómo imagina el cantante el futuro de su país.

Manifestación de apoyo al gobierno de Salvador Allende

RECURSOS

Sustantivos
- el derecho a ser libre

Adjetivos
- comprometido(a)
- esperanzador(a): *encourageant(e)*
- repetitivo(a)

Verbos y expresiones
- construir
- echar = expulsar
- juntarse = unirse
- levantar: *redresser, relever (un pays)*
- movilizar(se): *(se) mobiliser*
- poner el hombro (fig.) = contribuir

TALLER DE INTERACCIÓN ORAL

Juego de roles: promocionar la acción de una fundación

Objectif B1: s'exprimer en faveur de la lutte contre les inégalités sociales.

: le lexique de l'engagement, l'apocope, *si* + imparfait du subjonctif.

Temps de parole : 10 minutes.

: en binôme.

Trabajas para la fundación ALAS de Shakira y te reúnes con un dirigente político para promocionar un proyecto de ayuda a niños necesitados y favorecer su acceso a la escuela.

B1

Alumno A: eres el dirigente y le agradeces a la fundación ALAS su compromiso con los niños más pobres. Le explicas lo que fue posible gracias a la fama de Shakira y a su dinero.

Alumno B: eres el representante de ALAS y le explicas al dirigente por qué es esencial juntar esfuerzos.

Shakira en su fundacción ALAS (América Latina en Acción Solidaria)

RECURSOS

Sustantivos
- el acceso a la instrucción
- el compromiso: *l'engagement*
- la igualdad ≠ la desigualdad

Verbos y expresiones
- ayudar: *aider*
- salir adelante
- tener (ie) un futuro

Taller de Internet

TICE

Presentar el proceso de la Transición española

Conéctate a: http://www.librosvivos.net/smtc/homeTC.asp?TemaClave=1195

1. Busca información

a. Haz clic en *01 El final del régimen de Franco*. Cita las causas del final del régimen.
b. Pincha en *02 De la muerte de Franco a las elecciones del 77*. Precisa las diferentes etapas que llevaron a las elecciones de 1977 y di cuál fue su resultado.
c. Haz clic en *03 La Constitución de 1978*. Di cómo fue aprobada y cita algunos de sus artículos importantes. Explica cómo están repartidos los poderes en España.
d. Pincha en *04 España en democracia*. Describe el ambiente social de los años 1979-1981 y sus consecuencias.

2. Haz una presentación oral

e. A partir de las notas que has tomado, presenta oralmente a tu clase el proceso de la Transición democrática española.

RECURSOS

Sustantivos
- el aislamiento: *l'isolement*
- el declive: *le déclin*
- un golpe de Estado: *un coup d'État*
- una huelga: *une grève*

Adjetivos
- consensual
- tenso(a): *tendu(e)*

Verbos y expresiones
- aprobar (ue) ≠ condenar
- legalizar
- rechazar: *refuser*

Taller de vídeo

DVD
23-F, Chema DE LA PEÑA, 2011

El discurso a la Nación, 23-F 1981

Un rey demócrata en 1981

1. Fíjate

a. Di a quiénes vemos, precisa qué estarán haciendo y por qué.

2. Mira y escucha

b. Identifica a los diferentes protagonistas: la familia real, los militares, los civiles.
c. Di a qué acontecimiento estamos asistiendo: una fiesta – una reunión de crisis – la grabación del discurso del rey.
d. Califica la actitud del rey Juan Carlos durante el golpe de Estado: tranquilo – prudente – autoritario. Justifica con elementos sonoros y visuales.
e. Aclara el papel de los medios de comunicación.

3. Exprésate

f. Apunta los elementos que muestran que Juan Carlos supo concentrar todo el poder para salvar la democracia y abrir nuevas perspectivas.

RECURSOS

Sustantivos
- un cuartel: *une caserne*
- los sublevados ≠ los representantes de la ley
- el toque de queda: *le couvre-feu*
- la Zarzuela: palacio de los Reyes de España en Madrid

Adjetivos
- solemne
- valiente: *courageux(euse)*

Verbos y expresiones
- cursar órdenes: *transmettre des ordres*
- dar un golpe de Estado
- exigir lealtad y obediencia: *exiger la loyauté et l'obéissance*
- grabar: *enregistrer*

Mujeres que rompen moldes

A

Cristina Kirchner con Michelle Bachelet

Para saber más: www.unwomen.org/es/category/executive-director/

Mujeres líderes

Entre las mujeres que cada vez cuentan más en la vida política, están mujeres como Michelle Bachelet y Cristina Kirchner.

Michelle Bachelet, ex presidenta de Chile, es la directora de la Entidad para la Igualdad entre los Géneros "ONU Mujeres", creada en 2011 por la Asamblea con el objetivo de mejorar la vida de millones de mujeres y niñas en todo el mundo y apoyar proyectos innovadores destinados a fortalecer la independencia económica de las mujeres, a confiarles la misión de defensoras y líderes de los cambios que se imponen y a lograr que la igualdad entre los sexos se incorpore como un elemento prioritario en las estrategias nacionales.

Cristina Fernández de Kirchner, la presidenta reelegida de Argentina, ha pasado a ser una de las mujeres más poderosas del mundo. Bajo su mandato, la economía "creció fuertemente, aumentaron los beneficios para pensionados y niños y la pobreza cayó del 21% en 2006 a un 11,3% en 2009".

B

Ser mujer, ser indígena

Eufrosina Cruz Mendoza, mexicana de la etnia zapoteca, tiene 32 años y lleva 20 luchando. Desde que a los 12 abandonó su pueblecito para ir a la ciudad y descubrió la doble discriminación de ser mujer y de ser indígena, nada fue igual para ella ni para miles de personas unos años después. Eufrosina Cruz ha conseguido el voto para las mujeres indígenas en las elecciones municipales allí donde los usos y costumbres les negaban elegir y ser elegidas. Ganándose la vida como vendedora, ha aprendido a hablar español y se ha licenciado como contable. En 2007 se presentó a las elecciones municipales en su pueblo y las ganó. Ahora preside el Parlamento de Oaxaca con el apoyo de varios partidos. Cuenta con el apoyo de la Fundación Carolina que se constituyó en octubre del año 2000 para la promoción de las relaciones culturales y la cooperación en materia educativa y científica entre España y los países de la Comunidad Iberoamericana de Naciones.

Eufrosina Cruz con un vestido tradicional zapoteca

Para saber más: http://mujereslideres.redcarolina.net

C

Famosos y solidarios

La Fundación América Latina en Acción Solidaria (Fundación ALAS) es una fundación creada para luchar contra la pobreza que mata a 350.000 niños cada año en Latinoamérica.

Esta Fundación ha sido concebida por **Shakira** y apadrinada por el Nobel Gabriel García Márquez, y cuenta con el apoyo de estrellas de la música, multimillonarios y organismos internacionales. Los directivos de la fundación dijeron claramente que no se trata de suplantar a los organismos que trabajan por la infancia o el deber que tienen los gobiernos por erradicar ese mal, sino "potenciar" o fortalecer medidas que busquen solución.

La Fundación tiene varios campos de acción: la salud, la educación, el medio ambiente y el derecho a la vida de los niños.

Para saber más: www.fundacionalas.org/

La cantante Shakira, creadora de la Fundación Alas

D

La bloguera cubana hace su revolución

La cubana **Yoani Sánchez** se ha convertido con su blog *Generación Y* en un símbolo de libertad y de reivindicación y ha pasado a ser la nueva figura de la oposición cubana. Desde la creación de su blog en 2007 ha obtenido innumerables premios internacionales: el premio de Periodismo Ortega y Gasset (2008) y el premio Bitacoras.com (2008) y el premio The Bob's (2008), el premio Maria Moors Cabot (2008) de la prestigiosa universidad estadounidense de Columbia. Del mismo modo, la bloguera fue seleccionada entre las 100 personalidades más influyentes del mundo por la revista *Times* (2008). En su blog habla de la vida diaria en Cuba, de los problemas de transportes, de alimentación, de los sueldos bajos, de la dificultad de informarse y de conectarse.

La bloguera Yoani Sánchez

Para saber más: www.desdecuba.com/generaciony/

¿A ver si lo sabes?

1. Cita a dos mujeres que cuentan en la vida política de América Latina y explica por qué. **(A)**
2. Di lo que Eufrosina Cruz ha conseguido. ¿Por qué es importante? **(B)**
3. Precisa quiénes son los padrinos de la Fundación Alas y explica en qué medida pueden aportarles soluciones a los niños desfavorecidos. **(C)**
4. ¿Cómo se ha hecho famosa Yoani Sánchez? ¿Qué demuestra esta fama? **(D)**

Si + imparfait ou plus-que-parfait du subjonctif → *Gramática activa* p. 135, Précis 26.C

1 Conjugue les verbes. Attention aux pronoms sujets et compléments.

a. Si … (ser) posible te enviaría estos libros.

b. Si el joven … (irse) a París podría reunirse con grandes pintores.

c. América Latina se desarrollaría si ustedes … (ayudarla).

d. Habría una dictadura si vosotros no … (defender) la constitución.

e. Si el cobre no … (representar) tal riqueza no lo protegerían tanto.

f. No tendrías problemas si tú no … (oponerte) al régimen.

L'enclise → *Gramática activa* p. 137, Précis 31

2 Fais l'enclise si nécessaire. Attention à l'accent.

a. Vosotros debéis … (os / enfrentar) a las dificultades.

b. … (Nos / cantando) estas canciones, recordabas otros tiempos.

c. Quería … (se / asumir) como héroe y … (se / presentar) como candidato.

d. … (Se / refiriendo) a aquellos pintores sentían admiración.

e. ¡No … (te / identifiques) con aquel pintor y … (te / deja) de sueños!

f. ¡… (Le / canta) esta canción y no … (te / preocupes) por las consecuencias!

Al + infinitif → *Gramática activa* p. 139, Précis 32

3 Imite l'exemple.

Cuando los españoles vieron al rey, perdieron el miedo.
→ Al ver al rey, los españoles perdieron el miedo.

a. Cuando el padre vio el cuadro de su hijo, se puso orgulloso.

b. Cuando te escuchamos, comprendemos el interés de la obra.

c. Cuando oímos esta canción, pensamos en la revolución.

d. Cuando Fidel entró en La Habana, los cubanos sintieron alivio.

e. Cuando decidieron bombardear el palacio presidencial, los militares sabían que iban a matar al presidente.

f. Cuando se nacionalizaron las minas de cobre, surgió un movimiento popular.

Hace / desde hace

→ *Gramática activa* p. 141, Précis 44

4 Utilise *hace* ou *desde hace*.

a. … varios años que hablas de este proyecto.

b. El pintor es famoso … mucho tiempo.

c. La revolución empezó … un año en este país.

d. Había manifestaciones … demasiados meses.

e. … un año que está con nosotros.

f. La orquesta estaba en la capital … cuatro meses.

L'apocope → *Gramática activa* p. 143, Précis 15

5 Fais l'apocope si nécessaire.

a. Elogiaban al … (grande) pintor por sus pinturas.

b. El cobre es la … (grande) riqueza de Chile.

c. … (Alguno) día se celebrará la vuelta a la democracia.

d. Las nacionalizaciones fueron un … (primero) triunfo para la democracia.

e. Entre estos poemas el que más me gusta es el … (tercero).

f. … (Ninguno) poeta fue admirado como él.

La concordance des temps

→ *Gramática activa* p. 145, Précis 28

6 Applique la concordance des temps au présent.

a. La lectura permite que los niños … (soñar) con bellas historias.

b. Es importante que tú no … (pasarse) el día charlando.

c. Cantáis para que nosotros ... (conocer) vuestra historia.

d. Puede que el revolucionario ... (convertirse) en dictador.

e. Queremos que ustedes ... (estar) de acuerdo y ... (obedecer) las órdenes.

f. Para que vosotros ... (saberlo), os mando una carta.

7 Applique la concordance des temps à l'imparfait.

a. El poeta les aconsejaba a los niños que ... (leer) muchos libros.

b. El padre quisiera que su hijo ... (pintar) como él y ... (seguir) sus pasos.

c. Era indispensable que vosotros ... (ser) estudiantes atentos.

d. Nosotros no creíamos que el rey ... (poder) realizar aquellos cambios.

e. Para que tú ... (venir) con nosotros y ... (salir) de la isla, hicimos lo necesario.

8 Applique la concordance des temps comme il se doit.

a. No aceptarán que ... (haber) más democracia.

b. Durante el franquismo, era necesario que los españoles ... (aceptar) la dominación y ... (obedecer) las órdenes.

c. Los intelectuales no querían que el dictador ... (imponer) su ideología.

d. Un pintor necesita que la gente ... (ver) sus cuadros.

e. Han aparecido nuevas ideas que impiden que todo ... (seguir) igual.

f. Fidel desembarcó en Cuba para que ... (irse) el dictador.

Léxico

Fichier de l'élève p. 38

Con las palabras siguientes,

1. **Di por qué le es indispensable la cultura al hombre. (columna I)**
2. **Precisa qué permite la expresión libre. (columna II)**
3. **Define la libertad. (columna III)**
4. **Da un ejemplo de un ideal revolucionario. (columna IV)**
5. **Explica cómo puede un estado garantizar la democracia. (columna V)**

I – EL PODER DE LA CULTURA
el conocimiento
la creación
abrirse el espíritu
aprender ≠ enseñar
argumentar
luchar contra el oscurantismo
reflexionar
romper las cadenas
de la ignorancia

II – LA VIRTUD DE LA EXPRESIÓN LIBRE
el debate
la tolerancia
confrontar puntos de vista
dar a conocer
defender (ie) ideas
expresar opiniones
informar
intercambiar

III – HACIA LA LIBERTAD
el acceso a
los derechos
la integración
la protección
libre
liberarse del yugo de
seguir (i) sus sueños
(no) sufrir restricciones

IV – REVOLUCIONES
los derechos humanos
la esperanza
la igualdad ≠ la desigualdad
la solidaridad
revolucionario(a)
compartir un ideal
distribuir las riquezas
ser iguales

V – LA DEMOCRACIA
la constitución
el estado de derecho
el interés colectivo
medidas de justicia
la voluntad popular
asegurar la independencia
realizar reformas
votar leyes

El rey Juan Carlos en las Cortes de Madrid, 2011

Proyecto final

Realizad un folleto de homenaje a grandes figuras hispánicas del siglo XX.

Tu clase quiere realizar un folleto de homenaje a hombres y mujeres latinoamericanos que han marcado el siglo XX.

→ Entre todos, a partir de los documentos que habéis estudiado, elegid figuras del siglo XX que han abierto un camino político, cultural, social o artístico.

→ Podéis buscar más documentos e informaciones en la web.

→ Formad grupos para trabajar sobre cada figura elegida.

→ Redactad un texto de homenaje en el que presentáis a la persona elegida y su obra. Expresad admiración o desilusión frente a lo que ha realizado, concluid dando vuestra opinión sobre el papel de este(a) hombre/mujer diciendo en qué ha abierto caminos.

→ Cada grupo presenta oralmente su retrato y homenaje al resto de la clase que selecciona los mejores y los reúne en un folleto.

→ Fichier de l'élève, p. 39

Comprensión oral

CD CLASE

La magia de un gran artista español

→ **Objectif** B2 : comprendre en quoi un artiste est original et comment il a ouvert une voie.

Escucha la grabación y contesta las preguntas.

A2
- **a.** Identifica al artista y di cuál era su profesión.
- **b.** Completa la frase: "Su obra busca ... , pero introduce ... con las que se adelanta al tiempo que le tocó vivir."

B1
- **c.** A partir de adjetivos compara sus creaciones con su personalidad.
- **d.** Caracteriza las líneas, las decoraciones y las formas de sus obras.

B2
- **e.** Di qué impresión tenemos cuando observamos sus obras. Justifica tu respuesta.

La magia arquitectónica de la Sagrada Familia

Comprensión escrita

El papel clave del rey de España

→ **Objectif** B1 : comprendre l'importance politique d'un roi.

El rey Juan Carlos [...] es la figura pública mejor valorada y más respetada por los españoles. Supo ganarse pronto un amplio crédito personal, logró consolidarlo y ampliarlo, y, al hacerlo, lo extendió a la propia institución que encarna. No ha sido la institución monárquica la que ha conferido legitimidad al Rey, sino el Rey quien ha dotado de crédito y legitimidad social a la Corona. [...]

Prácticamente nadie se define hoy en España como monárquico. Pero, al mismo tiempo, prácticamente nadie cuestiona la actual Monarquía parlamentaria. Por un lado, ocho de cada diez españoles consideran que sin la presencia y la actuación[1] del Rey, la transición a la democracia en España no hubiera sido posible, y de forma ampliamente mayoritaria opinan que el Rey ha demostrado que la Monarquía no era forzosamente una institución obsoleta, que está firmemente consolidada, y que aporta estabilidad y serenidad a la vida política. Ello no impide que, simultáneamente, uno de cada dos españoles (57%) considere que la Monarquía irá teniendo cada vez menos sentido a medida que pase el tiempo. La ciudadanía[2] parece identificarse así con la Corona como institución eficazmente vigente en la actualidad, pero sin que ello implique dar por garantizada su perdurabilidad.

José Juan THOHARIA, *El País*, 30/12/2007

Lee el texto y contesta.

A2
- **a.** Di de quién se habla y por qué es la figura pública mejor valorada hoy día en España.

B1
- **b.** Precisa qué tipo de régimen quería el rey para España y lo que permitió que se realizara.
- **c.** Incluso hoy día, ¿qué les parece la monarquía a los españoles? Explica por qué.
- **d.** Sin embargo, ¿por qué puede terminar el régimen actual?

1. *le rôle*
2. *l'ensemble des citoyens*

EXPRESIÓN ORAL

Instrucción y progreso

→ **Objectif B2** : décrire un document et définir son objectif.

Temps de parole : 5 minutes

Mira y exprésate

A2
1. Describe lo que ves en la foto.
2. Precisa a quiénes se parecen las "presentadoras" del cartel y di a quiénes se dirigen.

B1
3. ¿Por qué es tan importante aprender a leer para los indígenas?

B2
4. Cita ejemplos de figuras históricas o contemporáneas que favorecieron o favorecen el acceso a la educación. Valora su acción.

Promoviendo la instrucción

INTERACCIÓN ORAL

Comprometerse hoy día

→ **Objectif B1** : échanger sur la notion d'engagement.

Temps de parole : 5 minutes

En binôme

Con un(a) compañero(a), imaginad la conversación.

B1
Alumno A: Piensas que es necesario comprometerse hoy día para obtener fondos y ayudas diversas para aportar soluciones a los que lo necesitan.
Alumno B: Piensas que es el Estado el que debe solucionar los problemas de la gente y que las ayudas no pueden venir de individuos.

EXPRESIÓN ESCRITA

Agradecimientos a un(a) famoso(a)

→ **Objectif B1** : remercier une célébrité pour son action en faveur de l'éducation.

Nombre de mots : 100

Redacta un discurso para agradecer la acción de un(a) famoso(a) que lucha por el acceso a la educación. Puedes apoyarte en las grandes figuras de la unidad (Lorca, el rey Juan Carlos, Shakira...)

B1
a. Precisa la acción dirigida por el(la) famoso(a).
b. Aclara por qué es necesaria esta acción y lo que aporta.
c. Dale las gracias al(a la) famoso(a) en nombre de los que viven mejor gracias a él (ella) y explica por qué es necesario continuar esta acción.

→ Fichier de l'élève, p. 40

Compréhension orale

Discurso de Shakira en la XVIII Cumbre Iberoamericana

1 Prenez des notes lors des trois écoutes de l'enregistrement.

a. D'après le titre, imaginez de quoi va parler le document.

→ Première écoute

A1
b. Identifiez la nature du document et la personne qui parle.
c. Notez le sujet général de ce document.

→ Deuxième écoute

A2
d. Dites à quelle occasion a eu lieu ce discours.
e. Notez les mots des champs lexicaux de la politique, de l'économie et des problèmes sociaux.
f. Définissez plus précisément les objectifs de l'association fondée par cette chanteuse.

→ Troisième écoute

A2
g. Dites à qui s'adresse la chanteuse.
h. Que propose de créer son association ? Qui dirigerait ce projet et quel en serait le but ?

B1
i. Dites quel grave problème social est évoqué. Chiffrez le nombre de personnes affectées.
j. Citez les problèmes économiques et sociaux évoqués par la chanteuse. A quoi faut-il accorder la priorité selon elle ?

2 Rendez compte en français, à l'écrit, de ce que vous avez compris de cet enregistrement.

Para ayudarte

Attention : le jour de l'épreuve, vous n'aurez pas de consignes pour vous aider à prendre des notes.

- Soyez attentif(ive) au titre qui peut vous donner des pistes pour anticiper l'enregistrement.
- Repérez une donnée chiffrée clef.
- Repérez les termes « *proponemos* », « *objetivo* » et « *para* » et associez-les à des mots dont vous connaissez le sens. Faites-en des déductions.

Expression orale

Lors de votre exposé, puis de l'entretien avec l'examinateur qui en découlera, vous pourrez aborder les notions du programme **Mythes et héros** et **L'idée de progrès** grâce à l'unité ***Abriendo caminos***, à travers, par exemple, les problématiques suivantes :

NOTION 1 Mythes et héros (*Mitos y héroes*)

Problématique

- **¿Se necesita una figura carismática para romper moldes?**

Para ayudarte

- **En vous appuyant sur les documents que vous aurez étudiés dans l'unité, vous pourrez développer les points suivants:**

1. Hombres de valor que rompen moldes.
   –23-F, el rey salva a la democracia p. 139
   –Gracias a la música p. 140-141
   –Un líder carismático p. 144
   –Mujeres que rompen moldes, *Panorama* p. 149
2. Modelos para las nuevas generaciones.
   –Nuevas formas artísticas p. 136-137
   –Gracias a la música p. 140-141
   –El papel clave del rey de España, *Evaluación* p. 152
3. El riesgo de contar con figuras carismáticas.
   –La revolución de Fidel Castro p. 142
   –Fidel o Castro p. 143
   –Un líder carismático p. 144

- **Pensez à utiliser le lexique de l'engagement, de l'héroïsme et de la liberté.**

Autre problématique que vous pourrez aborder

- **El héroe, ¿un ejemplo digno de ser imitado?**
  –La revolución de Fidel Castro p. 142
  –Fidel o Castro p. 143
  –23-F, el rey salva a la democracia p. 139
  –Un líder carismático p. 144
  –Gracias a la música p. 141
  –Mujeres que rompen moldes, *Panorama* p. 149

NOTION 2 L'idée de progrès (*La noción de progreso*)

Problématique

- **¿Es el compromiso político el único vector de progreso?**

Para ayudarte

- **En vous appuyant sur les documents que vous aurez étudiés dans l'unité, vous pourrez développer les points suivants :**

1. La lucha política, vector de cambio social.
–Construyendo la democracia p. 138
–23 F el rey salva a la democracia p. 139
–Canción del poder popular, *Taller* p. 146
–Mujeres que rompen moldes, *Panorama* p. 148

2. La instrucción, vector de paz y de convivencia.
–Medio pan y un libro p. 134
–Soldado, instrúyete p. 135
–Instrucción y progreso, *Evaluación* p. 153

3. El arte, vector de cambio de mentalidades y de apertura social.
–Nuevas formas artísticas p. 136
–No se puede pintar como antes p. 137
–Gracias a la música p. 140-141
–La magia de un gran artista español, *Evaluación* p. 152

- **Pensez à utiliser le lexique du progrès, de l'engagement, de la culture, de la liberté.**

Autres problématiques que vous pourrez aborder

- **La instrucción y el diálogo son armas mejores que la violencia**
  –Medio pan y un libro p. 134
  –Soldado, instrúyete p. 135
  –Gracias a la música p. 140
  –Famosos y solidarios, *Panorama* p. 149

Para ayudarte

N'oubliez pas que vous devez vous exprimer à la première personne, montrer une bonne connaissance des notions du programme et utiliser une langue correcte et riche.

- **Expressions utiles pour la prise de parole en continu**
  –En mi breve exposición sobre la…, contestaré la pregunta…/desarrollaré la noción relativa al poder de la instrucción.
  –Primero voy a definir lo que significa para mí el concepto de la cultura como vector de progreso y de libertad…/ cómo entiendo yo la noción de progreso.
  –La frase/su pregunta/la cuestión se refiere al tema de la instrucción (la necesidad de saber leer y escribir, la importancia de la lectura para comprender las evoluciones y los derechos de todos...)
  –Después diré lo que significa…/explicaré el significado de la apertura social gracias a la instrucción…
  –Luego, apoyándome en… indicaré…
  –Tengo que añadir que la instrucción puede evitar los conflictos porque…
  –El ejemplo que saco del documento X me permite deducir que lo más importante…
  –Voy a concluir…/Mi conclusión es que los hombres con instrucción suelen ser menos violentos porque…

- **Expressions utiles pour l'interaction**

Pour développer vos arguments : *Desde mi punto de vista… de modo que… por lo tanto…/Lo difícil es comprender la intolerancia… ya que…/Por una parte… por otra parte…*

Pour nuancer une opinion : *Aunque… me parece importante que todos los hombres tengan acceso a…*

Pour donner une explication : *Verdad es que debemos fijarnos en…*

Pour exprimer votre accord ou désaccord : *(No) Estoy de acuerdo con el poeta cuando dice...*

Si vous n'avez pas compris la question : *¿Puede usted repetir? ¿Perdone señor(a), le importaría precisar su pregunta?*

→ Fichier de l'élève, p. 41

La Transición: de la dictadura a la democracia

De todos los años que he vivido en suelo español, recuerdo con fulgor los cinco que pasé en la querida Barcelona a comienzos de los años setenta. La dictadura de Franco estaba todavía en pie y aún fusilaba, pero era ya un fósil en hilachas[1], y, sobre todo en el campo de la cultura, incapaz de mantener los controles de antaño[2]. Se abrían rendijas y resquicios[3] que la censura no alcanzaba a parchar[4] y por ellos la sociedad española absorbía nuevas ideas, libros, corrientes de pensamiento y valores y formas artísticas hasta entonces prohibidos por subversivos. Ninguna ciudad aprovechó tanto y mejor como Barcelona este comienzo de apertura, ni vivió una efervescencia semejante en todos los campos de las ideas y la creación. Se convirtió en la capital cultural de España, el lugar donde había que estar para respirar el anticipo de la libertad que se vendría. Y, en cierto modo, fue también la capital cultural de América Latina por la cantidad de pintores, escritores, editores y artistas procedentes de los países latinoamericanos que allí se instalaron, o iban y venían a Barcelona, porque era donde había que estar si uno quería ser un poeta, novelista, pintor o compositor de nuestro tiempo. Para mí, aquéllos fueron unos años inolvidables de compañerismo, amistad, conspiraciones y fecundo trabajo intelectual. Igual que antes París, Barcelona fue una Torre de Babel, una ciudad cosmopolita y universal, donde era estimulante vivir y trabajar, y donde, por primera vez desde los tiempos de la guerra civil, escritores españoles y latinoamericanos se mezclaron y fraternizaron, reconociéndose dueños de una misma tradición y aliados en una empresa común y una certeza: que el final de la dictadura era inminente y que en la España democrática la cultura sería la protagonista principal.

Aunque no ocurrió así exactamente, la transición española de la dictadura a la democracia ha sido una de las mejores historias de los tiempos modernos, un ejemplo de cómo [...] pueden ocurrir hechos tan prodigiosos como los de las novelas del realismo mágico.

La transición española del autoritarismo a la libertad, del subdesarrollo a la prosperidad, de una sociedad de contrastes económicos y desigualdades tercermundistas a un país de clases medias, su integración a Europa y su adopción en pocos años de una cultura democrática, ha admirado al mundo entero y disparado[5] la modernización de España. Ha sido para mí una experiencia emocionante y aleccionadora[6] vivirla de muy cerca y a ratos desde dentro.

Mario VARGAS LLOSA (Perú, 1936), *Elogio de la lectura y la ficción, Discurso ante la Academia Sueca*, 2010

1. *c'était déjà un régime en décomposition*
2. *d'autrefois*
3. *des failles et des brèches*
4. (amer.) = parchear: *colmater*
5. precipitado
6. instructiva

Feria del libro de Barcelona, 2011

Compréhension écrite

A2
1. **Cita dos frases del texto que muestran qué ciudad fue la capital cultural de España y de América Latina.**
2. **¿Sigue siendo un lugar cultural importante actualmente? Contesta dando dos razones a partir de la fotografía y relacionándolas con elementos del texto.**
3. **Cita tres elementos del texto que evidencian el contexto histórico.**
4. **Entresaca tres elementos que muestran los cambios socioeconómicos del país.**
5. **Di si las afirmaciones siguientes son verdaderas o falsas y justifica cada respuesta citando el texto.**
a. En aquella época, Franco controlaba todavía la censura de manera autoritaria.
b. La cultura no podía tener un puesto importante en la democracia.
c. Apareció un género literario excepcional llamado el surrealismo.

B1
6. **Di a partir de cuándo y hasta cuándo los escritores de España y América Latina podían reunirse e intercambiar ideas entre ellos y con sus lectores. Contesta apoyándote en los dos documentos.**

B2
7. **Cita tres razones que permitieron la modernización increíble de España.**
8. **Lista dos sentimientos que experimentó el autor durante aquel periodo histórico.**

Expression écrite

Vous traiterez obligatoirement les deux sujets.

B1 **1.** **A tu parecer, ¿por qué atraen tanto los libros y las formas artísticas en España ? Desarrolla tu opinión apoyándote en los documentos. (Unas quince líneas)**

Para ayudarte

- Structurez vos idées et pensez aux connecteurs et aux structures grammaticales qui permettent de les enchaîner : *En primer lugar…, desde hace…, al terminar la dictadura…*
- Pensez à vous appuyer sur les faits historiques du texte pour étayer votre argumentation: *Durante la dictadura, los lectores no podían… Por eso después los artistas se interesaron rápidamente por.../Era importante buscarse nuevas formas culturales que…*
- N'oubliez pas d'expliquer pourquoi cet attrait culturel existe actuellement et comment il se manifeste en Espagne : *Hoy día los españoles pueden... Les gusta(n)... Los acontecimientos como las ferias del libro o las exposiciones culturales como... permiten también…*
- N'hésitez pas à introduire vos connaissances personnelles des documents étudiés en cours sur le plan culturel, historique ou même sur l'actualité qui soient en relation avec le sujet : *Se puede explicar esta actitud porque…*
- Exprimez-vous à la première personne : *A mi parecer…/creo que...*

B2 **2.** **Cuando estuvo el escritor en la capital cultural, escribió una carta a un amigo para contarle su experiencia y sus impresiones. Imagina la carta en unas quince líneas.**

Para ayudarte

- Respectez la présentation de la lettre (*lugar, fecha, saludos: Querido amigo…, despedida, etc.*)
- Utilisez le tutoiement.
- Veillez à utiliser la concordance des temps en fonction de la situation évoquée : *Era impensable que.../La convivencia de los autores permite que…*
- Appuyez-vous sur le texte : *Hace poco la censura… /Es un gran cambio…/Al llegar…*
- Essayez de reformuler les idées principales à l'aide de vos connaissances lexicales et grammaticales.
- Pensez aux impressions de l'auteur de la lettre pour la rendre plus réelle : *No puedes imarginarte cómo.../Si me hubiera quedado en…*
- Veillez à respecter le nombre de lignes demandées.

La Generación del 27

Al conmemorar el tercer centenario de la muerte del famoso poeta español Góngora en 1927, surge un movimiento literario caracterizado por el espíritu rebelde de jóvenes intelectuales.

Los fundadores del grupo poético

1 Un grupo poético y literario

Los escritores de la Generación del 27 tenían una relación de amistad. La mayoría eran universitarios o profesores de literatura y frecuentaban la famosa Residencia de Estudiantes de Madrid para participar en acontecimientos culturales como conferencias, exposiciones o tertulias. Además, colaboraban en las mismas revistas literarias como *Revista de Occidente, La Gaceta Literaria, Cruz y raya...* Tuvieron maestros comunes como Ortega y Gasset y Juan Ramón Jiménez y pertenecían a este grupo: Rafael Alberti, Vicente Aleixandre, Dámaso Alonso, Luis Cernuda, Gerardo Diego, Jorge Guillén, Federico García Lorca, Pedro Salinas...

1. Explica por qué se conocían los escritores de la Generación del 27.
2. Determina sus puntos comunes.
3. Di en qué revistas empezaron a escribir.

2 La convivencia de tradición y vanguardia

Estos escritores admiraban a los autores clásicos y se inspiraron en la poesía tradicional y popular. Combinaron lo tradicional y lo renovador, recuperando, por ejemplo, la forma poética del romance. Sentían especial interés por los grandes asuntos del ser humano, como el amor, la muerte, la naturaleza, la ciudad, el destino... y los temas cargados de raíces populares. Intentaban encontrar la belleza a través de la imagen para alcanzar la poesía pura. También recibieron una influencia de corrientes extranjeras como el surrealismo. Querían representar la realidad sin describirla. Fue un estilo que compartieron con otros artistas de la misma generación como el pintor Dalí y el cineasta Buñuel.

4. ¿Cuáles eran las influencias literarias de los autores de la Generación del 27?
5. Cita los temas que les atraían.

Premonición de la Guerra Civil, Salvador Dalí, 1936

3 Las Misiones Pedagógicas (La Barraca de Lorca)

Muchos autores de la Generación del 27 participaron en el desarrollo de la instrucción pública con la creación de las Misiones Pedagógicas en 1931. Montaban exposiciones de pintura, representaciones teatrales, sesiones de cine, en espacios rurales y obreros y tenían un servicio de biblioteca y de música.

En 1932, Federico García Lorca fundó La Barraca, una compañía de teatro con estudiantes universitarios, que recorrió los pueblos dando funciones de obras mayores de autores de teatro del Siglo de Oro: Lope de Vega, Calderón de la Barca, Tirso de Molina, difundiendo así la cultura en general y la clásica en especial.

6. Di cuál era el objetivo de las Misiones Pedagógicas.
7. Explica qué era La Barraca.

Carátula del documental *Misiones Pedagógicas*

Poema ilustrado de Rafael Alberti

4 El compromiso social y político

Los escritores sentían una fuerte preocupación por las inquietudes humanas y aparecía en los versos una protesta social. Luis Cernuda sufrió marginalización por su homosexualidad, lo que explica su desacuerdo con el mundo. Los autores defendían la modernidad, la libertad y la tolerancia. La Guerra Civil les marcó y apoyaron a la República. Federico García Lorca fue fusilado en agosto de 1936 por los nacionales. Al final de la guerra, el grupo se dispersó, muchos se exiliaron y escribieron una poesía comprometida que denunciaba la injusticia y la represión.

8. Anota las preocupaciones de los autores.
9. Explica por qué el contexto político influyó en la escritura poética.

Para ampliar

★ Películas

- ***Bodas de sangre***, Carlos SAURA, 1981. Película inspirada en la tragedia de Lorca. Narra la aventura de una mujer casada que huye con su antiguo novio.
- ***Lorca, muerte de un poeta***, Juan Antonio BARDEM, 1988. Serie de televisión española que cuenta la represión nacional en Granada en 1936 y la muerte de Lorca.
- ***Misiones Pedagógicas***, Gonzalo TAPIA, 2006. Documental sobre las labores de las Misiones Pedagógicas en su contexto histórico.

★ Lecturas

- **Novelas. *Todo lo que se llevó el diablo***, Javier PÉREZ ANDÚJAR, 2011. Trata de las labores de un grupo de maestros de las Misiones Pedagógicas.
- **Obras teatrales. *La zapatera prodigiosa***, Federico GARCÍA LORCA, Farsa violenta que trata de una mujer joven casada con un zapatero por conveniencia.
- **Poesía. *Romancero gitano***, Federico GARCÍA LORCA, 1928. Romances que tratan de la cultura gitana en los que aparecen personajes al margen de un mundo convencional. ***Cal y canto***, Rafael ALBERTI, 1927. Homenaje a Góngora en una lírica vanguardista. ***Cántico***, Jorge GUILLÉN, 1928. Poesía optimista ante el mundo y la vida.

★ Música

- ***Paco IBÁÑEZ canta a Federico García Lorca***, Polydor.
- ***Joan Manuel SERRAT canta a Miguel Hernández***, Ariola.

★ Lugares de interés

- La Residencia de Estudiantes, Madrid.
- Fundación Federico García Lorca, Madrid.
- Museo Fundación Rafael Alberti, El Puerto de Santa María, Cádiz.
- Teatro-Museo Dalí, Figueras.

TEXTO 1 La libertad de amar

Biografía

Federico García Lorca (1898-1936) fue un poeta y dramaturgo de excepción. Sus obras líricas más importantes son *Canciones*, *Poemas del cante jondo* y *Romancero gitano*. Su producción teatral toca dos temas: lo popular, con obras como *Mariana Pineda*, y las pasiones amorosas femeninas, como *Bodas de sangre y Doña Rosita la soltera*. Su última obra antes de ser asesinado fue *La casa de Bernarda Alba* en la que desarrolla el tema de la autoridad y la libertad en un marco femenino.

▶ Resumen

La casa de Bernarda Alba

Al morir su marido, Bernarda impone un luto *(un deuil)* riguroso de 8 años a sus hijas (Angustias, Magdalena, Amelia, Martirio y Adela), impidiendo que salgan de casa. Las relaciones degeneran en una confrontación entre la madre y las hijas. Sólo la hija mayor de 39 años, Angustias, está prometida pero su novio, Pepe el Romano, está enamorado de la hija menor, de 20 años, la bella y apasionada Adela.

ADELA: Ya no aguanto el horror de estos techos[1] después de haber probado el sabor de su boca. Seré lo que él quiera que sea. Todo el pueblo contra mí, quemándome con sus dedos de lumbre[2], perseguida por los que dicen que son decentes, y me pondré delante de todos la corona de espinas que tienen las que son queridas de algún hombre casado.

MARTIRIO: ¡Calla!

ADELA: Sí, sí. *(En voz baja.)* Vamos a dormir, vamos a dejar que se case con Angustias. Ya no me importa. Pero yo me iré a una casita sola donde él me verá cuando quiera, cuando le venga en gana.

MARTIRIO: Eso no pasará mientras yo tenga una gota de sangre en el cuerpo. [...]

(Se oye un silbido y Adela corre a la puerta, pero Martirio se le pone delante.)

MARTIRIO: ¿Dónde vas?

ADELA: ¡Quítate de la puerta!

MARTIRIO: ¡Pasa si puedes!

ADELA: ¡Aparta! *(Lucha.)*

MARTIRIO: *(A voces.)* ¡Madre, madre!

ADELA: ¡Déjame!

(Aparece Bernarda. Sale en enaguas[3] con un mantón negro.)

BERNARDA: Quietas, quietas. ¡Qué pobreza la mía, no poder tener un rayo[4] entre los dedos!

MARTIRIO: *(Señalando a Adela.)* ¡Estaba con él! ¡Mira esas enaguas llenas de paja de trigo[5]!

1. *(ici) cette maison*
2. *feu*
3. *jupons*
4. *(ici) la force de la foudre*
5. *pleins de paille de blé*

Literatura y cultura

BERNARDA: ¡Esa es la cama de las mal nacidas! *(Se dirige furiosa hacia Adela.)*

ADELA: *(Haciéndole frente.)* ¡Aquí se acabaron las voces de presidio[6]! *(Adela arrebata un bastón a su madre y lo parte en dos.)* Esto hago yo con la vara[7] de la dominadora. No dé usted un paso más. ¡En mí no manda nadie más que Pepe!

(Sale Magdalena.)

MAGDALENA: ¡Adela!

(Salen la Poncia y Angustias.)

ADELA: Yo soy su mujer. *(A Angustias.)* Entérate tú y ve al corral a decírselo. Él dominará toda esta casa. Ahí fuera está, respirando como si fuera un león.

ANGUSTIAS: ¡Dios mío!

BERNARDA: ¡La escopeta[8]! ¿Dónde está la escopeta? *(Sale corriendo.)*

(Sale detrás Martirio. Aparece Amelia por el fondo, que mira aterrada, con la cabeza sobre la pared.)

ADELA: ¡Nadie podrá conmigo! *(Va a salir.)*

Federico GARCÍA LORCA, *La casa de Bernarda Alba, Acto III*, 1936

6. *les cris des prisonniers*
7. *le bâton*
8. *le fusil de chasse*

DESCUBRE Y DISFRUTA

1. Aclara quiénes son los personajes presentes e indica quién es el motivo de la discusión.
2. Explica qué concepción de la relación amorosa tiene Adela a pesar de las convenciones sociales y morales. ¿Qué deduces de su carácter? (l. 1-9)
3. Explica el origen del conflicto entre Martirio y Adela, precisa qué simboliza y cómo está representado (ritmo, puntuación, tiempo de los verbos...). (l. 10-24)
4. Cita las frases que denuncian la relación amorosa secreta de Adela.
5. ¿Cómo reacciona Adela? Di por qué es simbólico su gesto. (l. 25-28)
6. ¿Cómo consigue Lorca crear una tensión dramática durante el enfrentamiento final? (l. 25-39)

TEXTO 2 Poesía de lucha

Biografía

Miguel Hernández (1910-1942) fue un escritor comprometido. Su poesía es apasionada y se orienta hacia el compromiso social. Se le considera miembro del Grupo del 27 aunque no fue miembro fundador. En la Guerra Civil apoyó al bando republicano, y consideró la poesía como arma de combate y denuncia. Escribió también *Teatro de guerra*: una obra de propaganda política y de incitación a la lucha armada. El general Franco ordenó la destrucción de su obra *El hombre acecha*. Fue condenado a muerte y murió en la cárcel.

ACEITUNEROS

Andaluces de Jaén,
aceituneros altivos,
decidme en el alma: ¿quién,
quién levantó los olivos?

No los levantó la nada,
ni el dinero, ni el señor,
sino la tierra callada,
el trabajo y el sudor.

Unidos al agua pura
y a los planetas unidos,
los tres dieron la hermosura
de los troncos retorcidos[1]. [...]

Andaluces de Jaén,
aceituneros altivos,
decidme en el alma: ¿quién
amamantó[2] los olivos?

Vuestra sangre, vuestra vida,
no la del explotador
que se enriqueció en la herida[3]
generosa del sudor[4]. [...]

¡Cuántos siglos de aceituna,
los pies y las manos presos[5],
sol a sol y luna a luna,
pesan sobre vuestros huesos[6]!

Andaluces de Jaén,
aceituneros altivos,
pregunta mi alma: ¿de quién,
de quién son estos olivos?

Jaén, levántate brava
sobre tus piedras lunares,
no vayas a ser esclava
con todos tus olivares.

Miguel HERNÁNDEZ, "Aceituneros" en *Andaluces de Jaén*, 1937.

1. *troncs noueux, tordus*
2. *a nourri*
3. *la blessure*
4. *la sueur*
5. *pieds et mains liés*
6. *(ici) vos corps*

Descubre y disfruta

1. En la primera estrofa, indica a quién se dirige el poeta y de qué manera.
2. Di qué valores de los campesinos se ponen de relieve. (v. 5-12)
3. Cita los sustantivos de la quinta estrofa y deduce qué sufrimiento e injusticia denuncia el poeta. (v. 13-24)
4. Di cómo se hace combatiente y resistente la voz poética. (v. 25-32)
5. Di cómo el poeta evoca una España que reivindica.

Texto 3 Un camino muy personal

Biografía

Luis CERNUDA (1902-1963) fue alumno de Pedro Salinas y se dedicó a la crítica literaria. Reunió su obra poética bajo el título *La realidad y el deseo*, obra que está marcada por su carácter hipersensible y su homosexualidad, debido a la incomprensión de la sociedad de la época. Siempre se mostró dispuesto a colaborar para que hubiera una España más tolerante, liberal y culta. Participó en las Misiones Pedagógicas. Utiliza el verso libre sin rima y su lenguaje poético está lleno de imágenes. Durante la Guerra Civil apoyó a la República y en 1938 se exilió a Inglaterra.

Literatura y cultura

No decía palabras,
acercaba tan sólo un cuerpo interrogante,
porque ignoraba que el deseo es una pregunta
cuya respuesta no existe,
una hoja cuya rama[1] no existe,
un mundo cuyo cielo no existe.

La angustia se abre paso entre los huesos[2],
remonta por las venas
hasta abrirse en la piel,
surtidores de sueño[3]
hechos carne[4] en interrogación vuelta a las nubes.

Un roce[5] al paso,
una mirada fugaz entre las sombras,
bastan para que el cuerpo se abra en dos,
ávido de recibir en sí mismo
otro cuerpo que sueñe;
mitad y mitad, sueño y sueño, carne y carne,
iguales en figura, iguales en amor, iguales en deseo.
Aunque sólo sea una esperanza
porque el deseo es pregunta cuya respuesta nadie sabe.

Luis CERNUDA, *No decía palabras* en *Los placeres prohibidos*, 1931

1. *dont la branche*
2. *les os*
3. *(ici) marchands de rêve*
4. *chair*
5. *Un effleurement*

Descubre y disfruta

1. Explica cómo expresa el poeta su sentimiento de incomprensión: repeticiones de palabras, métrica, imágenes, etc. (v. 1-6)
2. En la segunda estrofa, precisa qué sentimiento expresa el poeta y con qué léxico e imágenes lo hace.
3. En la tercera estrofa ¿qué elementos poéticos muestran que el poeta sueña con un amor compartido?
4. ¿Qué revela el poema de la sensibilidad del poeta?

Horizonte BAC LELE

Pour aider les élèves de Littérature étrangère en langue étrangère (LELE, séries L) à constituer le dossier qu'ils présenteront à l'oral, voici les thématiques du programme auxquelles sont liés ces textes.

Texto 1. La rencontre avec l'autre, l'amour, l'amitié (El encuentro con otra persona, el amor, la amistad)

El juego del amor, la pareja

El encuentro y el amor entre la joven Adela y Pepe, pretendiente de su hermana Angustias, representa no sólo la oposición a la moral tradicional y a la presión social sino también la voluntad de libertad de las mujeres en la sociedad española de la época.

Texto 2. L'écrivain dans son siècle (El escritor en su siglo)

La literatura de guerra, el compromiso y la resistencia

El poeta trata del olivo, producto importante de la vida española y andaluza y de su belleza conseguida con los esfuerzos de los campesinos. El poeta no acepta que haya trabajadores explotados y esclavizados mientras otros se aprovechan y ganan dinero. Lanza un grito de libertad para oponerse al abuso de poder de los terratenientes.

Texto 3. *Je* de l'écrivain et *jeu* de l'écriture (El yo del poeta y el juego de escritura)

La escritura como goce estético, la expresión de los sentimientos

La elegancia de las palabras y las imágenes aluden a una intimidad difícil de entender por su entorno, de ahí también viene un juego de escritura para expresar lo que piensa del amor sin declararse de manera concreta como "yo" en el poema.

UNIDAD 6

Mythes et héros
Espaces et échanges
Lieux et formes du pouvoir
L'idée de progrès

Sociedades en movimiento

Activités de communication B1

Écouter
Comprendre un reportage sur le mouvement des indignés en Espagne.
Comprendre les causes d'un mouvement social au Chili.

Lire
Comprendre les difficultés d'évolution professionnelle des femmes.
Comprendre un texte sur l'enjeu social du mariage homosexuel.
Comprendre les enjeux d'un mouvement en faveur des droits des indigènes.

Parler en continu
Lancer un projet écologique.
Commenter un mariage en direct.
Parler des conflits armés liés à la drogue.
Dénoncer les agissements des trafiquants de drogue.

Parler en interaction
S'étonner de l'absence de parité dans une entreprise.

Écrire
Rédiger un message de soutien aux étudiants chiliens.
Réécrire le récit d'une manifestation en changeant de point de vue.

Outils linguistiques

- *Tener* + participe passé (p. 167)
- Les comparatifs (p. 169)
- Les superlatifs relatifs (p. 171)
- Le subjonctif à valeur de futur (p. 173)
- Adjectifs et adverbes de quantité (p. 175)
- Les démonstratifs (p. 177)

Proyecto final

→ **Preparad una revista de prensa sobre temas de sociedad.**

1 Inés Fernández Ordóñez, primera mujer filóloga en la Real Academia Española

RECURSOS

Sustantivos
- un entorno masculino
- el conflicto armado
- la paridad
- el reconocimiento
- la sangre

Adjetivos
- comprometido(a): *engagé(e)*
- orgulloso(a): *fier(ère)*

Verbos y expresiones
- aplaudir
- atreverse a denunciar: *oser dénoncer*
- estar harto(a): *en avoir assez*
- mejorar: *améliorer*
- rechazar la violencia

2

Una marcha por la paz en México

3

Una estudiante chilena reivindicando una educación pública de calidad

Y tú, ¿cómo lo ves?

1. Di quién es la persona de la primera foto y evidencia lo que simboliza.
2. Observa la segunda foto, di qué te llama la atención y deduce lo que reivindican.
3. Describe a la chica de la tercera foto e imagina por qué toma la palabra.
4. ¿A qué evolución de la vida pública aluden estas fotos?

B1 Revolución se escribe con jota

Mayo de 2011, Indignados en la Puerta del Sol (Madrid)

1 Observa la fotografía

a. Di dónde y cuándo fue sacada la fotografía y a quiénes representa.
b. ¿Qué reivindican estas personas?

2 Escucha e identifica

c. Identifica las voces que has oído y precisa el tema de la grabación.
d. Cita las palabras que evocan la política y los valores.

3 Profundiza

e. Identifica a las personas evocadas. Precisa sus ideas políticas, sus valores, sus formas de movilizarse.
f. Describe el movimiento español: forma de organización, quejas, exigencias, lugar de manifestación.
g. Explica el título de la grabación.
h. Di qué mensajes nos da este nuevo actor político.

Horizonte BAC

Resume en francés

Redacta en francés todo lo que has entendido de la grabación.

→ *Fichier de l'élève p. 43*

RECURSOS

Sustantivos
- la corrupción
- la juventud: *la jeunesse*
- una manifestación
- una pancarta

Adjetivos
- indignado(a)
- pacífico(a)
- solidario(a)

Verbos y expresiones
- indignarse
- oponerse a: *s'opposer à*
- protestar
- quejarse: *se plaindre*
- reivindicar

Fonética

a. Escucha la grabación y escribe las palabras que oyes.

b. Di si estas palabras llevan el sonido "en", "em", "in", "im", "an".

c. Repite estas palabras en voz alta.

Defender el medio ambiente

Los policías Romaní y Castro investigan la muerte de una joven de diecinueve años.

–Compartía piso en Santiago con otros estudiantes, en la calle Honduras, muy cerca de la Plaza Roja –explicó Romaní–. [...]
–¿Y en Santiago qué clase de vida hacía?
–Pues como todos. Asistía a clase con regularidad, sacaba buenas notas dentro de lo que cabe[1], tenía buena relación con sus compañeros y con los profesores, lo típico... También salía de marcha[2] los jueves, al principio se reunía a tocar con un grupo en un garaje que tenían alquilado en la zona nueva, pero enseguida lo dejó. Después empezó a meterse en política. Tenía relación con un grupo ecologista, El Arca de Noé, una asociación minoritaria. Pasó una noche en comisaría junto a otros miembros de la organización cuando el incendio de las oficinas de la empresa Ferticeltia, la del vertido[3] –explicó el policía–, pero todos fueron puestos en libertad sin cargos. Al parecer, el incendio fue fortuito.

A Castro le sonaba vagamente el asunto. El año anterior, seis o siete chavales se habían encadenado a la verja[4] de una nave de productos químicos y fitosanitarios de la empresa Ferticeltia, próxima a Caldas de Reis, con una pancarta pintada con una calavera[5]. El hecho no habría pasado de una simple anécdota de no ser porque ese mismo verano la citada empresa produjo uno de los peores vertidos tóxicos que había sufrido Galicia.

Susana FORTES (escritora española), *La huella del hereje*, 2011

1. *dans la mesure du possible*
2. *(fam.)* iba de fiesta
3. *du rejet toxique*
4. *la grille*
5. *une tête de mort*

Lee y exprésate

1. Precisa el lugar de la escena y presenta a la joven. (l. 1-10)
2. ¿A qué se dedican estos jóvenes y qué tenían proyectado? (l. 8-17)
3. Explica por qué conocía el policía la empresa Ferticeltia. (l. 14-20)
4. ¿Qué actividades tenía la empresa? Deduce las consecuencias para el medio ambiente.

Recursos

Sustantivos
- la contaminación: *la pollution*
- el entorno = el medio ambiente
- los residuos: *les déchets*
- el valor: *le courage*

Adjetivos
- respetuoso(a) ≠ irrespetuoso(a)

Verbos y expresiones
- actuar: *agir*
- denunciar
- desafiar: *défier*
- padecer: *subir*
- preocuparse por
- tomar medidas
- verter (ie): *verser*

Gramática activa

Tener + participe passé → Précis 22

Observa

▸ *Un garaje que **tenían alquilado**.*

- L'espagnol peut donner au verbe ***tener*** une valeur de semi-auxiliaire et lui permettre ainsi de remplacer l'auxiliaire *haber* pour donner davantage d'intensité à l'expression de l'action.
- Le participe passé introduit par ***tener*** s'accorde avec le complément d'objet.
  → *Una casa que **tenían** alquil**ada**.*

Practica

Imite l'exemple.
Habían alquilado una casa → Tenían alquilada una casa.
a. Habían prohibido esos productos químicos.
b. Habían pintado la calavera.

→ Autre exercice p. 182

¡Y ahora tú!

Lanzo un proyecto ecológico

Piensas lanzar una campaña de sensibilización y acciones para ahorrar energía y proteger el medio ambiente dentro del instituto. ¿Se te ocurren ideas innovadoras?

→ *Tengo pensado formar un grupo para...*
→ *Para concienciar a los demás, tengo previsto...*

→ *Fichier de l'élève, p. 45*

B2 Una carrera brillante

Olga había entrado en el negocio de la música más o menos por casualidad. [...] Nunca pensó que haría carrera en un mundo tan machista, pero al fin y al cabo Olga era una chica de buena familia y mejor presencia, que tenía una carrera y que hablaba tres idiomas, que era muy lista, además de ser inteligente, y que sobre todo, y esto era lo más apreciado en una industria tan ferozmente codiciosa como aquélla, era tremendamente competitiva. Así que Olga fue subiendo escalones en el departamento de promoción, y recién cumplidos los treinta años, se había convertido en una de las pocas directoras de marketing de la industria, con despacho propio, coche de empresa, sueldo de varios ceros y demás regalías que el cargo aparejaba[1]. [...]

No cabe duda de que el hecho de tener un marido como Iván ayudaba. Iván no era celoso[2], no cuestionó jamás el derecho de su mujer a salir por la noche a conciertos o a presentaciones, no se empeñaba en acompañarla, no fiscalizaba sus entradas o salidas, no interfería en sus decisiones y, sobre todo, no quería tener hijos. Olga había visto muy de cerca cómo prometedoras carreras de mujeres tan bien o mejor preparadas que ella se frustraban con la maternidad, cómo a la vuelta del permiso de tres meses se encontraban con que sus funciones habían sido regaladas y sus despachos cambiados de sitio, cómo el estrés derivado de tener que compaginar una vida laboral tan imprevisible como la suya con chupetes, pañales[3], biberones, guarderías, canguros[4] y asociaciones de padres acababa por minar a las antaño[5] brillantes ejecutivas que antes o después dejaban sus trabajos. No es que Olga no pensara nunca en tener hijos, pero quería apurar[6] al máximo antes de dar el paso, porque, además, sabía que un hombre tan conservador como Iván no era de los que ayudan a cambiar pañales o se despiertan en mitad de la noche para dar la toma[7] de las cuatro.

Lucía ETXEBARRIA (escritora española), *Lo verdadero es un momento de lo falso*, 2010

Lucía ETXEBARRIA (1966), escritora española, estudió filología inglesa y periodismo. Ha escrito novelas y ensayos. Destaca por sus temáticas de carácter feminista que tratan de las dificultades de ser mujer en la sociedad actual.

1. *et d'autres privilèges liés à ce poste*
2. *jaloux*
3. *des sucettes, des couches*
4. *des baby sitters*
5. *autrefois*
6. *(ici)* disfrutar
7. *(ici)* el biberón

LEE Y EXPRÉSATE

1. Presenta a la protagonista y explica cómo y por qué llegó a ser directora de marketing. (l. 1-11)
2. Aclara en qué ambiente trabajaba y cita las ventajas de su cargo.
3. ¿Qué acontecimiento cambió la carrera de colegas suyas? Di de qué manera. (l. 16-24)
4. Di qué decisión tomó la protagonista para preservar a su carrera brillante. (l. 24-28)
5. ¿Cómo aparece el marido en el texto? Apunta una palabra clave que lo califica. (l. 13-16, 24-28)
6. ¿Qué deduces de la intención de la autora a lo largo del texto? Justifica.

RECURSOS

Sustantivos
- un(a) ejecutivo(a): *un(e) cadre*
- la jornada laboral: *la journée de travail*

Adjetivos
- ambicioso(a)
- codicioso(a): *avide, cupide*
- desigual ≠ igual
- injusto(a) ≠ justo(a)
- prometedor(a)
- trabajador(a)

Verbos y expresiones
- confiar en
- influenciar
- negarse (ie) a: *refuser de*
- subir escalones: *gravir les échelons*

Cartel del instituto vasco Emakunde por la igualdad de mujeres y hombres

Mira y exprésate

1. Define los elementos que componen este cartel. ¿Con qué motivo se publicó? Anota quién promueve esta campaña.
2. Imagina quiénes son las mujeres del cartel describiendo la apariencia, la actitud y la expresión de la cara. Relaciónalas con el eslogan.
3. Fíjate en los lugares evocados y precisa qué problema plantea el anuncio.
4. Explica en qué medida el cartel traduce una voluntad de evolución.

Recursos

Sustantivos
- el alto cargo: *le cadre supérieur*
- el ayuntamiento: *la mairie*
- la desigualdad ≠ la igualdad
- la diputación: *le conseil général*
- la paridad: *la parité*

Adjetivos
- capacitado(a) = competente
- decidido(a) = determinado(a)
- emprendedor(a): *entreprenant(e)*

Verbos y expresiones
- acceder a
- cambiar las mentalidades
- plantear un problema
- promover (ue): *promouvoir*

Gramática activa

Les comparatifs
→ Précis 12

Observa
- ▶ ***Una vida laboral tan imprevisible como*** *la suya.*
- ▶ *Un hombre* ***tan conservador como*** *Iván.*

- Le comparatif de supériorité s'exprime avec ***más... que***.
- Le comparatif d'infériorité s'exprime avec ***menos... que***.
- Le comparatif d'égalité s'exprime avec ***tan... como***.

Attention : le « que » français du comparatif d'égalité se traduit en espagnol par ***como***.

Practica

Complète la comparaison.

a. Su libertad era tan importante … la de su esposo.
b. Sabía que esta carrera era … brillante como breve.

→ Autre exercice p. 182

¡Y ahora tú!

Me asombro ante las desigualdades entre hombres y mujeres

Estás de prácticas (*en stage*) en una empresa (Alumno A) y te cuentan desigualdades entre hombres y mujeres (sueldo, responsabilidad…) (Alumno B). Te sorprende la situación. Imaginad la conversación.

→ *B. Sabes que los sueldos de las mujeres no son tan altos como...*
→ *A. Es increíble que…*

→ *Fichier de l'élève, p. 46*

B2 Vivir libremente la propia vida

Sin duda, algunos de los momentos más conmovedores los he vivido en las bodas entre parejas[1] del mismo sexo. En ellas siempre está presente la importancia de que este colectivo goce[2] al fin de este derecho civil. Son actos muy emotivos y también reivindicativos, que celebran esa libertad, el fin del ocultamiento[3], de la vergüenza y, en definitiva, el simple poder vivir libremente y con todos los derechos, la propia vida.

En una ocasión me di cuenta de que sobre el "altar"[4] alguien había colocado un móvil, que permaneció allí desde el comienzo hasta el final de la ceremonia. Luego me contaron que el padre de uno de los novios era de ideas muy conservadoras y, por lo tanto, ignoraba que su hijo iba a contraer matrimonio con otro hombre. La madre, que a consecuencia de esto no pudo asistir a la boda, había estado escuchando la ceremonia a través del teléfono. Una celebración muy especial fue la de dos grandes amigos vascos, mis queridos Koldo e Iñaki, que hicieron todas las gestiones precisas para que pudiera casarles yo. Vinieron a Valencia. Organizamos el "altar" en el comedor privado de un hotel. Cuando leímos los artículos del Código Civil, los cinco asistentes nos emocionamos. [...]

El día que se aprobó la reforma del Código Civil que permite el matrimonio entre personas del mismo sexo creo que fue la primera vez que se habló específicamente del amor en el Congreso de los Diputados. [...] Con esa decisión, que en cierto modo actualiza la Declaración Universal de Derechos Humanos y la propia Constitución Española, se devolvió la dignidad a muchas parejas y a sus familiares. El movimiento gay ha sido un movimiento muy activo a la hora de reivindicar sus derechos. Las redes que han creado han sido muy potentes.

Carmen ALBORCH (escritora española), *La ciudad y la vida*, 2009

Carmen ALBORCH (1947) es una escritora española muy comprometida. Fue senadora socialista, ministra de la Cultura, diputada y presidenta de la Comisión Mixta de los Derechos de la Mujer en la Igualdad de Oportunidades.

1. *couples*
2. *bénéficie*
3. *la fin de la dissimulation*
4. *l'autel*

LEE Y EXPRÉSATE

1. Aclara de qué tipo de celebración trata el texto.(l. 1-2) Precisa las circunstancias. (l. 7-17)
2. Di en qué ha cambiado la situación de las parejas homosexuales en España. (l. 1-6)
3. Explica la ausencia de los padres y define si comparten el mismo punto de vista. Justifica tu respuesta. (l. 7-17)
4. Explica cómo una boda homosexual ha llegado a ser posible en España. (l. 18-25)

RECURSOS

Sustantivos
- las burlas: *les moqueries*
- el rechazo
- el reconocimiento
- la reforma
- un tabú

Adjetivos
- conservador(a)
- tolerante ≠ intolerante

Verbos y expresiones
- a la luz del día: *au grand jour*
- avergonzarse (üe): *avoir honte*
- casarse = contraer matrimonio: *se marier*
- despreciar: *mépriser*
- reivindicar

Boda de Ramón Linaza y Carlos Patina en el Ayuntamiento de Madrid

RECURSOS

Sustantivos
- el ayuntamiento: *la mairie*
- la bandera
- una boda: *une noce, un mariage*
- un(a) concejal(a): *un(e) conseiller(ère) municipale*
- un matrimonio
- el traje: *le costume*

Adjetivos
- elegante
- orgulloso(a)

Verbos y expresiones
- aceptar
- asistir a
- atreverse a: *oser*
- firmar: *signer*

Mira y exprésate

1. Di dónde fue sacada la foto y en qué ocasión.
2. Describe a las personas y precisa lo que están haciendo.
3. Fíjate en la expresión de las personas. ¿Qué ambiente se desprende? El que parece más concentrado es... El que está más sonriente es...

Datos culturales

El matrimonio entre personas del mismo sexo fue legalizado en España en 2005 y por consiguiente hubo otros derechos como la adopción conjunta, la herencia y la pensión.

Gramática activa

Les superlatifs relatifs → Précis 13

Observa

▶ *Los **momentos más conmovedores**...*

- Superlatifs de supériorité : ***el más**, **la más**, **los más**, **las más**.*
- Superlatifs d'infériorité : ***el menos**, **la menos**, **los menos**, **las menos**.*
- **Attention** : contrairement au français, l'article employé devant le nom n'est pas répété devant l'adjectif. L'article n'est employé que lorsque ce nom est éloigné : *es el más importante*.

Practica

Traduis.

a. C'est la cérémonie la plus belle de sa vie.
b. Il s'agit du mariage le plus émouvant de la journée. C'est aussi le plus spécial.

→ Autre exercice p. 182

¡Y ahora tú!

Comento una boda en directo

Eres periodista de radio y comentas en directo la boda de Ramón Linaza y Carlos Patina en el momento de la firma de los registros.

→ *He aquí... el momento más conmovedor de...*
→ *Los más felices son...*

→ *Fichier de l'élève, p. 45*

B1 Guerra contra las drogas

Cartel de la Universidad Nacional Autónoma de México

Datos culturales

En los años 1970 Richard Nixon declaró la guerra a las drogas y a su tráfico en América Latina. Con políticas de carácter militar, esta guerra fue muy criticada por haber sido responsable de violaciones masivas de los derechos humanos. Algunos dicen que no ha logrado impedir que las drogas sigan entrando en Estados Unidos.

MIRA Y EXPRÉSATE

1. Indica la composición del cartel, di qué colores llaman la atención y a qué corresponden.
2. Observa el centro del cartel, explica qué representa y qué llama la atención.
3. Después de leer los datos, aclara cuáles son los motivos de esta guerra.
4. Apunta cuáles han sido las medidas adoptadas para luchar contra las drogas, y sus consecuencias.
5. ¿Qué anuncia este cartel? Determina a quién se dirige y cuál es su objetivo.

RECURSOS

Sustantivos
- el cultivo de marijuana
- el fusil de asalto
- la represión
- el reproche
- la sangre
- la señal de tráfico: *le panneau de signalisation*

Adjetivos
- acusador(a)
- armado(a)
- prohibido(a)

Verbos y expresiones
- acabar con = terminar con
- atemorizar: *terroriser*
- defender (ie) su seguridad

El punto de vista de un narcotraficante

[Para él] el problema del narcotráfico no era el envenenamiento[1] de millones de personas en el mundo entero; ni la descomposición familiar de los hogares de millones de drogadictos[2]; ni la fuga de divisas del erario[3] de Estados Unidos; ni los cientos de jueces, policías y periodistas asesinados en México y Colombia; ni los miles de funcionarios públicos y privados infiltrados por el dinero sucio de la droga; [...] ni el éter, la acetona y el ácido sulfúrico destruyendo las neuronas del cerebro; ni paramilitares y guerrilleros cuidando cultivos y vendiendo coca para financiar la guerra. No, ninguna de las anteriores. El problema del narcotráfico era tan sólo un problema de física envidia. [...]

–Lo que pasa, hermano, es que esos hijoeputas– decía "El Titi" refiriéndose a los políticos honestos, a los militares incorruptibles, a los ciudadanos indignados, a nosotros todos– se mueren de envidia[4] porque podemos montarnos en el carro[5] que nos dé la gana y podemos comprarle la cabeza al que queramos. Como ellos no pueden hacer lo mismo...

Gustavo BOLÍVAR (escritor colombiano), *Sin tetas no hay paraíso*, 2006

1. *l'empoisonnement*
2. toxicómanos
3. *l'évasion fiscale*
4. *meurent de jalousie*
5. *(amer.)* el coche

LEE Y EXPRÉSATE

1. Di de qué trata el texto y precisa a qué países afecta.
2. Apunta los daños provocados por el consumo de drogas como la cocaína.
3. Evidencia las consecuencias del narcotráfico.
4. Según el narcotraficante ¿cuál es el verdadero problema? Justifica valorando las repeticiones.
5. Explica quiénes son los que se oponen al tráfico de drogas y de qué manera lo hacen.

RECURSOS

Sustantivos
- un fraude fiscal
- la mala fe: *la mauvaise foi*
- los trastornos mentales: *les troubles mentaux*

Adjetivos
- cínico(a)
- corrupto(a): *corrompu(e)*
- impune: *impuni(e)*
- poderoso(a): *puissant(e)*

Verbos y expresiones
- condenar: *condamner*
- consumir
- detener (ie): *arrêter*
- deteriorarse: *se dégrader*
- estar enganchado(a): *être dépendant(e)*
- oponerse a: *s'opposer à*
- padecer: *souffrir*

Gramática activa

Le subjonctif à valeur de futur → Précis 26

Observa

▶ *Podemos montarnos en el carro* ***que nos dé la gana.***
▶ *Podemos comprarle la cabeza* ***al que queramos.***

- Le choix du mode subjonctif dans une proposition subordonnée met en évidence une action qui s'inscrit dans un devenir.
C'est pour cette raison que l'espagnol peut utiliser un subjonctif là où le français emploie la plupart du temps un futur ou un conditionnel.
- Attention à la concordance des temps. (→ Précis 28)

Practica

Complète les phrases en employant le subjonctif.

a. Los periodistas pueden escribir lo que ... (querer), las cosas no cambiarán.
b. Los ciudadanos esperan que la violencia ... (cesar) después de las elecciones.

→ Autres exercices p. 182

¡Y ahora tú!

Denuncio a los narcotraficantes

Denuncias la actitud de los narcotraficantes y lo dices como invitado de un programa de radio español.

→ *No podemos dejar que los jóvenes...*
→ *Cuando los narcotraficantes...*

→ *Fichier de l'élève, p. 45*

B1 Estudiantes en Chile

Manifestando por la educación gratuita, Santiago de Chile, mayo de 2011

1 Observa la fotografía

a. Di dónde y cuándo fue sacada la fotografía y a quién representa.
b. ¿Qué denuncia esta joven?

2 Escucha e identifica

c. Identifica las voces que has oído y la música que oyes. Precisa el tema de la grabación.
d. Cita las palabras que evocan la economía y los derechos sociales.

3 Profundiza

e. Di qué reclaman los estudiantes chilenos. ¿Qué es importante para ellos y qué denuncian en el sistema educativo actual?
f. Explica por qué están luchando también en Chile. ¿Qué problema afecta al país?
g. Cita los problemas que evocan todos los informes de la Agencia de las Naciones Unidas sobre Chile.
h. Di quiénes se han sumado a la protesta de los estudiantes.

Horizonte BAC

Resume en francés

Redacta en francés todo lo que has entendido de la grabación.

→ *Fichier de l'élève p. 44*

RECURSOS

Sustantivos
- el derecho a la educación
- la igualdad ≠ la desigualdad
- el ingreso = el salario
- la plata (amer.) = el dinero

Adjetivos
- caro(a): *cher(ère)*
- privado(a) ≠ público(a)

Verbos y expresiones
- cambiar: *changer*
- endeudarse: *s'endetter*
- luchar por
- pagar: *payer*
- sumar(se): *(s')ajouter*

Fonética

a. Escucha las palabras y di cómo se pronuncia la "c" seguida de las vocales "a", "e", "i", "o" y "u".
b. Repite estas palabras en voz alta.

Una transformación social fenomenal

¿Por qué decenas de miles de estudiantes chilenos han tomado las calles de Santiago en las manifestaciones más nutridas[1] (y más violentas también) desde el fin de la dictadura en 1989?

En principio, por motivos muy concretos: la gratuidad y la calidad de la educación superior en un país donde obviamente se fue demasiado lejos en la privatización de las universidades. Pero no basta esta explicación. [...]

El crecimiento es real, se dice, pero la desigualdad persiste, y se torna[2] cada vez más intolerable, justamente, debido al auge[3] económico. En muchos casos, el auge económico ha sido generado por el *boom de commodities* en el mundo: hierro, cobre, soja, carne, petróleo, azúcar, etcétera, que trae divisas y atrae inversión extranjera, pero genera pocos empleos. El fisco tiene dinero, puede gastar incluso en política social y combatir la pobreza, pero los jóvenes de las ciudades no encuentran trabajos bien pagados, o trabajos a secas[4]. [...]

La transformación social de América Latina en los últimos 15 años ha sido fenomenal. La región necesita nuevas estructuras políticas, educativas y de acceso a la cultura y a la diversión.

Jorge CASTAÑEDA (profesor de Universidad mexicano), *El País*, 2011

1. importantes
2. se vuelve: *devient*
3. *l'essor*
4. *tout court*

Lee y exprésate

1. Explica a qué acontecimiento se refiere el artículo y aclara su amplitud. (l. 1-3)
2. Di cuáles son las reivindicaciones de los estudiantes chilenos.
3. Enumera las razones del crecimiento económico de Chile y explica por qué es paradójica la situación. (l. 7-14)
4. Precisa qué cambios necesita Chile para reducir las desigualdades. (l. 15-17)

Recursos

Sustantivos
- el acceso a
- el crecimiento: *la croissance*
- la inversión: *l'investissement*
- las materias primas

Verbos y expresiones
- luchar por
- pedir (i) que + subj.
- reclamar

Gramática activa

Adjectifs et adverbes de quantité

→ Précis 40.F

Observa

▸ ***Demasiado** lejos.* ▸ *En **muchos** casos.*

- La notion de quantité peut être rendue par ***poco*** (peu), ***bastante*** (assez), ***demasiado*** (trop), ***mucho*** (beaucoup).
- Ces mots peuvent être adjectifs et donc s'accorder en genre et en nombre avec le substantif (explicite ou implicite) qu'ils déterminent, ou adverbes et, de ce fait, invariables.

Practica

Fais l'accord si nécessaire.

a. Los estudiantes necesitan ... (mucho) voluntad.
b. Las restricciones son ... (demasiado) importantes.

→ Autres exercices p. 182

¡Y ahora tú!

Apoyo el movimiento de los estudiantes

Crees en el derecho a la educación para todos. Redactas un mensaje de apoyo a las reivindicaciones en el foro de los estudiantes chilenos.

→ *Es cierto que en vuestro país la educación es poco... / demasiado...*

→ *Fichier de l'élève, p. 46*

B2 Una marcha por los derechos de los indígenas

Un grupo de intelectuales europeos acompaña a los habitantes de Chiapas en su marcha reivindicativa.

Aquí estoy presenciando la milagrosa entrada de los zapatistas[1] en la capital y la conversión de la plaza del Zócalo, la mayor de América, en escenario de una manifestación de fe. [...] Cientos de miles de seguidores del zapatismo que culminan así una larga marcha empezada hace tres semanas. El sábado, día 10, estuve en el momento en que llegaba a Xochimilco la columna vertebral de esta marcha que venía de Chiapas, de San Cristóbal de las Casas. Junto a los indígenas, unos quinientos, jóvenes extranjeros y junto a mí, como otros mirones europeos la viuda Mitterrand, el líder de la revuelta campesina francesa Bové o el genial humorista Wolinski, y si me sumo a mí mismo, cuatro casos diferenciados de quienes expresan su curiosidad por esta revolución de guerrilleros desarmados que se preparaban para la conquista de México Distrito Federal. [...] Y todos esos mirones, calificables de turistas revolucionarios, no hacemos otra cosa que aceptar una invitación personal de Marcos[2] para hacer bulto[3] y contemplar esta gran respuesta de los globalizados frente a los globalizadores en los comienzos de un nuevo siglo que, se dice, será otro Siglo de las Luces. En Xochimilco, donde se encontraron hace ochenta años Villa y Zapata[4], vivimos otra vez los prolegómenos[5] de la *conquista de la capital*.

Contra la opinión divulgada, yo creí en ella, de que la marcha estuvo pactada entre el gobierno y los comandantes guerrilleros, los mandos zapatistas, Marcos en persona, me confirman que hicieron camino al andar sin pedir permiso y el gobierno no tuvo otro recurso que ponerles una guardia motorizada que les abriera camino. Uno de los jefes de esa policía motorizada proclamó su satisfacción, su orgullo por proteger a tan preclara[6] gente, aunque aceptaba, racionalista al fin, que tal vez un año antes no habría tenido más remedio que detener a todos los zapatistas. En torno a esa marcha, pude comprobarlo, el comportamiento de la policía es exquisito, como si estuvieran haciendo propaganda turística y es que Fox[7] era consciente de que cualquier incidente desencadenaría mecanismos represivos que dañarían[8] la imagen gubernamental. Ya han llegado. Ya se ha celebrado la orgiástica[9] concentración en el Zócalo y quedan en pie las demandas indígenas para ser tratados como ciudadanos mexicanos y no como restos de la conquista: liberación de presos, de cumplimiento de los acuerdos de San Andrés[10] y desmilitarización de Chiapas.

Manuel VÁZQUEZ MONTALBÁN (escritor español),
Marcos: el señor de los espejos, 2000

1. Partidarios de la nueva revolución
2. Subcomandante Marcos, líder del grupo armado indígena EZLN (Ejército Zapatista de Liberación Nacional)
3. *faire nombre*
4. dos jefes de la Revolución mexicana
5. preámbulos
6. ilustre, famosa
7. Vicente Fox, presidente de México (2000-2006)
8. *nuiraient à*
9. *(ici)* inmensa
10. Acuerdos firmados entre el gobierno de México y el EZLN para otorgar derechos y reconocimiento a los pueblos indígenas.

Marcha de protesta de los zapatistas por los derechos de los indígenas

Comprensión escrita guiada

Antes de leer

1 ¿Qué sabes de México? Asocia cada lugar con la frase que le corresponde.

a. Chiapas	1. es la plaza central de México Distrito Federal.
b. Xochimilco	2. es la capital de Chiapas.
c. San Cristóbal de la Casas	3. está al sur de México, zona de origen de los zapatistas.
d. El Zócalo	4. es la capital de México.
e. México Distrito Federal	5. es un barrio de la capital de México.

Lee

2 Completa la frase.
La marcha salió de... , duró... y llegó a...

3 Elige la respuesta correcta y justifica citando el texto.
a. Los manifestantes eran:
ochenta – quinientos – cientos de miles.
b. La marcha se componía principalmente de:
turistas – indígenas – policías.
c. La marcha fue encabezada por: los intelectuales europeos – los revolucionarios Villa y Zapata – el subcomandante Marcos y los guerrilleros zapatistas.
d. Era una marcha: militar – violenta – pacífica.
e. La policía: estaba orgullosa de proteger a los manifestantes – detenía a todos los zapatistas – adoptaba un comportamiento represivo.

Profundiza

4 Precisa cuál fue la preocupación del gobierno a propósito del acontecimiento.

5 Cita cuatro reivindicaciones de los manifestantes.

Resume y exprésate

6 Describe las circunstancias de la llegada de la marcha a México DF.

7 Explica en qué medida aquella marcha fue un éxito para sus protagonistas como forma de reivindicación. Di qué les permitió obtener.

Expresión escrita guiada

Cambio el punto de vista del narrador
El subcomandante Marcos escribe a un guerrillero que se quedó en Chiapas. Le cuenta el éxito de la marcha dándole los detalles principales. Imagina su versión.

8 Describe las etapas importantes de la marcha.
–Primero salimos de...
–Al cabo de...

9 Cuenta el éxito de la invitación y da sus impresiones al encontrarse con algunos manifestantes.
–Fue un acierto mandar una invitación ya que...
–Esta marcha fue...

10 Insiste en la reacción de las autoridades.
–El gobierno...
–La policía nos...

11 Termina explicando la importancia de su implicación a favor de los derechos de los indígenas con un tono optimista.
–Lo más importante era que...
–Creo que ese día...

Gramática activa

Les démonstratifs

→ Précis 10

Observa

- ***Esta** marcha.*
- *En torno a **esa** marcha.*

• Les adjectifs et les pronoms démonstratifs ont la même forme. Un accent peut les différencier mais il est de plus en plus omis.

• Les adjectifs et les pronoms démonstratifs se répartissent en trois grands groupes, en fonction de l'éloignement dans le temps, dans l'espace et par rapport à la personne qui parle.

	Masc. sg	Masc. pl.	Fem. sg.	Fem. pl.
aquí / yo Présent	***este***	***estos***	***esta***	***estas***
ahí / tú Passé ou futur proches	***ese***	***esos***	***esa***	***esas***
allí / él Passé ou futur très éloignés	***aquel***	***aquellos***	***aquellas***	***aquellas***

• D'autres emplois (à valeur laudative ou péjorative) sont aussi rattachés aux démonstratifs ***ese(os)***, ***esa(s)***, ***aquel(los)***, ***aquella(s)***.

Practica

Emploie le démonstratif qui convient.
a. Los indígenas pensaban que ... marcha era la suya.
b. Algunos no querían defender a ... indígenas.

→ Autre exercice p. 182

Recursos

Sustantivos
- un acontecimiento: *un événement*
- el éxito = el triunfo
- la marcha: *la manifestation*
- la revuelta: *la révolte*
- el valor: *le courage*

Adjetivos
- armado(a)
- impresionante
- pacífico(a)

Verbos y expresiones
- defender (ie) sus derechos
- desafiar a las autoridades
- imponerse

Talleres de comunicación

Taller de comprensión oral

CD CLASE

Canción del Chojín: *El final del cuento de hadas*

Objectif B1 : comprendre une chanson dénonçant la violence conjugale.

: lexique des sentiments et de la violence, les adjectifs et adverbes de quantité.

1. Primera escucha completa

a. Di qué tipo de canción es (estilo, ritmo), identifica las voces, fíjate en los ruidos y precisa de qué trata.

2. Segunda escucha

b. Describe la primera parte de la vida de esta pareja (sentimientos, regalos, acontecimientos).

c. Explica por qué se pelean. ¿Qué se reprochan? Describe la evolución de sus sentimientos y de sus reacciones.

3. Tercera escucha (Estribillo)

d. Apunta la letra del estribillo.

4. Cuarta escucha

e. Describe la nueva vida de esta mujer. ¿Qué le pasó al final?

f. Explica el título de la canción y di qué denuncia.

RECURSOS

Sustantivos

- un hada: *une fée*
- la violencia de género: *la violence conjugale*

Verbos y expresiones

- acuchillar: *poignarder*
- casarse: *se marier*
- denunciar: *porter plainte*
- emborracharse: *se soûler*
- matar: *tuer*
- pegar: *frapper*
- pelearse: *se disputer*

Taller de expresión oral

Una implicación personal

Objectif B1 : décrire une affiche de sensibilisation et identifier ses enjeux.

: le lexique de l'engagement et la finalité avec *para que* + subj.

Temps de parole : 5 minutes.

Observa el anuncio y contesta las preguntas.

a. Di qué es este documento y con qué motivo se ha realizado.

b. Describe los diferentes elementos del cartel.

c. Lee el eslogan, di a quién se dirige y precisa a qué incita.

d. Di quién patrocina este cartel y cuáles pueden ser sus objetivos.

Día Internacional contra la violencia de género

RECURSOS

Sustantivos

- el compromiso
- el deber
- el maltrato
- el rechazo

Adjetivos

- digno(a) ≠ indigno(a)
- grave
- valiente ≠ cobarde

Verbos y expresiones

- atender (ie) a las víctimas
- convivir con respeto
- enfrentarse a
- evitar sufrimientos

Taller de Internet

TICE

Presentar una organización internacional

Conéctate a: http://www.mundosinguerras.org/es

1. Busca información

a. Haz clic en *Sobre* y di cómo nació esta organización, qué ideas defiende y cuáles son sus objetivos.
b. Haz clic en *Campañas* y cita el nombre y las fechas de algunas campañas organizadas por esta organización.
c. Pincha en *Eventos* y cita algunos eventos en los que participó o participará.

2. Redacta y exprésate

d. Abre tu procesador de textos y pon en forma tus notas.
e. Presenta oralmente tu trabajo a la clase o grábate.

RECURSOS

Sustantivos
- un acontecimiento: *un événement*
- un foro: *un forum*

Adjetivos
- pacífico(a)

Verbos y expresiones
- acabar con: *en finir avec*
- concienciar: *sensibiliser*
- fomentar: *encourager, favoriser*
- oponerse a: *s'opposer à*

Taller de vídeo

DVD *Ciudadanos indignados 2011*

Indignados

1. Fíjate

a. Describe el fotograma. Di a quiénes vemos, qué estarán haciendo, dónde y por qué.

2. Mira y escucha

b. Indica, justificándolo, de qué tipo de documento audiovisual se trata: un telediario – una película – un reportaje – un anuncio – entrevistas.
c. ¿Cuántas veces vemos a los jóvenes con la boca tapada con celo? ¿Cómo lo interpretas?
d. ¿A quién(es) critican los indignados y por qué?
e. Localiza la expresión que se repite y explica su relación con el título y el tema del vídeo.

3. Exprésate

f. ¿Cómo caracterizarías el ambiente que se desprende de esta sentada?
g. Da tu opinión, justificándola, sobre las reivindicaciones de los manifestantes: ¿las comprendes? ¿(no) estás de acuerdo?

Jóvenes en la Puerta del Sol (Madrid)

RECURSOS

Sustantivos
- el celo: *le scotch*
- las pancartas
- una sentada: *un sit-in*
- un(a) trepa = un(a) arribista

Adjetivos
- alegre
- festivo(a)
- indignado(a)

Verbos y expresiones
- chillar = gritar
- manifestarse (ie)
- subordinarse a = someterse a

Panorama

Nuevas formas literarias hispánicas

Los cambios y movimientos de la sociedad actual española y latinoamericana se reflejan en la literatura.

Carmen Posadas, escritora feminista

Para saber más: http://sololiteratura.com/

A

La literatura femenina y feminista

Durante muchos años las mujeres escribieron bajo seudónimos masculinos ante la falta de credibilidad y el escepticismo de sus capacidades intelectuales. La lucha contra la desigualdad social es el punto de partida del pensamiento feminista. Emerge una reivindicación por una educación igualitaria y la defensa del derecho de la mujer a escribir. Las mujeres han desarrollado una literatura propia que tiene en cuenta sus intereses, está preocupada por los asuntos que las rodean y denuncia sus condiciones de vida. Escritoras como Carmen Laforet, Ana María Matute o Carmen Martín Gaite tratan de una realidad ausente en la literatura masculina. Aportan una literatura testimonial con retratos de la sociedad a través de personajes reales o ficticios. Autoras actuales como Rosa Montero, Maruja Torres, Lucía Etxebarria (*El club de las malas madres*, 2010) o Carmen Posadas (Uruguay) representan una sociedad con nuevas perspectivas.

B

La literatura homosexual

En la literatura homosexual, cada vez más emergente en España, se ve reflejado lo que antes no podía verse ni decirse con naturalidad. Cuando se suprimen las leyes de censura en 1977 con la caída de la dictadura de Franco, se termina también la prohibición de introducir protagonistas homosexuales en la novelas o las películas. La literatura homosexual aparece en aquella época como una reivindicación social y un ataque a la homofobia y muestra los problemas por confesar y manifestarse como homosexual. Algunos autores han sido muy influyentes como Juan Goytisolo, Antonio Gala y Terenci Moix en España, o en América Latina Reynaldo Arenas o Jaime Bayly (*La noche es virgen*, 1997; *El huracán de tu nombre*, 2004).

La librería Berkana en Madrid

C

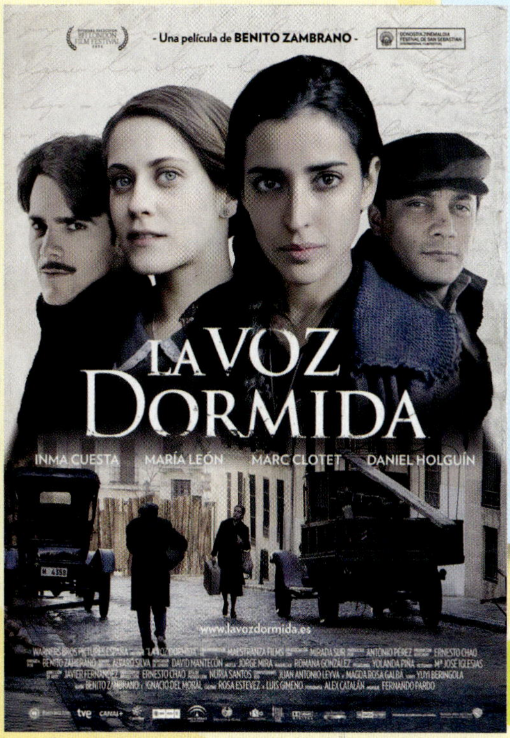

Cartel de la película adaptada de la novela de Dulce Chacón

La literatura de la recuperación de la Memoria Histórica

En España, Argentina, Chile y otros países latinoamericanos se ha desarrollado una literatura como recurso a la recuperación de la Memoria Histórica que revela acontecimientos y hechos reales ambientados durante la Guerra Civil o las dictaduras. En muchos casos son los hijos o los nietos de víctimas que quieren rescatar del olvido a sus familiares, reivindican dignidad y justicia y defienden la democracia y los derechos humanos. La producción de novelas de calidad es importante, como *Soldados de Salamina* de Javier Cercas, *La voz dormida* de Dulce Chacón, *Caballeros de la muerte* de Alejandro Gallo y también las de Almudena Grandes, Julio Llamazares, Benjamín Prado. En América Latina, las novelas se presentan a veces con una tonalidad policíaca y las investigaciones permiten descubrir el pasado durante la dictadura. Entre los autores, destacan Roberto Ampuero, Jordi Soler, Isabel Allende, Antonio Skármeta y Ernesto Mallo.

Para saber más: http://contraelsilencioyelolvidomalaga.blogspot.com

D

La narcoliteratura

La narcoliteratura se ha convertido en un género que tiene mucho éxito, se inspira en la novela negra o policíaca. Se trata de ficciones basadas en hechos reales de los cárteles de drogas. Las narconovelas reflejan también el contexto en el que se encuentra Latinoamérica con el tráfico de drogas y todo lo que conlleva, como la delincuencia organizada, la prostitución, la corrupción en la policía y en las instancias de gobierno. Muestra las injusticias y desigualdades sociales en las tramas. La narcoliteratura realza la dificultad de enfrentarse a estos problemas. Hay numerosas adaptaciones cinematográficas de narconovelas como las de Gustavo Bolívar, *El cártel de los sapos* del colombiano Andrés López López o *El cielo llora por mí* del nicaragüense Sergio Ramírez. Se ha denunciado este tipo de literatura ya que pone de relieve el narcotráfico y la violencia.

Para saber más: http://www.lanacion.com.ar/

Portada de una narconovela

¿A ver si lo sabes?

1. Precisa las preocupaciones principales de las mujeres en la literatura. **(A)**
2. Di a partir de qué momento pudieron expresarse libremente los escritores homosexuales en España. **(B)**
3. Indica qué revela la literatura de la recuperación de la Memoria Histórica. **(C)**
4. Apunta de qué tratan las narconovelas. **(D)**

Lengua activa

Tener + participe passé

→ *Gramática activa* p. 167, Précis 22

1 Imite l'exemple. Attention aux temps.

Habían alquilado una casa → Tenían alquilada una casa.

a. El joven había acabado una carrera de derecho.

b. Vosotros habéis sufrido muchas presiones.

c. La madre había colocado una carta en el despacho.

d. Habían organizado una reunión.

e. En nuestro país hemos nacionalizado las universidades.

f. He aceptado las condiciones exigidas.

Les comparatifs

→ *Gramática activa* p. 169, Précis 12

2 Complète la comparaison.

a. Esta calle era tan interesante … la Plaza Mayor.

b. La asociación era más conocida … este grupo.

c. Una ciudad cuenta con … edificios que un pequeño pueblo.

d. Hoy día las mujeres son … poderosas … los hombres.

e. Los monumentos de esta ciudad son tan preciosos … las calles de esta ciudad.

f. Fue una decisión … social como económica.

Les superlatifs relatifs

→ *Gramática activa* p. 171, Précis 13

3 Traduis.

a. Les étudiants défendaient les idées les plus importantes de leurs associations.

b. C'était l'occasion la plus intéressante.

c. La cérémonie la plus connue est celle-ci.

d. Vous parliez des inégalités les moins visibles. Elles peuvent être les plus dures.

e. Ce sont les idées les plus conservatrices de ce pays.

f. Le mariage le plus contesté fut le sien. Ce fut aussi le plus émouvant.

Le subjonctif à valeur de futur

→ *Gramática activa* p. 173, Précis 26

4 Complète les phrases avec un subjonctif présent et traduis-les.

a. Los ciudadanos esperan que las cosas … (cambiar).

b. Vosotros no creéis que la situación … (mejorar).

c. Los políticos quieren tomar decisiones en las que los ciudadanos … (creer).

d. Habrá nuevos comportamientos que … (abrir) nuevos caminos.

e. Se puede imaginar que … (desaparecer) la violencia.

f. Para la madre es difícil imaginar que su hijo … (vivir) lejos de ella el año que viene.

5 Complète les phrases avec un subjonctif passé pour respecter la règle de la concordance des temps.

a. Los ciudadanos esperaban que las cosas … (cambiar).

b. Vosotros no creíais que la situación … (mejorar).

c. Los políticos querían tomar decisiones en las que los ciudadanos … (creer).

d. Habría nuevos comportamientos que … (abrir) nuevos caminos.

e. Se podía imaginar que … (desaparecer) la violencia.

f. Para la madre era difícil imaginar que su hijo … (vivir) lejos de ella el año que venía.

Adjectifs et adverbes de quantité

→ *Gramática activa* p. 175, Précis 40.F

6 Accorde les adjectifs avec les substantifs.

a. Se cuenta este episodio en … (mucho) libros.

b. Los estudiantes sufren … (demasiado) dificultades.

c. En el mundo surgen … (bastante) reacciones.

d. Es importante que conozcamos … (mucho) testimonios.

e. Actualmente hay … (bastante) paro.

f. La madre sabía … (poco) cosas.

7 Fais l'accord si nécessaire.

a. En esta organización hay … (mucho) estudiantes.

b. Se habla … (poco) de los problemas de la gente.

c. Las mujeres están en … (mucho) sectores de actividad.

d. No se reconocen … (bastante) estas carreras.

e. La madre vivía … (demasiado) lejos.

f. Había … (poco) recursos y … (demasiado) pobreza.

Les démonstratifs

→ *Gramática activa* p. 177, Précis 10

8 Emploie le démonstratif qui convient.

a. … productos tóxicos son los peores del mundo.

b. ¿Qué revelan … manifestaciones de ahora?

c. No se puede aceptar … violencia.

d. Es extraordinario … compromiso de la gente de … barrios desfavorecidos.

e. … opinión es la mía y no es la misma que … .

f. Nos gusta la vida en … barrio y no queremos aceptar … tráficos.

Léxico

Fichier de l'élève p. 46

Con las palabras siguientes,

1. **Da el ejemplo de un nuevo comportamiento y di por qué es nuevo. (columna I)**
2. **Explica en qué entorno la paridad debe existir (pareja, empresa, política). (columna II)**
3. **Precisa lo que protege la ecología. ¿Por qué es un tema muy importante para los jóvenes? (columna III)**
4. **Explica simplemente qué son los Derechos Humanos y para qué sirven. (columna IV)**
5. **Di a qué puede corresponder la palabra "comprometerse". (columna V)**

I – NUEVOS COMPORTAMIENTOS
lo humanitario
la indignación
la paridad: *la parité*
responsable
actuar por: *agir pour*
indignarse
preocuparse por el medio ambiente
proteger un patrimonio

II – LA PARIDAD
las (mismas) competencias
la empresa: *l'entreprise*
la igualdad de sueldos: *l'égalité des salaires*
la pareja: *le couple*
complementario(a)
compartir: *partager*
competir (i) = rivalizar
tener (ie) tantos derechos como…

III – LA ECOLOGÍA
el compromiso ecologista
la protección de la naturaleza
el reciclaje
los vertidos tóxicos
ahorrar energías
evitar errores pasados
pensar (ie) en el futuro
tener (ie) conciencia de

IV – LOS DERECHOS HUMANOS
la ciudadanía: *les citoyens*
un(a) ciudadano(a): *un(e) citoyen(ne)*
el pacto social
atenerse (ie) a la legalidad: *rester dans la légalité*
gozar de los mismos derechos: *jouir des mêmes droits*
promover (ue) la igualdad
reivindicar sus derechos
ser iguales

V – COMPROMETERSE
las campañas de concienciación: *les campagnes de sensibilisation*
comprometido(a): *engagé(e)*
concienciar: *faire prendre conscience*
dar la voz de alarma: *pousser un cri d'alarme*
denunciar abusos
expresar desacuerdos
ocupar puestos políticos
recurrir a las autoridades: *avoir recours aux autorités*

Jóvenes indignados en Chile

Proyecto final

Preparad una revista de prensa sobre temas de sociedad.

Vais a hacer de periodistas de radio y preparar la revista de prensa del día.

→ Elegid tres periódicos digitales españoles (*El País*, *El Mundo*, *La Vanguardia*, etc.) o latinoamericanos (*Clarín*, *La Jornada*, *La Nación*, etc.).

→ Seleccionad las secciones relacionadas con los temas de la vida pública (*Sociedad*, *Igualdad*, *Educación*, *Medio ambiente*, etc.)

→ Seleccionad las noticias y las fotos que os parezcan de interés sobre la evolución de la sociedad.

→ Cada grupo presenta su revista oralmente. La podéis poner en un *power point*.

Evaluación

→ Fichier de l'élève, p. 47

Comprensión oral

Una marcha por la paz

→ **Objectif** B1 : comprendre les causes et les enjeux d'une manifestation.

Escucha la grabación y contesta las preguntas.

A2
a. Di quién es el entrevistado y dónde vive.
b. ¿Qué organización tuvo la iniciativa de esta marcha? ¿Qué tipo de organización es y a qué se opone?

B1
c. Explica cómo surgió la idea de crear esta marcha.
d. Precisa cuántos países participan y cuándo tiene lugar.
e. ¿Qué se celebra ese día?

Una marcha por la paz en México

Comprensión escrita

Cambiar de dioses

→ **Objectif** B1 : comprendre un essai sur l'évolution de la société.

Cambiar los dioses, entendiendo por ello las creencias más íntimas y aparentemente firmes e inamovibles de las personas, no sólo es posible, sino que incluso es relativamente frecuente. Es sólo cuestión de tiempo y de que se den las circunstancias adecuadas.

Recordemos, por ejemplo, cuáles eran los valores dominantes en España durante el franquismo y comparémoslos con la situación actual en que la mayoría de la población ya no considera al matrimonio un sacramento y, en consecuencia, se casa sólo por lo civil; en que miles de personas contraen matrimonios homosexuales; en que miles de ciudadanos donan sus órganos o los de sus seres más queridos para trasplantes[1]; en que amplios sectores sociales abogan[2] por la despenalización de la eutanasia; en que se han abandonado costumbres que parecían eternas, como el servicio militar obligatorio o la imposibilidad de que las mujeres accediesen a puestos de combate en las Fuerzas Armadas, y tantos otros cambios de valores, usos y costumbres que hemos visto a lo largo de unos pocos años, y que suponen unos cambios más profundos que los que supondrían un cambio de dioses.[...]

Se podría decir, por tanto, que hemos podido asistir en el espacio de nuestras vidas al cambio de algunos dioses y en consecuencia no parece descabellado[3] postular como posible y deseable que España siga renovando obstinada y pacientemente su viejo panteón.

Carlos MARTÍNEZ y Javier LÓPEZ FACAL, *Reacciona*, 2011

Lee el texto y contesta.

A2
a. El texto trata de dos épocas, di cuáles son.

B1
b. Elige la respuesta correcta. Cambiar los dioses en el texto significa: cambiar de religión – cambiar de valores – cambiar de gobierno – cambiar de ideas políticas.
c. Precisa si es fácil cambiar las creencias de las personas. Justifica citando el texto.
d. Cita tres valores dominantes durante el franquismo.
e. Di qué cambios han sufrido aquellos valores.
f. Enumera otros dos cambios que marcan una evolución social.

1. *greffes*
2. *plaident*
3. *insensé*

Expresión oral

Ocios sanos

Objectif B1 : décrire une affiche et expliquer l'enjeu de la situation.

Temps de parole : 4-5 minutes

Mira y exprésate

A2
1. Define los diferentes elementos de este cartel.
2. Aclara a quién se dirige y cuál es el objetivo del anunciante.

B1
3. Explica lo que llama la atención y determina a qué corresponden las zonas oscuras y las que se ponen de relieve.
4. Aclara cuáles son los argumentos del anunciante y explica cómo los pone de manifiesto en el cartel.

Cartel de concienciación contra el consumo de drogas

Interacción oral

Para mejorar el sistema educativo

Objectif B1 : convaincre un(e) étudiant(e) de s'engager pour améliorer le système d'éducation.

Temps de parole : 3-5 minutes

En binôme

Intentas convencer a un(a) compañero(a) para que participe en un grupo de reflexión para mejorar el sistema educativo. Por parejas, imaginad el diálogo.

B1
Alumno A: No ves de qué sirve hacer propuestas ya que las cosas no cambian nunca.
Alumno B: Piensas que queda mucho por hacer y argumentas para que tu compañero(a) se comprometa contigo.

Expresión escrita

Un modelo de igualdad

Objectif B1 : rédiger le portrait d'un couple d'aujourd'hui.

Nombre de mots : 120

Escribes un artículo para una revista femenina haciendo el retrato de una pareja ejemplar en términos de igualdad.

B1
a. Describe a la mujer y su brillante carrera.
b. Describe al marido y la manera de considerar a su mujer y de participar en las tareas domésticas.
c. Compara esta pareja con una pareja de los años 60: mujer ama de casa y marido machista.

→ Fichier de l'élève, p. 48

Compréhension orale

La marcha de los Indignados

CD CLASE — DVD *Marcha de los Indignados*

1 Prenez des notes lors des trois visionnages.

a. D'après le titre, imaginez de quoi va parler le document.

→ **Premier visionnage**

A1
b. Identifiez la nature du document et les personnes qui apparaissent.
c. Notez le sujet général de ce document.

→ **Deuxième visionnage**

A2
d. A partir des images, identifiez le pays où se déroule la scène.
e. Notez les mots du champ lexical de la manifestation.
f. Dites pour quelles raisons manifestent les deux personnes interviewées.

→ **Troisième visionnage**

A2
g. Citez trois motifs de mécontentement.
B1
h. Comment la deuxième personne interrogée conçoit-elle l'éducation ?
B2
i. Selon la deuxième personne interrogée, à quoi pourrait servir l'argent du cuivre ? Pourquoi n'est-ce pas le cas actuellement ?

2 Rendez compte en français, à l'écrit, de ce que vous avez compris de ce document.

Para ayudarte

Attention : le jour de l'épreuve, vous n'aurez pas de consignes pour vous aider à prendre des notes.

- Soyez attentif(ive) au titre qui peut vous donner des pistes pour anticiper l'enregistrement.
- Il s'agit d'un document vidéo. Ce type de support pourra être proposé pour l'épreuve de compréhension orale du Baccalauréat.
- Les images vous aideront à comprendre le sujet mais attention, il s'agit d'une épreuve de compréhension orale, et aucun commentaire d'ordre visuel n'est attendu dans votre compte rendu.
- Concentrez-vous sur les questions posées aux protagonistes et sur leurs réponses (affirmatives ou négatives). Appuyez-vous sur des mots transparents.

Expression orale

Lors de votre exposé, puis de l'entretien avec l'examinateur qui en découlera, vous pourrez aborder les notions du programme, **Lieux et formes du pouvoir** et **L'idée de progrès** grâce à l'unité ***Sociedades en movimiento***, à travers, par exemple, les problématiques suivantes :

NOTION 1 L'idée de progrès (*La noción de progreso*)

Problématique

- **¿Por qué se comprometen los jóvenes hoy día?**

Para ayudarte

- **En vous appuyant sur les documents que vous aurez étudiés dans l'unité, vous pourrez développer les points suivants :**

1. Los motivos sociales y políticos que incitan a los jóvenes a manifestarse.
   –Revolución se escribe con jota p. 166
   –Indignados, *Taller* p. 179
   –Una marcha por la paz, *Evaluación* p. 184
2. La voluntad de igualdad entre hombres y mujeres.
   –Una carrera brillante p. 168
   –La sociedad necesita más mujeres al frente p. 169
   –La literatura femenina y feminista, *Panorama* p. 180
3. La importancia de tener un sistema educativo gratuito.
   –Estudiantes en Chile p. 174
   –Una transformación social p. 175
4. Las preocupaciones para vivir en un entorno sano.
   –Defender el medio ambiente p. 167
   –Ocios sanos, *Evaluación* p. 185

- **Pensez à utiliser le lexique de l'engagement, de l'environnement, de la parité et des revendications.**

Autre problématique que vous pourrez aborder

- **¿Siguen evolucionando las mentalidades en el siglo XXI?**
  –Defender el medio ambiente p. 167
  –La sociedad necesita más mujeres al frente p. 169
  –Vivir libremente la propia vida p. 170
  –Nuevas formas literarias hispánicas, *Panorama* p. 180
  –Una marcha por la paz, *Evaluación* p. 184

NOTION 2 Lieux et formes du pouvoir (*Lugares y formas del poder*)

Problématique

- **¿Han aparecido reacciones a ciertas formas de poder en el siglo XXI?**

Para ayudarte

- **En vous appuyant sur les documents que vous aurez étudiés dans l'unité, vous pourrez développer les points suivants :**

1. Manifestar para reivindicar más derechos.
–Revolución se escribe con jota p. 166
–Estudiantes en Chile p. 174
–Una transformación social p. 175
–Una marcha por los derechos de los indígenas p. 176

2. Luchas en contra de todas las formas de violencia.
–Víctimas de la guerra contra las drogas en México p. 172-173
–Una marcha por los derechos de los indígenas p. 176
–Ni príncipes, ni héroes, *Taller* p. 178
–Ocios sanos, *Evaluación* p. 185

3. Campañas de sensibilización y reformas.
–La sociedad necesita más mujeres al frente p. 169
–Vivir libremente la propia vida p. 170-171
–El final del cuento de hadas, *Taller* p. 178

- **Pensez à utiliser le lexique des Droits de l'Homme, de la revendication et de l'opposition.**

Autre problématique que vous pourrez aborder

- **¿Es necesario un conflicto de generaciones para que cambie la sociedad?**
–Revolución se escribe con jota p. 166
–Vivir libremente la propia vida p. 170-171
–Panorama: la literatura de la recuperación de la Memoria Histórica p. 181
–La memoria de nuestros nietos p. 186

Para ayudarte

N'oubliez pas que vous devez vous exprimer à la première personne, montrer une bonne connaissance des notions du programme et utiliser une langue correcte et riche.

- **Expressions utiles pour la prise de parole en continu**
  –En mi breve exposición sobre la..., contestaré la pregunta.../desarrollaré la noción relativa a la evolución de la sociedad...
  –Primero voy a definir lo que significa para mí el concepto de compromiso de los jóvenes para .../cómo entiendo yo la noción de progreso...
  –La frase/su pregunta/la cuestión se refiere al tema del entorno social y político que incitan a los jóvenes a...
  –Después diré lo que significa.../explicaré el significado de las reivindicaciones...
  –Luego apoyándome en... indicaré...
  –Tengo que añadir que las reacciones a las formas de poder...
  –El ejemplo que saco del documento X me permite evidenciar que los ciudadanos deben tener acceso a...
  –Voy a concluir.../Mi conclusión es que las luchas y manifestaciones por... van permitiendo...

- **Expressions utiles pour l'interaction**

  Pour développer vos arguments : *Desde mi punto de vista... de modo que... por lo tanto... Lo difícil es aceptar el cambio de... ya que.../Por una parte... por otra parte...*

  Pour nuancer une opinion : *Aunque... me parece importante luchar por...*

  Pour donner une explication : *Los jóvenes se manifiestan para que...*

  Pour décrire une affiche : *El cartel patrocinado por... promueve...*

  Si vous n'avez pas compris la question : *¿Puede usted repetir? ¿Perdone señor(a), le importaría precisar su pregunta?*

→ Fichier de l'élève, p. 49

La memoria de los nietos

Es muy interesante comprobar que los protagonistas de la memoria histórica empiezan a ser los nietos. Los abuelos sufrieron, los padres callaron y –ahora– los nietos son los que exigen recuerdo y reparación. Y esto ocurre igual aquí que –por ejemplo– en Chile.

Durante el funeral de Augusto Pinochet dos nietos dejaron clara su posición ante el recuerdo: el nieto del dictador justificando el golpe de Estado en un discurso ante sus compañeros de armas; el nieto del asesinado general Prats, escupiendo en el féretro[1] del general golpista.

Ha llegado el tiempo de ayudar a nuestros nietos a hacer las paces con el pasado.

Pero lo primero que hay que resolver es que no haya nietos de primera y nietos de segunda. Me explico y estoy hablando ahora de España.

Si a su abuelo lo fusiló un piquete[2] republicano, seguro que el nieto sabe dónde está enterrado, igual tiene una lápida[3] que recuerda su sacrificio y en todo caso sus padres seguro que pudieron alardear[4] de su dolor.

Si a su abuelo lo fusiló un piquete nacional, igual[5] no sabe todavía dónde está enterrado, nada recuerda su sacrificio y sus padres pasaron años ocultando su dolor.

El que no entienda esta diferencia no puede entender el por qué del debate sobre la Memoria Histórica. Y lo que es más triste, que puedan ser nietos de los primeros los que votan en contra de la modesta reparación que piden los segundos.

He dicho "reparación" y voy a insistir. Lo de la Memoria Histórica suena bien pero no define nada de lo que se pretende: lo que se trata es de corregir una injusticia y reparar un daño a unos españoles que sufrieron como otros... pero algo más. Esos nietos están reclamando que se les ayude a localizar los cuerpos de sus abuelos enterrados en alguna cuneta[6]. ¿Por qué el Partido Popular se niega a algo tan humano y tan elemental?

No me hagan decirlo, porque me da una tristeza infinita, pero ¿sería posible que temieran que se descubriera que alguno de sus abuelos componía el pelotón de fusilamiento? Que nadie me abrume con cifras de muertos del bando nacional o el republicano, que esto no es un análisis sobre quien mató a más compatriotas. Lo que digo es que los fusilados en Paracuellos del Jarama[7] se sabe quiénes son y tienen su homenaje en el cementerio. Los muertos encontrados en una fosa común en Málaga no se sabe quiénes son y no tienen nada que los recuerde. Esa es la diferencia que se quiere colmar.

Y añado que, a todo republicano que se le pudo probar que fusiló a alguien, se le llevó al paredón[8], mientras que a los nacionales que fusilaron a republicanos jamás se les pudo reclamar responsabilidades.

Durante la Transición se dictó una Ley de Amnistía que ha tachado la palabra venganza de nuestro vocabulario sobre el pasado, pero no se dijo nada sobre la reparación de los desiguales daños causados por la República o por la Dictadura.

Ayudemos a los nietos a sentirse iguales en el recuerdo de un dolor que a todos causó la Historia de España.

Luis SOLANA, *El País*, 15/12/2006

1. *crachant sur le cercueil*
2. un pelotón de ejecución
3. *plaque commémorative*
4. *(ici) faire étalage de*
5. probablemente
6. *fossé*
7. los presuntos franquistas fusilados por el bando republicano en Paracuellos durante la Guerra Civil
8. *(ici) poteau d'exécution*

Compréhension écrite

A2

1. **Actualmente ¿quiénes son los protagonistas de la Memoria Histórica?**
–Los abuelos que sobrevivieron a la guerra o la dictadura.
–Los padres con un pasado traumático.
–Los nietos de las víctimas de la guerra y la dictadura.

Justifica tu respuesta con citas del texto.

2. **El texto trata de dos períodos históricos dolorosos, cítalos y di en qué países ocurrieron.**

3. **Cita los nombres de los dos bandos políticos españoles opuestos.**

4. **Elige el adjetivo que define mejor la actitud del nieto de Pinochet y la del nieto de Prats: indiferente – rencoroso – satisfecho – solemne – triste. Justifica tu respuesta citando el texto.**

B1

5. **Di si las afirmaciones siguientes son verdaderas o falsas y justifica cada respuesta citando el texto.**
a. La Memoria Histórica es un asunto de América Latina y España.
b. Hay jóvenes que no saben dónde están enterrados sus abuelos.
c. Los republicanos sospechados de haber matado a franquistas fueron fusilados.

B2

6. **Entresaca tres elementos del texto que ilustran las reivindicaciones de los jóvenes en el debate de la Memoria Histórica.**

7. **Las autoridades intentaron evitar las represalias de los dos bandos, di qué instauraron citando el texto.**

Expression écrite

Vous traiterez obligatoirement les deux sujets.

B1 **1.** *"Ha llegado el tiempo de ayudar a nuestros nietos a hacer las paces con el pasado."*
Explica y comenta esta afirmación apoyándote en el texto. (Unas quince líneas)

Para ayudarte

- Évitez les phrases longues et complexes.
- Pensez à vous appuyer sur le texte.
- Exprimez-vous à la première personne : *Creo que.../Me parece que...*
- Pensez à argumenter en expliquant le contexte : *¿Qué pasó? ¿Es una situación sencilla?¿Por qué es importante para los jóvenes? Cuando puedan hacer las paces...*

B1 **2.** **Un joven habla con su abuela a propósito de la muerte de su abuelo.**
Imagina el diálogo (Unas quince réplicas).

Para ayudarte

- Utilisez le tutoiement et veillez à utiliser les temps en fonction de la situation évoquée :
Passé simple : *Tu abuelo tuvo previsto..., defendió sus ideas... Fue difícil...*
Imparfait : *Tu padre era más pequeño que...*
Présent : *Tengo mucho rencor/mucha esperanza... Confío en... Es importante que...*
- Respectez la ponctuation, notamment dans les phrases interrogatives (¿...?) ou exclamatives (¡... !) et pensez à utiliser les tirets pour marquer les changements de personnage.
- Pensez aux connecteurs de temps: *En aquellos tiempos.../ Esa vez..., cuando..., después...*
- Inspirez-vous des situations évoquées dans le texte pour étayer votre dialogue.
- Afin de rendre le dialogue plus vivant pensez à la réaction des différents personnages :
–¡Qué valor!/Es tan injusto.../¿pero por qué no...?
–Tenía bastante miedo de que...

Mitos actualizados

Activités de communication B1/B2

Écouter
Comprendre une interview sur le mythe de Don Juan.
Comprendre un reportage sur la personnalité de Che Guevara.

Lire
Comprendre un poème sur le personnage mythique du Cid.
Comprendre un dialogue sur la valeur sacrée du maïs dans la culture latino-américaine.
Comprendre un dialogue sur la résurgence d'un grand mythe péruvien.

Parler en continu
Commenter une publicité revisitant le mythe du Quichotte.
Évoquer le souvenir d'un livre marquant.
Dissuader quelqu'un d'entrer de force quelque part.

Parler en interaction
Exprimer des doutes sur les intentions d'un(e) séducteur(trice).
Déplorer la culture du maïs transgénique.

Écrire
Rediger la 4ᵉ de couverture d'une nouvelle biographie du Che.
Rédiger le discours d'une conférence de presse sur une série de crimes.

Outils linguistiques

- *Ser* et *estar* + participe passé (p. 193)
- Le superlatif absolu (p. 195)
- Les adverbes de négation (p. 197)
- *Lo* + adjectif (p. 199)
- Les relatifs *cuyo(s)*, *cuya(s)* (p. 201)
- *Cuando* + subjonctif (p. 203)

Proyecto final

→ **Redactad la sinopsis de un documental sobre la persistencia de un mito.**

1 El Che, un mito comercial

Recursos

Sustantivos
- el escudo: *le bouclier*
- una escultura
- el hierro: *le fer*
- la lanza
- las ofrendas: *les offrandes*
- la Pachamama = la Madre Tierra

Adjetivos
- indígena

Verbos y expresiones
- montar a caballo
- promocionar
- quemar: *brûler*
- rendir (i) homenaje

2

Escultura del Quijote en Varadero (Cuba)

3

El presidente boliviano Evo Morales en un ritual de celebración de la Pachamama

Y tú, ¿cómo lo ves?

1. Fíjate en el personaje retratado en las gorras de la primera foto, identifícalo y explica en qué se ha convertido.
2. Di lo que representa la segunda foto. ¿Qué sabes de este personaje mítico?
3. ¿En qué acto oficial está participando el presidente Morales? Di de qué origen es este ritual y en qué consiste.
4. En tu opinión, ¿por qué siguen de actualidad estos mitos?

B2 El mito de Don Juan

TU CD 26 · CD CLASE

Datos culturales

El personaje de **don Juan**, creado por Tirso de Molina, cuenta con seguidores que han hecho de él, el mito universal del seductor soberbio, burlador de mujeres como doña Ana, doña Elvira o doña Inés, y que no respeta ninguna ley divina o humana.

1 Observa la fotografía

a. ¿Qué sabes del actor de la foto?

b. ¿Te parece que se le puede asociar con la figura de Don Juan? Justifica tu respuesta.

2 Escucha e identifica

c. He oído las voces de… El documento es… que trata de…

d. Identifica el campo léxico relacionado con la figura de Don Juan.

3 Profundiza

e. Di qué tipo de personaje es Don Juan y qué importancia tiene.

f. Precisa el objetivo de la entrevista.

g. ¿Qué estereotipos subsisten hoy con relación a este mito? Da un ejemplo concreto.

h. Según Rosa Regàs, ¿a qué se debe la persistencia de estos estereotipos y cómo podemos luchar contra ellos?

Horizonte BAC

Resume en francés

Redacta en francés todo lo que has entendido de la grabación.

→ *Fichier de l'élève p. 35*

Antonio Banderas, una figura contemporánea de Don Juan

RECURSOS

Sustantivos
- los avances: *les progrès*
- un cura: *un curé*
- la fama: *la réputation*
- la igualdad ≠ la desigualdad
- los prejuicios: *les préjugés*

Adjetivos
- atractivo(a): *attirant(e)*
- literario(a)
- machista

Verbos y expresiones
- adelantar = avanzar, progresar
- heredar algo: *hériter de qqch*
- seducir
- tener (ie) clase: *avoir de la classe*

Fonética

TU CD 27 · CD CLASE

a. Escucha las frases siguientes y di si corresponden a una frase afirmativa, exclamativa o interrogativa.

b. Vuelve a escuchar las frases fijándote en la entonación y repítelas en voz alta.

Los nuevos donjuanes

Entrevista a Lourdes Ortiz, autora del libro "Don Juan, el deseo y las mujeres".

Mujer hoy: ¿Cómo es el Don Juan de hoy?
Lourdes Ortiz: Descafeinado[1]. Más que Don Juan, lo que hay son ligones[2] de discoteca o playboys de tercera. [...] En el Siglo de Oro, en una sociedad donde la virginidad era venerada y el contacto directo entre hombres y mujeres estaba prohibido, Don Juan tenía su mérito pero hoy, que la chica se deja seducir sin problemas, la caza pierde su sentido. El ligón de ahora ya no tiene mérito.
Mujer hoy: Ellos también han aprendido a simular indiferencia, como antes hacían las mujeres.
Lourdes Ortiz: Sí, pero los hombres lo utilizan para librarse de las "lobas"[3].
Mujer hoy: Entonces, ¿la versión femenina del mito es la loba que acosa[4], o que ellos dicen que acosa?
Lourdes Ortiz: Sí, pero no puede ser su equivalente porque el concepto de loba está cargado de connotaciones negativas que no tiene el donjuanismo. El contrapunto del Don Juan, desde finales del siglo XIX, es la figura de la mujer castradora, la que seduce para devorar a los hombres. Quizá el único personaje femenino que he encontrado equiparable[5], esa mujer que dice "estoy contigo porque quiero y me lo paso bien", es Carmen. Su discurso es un canto a la libertad y no tiene esa imagen tan nefasta de las mujeres vampiro.

Mujer hoy (revista española), 13/09/2007

1. *(fig.) édulcoré, light*
2. *des dragueurs*
3. *prédatrices*
4. *harcèle*
5. comparable

LEE Y EXPRÉSATE

1. Di cómo es el Don Juan de hoy y explica por qué "ya no tiene mérito". (l. 1-7)
2. Aclara el término "loba". ¿Es el equivalente femenino de "Don Juan"? (l. 8-16)
3. ¿Qué figura femenina podría compararse con la de Don Juan? ¿Por qué? (l. 16-21)

RECURSOS

Sustantivos
- el carisma = la personalidad
- una deshonra: *un déshonneur*
- el matrimonio: *le mariage*

Adjetivos
- independiente
- peyorativo(a)
- seductor(a)

Verbos y expresiones
- acumular conquistas
- ligar (fam.): *draguer*
- resistir

Gramática activa

Ser et *estar* + participe passé

→ Précis 29

Observa

▸ *La virginidad **era venerada**.*
▸ *El contacto directo **estaba prohibido**.*

- ***Ser*** + participle passé = voix passive.
Le complément d'agent introduit par la préposition ***por*** peut être explicite ou non.
▸ *La virginidad era venerada (por la sociedad).*
- ***Estar*** + participe passé = résultat d'une action.
Dans les deux cas, le participe passé s'accorde en genre et en nombre avec le sujet du verbe.

Practica

Emploie *ser* ou *estar*.
a. Ciertas mujeres ... seducidas por los donjuanes.
b. El Siglo de Oro ... terminado.

→ Autre exercice p. 208

¡Y ahora tú!

Expreso dudas sobre la sinceridad de un(a) seductor(a)

Acabas de conocer a un(a) chico(a) que te gusta y se lo cuentas a un(a) amigo(a). Él/ella sabe que es un(a) auténtico(a) seductor(a) y te advierte de que tengas cuidado.

→ *Estoy impresionado(a)... Es un(a) chico(a) tan...*
→ *No te fíes. Todos(as) son seducidos(as) por... pero...*

→ *Fichier de l'élève, p. 52*

B1 Se buscan Quijotes

Anuncio de la Oficina de Turismo de Castilla-La-Mancha

Datos culturales

En ***Don Quijote de la Mancha***, la famosa novela de Miguel de Cervantes (1547-1616), don Quijote, autoproclamado caballero andante, recorre La Mancha y otras regiones con su caballo Rocinante y acompañado por su escudero Sancho Panza. Una de sus más famosas aventuras es cuando confunde unos molinos de viento con gigantes.

Mira y exprésate

1. Di de qué organismo proviene este anuncio.
2. ¿Qué elementos de la novela del *Quijote* se encuentran en el anuncio? ¿Cómo se diferencia de la obra de Cervantes?
3. Indica las características del lugar donde fue tomada la foto.
4. Fíjate en el eslogan. ¿Cómo lo interpretas?
5. ¿Qué tipo de turismo promueve este cartel? Explica lo que supone seguir los pasos de Don Quijote.

Recursos

Sustantivos
- un caballero andante: *un chevalier errant*
- una campaña de promoción
- el desfase: *le décalage*
- los molinos de viento
- un motero: *un motard*
- el turismo cultural/rural

Adjetivos
- desierto(a)
- itinerante
- tranquilo(a)

Verbos y expresiones
- atraer: *attirer*
- promover (ue): *promouvoir*
- seguir (i) los pasos: *suivre les traces*

El Quijote en mi vida

El Quijote no existió en mi infancia. O, mejor dicho, existió tan sólo en una versión infantil y, como tantos otros libros que me obsequiaron[1] en mi niñez y hasta ya entrada mi adolescencia, únicamente para que pusiera en una lista negra a aquel compañero de colegio, o a aquel amigo de mis padres, que me traía a casa, con motivo de la Navidad o de mi cumpleaños, un libro de regalo.

Todos aquellos años, sin embargo, tienen muchísimo que ver con mi vocación de escritor. Aunque debería decir, más bien, que con el tiempo se descubrió que aquellos años de mi infancia y temprana adolescencia habían tenido muchísimo que ver con una vocación literaria que en la práctica aún tardaría lustros[2] en concretarse. Y es cierto que también debo esa vocación a la enorme influencia personal que recibí de un profesor durante mis tres o cuatro últimos años de educación secundaria. [...]

A los dieciocho años había leído y releído dos veces *El Quijote*. Y, curiosamente, su relectura desde entonces ha coincidido con el proceso de gestación o el de escritura de varios de mis libros. [...] Releía *El Quijote* cuando escribí *Un mundo para Julius* y cuando me atreví[3] a introducir una total digresión dentro de una de las breves novelas[4] de *Dos señoras conversan*.

Alfredo BRYCE ECHENIQUE (escritor peruano), *Crónicas perdidas*, 2003

1. *que l'on m'a offerts*
2. *mettrait encore des lustres*
3. *j'ai osé*
4. *nouvelles*

LEE Y EXPRÉSATE

1. Describe cómo reaccionaba el narrador de niño cuando le regalaban un libro. ¿Qué deduces? (l. 1-6)
2. Explica cómo se manifestó su vocación literaria y cuándo se concretó.
3. Di qué obra maestra de la literatura leyó muchísimas veces. ¿En qué aspectos le influyó? (l. 14-19)

RECURSOS

Sustantivos
- el estilo
- la influencia
- una obra maestra: *un chef d'œuvre*

Adjetivos
- decepcionado(a) = desilusionado(a)

Verbos y expresiones
- complacer: *faire plaisir*
- inspirar
- regalar = ofrecer
- no... sino (que)

Gramática activa

Le superlatif absolu → Précis 13

Observa

▶ *Tienen **muchísimo** que ver...*

- Pour signifier **l'intensité ou l'excellence** par un superlatif absolu, l'espagnol emploie beaucoup plus fréquemment que le français le suffixe ***-ísimo(s)***, ***-ísima(s)*** pour les adjectifs et certains adverbes.
- Ce suffixe s'ajoute simplement à l'adjectif ou à l'adverbe lorsqu'ils se terminent par une consonne : *difícil* → *dificil**ísimo(a)***.
En revanche, lorsque ces mots se terminent par une voyelle, cette voyelle disparaît : *mucho* → *much**ísimo(a)***.
- Le superlatif formé de l'adjectif + ***-ísimo(s)***, ***-ísima(s)*** est proche de ***muy*** + adjectif.
Attention aux modifications orthographiques : *rico* → ***riqu**ísimo*, *poco* → *po**qu**ísimo*.

Practica

Imite l'exemple.

Es muy importante.
→ *Es importantísimo(a).*

a. Fue una vocación muy curiosa.
b. Cuando era joven me interesaban muy poco esos libros.

→ Autre exercice p. 208

¡Y ahora tú!

Recuerdo un libro que me impactó

Recuerdas un libro que te impactó muchísimo cuando lo leíste. Cuenta por qué y qué héroe te fascinó particularmente.

→ *Recuerdo que me impactó muchísimo... porque...*

→ *Fichier de l'élève, p.52*

B2 Al destierro, el Cid cabalga

Rodrigo, el Cid, ha sido condenado al destierro por el rey de Castilla que ha prohibido a todos sus vasallos que lo ayuden. (→ Datos p. 223)

El ciego sol, la sed y la fatiga.
Por la terrible estepa castellana,
al destierro, con doce de los suyos,
–polvo, sudor y hierro[1]– el Cid cabalga[2].

Cerrado está el mesón a piedra y lodo[3]...
Nadie responde. Al pomo de la espada
y al cuento de las picas, el postigo[4]
va a ceder... ¡Quema el sol, el aire abrasa!

A los terribles golpes,
de eco ronco[5], una voz pura, de plata[6]
y de cristal responde... Hay una niña
muy débil y muy blanca,
en el umbral[7]. Es toda
ojos azules; y en los ojos, lágrimas.
Oro pálido nimba
su carita curiosa y asustada.

"¡Buen Cid! Pasad... El rey nos dará muerte,
arruinará la casa
y sembrará de sal el pobre campo
que mi padre trabaja...
Idos. El Cielo os colme de venturas...
En nuestro mal ¡oh Cid! No ganáis nada."

Calla la niña y llora sin gemido...
Un sollozo[8] infantil cruza la escuadra[9]
de feroces guerreros,
y una voz inflexible grita: "¡En marcha!"

El ciego sol, la sed y la fatiga.
Por la terrible estepa castellana,
al destierro, con doce de los suyos
–polvo, sudor y hierro–, el Cid cabalga.

Manuel MACHADO (poeta español),
"Castilla", en Alma, 1938

1. *fer*
2. *chevauche*
3. *(fig) l'auberge est totalement fermée*
4. *(ici) la porte*
5. *à l'écho rauque*
6. *d'argent*
7. *le seuil*
8. *Un sanglot*
9. *la troupe*

LEE Y EXPRÉSATE

1. Precisa las circunstancias iniciales de la historia que cuenta el poema.
2. Apunta el léxico del calor y de las armas. Di qué describen estos versos y qué impresiones producen. (v. 1-8)
3. Di cómo la gente del mesón acoge a Rodrigo y a sus hombres. (v. 9-13)
4. ¿Qué palabras caracterizan a la niña? Di qué le pide a Rodrigo y explica por qué. ¿Cómo reacciona el Cid? (v. 11-23)
5. Cuenta cómo termina la historia (v. 24-30).
6. ¿Qué cualidades de Rodrigo pone en evidencia este poema?

RECURSOS

Sustantivos
- el cansancio: *la fatigue*
- el destierro = el exilio
- una orden
- el vasallo: *le sujet*

Adjetivos
- asustado(a): *effrayé(e)*
- indefenso(a): *sans défense*

Verbos y expresiones
- conmoverse (ue): *s'émouvoir*
- derribar la puerta: *enfoncer la porte*
- encerrarse (ie): *s'enfermer, se barricader*
- prohibir que + subj.: *interdire de + inf.*

Ninot del Cid Campeador en portada de la revista *Actualidad fallera*, marzo de 2011

Datos culturales

Las Fallas son fiestas celebradas en la Comunidad Valenciana del 15 al 19 de marzo. Se contruyen monumentos con *ninots* (muñecos) con intención satírica. Se queman las fallas el 19 de marzo. Algunos *ninots* escapan al fuego y son expuestos en el Museo Fallero de Valencia.

Mira y exprésate

1. Di dónde fue publicada esta imagen y precisa qué representa.
2. Describe al personaje principal (ropa, características físicas...).
3. Fíjate en su actitud con los *ninots* y di qué imagen del Cid ha querido dar el artista.

Recursos

Sustantivos
- la espada
- la fuerza: *la force*
- una loriga: *une cotte de mailles*
- la portada: *la couverture*
- una revista: *une revue*

Adjetivos
- fuerte
- protector(a)
- tranquilo(a)

Gramática activa

Les adverbes de négation → Précis 34

Observa

- ***No*** *ganáis* ***nada.***
- ***Nadie*** *responde.*

- Pour que le verbe ait un sens négatif, il doit toujours être précédé d'une négation : ***no***, ***ni***, ***nunca***, ***jamás*** (jamais), ***nada*** (rien), ***nadie*** (personne), ***ninguno,a*** (aucun,e), ***ni/ni siquiera*** (même pas), ***tampoco*** (non plus).
- Contrairement au français, si d'autres termes négatifs que ***no*** comme ***nunca***, ***jamás***, ***nada***, ***nadie***, ***ningun(a)***, ***ni/siquiera***, ***tampoco*** sont placés avant le verbe, la négation ***no*** disparaît.

Practica

Imite l'exemple.

No ganáis nada. → *Nada ganáis.*

a. El Cid no traicionó nunca.

b. No quería ayudarle nadie al Cid.

→ Autres exercices p. 208

¡Y ahora tú!

Disuado a un(a) compañero(a) de realizar sus planes

Estáis de viaje por Castilla. Tu compañero(a) quiere entrar en un hotel aunque esté cerrado. Intentas disuadirle para que cambie de idea.

→ *No debes... porque...*
→ *Si lo haces, nunca...*

→ *Fichier de l'élève, p. 52*

B2 Hombres de maíz

Guatemala, cuna de la civilización maya

Están hablando el señor Nicho y un viejo que lo acompaña.

–Todo lo que se relaciona con el alimento del hombre es barbarie; yo no sé por qué dicen los hombres que han dejado de ser bárbaros; no hay alimento cevelizado[1].

–El maíz.

–El méiz, decís vos[2]; pero el méiz cuesta el sacrificio de la tierra que también es humana; ya te pusiera yo a cargar un milpal[3] en la espalda, como la pobre tierra. Y más bárbaro lo que hacen: siembra de méiz para vender... porque los que se han entregado a sembrar méiz para hacer negocio, dejan la tierra vacía de huesos, porque son los huesos de los antepasados los que dan el alimento méiz [...].

–Pero, pongamos las cosas... El maíz pa qué quiere usté que se siembre...

–Para comer...

–Para comer –repitió el señor Nicho, maquinalmente [...].

–Y no es que yo quiera; es que ansina[4] debe ser y es ansina que es, porque a quién se le iba a ocurrir tener hijos para vender carne, para expender la carne de sus hijos, en su carnicería...

–Difiere[5]...

–En apariencia difiere; pero en lo que es, es igual: nosotros somos hechos de méiz, y si de lo que estamos hechos, de lo que es nuestra carne, hacemos negocio; es lo aparente lo que cambia, pero si hablamos de las sustancias, tan carne es un hijo como una milpa[6]. [...] Dentro de las cosas oscuras entra el que podamos alimentarnos de méiz, que es carne de nuestra carne, de las mazorcas[7], que son como nuestros hijos; pero todo acabará pobre y quemado por el sol, por el aire, por las rozas[8], si se sigue sembrando méiz para negociar con él, como si no fuera sagrado, altamente sagrado.

Miguel Ángel ASTURIAS (escritor guatemalteco), *Hombres de maíz*, 1949

1. deformación popular = civilizado
2. (amer.) dices tú
3. *je voudrais t'y voir toi, charger une gerbe de maïs*
4. así
5. Es diferente
6. campo de maíz
7. *épis de maïs*
8. *les terres défrichées*

Miguel Ángel ASTURIAS (1899-1974), es uno de los mayores autores de la literatura latinoamericana del siglo XX. Su obra se inspira en los mitos precolombinos, como por ejemplo en la novela *Hombres de maíz* en la que el maíz se considera una planta sagrada. Recibió el Premio Nobel de Literatura en 1967.

LEE Y EXPRÉSATE

1. ¿Qué afirma el viejo en la primera línea? ¿Están de acuerdo los dos personajes? Di qué opina el señor Nicho. (l. 1-13).
2. Aclara brevemente cuál es la creencia del viejo. ¿Con qué compara a la tierra? Justifica con el texto. (l. 5-10)
3. Busca el campo léxico del comercio. ¿Qué denuncia el personaje?
4. Explica qué puede pasar si se sigue cultivando el maíz para venderlo.
5. ¿Cómo vemos que el maíz es una planta sagrada, mítica?

RECURSOS

Sustantivos
- el castigo: *la punition, le châtiment*
- una mercancía: *une marchandise*
- un ser vivo: *un être vivant*
- un tabú

Verbos y expresiones
- consumir
- empobrecer(se) ≠ enriquecer(se)
- ganar dinero
- maltratar
- cada vez más: *de plus en plus*
- incluso comiendo...: *même en mangeant...*

Diego RIVERA (pintor mexicano), *La fiesta del maíz*, 1923-1924

MIRA Y EXPRÉSATE

1. A partir del título del mural, explica lo que están haciendo los personajes.
2. ¿Quiénes son los protagonistas? Di lo que simbolizará la espiga de maíz para ellos.
3. Describe cómo Rivera ha compuesto su mural (plano, luz, colores). ¿Con qué fines?

RECURSOS

Sustantivos
- una cruz: *une croix*
- las flores
- un(a) indígena
- una mazorca = una espiga: *un épi de maïs*
- una ofrenda: *une offrande*
- una trenza: *une tresse*

Adjetivos
- apegado(a): *attaché(e)*
- cálido(a): *chaud(e)*
- claro(a) ≠ oscuro(a)

Verbos y expresiones
- agradecer: *remercier*
- alimentar
- rendir (i) homenaje
- rezar: *prier*

Gramática activa

Lo + adjectif → Précis 6.D

Observa

▶ *Es **lo aparente** lo que cambia.*

- L'espagnol peut employer ***lo*** devant un adjectif qualificatif pour rendre « ce qui est … ». Dans ce cas-là, l'adjectif est invariable.
- Attention : lorsque ***lo* + adjectif** est suivi d'une **proposition relative**, ***lo*** correspond à ***cuan*** (comme / combien) et l'adjectif s'accorde avec le nom qu'il qualifie.

▶ *Habla de la tierra sin saber **lo ingrata** que es.*

Practica

Imite l'exemple.

Lo que cambia es lo que es aparente. → *Lo aparente es lo que cambia.*

a. Sacrificarse es lo que es bárbaro.

b. El maíz es lo que es sagrado.

→ Autre exercice p. 208

¡Y ahora tú!

Lamento el cultivo del maíz transgénico

Un(a) campesino(a) de América Central (Alumno A), apegado a su tierra y al valor sagrado del maíz, confía su desesperación a un(a) amigo(a) (Alumno B) porque les quieren imponer que siembre maíz transgénico. Imagina el diálogo.

→ **A.** *No te imaginas lo desesperado que estoy…*

→ **B.** *No te pongas así, lo natural siempre será…*

→ *Fichier de l'élève, p. 53*

B1 Che Guevara

TU CD 28 · CD CLASE

Datos culturales

La interjección "che" se utiliza mucho en Argentina. Un compañero de lucha dio este apodo a **Ernesto Guevara** de origen argentino que utilizaba a menudo esta palabra. (→ Datos p. 222)

1 Observa la fotografía

a. Di lo que representa la foto. ¿Qué sabes del personaje retratado en la camiseta?
b. A tu parecer ¿por qué hoy en día hay gente que exhibe la imagen del Che?

2 Escucha e identifica

c. El documento es… cuyo tema es…
He reconocido las voces de…
d. Apunta las palabras que definen al Che.

3 Profundiza

e. Di qué temas le preocupaban al Che.
f. ¿Por qué va ganando importancia con el tiempo este personaje?
g. Apunta las similitudes con Robinson Crusoe.
h. Aclara por qué el movimiento campesino lo consideraba como un santo.
i. Explica por qué hoy el Che es a la vez un símbolo revolucionario y de consumo.

Horizonte BAC

Resume en francés
Redacta en francés todo lo que has entendido de la grabación.

→ *Fichier de l'élève p. 51*

Una joven lleva una camiseta con el rostro de Che Guevara

RECURSOS

Sustantivos
- un(a) guerrillero(a)
- un milagro: *un miracle*
- una reivindicación
- un retrato: *un portrait*

Adjetivos
- famoso(a): *célèbre*
- hábil
- ingenioso(a)

Verbos y expresiones
- ser venerado(a) como…
- volverse (ue): *devenir*

Fonética

TU CD 29 · CD CLASE

a. Escucha las palabras y di cuándo la « g » se pronuncia [g] o [χ].

b. Repite estas palabras en voz alta.

El Che cada vez más mito y menos realidad

La metamorfosis del Che Guevara en una marca capitalista no es nueva, pero recientemente ha experimentado una reactivación. Esta imprevista reanimación se debe en gran parte a *Diarios de motocicleta*, la película producida por Robert Redford. […]

Pero para ser más preciso, el actual renacimiento del Che empezó en 1997, con el trigésimo[1] aniversario de su muerte, cuando cinco biografías de Guevara llegaron a las librerías y se descubrieron sus restos mortales[2] cerca de una pista de aterrizaje del aeropuerto boliviano de Vallegrande.

Es habitual que los seguidores de un culto no conozcan la historia de la vida real de su héroe, la verdad histórica. Consideremos algunas de las personas que recientemente han esgrimido[3] o invocado la imagen de Guevara como modelo de justicia y rebelión ante el abuso de poder. Maradona exhibió el emblemático tatuaje del Che en su brazo derecho durante un viaje a Venezuela, donde se reunió con Hugo Chávez. José Luis Montoya, un oficial de la policía mexicana que combate el narcotráfico, usa una muñequera[4] del Che, porque lo hace sentir más fuerte. […]

Las manifestaciones del nuevo culto al Che están en todos lados. Una vez más, el mito provoca el entusiasmo de gente cuyas causas, en su mayoría, representan exactamente lo opuesto a lo que era Guevara.

Álvaro VARGAS LLOSA (escritor peruano), *La Nación*, 6/08/2005

1. *trentième*
2. *sa dépouille mortelle*
3. *ont brandi*
4. *un protège poignet*

LEE Y EXPRÉSATE

1. Di por qué la figura del Che está tan de moda en la actualidad. (l. 1-8)
2. Explica lo que les reprocha el periodista a los seguidores de hoy. ¿De qué ejemplos se vale? (l. 9-17)
3. Vuelve a leer atentamente las líneas 17 a 19 para aclarar y comentar el título del artículo.

RECURSOS

Sustantivos

- los/las adeptos(as) = los/las seguidores(as)
- un ídolo: *une idole*
- los valores: *les valeurs*

Adjetivos

- auténtico(a) = verdadero(a)
- contrario(a)

Verbos y expresiones

- convertirse (ie, i) en: *devenir*
- desconocer
- enarbolar = exhibir
- rendir (i) culto a
- como si + *subj. imparfait*

Gramática activa

Les relatifs *cuyo(s), cuya(s)* → Précis 16.C

Observa

▶ ***El entusiasmo*** *de gente* ***cuyas causas****…*

- ***Cuyo(s)***, ***cuya(s)*** sont des équivalents de « dont » lorsque « dont » est complément de nom. C'est pour cette raison que ***cuyo(s)***, ***cuya(s)*** ne s'emploient qu'entre deux noms.
- ***Cuyo(s)***, ***cuya(s)*** s'accordent en genre et en nombre avec le nom qui les suit et excluent l'article devant ce nom.

Attention à traduire différemment « dont » complément d'un verbe ou d'un adjectif.

▶ *Es la película de la que te hablé.*

Practica

Forme les phrases comme dans l'exemple.

Las causas del entusiasmo de la gente son diferentes.

→ *El entusiasmo de la gente cuyas causas son diferentes…*

a. La camiseta de la chica representa al Che.

b. El culto del Che se conoce por el mundo entero.

→ Autre exercice p. 208

¡Y ahora tú!

Participo en la publicación de una biografía del Che

Con motivo del 45 aniversario de la muerte del Che en 2012, una editorial quiere publicar una nueva biografía del Che. Redacta una breve contraportada de este libro que pretende restablecer la verdad sobre el mito del Che.

→ *El Che, cuyo aniversario se celebra…*

→ *Este mito, cuya autenticidad se ha perdido con el tiempo,…*

→ *Fichier de l'élève, p. 53*

B1/B2 El mito del Inkarri

El fiscal Félix Chacaltana, que investiga una serie de crímenes horribles cometidos cerca de Ayacucho (Perú), está hablando con el cura del pueblo.

–¿Por qué, padre? ¿Por qué no pueden simplemente matarlos? ¿Por qué tiene que ser así?

–Hay una razón más allá de la barbarie. En los Andes existe el mito del Inkarri, el Inca Rey. Parece haber surgido durante la colonia, después de la rebelión indígena de Tupac Amaru[1]. Tras sofocar[2] la rebelión, el ejército español torturó a Tupac Amaru, lo golpearon hasta dejarlo casi muerto... [...]. Luego tiraron de sus extremidades con caballos hasta despedazarlo[3]. Los campesinos andinos creen que las partes de Tupac Amaru fueron enterradas en distintos puntos del imperio, para que su cuerpo nunca se volviese a unir. Según ellos, esas partes están creciendo hasta unirse. Y cuando encuentren la cabeza, el inca volverá a levantarse y se cerrará un ciclo. El imperio resurgirá y aplastará[4] a los que lo desangraron. La tierra y el sol se tragarán[5] al Dios que los españoles trajeron de fuera. A veces, cuando veo a los indios tan sumisos, tan dispuestos a aceptar lo que sea, me pregunto si por dentro no piensan que ese momento llegará, y que algún día nuestros papeles se invertirán[6].

–¿Qué tiene que ver Sendero Luminoso[7] con eso?

–Muchísimo. Sendero se presentó como ese resurgimiento. Y siempre fue consciente del valor de los símbolos. A una mujer la mataron y volaron su cuerpo con explosivos para despedazarla. Así, sus pedazos nunca volverían a juntarse. Su resurrección se hacía imposible.

–¿Contra qué estamos peleando[8], padre? Están por todas partes y a la vez no están. Son invisibles. Es como pelear contra fantasmas.

–Es como pelear contra los dioses que no vemos. Quizá estamos peleando contra los muertos.

El sacerdote[9] reflexionó un poco y dijo:

–Hay... otro mito andino que quizá deberías conocer. Por lo general, desde la noche del Miércoles Santo, los indios se abandonan a las fiestas más... pecaminosas[10]. Corren mares de alcohol, mucho sexo, normalmente hay incidentes violentos. Es así hasta el Domingo de Resurrección. [...]

–¿Y por qué hacen eso?

–Es otra superstición andina. A partir del Miércoles Santo, día del calvario de Cristo, Dios está muerto. Ya no ve. Ya no condena. Hay tres días para pecar.

Chacaltana comprendió al oír eso que no tenía más tiempo que perder. Tendría que reactivar la vigilancia.

Santiago RONCAGLIOLO (escritor peruano), *Abril rojo*, 2006

1. Tupac Amaru II vivió entre 1738-1781, durante la colonia española
2. *Après avoir étouffé*
3. *découper en morceaux*
4. *écrasera, anéantira*
5. *engloutiront*
6. *nos rôles s'inverseront*
7. organización terrorista peruana de ideología marxista
8. luchando
9. el cura: *le prêtre*
10. *condamnables*

Mural sobre la ejecución de Tupac Amaru en Cuzco (Perú)

Comprensión escrita guiada

Antes de leer

1 Observa el mural y contesta las preguntas.
Lee el panorama de la p. 207, fíjate bien en la parte derecha del mural, y di qué representa el mural.

Lee

2 Elige la respuesta correcta.
En el texto el protagonista: acusa a un culpable – interroga a un sospechoso – pide informaciones a una persona experta.

3 Busca en el texto un ejemplo de crimen horrible cometido por los asesinos.

Profundiza

4 Completa las frases con las respuestas adecuadas.

a. Los indígenas creían que el Inca...
b. La ejecución de Tupac Amaru fue horrible ya que...
c. Imagino que el pobre hombre...
d. Para poner fin a su creencia los españoles...

1. lo despedazaron vivo.
2. enterraron las diferentes partes de su cuerpo en distintos lugares.
3. podía reencarnarse después de muerto.
4. sufrió terriblemente antes de morir.

5 Completa las frases.
Los conquistadores hicieron esto para evitar... , y de este modo impedir... . Esto les permitió asegurar... .

6 ¿Verdadero o falso? Justifica con el texto.
a. La muerte de Tupac Amaru puso definitivamente fin al mito del Inkarri.
b. "Sendero Luminoso" utiliza el mito del Inkarri para alcanzar su meta revolucionaria.

7 Contesta las preguntas.
a. ¿Qué otro mito andino evoca el sacerdote?
b. Explica por qué el protagonista tiene que actuar rápidamente.

Resume

8 Elige la(s) expresión(ones) que, a tu parecer, define(n) mejor a los que cometen los asesinatos: héroes muy valientes – criminales e imperdonables – defensores del pueblo – bárbaros y cobardes. Justifica tu respuesta.

Expresión escrita guiada

Redacto el discurso de una conferencia de prensa
Eres el fiscal Chacaltana y vas a dar una conferencia de prensa sobre los numerosos crímenes cometidos cerca de Ayacucho. Prepara el discurso de la conferencia.

9 Empieza con una exposición breve de los crímenes y sus circunstancias.
-Estamos investigando crímenes bárbaros...
-Cuando encontremos... impediremos que...

10 Dales tu interpretación de estos actos, aclarando el vínculo con el mito del Inkarri.
-Estos criminales están convencidos de que son...
-Creen que cuando vuelvan a... el Inca...

11 Explica por qué se debe mantener la vigilancia.
-Existe otro mito que deben conocer...
-Cuando lleguen estas fechas, todos...

12 Termina pidiendo la cooperación de los ciudadanos.
-Cuando vean... llamen...
-Los que tengan sospechas de... por favor...

Gramática activa

Cuando + subjonctif

→ Précis 26.A

Observa

▸ ***Cuando encuentren*** *la cabeza, el inca* ***volverá*** *a levantarse.*

Après ***cuando*** l'espagnol emploie le subjonctif lorsque le verbe de la principale est au futur, respectant ainsi l'usage particulier des modes : lorsque l'action de la subordonnée n'est pas réelle, l'espagnol emploie le mode subjonctif à la place du futur et du conditionnel.
Attention à la règle de la concordance des temps :

▸ ***Cuando encontraran*** *la cabeza, el inca* ***volvería*** *a levantarse.*

Practica

Conjugue les verbes au présent du subjonctif.
a. Los indios creen que el inca reaparecerá cuando ... (decidirlo).
b. Cuando tú ... (contar) la historia, la escribiré.

→ Autres exercices p. 208

Recursos

Sustantivos
- un castigo: *un châtiment*
- la reencarnación
- un ritual
- un valor simbólico

Adjetivos
- bárbaro(a) = terrible
- sanguinario(a)

Verbos y expresiones
- acusar a los culpables
- golpear: *frapper*
- imp<u>e</u>dir (i) que... + subj.: *empêcher de...*
- en pedazos: *en morceaux*

Talleres de comunicación

Taller de comprensión oral

Banda sonora de la película de animación *El Cid, la leyenda*

Objectif B1 : comprendre la bande son d'un film d'animation sur le Cid.
🔧 : le lexique de la reconquête de l'Espagne, *pedir que* + subjonctif, les temps du passé.

La leyenda del Cid actualizada

1. Primera escucha completa

a. Define quién es el protagonista, en qué época tiene lugar la acción y de qué trata.

2. Segunda escucha (voz en off)

b. ¿Cómo fue llamado Rodrigo por los árabes y por qué?
c. Di por quién peleaba y cómo financiaba su lucha.

3. Tercera escucha (primera parte del diálogo)

d. Concéntrate en la ambientación para explicar por qué el guardia grita: "¡alto! ¿quién va?"
e. A continuación se oye un ruido de...: Rodrigo abre... que ha recibido de...

4. Cuarta escucha (segunda parte del diálogo)

f. Di lo que le pide el rey a Rodrigo.
¿Qué piensan los compañeros de Rodrigo?
g. Por fin, Rodrigo decide... y promete a sus compañeros que...

RECURSOS

Sustantivos
- la ambientación: *le bruitage*
- los cristianos
- los musulmanes
- una trampa: *un piège*

Adjetivos
- desterrado(a): *exilé(e)*
- medieval

Verbos y expresiones
- averiguar : *vérifier*
- luchar = pelear
- pedir (i) que + subj.

Taller de expresión oral

Don Juan Tenorio

Objectif B1 : Présenter et faire la promotion d'une pièce de théâtre.
🔧 : le lexique du spectacle, du mythe, *lo* + adj, les adverbes de négation.
⏱ Temps de parole : 4 minutes.

Presentas un programa cultural en la radio sobre la representación de la obra *Don Juan Tenorio* en el Teatro Principal de Zaragoza.

1. Prepara el programa

a. Identifica quién es la calavera.
b. ¿Qué representarán la rosa, el corazón y el puñal?
c. Deduce de la originalidad de este cartel la interpretación de la compañía.

2. Anuncia el espectáculo

c. Saluda a los oyentes, anuncia el espectáculo y preséntalo (tema y lugar).
d. Da más información sobre el mito de don Juan.
e. Precisa por qué merece la pena ver esta obra y concluye el programa.

RECURSOS

Sustantivos
- una calavera: *une tête de mort*
- el estereotipo
- un mujeriego: *un coureur de jupons*

Adjetivos
- contemporáneo(a)

Verbos y expresiones
- conquistar = seducir
- matar: *tuer*
- romper moldes: *briser les schémas*

Cartel de la obra *Don Juan Tenorio* de José Zorilla

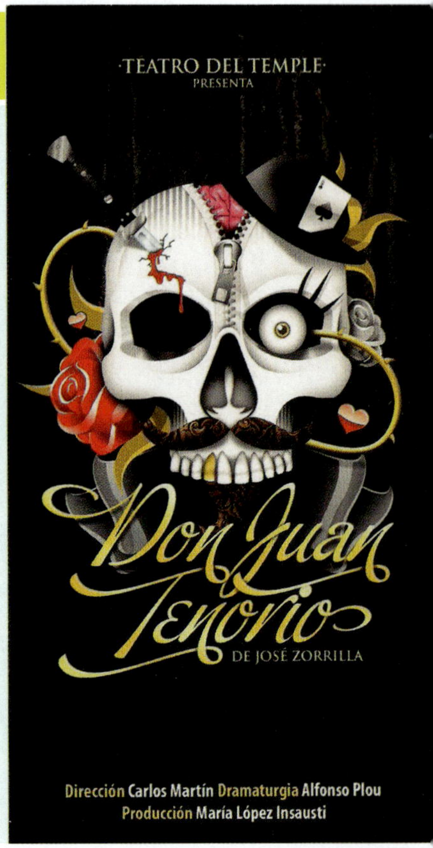

TALLER DE INTERNET   TICE

Hacer el retrato de un héroe mítico

Conéctate a:
http://www.educa.jcyl.es/educacyl/cm/gallery/Recursos Infinity/aplicaciones/cid/popup.htm

1. Busca información

a. Haz clic en *el cantar* y explica qué es el *Cantar de Mío Cid*, cuándo fue escrito y qué cuenta.
b. Pincha en la *España del cantar* y precisa la situación política de la Península Ibérica en aquella época.
c. Haz clic en *personajes* y haz el retrato físico y moral del Cid.
d. Pincha en *el Cid Campeador* y toma nota de los datos biográficos e históricos más importantes de su vida.

2. Redacta un retrato

e. A partir de las notas que has tomado haz un retrato del Cid y di por qué fue un personaje mítico.

RECURSOS

Sustantivos
- un cantar de gesta: *une chanson de geste*
- el destierro = el exilio
- una hazaña: *une prouesse, un exploit*
- una leyenda viva
- la riqueza: *la richesse*

Adjetivos
- desconocido(a): *inconnu(e)*
- fiel: *fidèle*
- leal: *loyal(e)*

Verbos y expresiones
- cercar: *assiéger*
- derrotar = vencer

TALLER DE VÍDEO   DVD *El Caballero Don Quijote, Manuel GUTIÉRREZ ARAGÓN, 2002*

Una pareja mítica

1. Fíjate

a. Describe el fotograma: localización y protagonistas.

2. Mira y escucha

b. Indica a quiénes vemos y dónde están en las primeras imágenes.
c. Uno de los amigos de don Quijote habla de la novela *Don Quijote de la Mancha* ¿de qué nos enteramos?
d. Indica qué condición pone Sancho para servir a don Quijote y explica por qué no la aplica finalmente.
e. Precisa el trato que existe entre los dos.
f. Aclara la misión que le encarga don Quijote a Sancho. ¿Cómo reacciona éste?

3. Exprésate

g. ¿Qué reflexiones te inspira la relación entre caballero y escudero? ¿Conoces a otras parejas míticas en la literatura universal o en otras artes? Di lo que sabes de ellas.

Por la Mancha

RECURSOS

Sustantivos
- un asno = un burro: *un âne*
- Dulcinea = la dama de don Quijote
- una lanza

Adjetivos
- humilde: *humble*
- obediente ≠ desobediente

Verbos y expresiones
- aceptar ≠ negarse (ie) a *+infinitif*
- encargar algo a alguien: *charger qqn de qqch*
- montar a caballo
- tutear ≠ tratar de usted

Mitos fundacionales

La identidad de una nación se forja a base de mitos que remontan a tiempos remotos. Conocer los mitos permite comprender nuestro presente.

Las Columnas de Hércules en Ceuta y en el escudo de la bandera española

A

De Hércules al Cid

Situadas a cada lado del Estrecho de Gibraltar las Columnas de Hércules marcaban los límites del mundo conocido en la Antigüedad. Hoy en día el escudo de la bandera de España, y el de muchas ciudades de la región del estrecho, recuerdan este mito fundador. Los romanos llamaban Hispania a la Península Ibérica, pero faltaba mucho para que fuera una nación.
Con la invasión árabe se inició el proceso de la Reconquista (711-1492), con sus héroes legendarios convertidos en mitos, como el Cid, que inspiró a Guillén de Castro en la obra de teatro *Las mocedades del Cid* (1605-1615), obra adaptada por Pierre Corneille en *Le Cid* (1636). Ellos y muchos otros forman parte de la identidad cultural e histórica de España.

Para saber más: http://www.diegosalvador.com/Antigua_columnas_hercules.htm

B

Santiago

La tradición cristiana cuenta que, tras evangelizar la Península Ibérica, Santiago regresó a Jerusalén donde fue decapitado. Sus fieles transportaron su cuerpo hasta Galicia donde fue enterrado. El lugar de su tumba fue olvidado hasta el año 813 en que fue descubierta gracias a unas luces, como estrellas, en medio de un campo que luego se llamaría *campus stellae*, campo de estrellas, origen de Santiago de Compostela, capital de Galicia.
También cuenta la tradición que en la batalla de Clavijo (844) Santiago permitió una victoria cristiana apareciendo con una espada en la mano y matando a los enemigos. Esto le valió el apodo[1] de Santiago Matamoros. Santiago fue declarado santo patrón de España y, por los llamados "caminos de Santiago", comenzaron a llegar peregrinos desde toda Europa.

1. *le surnom*

Santiago Matamoros en el retablo mayor de la Catedral de Burgos

Para saber más: http://www.vallenajerilla.com/

C

Popol-Vuh, el origen de la vida

Para saber más: http://www.bibliotecasvirtuales.com/
http://www.pachamamaeducacion.com/

Mitos divinos latinoamericanos: el Popol-Vuh y la Pachamama

El *Popol-Vuh*, libro sagrado de los indios mayas quichés que habitaban en la región que corresponde a la actual Guatemala. En este libro se explica cómo los dioses crearon al hombre utilizando el maíz. De ahí que esta planta tenga un carácter sagrado.
También cabe mencionar a la Pachamama, divinidad de los indios quechuas y aymaras (región geográfica de Bolivia, Perú y Ecuador). La Pachamama es la Madre Tierra. Es una divinidad creadora que protege a los hombres, les alimenta, favorece la fecundidad… Pero también puede ofenderse y provocar desgracias si no recibe sus debidas ofrendas.

D

Mitos históricos: Tupac Amaru, el Inkarri o Inca Rey

El mito del Inkarri está relacionado con el emperador Inca Tupac Amaru II (1738-1781) quien se sublevó contra los españoles. Tras su captura lo condenaron a una muerte horrible: ser descuartizado vivo[1] por cuatro caballos.
Las diferentes partes de Tupac Amaru fueron enterradas en distintos lugares para impedir el renacimiento del Inca Rey ya que su cuerpo no podría volver a reunirse, y reforzar la dominación española sobre el pueblo inca.
En los años 70 un movimiento revolucionario llamado "Sendero Luminoso" elige el terrorismo como forma de lucha e integra en su ideología el mito del Inkarri. La organización fue desmantelada en 1992 y actualmente se limita a algunas acciones esporádicas.

1. *écartelé vivant*

Tupac Amaru II

Para saber más: http://metaforatupacamaru.blogspot.com/

¿A ver si lo sabes?

1. Di por qué los mitos pueden ser importantes y cita un ejemplo de mito español. **(A)**
2. Explica por qué van tantos peregrinos a Santiago de Compostela. **(B)**
3. ¿Qué planta es considerada como sagrada por los indios de América Central? Explica por qué. **(C)**
4. Indica las principales características de la Pachamama. **(C)**
5. Di qué sabes del mito del Inkarri. Precisa qué organización reivindicó este mito a finales del siglo XX. **(D)**

Lengua activa

Ser/estar + participe passé

→ *Gramática activa* p. 193, Précis 29

1 Emploie *ser* ou *estar* au présent.

a. Aquellos libros ... leídos por muchos jóvenes.

b. En el capítulo, ... introducida una digresión sobre el valor.

c. Aunque no es culpable el soldado ... condenado.

d. La tierra ... sembrada para que los hombres tengan de qué comer.

e. Vender carne ... prohibido en esas tierras.

f. En las manifestaciones, ... esgrimida la efigie del Che.

Le superlatif absolu

→ *Gramática activa* p. 195, Précis 13

2 Imite l'exemple.

Es muy importante. → *Es importantísimo(a).*

a. Este hombre es muy formal.

b. La novela era muy breve.

c. El caballero estaba muy cansado.

d. Tenía muy pocas esperanzas.

e. Esta leyenda es muy bella.

f. Son prácticas muy violentas.

Les adverbes de négation

→ *Gramática activa* p. 197, Précis 34

3 Imite l'exemple.

No ganáis nada. → *Nada ganáis.*

a. Esta chica no se deja nunca seducir.

b. Los chicos no quieren tampoco seducir.

c. Me regalan muchos libros y hasta ahora no tuve que comprar ninguno.

d. Este profesor no nos obligó nunca a leer libros que no nos interesaran.

e. No lo dijo nadie.

f. No lo aceptarán nunca.

4 Mets à la forme négative en utilisant le mot entre parenthèses.

a. Los seductores son idealistas (tampoco).

b. Quería leer ese libro (ni siquiera).

c. La joven protestó (nunca).

d. Entre estos poemas: todos nos gustan (ninguno).

e. Conoces a muchas personas (nadie).

f. Sabía algo sobre el maíz (nada).

Lo + adjectif

→ *Gramática activa* p. 199, Précis 6.D

5 Imite l'exemple.

Lo que cambia es lo que es aparente. → *Lo aparente es lo que cambia.*

a. Este comportamiento es lo que es nefasto.

b. Para los donjuanes, la seducción es lo que es lo más importante.

c. La lectura es lo que es indispensable para mí.

d. La violencia de ciertas fiestas es lo que es intolerable.

e. Lo que dicen es lo que es difícil de aceptar.

f. La diferencia de trato es lo que es injusto.

Les relatifs *cuyo(s), cuya(s)*

→ *Gramática activa* p. 201, Précis 16.C

6 Imite l'exemple.

Es un seductor, no te gusta su actitud. → *Es un seductor cuya actitud no te gusta.*

a. Es una novela, me encanta la historia.

b. Es un autor conocido, se traducen sus obras.

c. Son indios, respetamos sus creencias.

d. Era un soldado, se elogiaba su valentía.

e. Fue un hombre humilde, se fueron sus hijos.

f. Es una historia verdadera, el héroe era el Che.

Cuando + subjonctif

→ *Gramática activa* p. 203, Précis 26.A

7 Conjugue les verbes au présent du subjonctif.

a. Cuando este chico ... (enamorarse), dejará de ser un don Juan.

b. Cuando vosotros ... (abrir) la puerta, la chica tendrá miedo.

c. Cuando ustedes ... (decir) la verdad, lo sabremos.

d. Lo dirás cuando ... (saberlo).

e. Estaremos contentas cuando ... (tener) una camiseta del Che.

f. Cuando vosotros ... (conocer) la leyenda, comprenderéis mejor.

8 Complète les phrases en conjugant le verbe comme il se doit.

a. Te encantará *El Quijote* cuando ... (leerlo).

b. Cuando el profesor lo diga, yo ... (salir) de clase.

c. Cuando se ... (descubrir) la verdad, la gente quedará sorprendida.

d. Los soldados ... (traicionar) cuando puedan.

e. Se les enseñará la historia a los niños cuando ellos ... (estar) en clase.

f. Aparecerán otras películas cuando ellos ... (querer).

Léxico

Fichier de l'élève p. 53

Con las palabras siguientes,

1. **Define simplemente qué es un héroe. (columna I)**
2. **Entre los personajes históricos latinoamericanos que simbolizan la lucha por un ideal o la rebelión, cita uno y di lo que sabes de su acción. (columna II)**
3. **Cita una fiesta española que recuerda la Historia de España. (columna III)**
4. **Da el ejemplo de un mito precolombino y explícalo. (columna IV)**
5. **Da el nombre de un personaje literario cuyo comportamiento sigue suscitando comparaciones y debates. Di en qué se trata de un mito actualizado. (columna V)**

I – HÉROES
el heroísmo
ejemplar
actuar por: *agir pour*
defender (ie) a los necesitados
ofrecer su vida
superar obstáculos: *surmonter des obstacles*
tener (ie) valor: *avoir du courage*
tomar por modelo

II – SÍMBOLOS
un culto
la imagen
una representación
un sacrificio
simbólico(a)
dedicarse a: *se consacrer à*
luchar por un ideal
salvar: *sauver*

III –TRADICIONES
las huellas: *les traces*
el peso del pasado: *le poids du passé*
los vestigios: *les vestiges*
tradicional
celebrar: *fêter*
conmemorar
recordar (ue) batallas: *se souvenir de batailles*
rendir (i) homenaje

IV – MITOS Y LEYENDAS
la creación
los hombres de maíz (antiguos habitantes de América Central)
el origen del mundo
legendario(a)
mítico(a)
sagrado(a)
crear
nacer de: *naître de*

V – MITOS ACTUALIZADOS
la interpretación
los nuevos donjuanes
el resurgimiento de un mito
el seductor
intemporal
universal
adaptar
apropiarse

El Quijote se renueva…

Proyecto final

Redactad la sinopsis de un documental sobre la persistencia de un mito.

Para un festival de cine histórico, vais a presentar varios documentales que traten de la persistencia de los grandes mitos hispánicos en el mundo moderno.

- Formad grupos. Cada grupo elige un mito hispánico (literario, mitológico, histórico).
- Buscad información para redactar la sinopsis de vuestro documental.
- Podéis buscar fotos para ilustrar un cartel de promoción de vuestra película.
- Presentad vuestro trabajo al resto de la clase.

Evaluación

→ Fichier de l'élève, p. 54

Comprensión oral

Un mito de la lengua española en Internet

→ **Objectif B1** : comprendre un reportage sur un projet de lecture collective sur le net.

Lectura continuada del Quijote en el Círculo de Bellas Artes en Madrid

Escucha la grabación y contesta las preguntas.

A2
- **a.** Di qué es el Proyecto Quijote 2.0 y de quién es la iniciativa.
- **b.** ¿Cómo surgió?

B1
- **c.** Apunta los objetivos.
- **d.** Di quién es Víctor García de la Concha y explica en qué contribuyó al proyecto.

Comprensión escrita

Un anuncio en La Vanguardia

→ **Objectif B1** : comprendre un texte narratif formulant des hypothèses sur un fait insolite.

Hojeando un día *La Vanguardia* me llamó la atención un anuncio por palabras en el que alguien se interesaba por el paradero[1] de una muchacha que había emigrado de Andalucía a Cataluña cuarenta años antes de la publicación del anuncio. El anunciante, que cifraba su anonimato en un apartado de Correos[2], pedía a la buscada que se pusiera en contacto con él a la mayor brevedad. ¿Qué querría aquel desconocido de una mujer que a lo mejor ni siquiera vivía ya? ¿Cómo es que había esperado cuarenta años para poner aquel anuncio? ¿Qué se lo había impedido hasta entonces? ¿Sería un antiguo novio que, al enviudar[3], quería reparar lo irreparable? ¿Alguien que de algún modo quería recobrar su juventud? ¿Qué pretendía el anunciante, pagar una deuda o cobrarla[4]? ¿Pensaba acaso que, si el anuncio surtía efecto, se iba a entender con la niña aquella que pasó por su vida dejándole en la conciencia una mancha indeleble[5]?

No tenemos los españoles demasiada suerte con nuestros mitos literarios. Ni Don Juan ni Don Quijote ni La Celestina son lo que se dice personajes ejemplares. La Celestina es una vil alcahueta[6], Don Quijote un hidalgo irrisorio[7], Don Juan un señorito disoluto[8]. [...] En España [...] somos muchos los que hemos querido ser Don Juan y nos tenemos que conformar con parecernos a Don Quijote. ¿Sería éste el caso del anunciante en *La Vanguardia*?

Aquilino DUQUE (escritor español),
La operación Marabú y otros relatos, 2003

Lee el texto y contesta.

A2
- **a.** Precisa lo que leyó el narrador y dónde lo leyó.
- **b.** Di quién era el autor de este anuncio y qué pretendía.

B1
- **c.** Explica por qué le pareció extraño al narrador.
- **d.** ¿Cuál de las hipótesis te parece más plausible? Explica por qué.
- **e.** Elige el calificativo que conviene mejor para el último párrafo: gracioso – dramático – pesimista – desesperado – irónico.
Justifica tu respuesta.

1. *(fig.) le domicile*
2. *une boîte postale*
3. *étant devenu veuf*
4. *payer une dette ou l'encaisser*
5. *une tache indélébile*
6. *entremetteuse*
7. ridículo
8. *débauché, licencieux*

EXPRESIÓN ORAL

El valor de un mito

→ **Objectif** B2 : décrire et commenter un billet de banque présentant un héros national devenu un mythe.

Temps de parole : 3 minutes

El Inca Tupac Amaru II en un billete de banco

Mira y exprésate

A2
1. Di de qué tipo de documento se trata (entidad emisora, valor...).
2. Identifica y describe al personaje (tipo y expresión de la cara, actitud...).

B1
3. Precisa el acontecimiento histórico al que está asociado.

B2
4. Justifica su presencia en este billete.

INTERACCIÓN ORAL

Entrevista imaginaria

→ **Objectif** B2 : faire l'interview imaginaire d'un personnage mythique.

Temps de parole : 5 à 7 minutes

Elegid a un personaje mítico y realizad su entrevista imaginaria.

B2
Alumno A: Eres el/la periodista entrevistador(a). Puedes hacer preguntas clásicas, preguntas impertinentes, adoptar un tono elogioso o crítico...
Alumno B: Eres el personaje mítico. Puedes contestar las preguntas del entrevistador de forma clásica, con amabilidad, distinción, ironía, enfado, alegría...

EXPRESIÓN ESCRITA

Contraportada

→ **Objectif** B2 : rédiger la 4e de couverture d'un livre consacré à l'étude d'un grand mythe.

Nombre de mots : 100 à 120

Escribe el texto de la contraportada de un estudio sobre un personaje mítico hispánico. Intenta despertar el interés de los lectores.

B1
a. Presenta al personaje objeto de la investigación.

B2
b. Indica cuáles son los aspectos más importantes del estudio, pero sin dar demasiados detalles.
c. Concluye con algún argumento impactante que pueda incitar al lector a leer la publicación.

→ Fichier de l'élève, p. 55

Compréhension orale

El Quijote se renueva

CD CLASE

1 Prenez des notes lors des trois écoutes de l'enregistrement.

a. D'après le titre, imaginez de quoi va parler le document.

→ Première écoute

A1
b. Repérez la voix principale et identifiez la nature du document.
c. Notez le thème de ce document et quelques mots-clés s'y rapportant.
d. Repérez le type d'opération lancée par l'office de Tourisme de *Castilla-La Mancha*.

→ Deuxième écoute

A2
d. Repérez par quel biais on peut participer à l'opération.
e. Donnez le nombre de personnes nécessaires pour y participer. Pourquoi ?
f. Notez ce que peuvent gagner les candidats.

→ Troisième écoute

B1
h. Expliquez en quoi consiste le jeu organisé par l'office de Tourisme de *Castilla-La Mancha*.
i. Que doivent faire les candidats pour gagner ?

B2
j. À quelles fins l'office de Tourisme de *Castilla-La Mancha* utilise-t-elle les personnages mythiques de l'œuvre de Cervantes?

2 Rendez compte en français, à l'écrit, de ce que vous avez compris de ce document.

Para ayudarte

Attention : le jour de l'épreuve, vous n'aurez pas de consignes pour vous aider à prendre des notes.

- Soyez attentif(ive) au titre qui peut être une aide à la bonne compréhension de l'enregistrement.
- Repérez les principaux axes du document pour construire votre compte rendu.
- Partez d'un simple repérage de noms propres et d'adjectifs utilisés pour qualifier ces personnages ; repérez quelques mots clés du lexique du tourisme ou du jeu concours, puis construisez le sens global pour aboutir à une réflexion sur les finalités du document.
- Repérez les connecteurs logiques (*para… hay que… tiene que… si…*) utilisés dans l'enregistrement afin de respecter la logique et la progression du document dans votre compte rendu.

Expression orale

Lors de votre exposé, puis de l'entretien avec l'examinateur qui en découlera, vous pourrez aborder les notions du programme **Mythes et héros** et **Lieux et formes du pouvoir** grâce à l'unité ***Mitos actualizados***, à travers, par exemple, les problématiques suivantes.

NOTION 1 Mythes et héros (*Mitos y héroes*)

Problématique

- **Los mitos en el mundo actual: ¿persistencia o evolución?**

Para ayudarte

- **En vous appuyant sur les documents que vous aurez étudiés dans l'unité, vous pourrez développer les points suivants :**

1. Persistencia de los mitos en las sociedades modernas.
–El Quijote en mi vida p. 195
–Portada de la revista *Actualidad Fallera* p. 197
–Hombres de maíz p. 198
–El Cid, La leyenda, *Taller* p. 204
–Un mito de lengua española en Internet, *Evaluación* p. 210
–Un viaje iniciático, *Horizonte Bac* p. 214

2. Recuperación y transformación de los mitos.
–El mito de Don Juan p. 192
–Se buscan Quijotes p. 194
–Por los caminos de Santiago, *Horizonte Bac* p. 215

3. Degradación de los mitos.
–El mito de Don Juan p. 192
–Se buscan Quijotes p. 194
–Che Guevara p. 200-201
–El mito del Inkarri, p. 202
–El valor de un mito, *Evaluación* p. 211

- **Pensez à utiliser le lexique de la modernité, de la tradition, de la critique.**

Autres problématiques que vous pourrez aborder

- **Los mitos ¿vínculos de la tradición y cultura de un país?**
  - –Al destierro, el Cid cabalga p. 196
  - –Hombres de maíz p. 198
  - –El mito del Inkarri, p. 202
  - –Una pareja mítica, *Taller* p. 205
  - –Mitos fundacionales, *Panorama* p. 206
  - –Un viaje iniciático, *Horizonte Bac* p. 214

- **¿Siempre se vuelven mitos los héroes políticos?**
  - –Al destierro, el Cid cabalga p. 196
  - –Che Guevara p. 200-201
  - –El mito del Inkarri, p. 202
  - –Santiago, *Panorama* p. 206

NOTION 2 Lieux et formes du pouvoir (*Lugares y formas del poder*)

Problématique

- **Mitos y héroes: ¿símbolos de identidad cultural o promoción de valores comerciales?**

Para ayudarte

- **En vous appuyant sur les documents que vous aurez étudiés dans l'unité, vous pourrez développer les points suivants :**

1. Mitos, símbolos de identidad cultural.
- –El mito de Don Juan p. 192
- –Al destierro, el Cid Cabalga p. 196
- –Don Juan Tenorio, *Taller* p. 204
- –Un mito de lengua española en Internet, *Evaluación* p. 210
- –El valor de un mito, *Evaluación* p. 211

2. Recuperación comercial de un mito.
- –Se buscan Quijotes p. 194
- –Portada de la revista *Actualidad Fallera* p. 197
- –Che Guevara p. 200-201
- –El Cid, La leyenda, *Taller* p. 204

- **Pensez à utiliser le lexique du pouvoir, de la tradition et du marketing.**

Autre problématique que vous pourrez aborder

- **¿Pueden los mitos favorecer juegos de poder?**
  - –El mito de Don Juan p. 192
  - –Los nuevos donjuanes p. 193
  - –El mito del Inkarri p. 202
  - –Mitos fundacionales, *Panorama* p. 206
  - –El valor de un mito, *Evaluación* p. 211

Para ayudarte

N'oubliez pas que vous devez vous exprimer à la première personne, montrer une bonne connaissance des notions du programme et utiliser une langue correcte et riche.

- **Expressions utiles pour la prise de parole en continu**

–En mi breve exposición sobre la persistencia o evolución de los mitos en el mundo actual hablaré primero de... y luego de.../Para tratar la cuestión de saber si los mitos son reflejos de una identidad cultural o de una tradición evocaré primero... Luego hablaré de...
–Primero diré que en las sociedades modernas existen.../ Primero hablaré del valor sagrado de...
–La Recuperación y transformación de los mitos es un fenómeno que se puede observar en.../Muchas veces, los mitos forman parte de la identidad cultural de...
–Algunos mitos persisten bajo una forma degradada, como.../El problema es que los mitos consisten en supersticiones y...
–Para mí, el mito más revelador en este sentido es... en efecto...
–También me parece problemático el que...
–En conclusión diría que, por muy moderno que sea nuestro mundo...

- **Expressions utiles pour l'interaction**

Pour développer vos arguments : *Creo que hoy en día los mitos... Entonces.../Es difícil luchar contra el oscurantismo cuando...*

Pour nuancer une opinion : *Hay que tomar en cuenta que...*

Pour donner une explication : *Lo que quiero decir es que un mito/un personaje como...*

Pour décrire une œuvre, un mythe : *Este mural representa... La foto fue sacada en... por.../Según este mito...*

Si vous n'avez pas compris la question : *¿Puede usted repetir? ¿Perdone señor(a), le importaría precisar su pregunta?*

→ Fichier de l'élève, p. 56

Texto 1. Un viaje iniciático

Hay gente por todas partes en este bello día de septiembre que el viajero ha elegido para comenzar su viaje.

Y lo hace precisamente aquí, en el corazón del mundo, en el mítico lugar donde confluyen caminos y peregrinos procedentes de todos los países de la Tierra [...]. Una catedral que es, como la mayoría de ellas, el resumen de muchas catedrales superpuestas.

Por si faltara algo[1], además, el viajero accede a ella por la puerta más hermosa de la Tierra: el Pórtico de la Gloria, la obra en piedra más fabulosa de todas las de su estilo posiblemente del mundo. Debida a la inspiración del Maestro Mateo, el artista más genial de cuantos intervinieron en este templo [...] Durante unos minutos, permanece ajeno[2] a la gente y al ceremonial extraño que se desarrolla delante de él: tras admirar brevemente el pórtico, que merecería toda una vida, los peregrinos van pasando bajo él, poniendo la mano abierta en el parteluz central[3] (el que sirve de soporte a la imagen[4] del apóstol), y, después, al dorso de éste, se arrodillan o se inclinan para dar tres cabezazos[5] sobre el misterioso busto que la tradición pretende sea el del Maestro Mateo pese a que los compostelanos lo han bautizado hace tiempo con el más castizo nombre de *Santo dos Croques*, o de los Coscorrones[6] en castellano [...]. El viajero, a pesar de su agnosticismo[7], cuando le llega su turno, hace lo mismo que aquéllos, pero, una vez termina, se entera de que no lo ha hecho muy bien. La muchacha que vigila el buen orden de la fila le confiesa entre sonrisas que, al poner los dedos en la columna hay que pedir tres deseos[8] (el viajero, antes, pidió uno solo), y que los cabezazos al Maestro no se le dan por dárselos, sino para que éste trasmita al que se los da algo de su inteligencia. Obediente, el viajero vuelve a ponerse en la fila, llevando a cabo, ahora sí, el ritual como Dios manda. Al poner los dedos en la columna, solicita tres deseos: larga vida y feliz para su hijo, lo mismo para sí mismo y para quienes le acompañan en el viaje de la suya y suerte para este que empieza hoy, mientras que al Maestro Mateo le pide inteligencia y fuerzas para escribirlo. Las mismas al menos que él tuvo para hacer de este gran bloque de granito una de las filigranas más hermosas y perfectas de la Tierra.

–¿Qué tal ahora? –le pregunta la chica, cuando termina con el ritual, después de tanto deseo.

–Bien –dice el viajero, sonriendo y frotándose la frente con la mano para quitarse la sensación de haberse hecho un chichón[9] contra el Maestro.

Julio LLAMAZARES (España,1955), *Las rosas de piedra*, 2008

1. *(ici) Pour couronner le tout*
2. indiferente
3. *colonne centrale*
4. *(ici)* estatua
5. *coups avec la tête*
6. *Coups sur la tête*
7. *même s'il est agnostique (incroyant)*
8. *vœux*
9. *une bosse*

Texto 2. ¿Qué hay de nuevo por el camino?

El auge de las peregrinaciones a Compostela ha vuelto a traer una nueva edad de oro al Camino de Santiago y, como ya pasó en la Edad Media, las poblaciones por las que transita se transforman. Cada año llegan más peregrinos que el anterior y cada nuevo Xacobeo[1] significa un empujón a las estadísticas. A principios de noviembre de 2009 ya habían llegado a la catedral compostelana tantos peregrinos como en 2008 (unos 125.000) y para este nuevo Xacobeo 2010 se prevé que las cifras se desborden.

Hasta ahora, los peregrinos que llegaban a Santiago y demostraban que habían completado los 100 últimos kilómetros a pie o a caballo o los últimos 200 kilómetros en bicicleta obtenían la *compostela*. Un documento en latín que certifica haber hecho el camino por *devotionis affectu* es decir, por la devoción [...]. La Iglesia quiere reconducir el carácter religioso de la peregrinación. Ahora, al llegar a la oficina de acogida de la catedral, al peregrino se le pregunta por sus motivaciones. Si son religiosas, se le concede esta *compostela*. Si son de otro tipo, se le entrega un certificado de bienvenida, en español.

El País, 20/12/2009

1. Si el 25 de julio es domingo (fiesta de Santiago), se dice que es "Año Santo Jacobeo"

Compréhension écrite

A2
1. Cita elementos de ambos textos que indican que muchos peregrinos vienen a Santiago de Compostela.
2. Cita una frase del texto 1 que explica que la Catedral de Santiago necesitó siglos para ser construida.
3. Indica el nombre de la entrada principal a la catedral y apunta dos expresiones del texto 1 que ponen en evidencia su valor artístico.

B1
4. Citando el texto 1, precisa los dos gestos rituales que hacen los peregrinos al entrar en la catedral.
5. Cita dos elementos del texto 1 que explican por qué el viajero tiene que volver a hacer el ritual.
6. Di lo que es la *compostela* citando el texto 2.

B2
7. Citando ambos textos di si el viajero del texto 1 obtendrá la *compostela*.
8. Apoyándote en ambos textos indica cuáles pueden ser las motivaciones de los peregrinos para ir a Santiago de Compostela.

Expression écrite

Vous traiterez obligatoirement les deux questions.

B1 **1. Lista las diferentes acciones del viajero a lo largo del texto y coméntalas. (Unas veinte líneas)**

Para ayudarte

- Notez que la consigne porte sur les faits et gestes du personnage tout au long du texte.
- Repérez bien les différents moments sur lesquels doit porter votre analyse et commentaire.
- Utilisez les connecteurs temporels : *Al principio..., cuando llega..., luego..., por fin...*
- Insérez des remarques, des commentaires, par exemple sur les motivations du voyageur (*Es agnóstico, pero...*), les situations auxquelles il est confronté (*Se siente culpable cuando..., Me hace gracia cuando al final...*), etc.
- Relisez-vous en portant votre attention sur les erreurs que vous avez l'habitude de faire : ce sont souvent les mêmes.

B2 **2. Observa el cartel e imagina el diálogo entre las personas representadas en la foto. (Unas quince réplicas)**

Para ayudarte

- Commencez par définir le rôle de chaque personnage (lequel est un pèlerin, lequel est un habitant de la région).
- Respectez la ponctuation et utilisez les tirets pour marquer les changements de personnage.
- Repérez et utilisez des éléments des textes 1 et 2 qui vous permettront d'alimenter votre dialogue (la foule, les caractéristiques du monument, l'anecdote, la *compostela*, etc.).
- Réutilisez des formes ou expressions idiomatiques des textes.
- Conjuguez convenablement les verbes en fonction de l'action évoquée :
  –Vengo de.../Regreso a... Supongo que estará cansado de...
  –¿Hizo usted el ritual?.../Una muchacha me dijo que... Tuve que...

Literatura y cultura

Obras maestras españolas

A partir del siglo XV la literatura española conoce un auge importante gracias a la aparición de la imprenta así como gracias a la publicación por Antonio de Nebrija de la primera *Gramática de la lengua castellana* en 1492.

El heroísmo, la virtud, el amor cortés que hasta el momento constituían los temas literarios predilectos, vienen reemplazados por nuevos valores como el dinero y los placeres de la vida.

Antología de las obras maestras españolas

1 La evolución del personaje literario

En ***La Celestina*** (1519) de Fernando de Rojas, el personaje de la Celestina –mujer viciosa y codiciosa– influyó en el teatro y en la novela picaresca del siglo XVII; su nombre ha pasado a ser en Europa el sinónimo de alcahueta (*entremetteuse*). Con el personaje de don Quijote, Miguel de Cervantes Saavedra, en ***El ingenioso hidalgo don Quijote de la Mancha*** (1605-1615) quería parodiar a los héroes de las novelas de caballerías movidos por el amor cortés como el célebre Amadís de Gaula, pero quería ante todo valorar la aspiración a un ideal. Muy diferente es el personaje barroco del seductor don Juan que aparece en la obra de Tirso de Molina, ***El burlador de Sevilla y convidado de piedra*** (1627), y que no respeta ni estado ni condición y recibe el castigo divino. Con todo, los tres personajes ilustran la voluntad de los autores de "enseñar deleitando" (*enseigner en amusant*).

1. Cita los tres personajes emblemáticos de la literatura española, las obras donde aparecen y sus autores respectivos.
2. Di lo que representan los personajes de la Celestina, don Quijote y don Juan y lo que pretendían los autores.

2 *La Celestina*: lo cómico y lo grave

La Celestina es una obra esencial de la literatura europea: es una obra medieval por su propósito moral, *"compuesta en reprehensión de los locos enamorados"* y el castigo de protagonistas y criados que cometen pecados y necedades, pero también una obra renacentista por el sentido trágico de la vida heredado del mundo clásico antiguo, con el suicidio por amor y la desesperación.

La historia de la pasión culpable de **Calisto y Melibea**, fomentada por Celestina, pasa a ser un ejemplo en el sentido moral y literario de la época: *"Vos, los que amáis, tomad este ejemplo"*.

3. Di en qué aspectos *La Celestina* es una obra medieval así como una obra renacentista.
4. Precisa la dimensión que llegó a tener la historia de Calisto y Melibea.

Cartel de la obra de Fernando de Rojas

- **1516** Muerte de Fernando el Católico. Carlos I, rey de España
- **1519** Carlos V, emperador del Sacro Imperio Romano Germánico
- *La Celestina* de Fernando de Rojas
- 1550
- **1556** Carlos V abdica en su hijo Felipe. Felipe II, rey de España
- **1571** Victoria de Lepanto contra los turcos
- **1599** Felipe II se retira en el Monasterio de San Lorenzo de El Escorial. Felipe III, rey de España
- 1600
- **1605-1615** *El ingenioso hidalgo don Quijote de la Mancha* de Miguel de Cervantes Saavedra
- **1621** Felipe IV, rey de España
- **1627** *El burlador de Sevilla y convidado de piedra* de Tirso de Molina

3 *Don Quijote de la Mancha*: entre ilusión y realidad

El ingenioso hidalgo don Quijote de la Mancha (1605-1615) de **Miguel de Cervantes Saavedra**, se ha convertido en uno de los libros más editados del mundo. Traducido a todas las lenguas, se considera la primera y mayor novela moderna de la literatura universal con el personaje de don Quijote que simboliza la aspiración a un ideal. Don Quijote es un hombre bueno, desinteresado, cuya meta es defender a los que lo necesitan y que quiere creer que la justicia siempre triunfa.

La intención de Cervantes era también presentar personajes de diferentes clases sociales en una sociedad española a veces injusta con gente virtuosa y honrada. El *Quijote* es una obra dual, entre ilusión y realidad, a imagen de sus dos personajes emblemáticos: el idealista don Quijote y el materialista Sancho Panza.

Don Quijote y Sancho Panza (Madrid)

5. Precisa la intención paródica de Cervantes. ¿A qué personaje quería parodiar particularmente? ¿Cómo lo explicas?
6. Di qué simbolizaban don Quijote y Sancho Panza.

Literatura y cultura

Don Juan seductor, en *El Burlador de Sevilla*, de Tirso de Molina

4 *El burlador de Sevilla y convidado de piedra*: lo profano y lo sagrado

Con el personaje de don Juan, **Tirso de Molina** crea el mito universal del seductor soberbio, burlador de mujeres, que no respeta los valores sociales y religiosos de la época. No le interesan más que las aventuras amorosas que acumula, sin consideración de condición o de estado de las mujeres a las que seduce. Es capaz de mentir, disimular, fingir para satisfacer sus deseos sensuales y se enorgullece de ser el *"burlador de Sevilla"*. Ni siquiera piensa en el castigo con su *"¡Tan largo me lo fiáis!"*. Con todo, recibe el castigo de Dios de la mano de la estatua del Comendador que representa al mismo tiempo la figura del padre ofendido, del representante del Rey y del enviado de Dios. Para Tirso de Molina, don Juan debe ser condenado porque es un hombre vil que no merece compasión ni misericordia de los hombres o de Dios.

7. Caracteriza al personaje de don Juan.
8. A través de la estatua del Comendador, ¿quiénes son los que condenan a don Juan? A este respecto, precisa la intención de Tirso de Molina.

Para ampliar

Películas

Numerosas películas adaptaron las tres obras más emblemáticas de la literatura española:
- ***Don Juan en los infiernos***, Gonzalo SUÁREZ, 1991.
- ***Don Quijote de la Mancha***, Serie de TVE de Manuel GUTIÉRREZ ARAGÓN, 1992.
- ***La Celestina***, Gerardo VERA, 1997.
- ***El caballero Don Quijote***, Manuel GUTIÉRREZ ARAGÓN, 2002.

Lecturas

- ***"Llanto de las virtudes y coplas por la muerte de don Guido"***, in *Campos de Castilla*, A. MACHADO, 1907-1917. Prototipo del señorito andaluz enamorado del vino y las mujeres con algún parecido con Don Juan.
- **"Pierre Menard"** in *Ficciones*, J. L. BORGES, 1944. El personaje quiere igualar a Miguel de Cervantes y a su novela *Don Quijote*, y por eso se ve obligado a volver a escribir exactamente el mismo texto.
- ***Don Quijote de la Mancha***, cómic de A. ARAS, 1977. Adaptación de la novela bajo la dirección literaria de Camilo José Cela, Premio Nobel de Literatura.
- ***Al morir Don Quijote***, Andrés TRAPIELLO, 2005. Novela que imagina la historia de Sancho Panza, Dulcinea, la sobrina etc. después de la muerte de don Quijote.

Música

- ***Don Giovanni***, W. A. MOZART, 1787. Ópera en dos actos, hoy una de las más representadas en todo el mundo.
- ***Don Quijote***, R. STRAUSS, 1897. Poema sinfónico en el que el violoncelo encarna a don Quijote y el violín a su fiel escudero Sancho Panza.

Lugares de interés

- Molinos de Consuegra (La Mancha)
- La ruta del Quijote
- Toledo

TEXTO 1 El loco amor

Biografía

Fernando de ROJAS (1473-1551) estudió leyes en Salamanca graduándose como bachiller y llegó a ser Alcalde Mayor de Talavera. La primera edición sin título que se conserva data de 1499 y consta de 16 actos. Para las reediciones de 1500, el título es la *Comedia de Calisto y Melibea* y para las de 1502 *Tragicomedia de Calisto* o *Melibea* o *Libro de Calisto y Melibea y de la puta vieja Celestina*, se titulará *La Celestina* en 1519.

▶ Resumen

La Celestina **(1519)**

Calisto, un joven noble, está enamorado de Melibea, también noble. Está dispuesto a hacerlo todo para que Melibea se enamore de él. Para obtener los favores de Melibea, Calisto se vale de una mujer astuta y codiciosa (*cupide*), la Celestina, que sólo piensa en ganar dinero ayudando a los amantes.

CELESTINA: ¡Oh angélica imagen! [...] Pues, si tú me das licencia, diréte[1] la necesitada causa de mi venida, que es otra que la que hasta ahora has oído, y tal, que todos perderíamos en me tornar[1] en balde sin que la sepas.

MELIBEA: Di, madre, todas tus necesidades, que si yo las pudiere remediar, de muy buen grado[2] lo haré, por el pasado conocimiento y vecindad que pone obligación a los buenos. [...]

CELESTINA: Doncella graciosa y de alto linaje, tu suave habla y alegre gesto, junto con el aparejo de liberalidad[3] que muestras con esta pobre vieja, me dan osadía a te lo decir[1]. Yo dejo un enfermo a la muerte[4], que con sola palabra de tu noble boca salida que le lleve metida en mi seno, tiene por fe que sanará[5], según la mucha devoción tiene en tu gentileza.

MELIBEA: Vieja honrada, no te entiendo, si más no declaras tu demanda. [...]

CELESTINA: Bien tendrás, señora, noticia en esta ciudad de un caballero mancebo, gentilhombre de clara sangre, que llaman Calisto.

MELIBEA: ¡Ya, ya, ya! Buena vieja, no me digas más, no pases adelante. ¿Ése es el doliente[6] por quien has hecho tantas premisas en tu demanda?, ¿por quien has venido a buscar la muerte para ti?, ¿por quien has dado tan dañosos pasos, desvergonzada barbuda[7]? ¿Qué siente ese perdido, que con tanta pasión vienes? De locura será su mal. ¿Qué te parece? Si me hallaras sin sospecha de ese loco, ¿con qué palabras me entrabas? No se dice en vano que el más empecible miembro del mal hombre o mujer es la lengua. ¡Quemada seas, alcahueta, falsa, hechicera[8], enemiga de honestad, causadora de secretos yerros! ¡Jesú, Jesú! [...] ¿Querrías condenar mi honestidad por dar vida a un loco? ¿Dejar a mí triste por alegrar a él y llevar tú el provecho de mi perdición, el galardón de mi yerro[9]? ¿Perder y destruir la casa y la honra de mi padre por ganar la de una vieja maldita como tú?

Fernando DE ROJAS, *La Celestina*, 1519

1. te diré/tornarme/a decírtelo
2. de muy buena voluntad
3. generosidad
4. *un moribond*
5. *guérira*
6. enfermo
7. *vieille poilue indécente*
8. *entremetteuse, hypocrite, sorcière*
9. *le bénéfice de ma faute*

Descubre y disfruta

1. Precisa la forma del documento y di quiénes son los protagonistas.
2. Aclara de qué quiere hablarle la Celestina a Melibea. (l. 7-11)
3. ¿Cómo reacciona Melibea? Lista los elementos que expresan sus sentimientos. (l. 16-24)
4. Analiza la reacción de Melibea. (l. 24-27)
5. Explica por qué el personaje de la Celestina sigue fascinando e interpretándose en adaptaciones modernas.

Texto 2 Los molinos de viento

Biografía

Miguel de CERVANTES SAAVEDRA (1547-1616), pese a su afición por la lectura, se alistó en la Armada española y en 1571 participó en la batalla de Lepanto contra los turcos, donde perdió el uso de la mano izquierda, de ahí su apodo (*surnom*) "el Manco de Lepanto". Después de su liberación, volvió a España y se puso a escribir comedias y conoció un triunfo literario con la primera parte del *Quijote* en 1605, las *Novelas ejemplares* en 1613 y la segunda parte del *Quijote* en 1615.

▶ Resumen

Don Quijote de la Mancha

Sufriendo la influencia de los libros de caballería, el hidalgo manchego don Alonso Quijano decide vivir la vida de los caballeros andantes y salir en defensa de los débiles (*faibles*), montado en su viejo caballo Rocinante. Toma el nombre de don Quijote de la Mancha, se inventa una dama, Dulcinea del Toboso, y nombra escudero a un vecino suyo, Sancho Panza. Sale don Quijote acompañado de Sancho en busca de aventuras en las que confunde rebaños (*troupeaux*) y molinos de viento con ejércitos enemigos. Después de varios fracasos, y con ayuda de la gente de su pueblo, volverá a casa, enfermará y morirá.

A media mañana descubrieron treinta o cuarenta molinos de viento que había en el campo.

Apenas los vio don Quijote, dijo a su escudero:

–Aventura tenemos, amigo Sancho Panza. Hete aquí treinta desaforados[1] gigantes, con los cuales pienso entrar en batalla y quitarles la vida a todos. Con sus despojos[2] podrás enriquecerte tú, pues eres mi escudero.

–Pero, ¿qué gigantes son? –preguntó Sancho.

–Estos que hay aquí –respondió su amo–. ¿No los ves con sus largos brazos, que amenazan al cielo?

–Mire, vuestra merced[3], que no son gigantes sino molinos de viento –replicó Sancho–. Y lo que a vuestra merced parecen brazos, son aspas[4] que, volteadas por el viento, hacen andar la piedra del molino.

1. *monstrueux*
2. *leurs dépouilles*
3. usted
4. *ailes du moulin*

–Bien se ve que no entiendes nada de aventuras –respondió don Quijote-. Te digo que son gigantes. Y si tienes miedo, apártate de aquí y ponte a rezar[5], mientras yo comienzo esta fiera y descomunal batalla.

Y sin más, picó espuelas y arremetió contra los imaginarios enemigos. Sancho trató de detenerle[6], gritando:

–Deténgase vuestra merced, que yo le juro que no son gigantes sino molinos de viento.

Pero don Quijote no le oía, sino que gritaba también:

–No huyáis, cobardes y viles criaturas, que un solo caballero es el que os acomete. [...]

Se encomendó de todo corazón a su señora Dulcinea para que le ayudase en la lucha y, lanza en ristre, arremetió galopando y embistió al primer molino que tenía delante.

Le dio una fuerte lanzada en el aspa. Pero fue la lanza la que se deshizo en mil pedazos.

Rocinante cayó al suelo y don Quijote, alcanzado por el movimiento del aspa, fue arrojado a tierra donde quedó inmóvil y maltrecho.

Miguel de CERVANTES, *Don Quijote de la Mancha*, 1615

5. *écarte-toi et va prier*
6. *essaya de l'arrêter*

Descubre y disfruta

1. Precisa quiénes son los dos protagonistas y la relación que existe entre ellos.
2. Di lo que veían los protagonistas. ¿Veían la misma cosa? (l. 8-13)
3. Explica por qué don Quijote arremetió contra los molinos. (l. 13-16)
4. ¿A quién se encomendó de todo corazón don Quijote? Aclara la intención de don Quijote. (l. 17-25)
5. A pesar de su "confusión", muestra en qué don Quijote es un personaje heroico.

Texto 3 Retóricas mentiras

Biografía

TIRSO DE MOLINA (1584-1648), seudónimo de Fray Gabriel Téllez, de la Orden de la Merced, estudió teología antes de darse a conocer como autor de comedias. La Junta de Reformación de las Costumbres, creada por Olivares, censuró en 1625 esas comedias escritas por un religioso. Sufrió varios destierros por ello.

▶ Resumen

El burlador de Sevilla y convidado de piedra

Don Juan, hijo de don Diego Tenorio, privado (*favori*) del rey de España no tiene más objetivo en la vida que seducir a las mujeres, a todas las mujeres, nobles como él o plebeyas como Aminta. No respeta ni palacios, ni iglesias, ni chozas donde le recogieron o acogieron humildes pescadores o labradores. Muere castigado por Dios, dando la mano a la estatua del Comendador de quien se burló y a quien mató.

JUAN: Aminta, escucha y sabrás,
si quieres que te la diga,
la verdad, si las mujeres
sois de verdades amigas.
Yo soy noble caballero,
cabeza de la familia
de los Tenorios antiguos,
ganadores de Sevilla.
Mi padre, después del rey,
se reverencia y se estima
en la corte, y de sus labios
penden las muertes y vidas.
Torciendo el camino acaso,
llegué a verte, que amor guía
tal vez las cosas, de suerte
que él mismo de ellas se admira.
Víte, adoréte, abraséme[1],
tanto que tu amor me obliga
a que contigo me case[2].
Mira qué acción tan precisa.
Y aunque lo murmure el reino,
y aunque el rey lo contradiga,
y aunque mi padre enojado[3]
con amenazas lo impida,
tu esposo tengo de ser,
dando en tus ojos envidia
a los que viere en su sangre
la venganza que imagina.
Ya Batricio[4] ha desistido[5]
de su acción, y aquí me envía
tu padre a darte la mano.
¿Qué dices?
AMINTA: No sé qué diga,
que se encubren tus verdades
con retóricas mentiras[6].

TIRSO DE MOLINA,
El burlador de Sevilla, Acto III, 1630

1. te vi, te adoré, me abrasé
2. *que je t'épouse*
3. *fâché*
4. novio de Aminta con quien debía casarse
5. ha abandonado
6. mentiras disimuladas con bellas palabras

DESCUBRE Y DISFRUTA

1. Precisa la forma del texto y quiénes son los dos protagonistas.
2. Di de qué saca orgullo don Juan. ¿Qué faceta del personaje evidencia? (v. 5-12)
3. ¿Qué le propone don Juan a Aminta? (v. 17-25) Aclara por qué podría haber reacciones del rey y del padre de don Juan.
4. Di de qué duda Aminta cuando habla de "retóricas mentiras". (v. 35)
5. Explica por qué el personaje de don Juan ha pasado a ser un mito universal.

Horizonte BAC LELE

Pour aider les élèves de Littérature étrangère en langue étrangère (LELE, séries L) à constituer le dossier qu'ils présenteront à l'oral, voici les thématiques du programme auxquelles sont liés ces textes.

Texto 1. Le personnage, ses figures et ses avatars
(El personaje, figuras y evoluciones)
La figura emblemática del personaje.
La Celestina es la figura emblemática de la mujer vil, egoísta y codiciosa que es el instrumento de la perdición de los amantes Calisto y Melibea.

Texto 2. Le personnage, ses figures et ses avatars
(El personaje, figuras y evoluciones)
El antihéroe.
Con la intención paródica de su autor, don Quijote es el anti Amadís de Gaula -el caballero héroe-. Con todo, el *Quijote* le permite a Cervantes hablar de amor y de amistad y mostrar diferentes facetas de la sociedad española de su tiempo.

Texto 3. Le personnage, ses figures et ses avatars
(El personaje, figuras y evoluciones)
El héroe mítico.
Don Juan es el héroe mítico que goza seduciendo a las mujeres. Tirso de Molina se aprovecha del personaje para denunciar los errores de los que no temen ni la justicia humana ni la justicia divina.

Acuerdos latinoamericanos

A partir de los años 90, dentro de un contexto de globalización creciente, los procesos de acuerdos entre países de una misma región se fortalecieron en América Latina. Se reforzaron una serie de bloques económicos nacidos en décadas anteriores como el **MERCOSUR** (Mercado Común del Sur que reúne a Argentina, Brasil, Uruguay, Paraguay, Venezuela y Bolivia), la **CAN** (Comunidad Andina de Naciones que se compone de Colombia, Perú, Bolivia y Ecuador) o se crearon nuevos ejes de integración como el **ALBA** (Alternativa Bolivariana para América Latina, iniciativa de Hugo Chávez y Fidel Castro que ha permitido intercambiar recursos naturales como el petróleo por recursos humanos como profesores y médicos cubanos destinados a Venezuela y Bolivia) y **UNASUR** (Unión de Naciones Suramericanas que se compone de los países miembros del MERCOSUR, de la CAN y de Chile, Guayana y Surinam).

Allende, Salvador

Salvador Allende (1908-1973). Político chileno, líder del Partido Socialista. Fue presidente de Chile desde 1970 hasta el golpe de Estado dirigido por el general **Augusto Pinochet** el 11 de septiembre de 1973, día en que murió en el Palacio de La Moneda bombardeado por los golpistas.
Salvador Allende realizó reformas, confiscó tierras a grandes terratenientes, nacionalizó muchas empresas privadas y creó cooperativas de trabajadores. Cuando decidió la nacionalización del cobre en manos de los norteamericanos, Estados Unidos apoyó a los grupos opositores al gobierno socialista, provocando el fracaso del régimen.

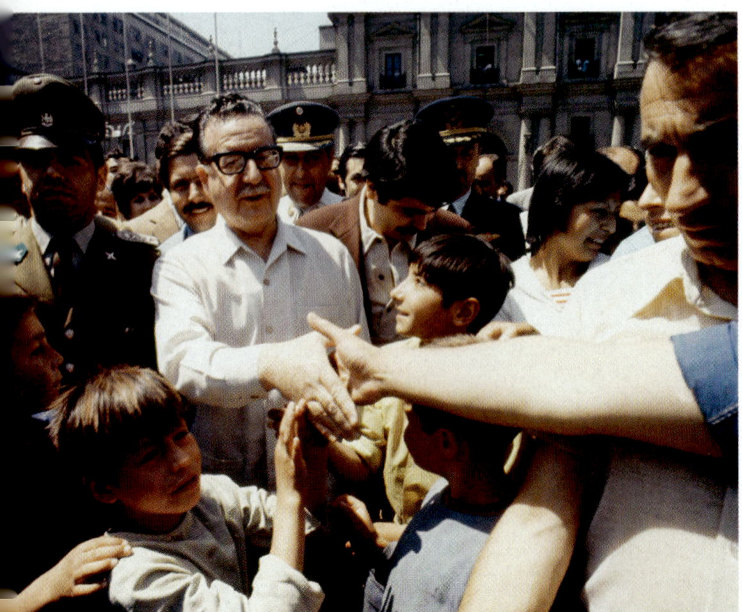

El presidente chileno Salvador Allende

Batista, Fulgencio

Fulgencio Batista (1901-1973). Político y militar cubano. Fue elegido presidente de Cuba en 1940 y durante su mandato (1940-1944) cooperó con los aliados en la Segunda Guerra Mundial. En 1952 dio un golpe de Estado e instauró una dictadura que favoreció los intereses de Estados Unidos. De 1952 a 1958 prohibió la libertad de expresión y de huelga. Redujo la producción de azúcar, que era una de las fuentes de ingresos de la isla, lo que provocó un gran descontento del sector agrícola y un empobrecimiento de gran parte de la población. La isla se convirtió en un "casino" gigantesco para turistas estadounidenses y la corrupción se generalizó. Aprovechando esta situación de descontento y de injusticia, Fidel Castro y un grupo de guerrilleros fundaron el *Movimiento 26 de julio* en 1955 y emprendieron una guerra de guerrillas desde la Sierra Madre que provocó la derrota y huida del dictador Batista, el 1 de enero de 1959.

Castro, Fidel

Fidel Castro, 2005

Fidel Castro (1926), revolucionario y hombre político cubano, dirigió su país de 1959 a 2008 de manera autoritaria. En 1953, con un grupo de revolucionarios atacó el Cuartel Moncada para derrocar al dictador Fulgencio Batista: fracasó y fue detenido. Se exilió en México y regresó en 1956 con otro grupo de guerrilleros, entre los cuales Ernesto Che Guevara. Tras una guerra de guerrillas la Revolución cubana triunfó el 1 de enero de 1959. Al principio intentó acercarse a Estados Unidos, pero la política llevada a cabo en la isla, impulsó a Estados Unidos a apoyar cualquier intento de rebelión contra Fidel. Tras el fracaso del desembarco de un grupo de cubanos opuestos a Castro en la Bahía de los Cochinos en abril de 1961, Fidel Castro se acercó a la URSS y se declaró comunista. Estados Unidos, por su parte, estableció un embargo comercial, económico y financiero sobre la isla. Al descubrirse que la URSS estaba instalando misiles nucleares en Cuba se produjo la crisis de los misiles. Cuba se convirtió en aliado de la URSS (petróleo a cambio de azúcar) e impuso un régimen comunista. A nivel económico Fidel Castro nacionalizó las grandes empresas, y realizó la reforma agraria. También desarrolló un sistema de sanidad eficaz y lanzó una campaña de alfabetización que suprimió el analfabetismo. El régimen encarceló a miles de opositores y prohibió la libertad de expresión. Al caer la URSS Castro intentó favorecer el desarrollo turístico de la isla. En 2008, cedió el poder a su hermano Raúl.

Estatua del Cid en Burgos

El Cid

El Cid (1048-1099) fue un personaje histórico real que vivió en el siglo XI. Su verdadero nombre era Rodrigo Díaz de Vivar. Contribuyó a importantes victorias cristianas contra los árabes, como la reconquista de Valencia en 1094, donde reinó hasta su muerte en 1099.
Sus numerosas hazañas (*exploits*) lo convirtieron en héroe legendario, en personaje mítico y emblemático de la identidad española, e inspiraron numerosas obras literarias. La primera de ellas: el anónimo *Cantar de Mío Cid* escrito hacia el año 1200. El dramaturgo Pierre Corneille contó sus hazañas en su famosa obra, *Le Cid*, escrita en 1636, adaptación de *Las Mocedades del Cid* de Guillén de Castro.

Energía en España

España **importa** el 84% de la energía que necesita. Se compone básicamente de petróleo y otros hidrocarburos para el transporte, que es totalmente dependiente de los combustibles fósiles. Sin embargo, España es menos dependiente del exterior con relación al consumo de electricidad aunque importe electricidad de Francia. En 2011 el 38% de la electricidad consumida provino de fuentes verdes, es decir la eólica (17%), la hidráulica (19%) y la fotovoltaica (2%).
Si las tecnologías del carbón, fuel y gas están perdiendo terreno, hay que tener en cuenta que la nuclear, por sus características técnicas, no se suprime y sigue produciendo electricidad. Las compañías españolas del sector, como Endesa y Repsol, son multinacionales que operan básicamente en América Latina.

Exilios y migraciones en España desde 1900

Entre 1900 y 1930 emigraron unos 4 millones de españoles hacia América Latina, que necesitaba mano de obra para la producción agraria (Argentina, Cuba, Brasil). Eran jóvenes que no encontraban trabajo en España.
Durante la Primera Guerra Mundial también aumentó mucho la emigración a Francia que necesitaba mano de obra en las minas o en el campo. Luego llegó la Guerra Civil española y la derrota de los republicanos provocó la emigración de 500.000 españoles a Francia. Fueron internados en campos de retención. Cerca de 215.000 se quedaron en territorio francés e integraron en la Segunda Guerra Mundial los grupos de la *Résistance*. La mayor parte participó en la liberación de Francia y en la reconstrucción de este país tras el final de la guerra. Entre 1959 y 1973 emigraron al continente europeo más de un millón de personas. Huían del hambre y de la miseria de la España franquista. A diferencia de las emigraciones anteriores, los emigrantes salían del país con un contrato de trabajo.
Tras su ingreso en la Comunidad Europea y su desarrollo económico en los años 90 y 2000, España pasó a ser un país de inmigración. Se calcula que en 2010 residían en España más de 4 millones de inmigrantes de África, de América Latina y de los países del este de Europa.

Vuelta a España de los exiliados en los años 60

Datos culturales

Expansión urbana en España (1960-1975)

Al finalizar la autarquía (1959), España conoció la etapa de mayor crecimiento económico y urbano de su historia. La causa principal fue la expansión de la industria, impulsada por los planes de desarrollo, que provocó un gran movimiento de mano de obra del campo a la ciudad. Se intensificó la construcción masiva privada, por medio de empresarios cercanos al régimen franquista, para hacer frente a la multiplicación de la población en las zonas industriales. La mayor parte de esas construcciones se realizaron sin planificación urbanística en la periferia de las grandes ciudades y se convirtieron en ciudades-dormitorio masificadas con carencias de servicios comunitarios.

Formas poéticas hispánicas

En su origen escrita para ser cantada, la poesía permite expresar sentimientos, emociones y pensamientos recurriendo a las características rítmicas y musicales de la lengua. Por eso un poema se escribe teniendo en cuenta la métrica, la rima, el ritmo y con especial atención por la selección de las palabras, su sonoridad, su poder evocador.
Existen distintos tipos de formas poéticas definidas en función de la organización de las estrofas y de la combinación de las rimas. La forma clásica por excelencia, y la más exigente, es el soneto. Pero en español la forma más difundida y más popular es el romance: poema formado por un número indefinido de versos octosílabos con rima asonante (sólo coinciden las vocales) en los versos pares. Los versos impares no tienen rima.
Uno de los recursos estilísticos característicos de la poesía es el encabalgamiento (*enjambement*), o sea el hecho de cortar una frase al final de un verso y continuarla en el verso siguiente de tal forma que no se puede marcar una pausa entre uno y otro.
En el siglo XX la poesía toma distancias con los rigores de la métrica regular y, sobre todo, de la rima. Conserva sin embargo la búsqueda de la musicalidad mediante las aliteraciones, la acentuación y las rimas asonantes.

Gaudí i Cornet, Antoni

Antoni **Gaudí i Cornet** (1852-1926) fue un gran arquitecto español. La obra de Gaudí se encuentra fuertemente vinculada a la ciudad de Barcelona y a los cambios que se produjeron allí a finales del siglo XIX. En 1883 se hizo cargo de la continuación del templo expiatorio de la Sagrada Familia, una catedral neogótica que modificó totalmente y que no pudo acabar. La Sagrada Familia es actualmente uno de los monumentos más visitados de España. Trabajó mucho también para el empresario Eusebio Güell: entre sus obras destacan el **Palacio Güell** (1885-1889) en Barcelona, y a principios del siglo XX, el **Parque Güell** (1900-1914) inspirado en las formas de la naturaleza. Realizó la **Casa Batlló** (1904-1906), edificio del pleno modernismo destacado por las curvas de los balcones y por su expresiva cubierta en forma de dragón, cubierta por piezas de cerámica que simulan escamas (*écailles*); y la **Casa Milá** (1906-1912), conocida por los barceloneses como **La Pedrera**. Se le considera el máximo representante del modernismo catalán y español. Entre 1984 y 2005 siete de sus obras han sido consideradas Patrimonio de la Humanidad por la Unesco.

La Casa Batlló (1904-1906) en Barcelona

Las Meninas, Diego Velázquez

Se considera esta obra comouna anticipación al realismo fotográfico, ya que su composición, la actitud de los personajes, hacen pensar en una fotografía de un momento de la vida de palacio. La escena se sitúa en una sala del Alcázar de Madrid, donde Velázquez está pintando un cuadro de los Reyes Felipe IV y Mariana de Austria. En el espejo del fondo se ve el reflejo de la pareja real. La Infanta ha irrumpido en la sala con sus dos *meninas*. Se usaba este nombre para las damas de honor que solían venir de la Corte de Portugal. *Las Meninas*, obra maestra del Barroco y de la pintura universal, se caracteriza por su complejidad :

–al representarse a sí mismo dentro del cuadro pintando a los Reyes de España, Velázquez reivindica la nobleza de la pintura, su valor como Arte mayor.

–la presencia del reflejo en el fondo de la pieza, la dirección de las miradas que convergen hacia el lugar donde están los Reyes, crean un juego espacial muy complejo.

–el espectador forma parte, metafóricamente, de la obra porque cuando mira el cuadro ocupa el mismo lugar que la pareja real y está observando al mismo tiempo que puede creer que le observan.

Movimiento 15-M

Un movimiento ciudadano iniciado el 15 de mayo de 2011 ha adquirido rápidamente gran popularidad tanto en España como en otros países del mundo. Este **Movimiento 15-M**, también llamado **Movimiento de los Indignados** comenzó con acampadas en las plazas de las principales ciudades españolas con ciudadanos que reivindicaban más democracia, más justicia, más solidaridad y un gobierno menos dependiente de bancos y corporaciones. Los temas predilectos de los Indignados son la educación, el medio ambiente, la política, la economía, la movilidad y la inmigración. Este movimiento se ha expandido a nivel mundial, llevando a las calles a decenas de miles de personas que se manifiestan en contra del poder financiero y de la debilidad de los políticos.

Indignados de todo el mundo han salido a las calles en cientos de ciudades de todos los continentes para exigir un cambio global, lanzar una crítica al poder político y protestar contra las consecuencias del funcionamiento de los mercados y la banca, contra los recortes o contra la precariedad en el empleo.

Picasso y el Cubismo

Pablo PICASSO, *Las señoritas de Aviñón*, 1907

Pablo Ruiz Picasso (España 1881-Francia 1973) es considerado uno de los padres del Cubismo. Su obra, que abarca diversos ámbitos (pintura, escultura, dibujo), fue marcada por los maestros de la pintura española (Velázquez, Goya) a la vez que por la modernidad debida a las mutaciones de la sociedad de la que fue testigo. Su obra atravesó diversas etapas: la etapa azul, la etapa rosa, etc, y participó en el movimiento surrealista. Se suele considerar que el **Cubismo** se inició en 1907, cuando Picasso pintó *Las señoritas de Aviñón*. El Cubismo, una nueva manera de representar la realidad, rompe con las formas tradicionales para imponer formas geométricas y superpuestas. Otros grandes pintores cubistas fueron: Georges Braque (1882-1963) y Juan Gris (1887-1927), quien adoptó un cubismo coloreado y pintó muchos bodegones con botellas, fruteros, periódicos, pipas e instrumentos musicales: *Naturaleza muerta sobre una silla, Violín y guitarra y Guitarra delante del mar* (1925).

@ Para saber más:
www.museupicasso.bcn.cat/es/

El dictador chileno Augusto Pinochet

Pinochet, Augusto

Augusto Pinochet (1915-2006), dictador chileno que tomó el poder después de derrocar al presidente electo **Salvador Allende** con el apoyo de Estados Unidos, el 11 de septiembre de 1973. Gobernó Chile entre 1973 y 1990, reprimiendo duramente a la oposición política.

Los servicios de inteligencia, la DINA y el Centro Nacional de Información (CNI), tuvieron un importante papel en la represión y en el régimen autoritario que instauró. Tras las recesiones de 1975, 1976, 1982 y 1983, la economía diseñada por su régimen comenzó a dar rendimientos y a experimentar una gran expansión, hasta el punto de ser un modelo en América Latina. Seguro de sus logros políticos y económicos y de su autoridad e influencia en el país, en 1988 convocó un referéndum dentro del marco previsto por la Constitución. Lo perdió, y con el triunfo de la oposición política coaligada en Concertación Democrática (CD), se inició el proceso de transición a la democracia, marcada por la moderación y por el enorme poder que conservaba Pinochet.

Fue durante un viaje privado a Inglaterra cuando recibió una orden de detención por parte del juez español Baltasar Garzón, por su responsabilidad en la muerte de ciudadanos españoles en el período de la dictadura militar que él presidió. Con todo, pudo volver a Chile el 3 de marzo de 2000 y murió el 10 de diciembre de 2006.

Real Academia Española

La **Real Academia Española** (RAE) es una institución cultural con veintiuna delegaciones en países donde se habla español. Fue fundada en 1713 por el ilustrado Juan Manuel Fernández Pacheco y estuvo bajo la real protección del rey Felipe V. El objetivo era fijar la lengua castellana para fomentar una unidad idiomática entre los diversos territorios hispanos. El uso correcto del español se recoge en varias obras como el *Diccionario*, la *Gramática* y la *Ortografía de la Lengua Española*. La institución se ha ido adaptando a las necesidades de los hablantes hispánicos. Las facilidades de comunicación ofrecidas por las nuevas tecnologías han favorecido, por ejemplo, la lectura global del *Quijote*, de Miguel de Cervantes en Internet, con el apoyo de la RAE y de Youtube.

El subcomandante Marcos

El **subcomandante Marcos** (1957) (probablemente Rafael Sebastián Guillén Vicente) es el principal portavoz y mando militar del grupo armado indigenista Ejército Zapatista de Liberación Nacional (EZLN) en el Estado de Chiapas en México. Reivindica democracia, libertad, tierra, pan y justicia para los indígenas. Su cara cubierta por un pasamontañas se ha convertido en símbolo de resistencia. Es un buen orador y sabe manejar los medios de comunicación. Del 24 de febrero al 11 de marzo de 2001 encabezó una marcha pacífica gigantesca, hasta México D.F. para reclamar derechos y reconocimiento de las etnias indígenas mexicanas y así poder garantizar nuevas relaciones y terminar con la explotación, la desigualdad, la discriminación y la exclusión política de los pueblos indígenas. Algunas de sus frases son famosas: "El mundo que queremos es uno donde quepan muchos mundos. La patria que construimos es una donde quepan todos los pueblos y sus lenguas"."Es preferible morir con honor que vivir con la vergüenza de un tirano dictando nuestros rumbos." "¡No necesitamos permiso para ser libres!"

El subcomandante Marcos

Les points de grammaire sont référencés par rapport aux fiches.

1 L'ALPHABET

A	*a*	[a]	F	*efe*	[efe]	L	*ele*	[ele]	P	*pe*	[pe]	U	*u*	[u]
B	*b*	[βe]	G	*ge*	[xe]	LL	*elle*	[eʎe]	Q	*cu*	[ku]	V	*uve*	[uβe]
C	*ce*	[θe]	H	*hache*	[atʃe]	M	*eme*	[eme]	R	*ere*	[ere]	W	*uve doble*	[uβe doβle]
CH	*che*	[tʃe]	I	*i*	[i]	N	*ene*	[ene]	RR	*erre*	[erre]	X	*equis*	[ekis]
D	*de*	[de]	J	*jota*	[xota]	Ñ	*eñe*	[eɲe]	S	*ese*	[ese]	Y	*i griega, la ye*	[igrjega, je]
E	*e*	[e]	K	*ka*	[ka]	O	*o*	[o]	T	*te*	[te]	Z	*zeta*	[θeɫa]

■ Les lettres sont du genre féminin : *la a, la efe, una u.*

■ Les voyelles conservent leur son : *an, en, in.*

■ Dans les dictionnaires, les lettres **ch** et **ll** sont incluses aux lettres **c** et **l**.

■ On ne doit pas séparer les lettres **ch, ll** et **rr** à la fin d'une ligne :

valle → *va-lle*
perro → *pe-rro*

2 L'ACCENTUATION

A. L'accent tonique

■ Tous les mots espagnols portent un accent tonique :
• sur l'avant-dernière syllable lorsque les mots se terminent par une voyelle, un **n** ou un **s** : *una playa, unas playas.*
• sur la dernière syllable lorsque les mots se terminent par une consonne sauf **n** et **s** : *venir, la capital, la mujer, feliz.*

B. L'accent écrit

■ Lorsque l'accent est écrit, il peut porter sur la dernière syllabe, l'avant-dernière ou l'antépénultième : *el jardín, difícil, el teléfono.*

■ Lorsque la syllabe finale d'un mot singulier se termine par une consonne et comporte un accent écrit, cet accent écrit disparaît au pluriel : *un jardín, unos jardines; la civilización, las civilizaciones.*

■ **Attention :** certains mots qui ne comportent pas d'accent écrit au singulier en prennent un au pluriel afin de conserver l'accent tonique à la place qui lui échoit :

joven → *jóvenes*

C. L'accent diacritique

■ On appelle accent diacritique ou pronominal l'accent graphique qui sert à distinguer deux mots de même forme mais de nature et/ou de sens différents :
de (préposition) ≠ **dé** (verbe **dar** au subj. présent)
el (article) ≠ **él** (pronom)
se (pronom) ≠ **sé** (verbe **saber**)
que (pronom relatif) ≠ **qué** (interrogatif ou exclamatif)

■ **Remarque :** *La nueva ortografía 2010* (RAE) prévoit de supprimer les accents pour certains mots. Certains grands auteurs, notamment latino-américains, simplifient déjà l'accentuation de certains mots dans leurs œuvres. Le cas le plus fréquent est le pronom démonstratif que l'on peut trouver avec accent : ***Aquéllas** eran personas…* (U3, p. 70) Celles-ci étaient des personnes … ou sans accent : ***Ese** es mi nombre.* (U3, p. 74)
C'est bien mon nom.
ou encore de l'adverbe **solo** qui peut s'écrire avec ou sans accent :
*Empujadas **sólo** por la voluntad de sobrevivir.* (U3, p.70)
Poussées seulement par la volonté de survivre.

3 PONCTUATION

,	*la coma*
;	*el punto y coma*
.	*el punto*
:	*los dos puntos*
...	*los puntos suspensivos*
-	*el guión*
« »	*las comillas*
( )	*los paréntesis*
¿ ?	*los signos de interrogación*
¡ !	*los signos de exclamación*

4 L'INTERROGATION

■ L'interrogation est précédée d'un point interrogatif à l'envers qui peut être placé en tête de phrase ou dans la phrase directement devant les éléments de la question :

*¿**Qué** dices?* (U1, p. 12) Que dis-tu ?
*Me vas a decir que no son rentables, **¿**verdad hijo**?*** (U2, p. 54)
Tu vas me dire qu'elles ne sont pas rentables, n'est-ce pas mon fils?

■ Les mots interrogatifs portent un accent qui les différencie graphiquement des pronoms relatifs, à l'exception de **si** ; certains s'accordent en nombre ou en genre et en nombre :

qué	*por qué*	*para qué*	*a qué*
dónde	*adónde*	*cuándo*	*cómo*
quién	*quiénes*	*cuál*	*cuáles*
cuánto	*cuánta*	*cuántos*	*cuántas*

*¿Y **adónde** van si no hay viviendas ?* (U1, p. 12)
Et où vont-ils s'il n'y a pas de logement?

■ Dans les propositions interrogatives indirectes, le mot interrogatif conserve l'accent écrit :

*Pude apreciar **cómo** viven los ricos.* (U1, p. 22)
J'ai pu voir comment vivent les riches.

■ Puisqu'il s'agit d'une interrogation – ***una pregunta*** –, c'est très souvent le verbe ***preguntar*** qui introduit ces phrases :

***Se preguntó qué** tipo de paisaje estaría cruzando.* (U3, p. 78)
Il se demanda quel type de paysage il pouvait bien rencontrer.

5 L'exclamation

■ Comme l'interrogation, l'exclamation est précédée d'un point d'exclamation à l'envers qui peut être placé en tête de phrase ou dans la phrase devant l'exclamation :

¡Oh angélica imagen! (U7, p. 218) Oh angélique image !

■ Il arrive que les points d'exclamation n'apparaissent pas lorsque l'exclamation est dans la phrase. Ce sont les pronoms accentués et le contexte – voire des guillemets – qui renseignent alors sur le caractère exclamatif du passage :

*Mira **qué** acción tan precisa* (U7, p. 221)
Vois quel désir impérieux!

■ Le mot exclamatif ***qué*** introduit généralement l'exclamation lorsque celle-ci porte sur un nom, un adjectif, un participe ou un adverbe :

*¡**Qué** barbaridad!* (U5, p. 129) Quelle folie !

■ Lorsque la phrase exclamative n'a pas de verbe et ne comporte qu'un substantif et un adjectif, l'adjectif est précédé de ***más*** ou de ***tan***.

■ Lorsque l'exclamation porte sur un verbe, c'est généralement ***cuánto*** qui l'introduit ; si l'exclamation implique une notion de nombre, ***cuánto*** s'accorde alors en genre et en nombre avec le nom auquel il se rapporte :

*¡**Cuántos** siglos!* (U5, p. 162) Combien de siècles !

6 Les articles

A. Les articles définis

1. Les articles définis masculins et féminins

	Masculin	Féminin
Singulier	***el*** *(el libro)*	***la*** *(la playa)*
Pluriel	***los*** *(los libros)*	***las*** *(las playas)*

■ Devant un nom féminin singulier commençant par ***a***- ou ***ha***-toniques, on emploie un article masculin pour éviter un hiatus : *el agua* (l'eau), *el ave* (l'oiseau)

■ En revanche, on retrouve l'article féminin au pluriel :
las aguas, las aves.

■ Précédé des prépositions ***a*** ou ***de***, l'article défini masculin singulier se soude et se contracte :

*De cara **al** mar.* (U4, p. 108) Face à la mer.
*El nacimiento **del** río.* (U1, p. 15) La naissance du fleuve.

2. Emplois de l'article défini

■ **Les articles définis dans les expressions temporelles**

*En **el** siglo XX.* (U5, p. 143) Au XXe siècle.

■ L'article peut renvoyer au genre et au nombre du nom sous-entendu : ***las*** *horas,* ***los*** *días,* ***los*** *años.*

*A **las** diez y media* (U5, p. 139) A dix heures et demie.

■ Les articles définis sont également utilisés dans l'expression de l'âge :

*A **los** dieciocho años* (U7, p. 191) A dix-huit ans

■ **L'infinitif précédé d'un article**

Précédé d'un article, un infinitif peut être utilisé comme un substantif et peut même avoir un pluriel : ***el parecer*** *(= la opinión), los pareceres...*

*El simple **poder** vivir libremente.* (U6, p. 170)
Le simple fait de pouvoir vivre librement.

■ **L'article défini devant un nom de pays**

• L'espagnol n'emploie généralement pas l'article défini devant un nom de pays ou de continent:

*Llenar **Venezuela** de orquestas.* (U5, p. 140)
Remplir le Vénézuela d'orchestres.
*Se dirigió **a Estados Unidos.*** (U3, p. 78)
Il est parti pour les Etats-Unis

Mais l'usage tend à une simplification et à une harmonisation avec le non-emploi de l'article bien que certains noms de pays continuent parfois de s'employer avec un article défini comme ***el Perú, el Ecuador, el Paraguay, el Uruguay, la Argentina.***

*Tengo que ir **al** Ecuador.* (U3, p. 77) Je dois aller en Équateur.

• En revanche, lorsque le pays, de même que la ville, la région ou le continent, sont considérés sous un aspect particulier et accompagnés d'un adjectif qualificatif ou d'un complément, l'article est employé. Dans ce cas-là, les noms de pays – de même que les noms de ville – n'ayant pas de genre défini, l'usage en fait des masculins ou des féminins :

La** América **tropical. (U4, p. 106) L'Amérique tropicale.

■ **L'article défini devant les noms propres géographiques**

Les noms propres géographiques – noms de fleuve, de mer et de montagne – sont généralement précédés de l'article masculin puisque sont sous-entendus ***el río, el mar, el océano, el monte*** qui sont des mots masculins : *los Andes, el Amazonas, el Mediterráneo, el Cantábrico.*

*En **los** Andes existe el mito del Inkarri.* (U7, p. 198)
Dans les Andes, il existe le mythe de l'Inkarri.

■ **L'article défini à valeur de possessif**
Lorsque la notion d'appartenance est évidente, l'espagnol emploie généralement l'article défini à la place du possessif.

*El inicio de **la** nueva vida fue durísimo.* (U3, p. 80)
Le début de notre nouvelle vie fut très dure.

B. Les articles indéfinis

1. Les articles indéfinis masculins et féminins

	Masculin	Féminin
Singulier	***un*** *(un chico)*	***una*** *(una chica)*
Pluriel	***unos*** *(unos chicos)*	***unas*** *(unas chicas)*

■ Comme pour l'article défini, on emploie l'article indéfini masculin singulier devant un nom féminin singulier commençant par ***a***- ou ***ha***- toniques : *un ave* (un oiseau).

2. Emplois de l'article indéfini

■ L'article indéfini, est employé lorsque le nom qu'il détermine est accompagné d'éléments qui le précisent :

Un** éxodo **de proporciones bíblicas. (U3, p. 70)
Un exode aux proportions bibliques.

■ L'article indéfini pluriel est employé avec un chiffre ou un nombre pour indiquer l'approximation.

*Unos **quinientos** jóvenes.* (U6, p. 176)
Quelques cinq cents jeunes.

■ Au pluriel, il y a souvent la valeur de *algunos(as)* = quelques :

*Miramos durante **unos** minutos el mural de Siqueiros.* (U4, p.106)
Nous regardâmes pendant quelques minutes la fresque de Siqueiros.

3. Cas de non-emploi de l'article indéfini

■ Les articles indéfinis, notamment pluriels, n'accompagnent pas obligatoirement les noms :

***Pilotos** chilenos atacaban…* (U5, p. 144)
Des pilotes chiliens attaquaient…

■ L'espagnol n'emploie pas l'article indéfini devant ***igual, medio, otro, semejante, tal*** :

*Tomar el tren en **otra** provincia.* (U1, p. 12)
Prendre le train dans une autre province.

C. Les partitifs

■ L'espagnol ne rend pas le partitif français « du », « de la », « des » :

***Entre inmensas** dificultades…* (U5, p. 144)
Au milieu des énormes difficultés…

D. Le neutre *lo*

■ Pour donner une valeur de substantif à un adjectif, l'espagnol emploie ***lo*** ; il se traduit littéralement :

***Lo mejor** posible.* (U1, p. 16) Le mieux posible.

ou par « ce qui est » :

*La apología de **lo superficial.*** (U2, p. 46)
L'apologie de ce qui est superficiel.

■ Le groupe ***lo*** + adjectif peut être suivi d'une proposition relative ; dans ce cas, l'adjectif s'accorde avec le nom qu'il qualifie et ***lo*** + adjectif marque ainsi le degré de qualité exprimé.

*Ya verás **lo imponente** que es.* (U1, p. 16)
Tu vas voir comme elle est imposante.

7 La numération

A. Les numéraux cardinaux

0 *cero*	8 *ocho*	16 *dieciséis*	24 *veinticuatro*	40 *cuarenta*	101 *ciento uno*	900 *novecientos(as)*
1 *uno*	9 *nueve*	17 *diecisiete*	25 *veinticinco*	41 *cuarenta y uno*	200 *doscientos(as)*	1 000 *mil*
2 *dos*	10 *diez*	18 *dieciocho*	26 *veintiséis*	50 *cincuenta*	300 *trescientos(as)*	1 001 *mil uno*
3 *tres*	11 *once*	19 *diecinueve*	27 *veintisiete*	60 *sesenta*	400 *cuatrocientos(as)*	2 000 *dos mil*
4 *cuatro*	12 *doce*	20 *veinte*	28 *veintiocho*	70 *setenta*	500 *quinientos(as)*	10 000 *diez mil*
5 *cinco*	13 *trece*	21 *veintiuno*	29 *veintinueve*	80 *ochenta*	600 *seiscientos(as)*	100 000 *cien mil*
6 *seis*	14 *catorce*	22 *veintidós*	30 *treinta*	90 *noventa*	700 *setecientos(as)*	1 000 000 *un millón*
7 *siete*	15 *quince*	23 *veintitrés*	31 *treinta y uno*	100 *ciento (cien)*	800 *ochocientos(as)*	100 000 000 *cien millones*

*Los **cinco** asistentes* (U6, p. 170) Les cinq assistants.

■ La conjonction **y** ne s'emploie qu'entre les dizaines et les unités :

*Sus cuarenta **y** tres años de vida.* (U5, p. 139)
Ses 43 années de vie.

■ ***Uno*** s'apocope en ***un*** devant un nom masculin et devant ***mil*** ; il devient ***una*** devant un nom féminin : *treinta y **un** capítulos; veinti**una** páginas*.

■ ***Ciento*** s'apocope en ***cien*** devant un nom et devant ***mil*** :

cien mil, cien kilos.

■ À partir de 200, les centaines s'accordent avec le nom qui suit ou qui est sous-entendu :

*298 000 hectáreas (**doscientas noventa y ocho mil**)* (U2, p. 53)
298 000 hectares

■ ***Ciento*** et ***mil*** peuvent se mettre au pluriel lorsqu'ils ont la valeur d'un substantif (« des centaines », « des milliers ») :

***Los cientos** de miles de millones de individuos.* (U2, p. 46)
Les centaines de milliards d'individus.
***Miles** de valencianos.* (U1, p. 15) Des milliers de Valenciens.

B. Les numéraux ordinaux

primero segundo tercero cuarto quinto sexto
séptimo octavo noveno décimo undécimo duodécimo…

*La **Quinta** Sinfonía.* (U5, p. 140) La Cinquième Symphonie.

■ ***Primero*** et ***tercero*** s'apocopent en ***primer*** et ***tercer*** devant un nom masculin singulier : *el primer párrafo, el tercer verso.* (→ Précis 15)

■ Au-delà de **décimo**, le numéral cardinal est préféré à l'ordinal : *Felipe II [segundo], Carlos V [quinto], Fernando VII [séptimo], Alfonso XIII [trece].*

C. Les pourcentages

■ Les pourcentages sont précédés d'un article masculin singulier ; de ce fait, le verbe qui les accompagne doit être au singulier : ***Al** 50 por ciento* (U1, p. 12) A 50 %

D. L'expression de l'heure

■ La notion de l'heure s'exprime avec l'article défini féminin, le mot ***hora(s)*** étant sous-entendu : *es la una [hora]; son las dos [horas].*

*A **las** diez y media* (U5, p. 139) À 10h30

8 Les indéfinis

A. Les adjectifs indéfinis

■ Les adjectifs indéfinis fournissent des informations sur la quantité, l'intensité et l'identité du nom qu'ils déterminent.

■ **Attention :** le français peut utiliser des adverbes alors que l'espagnol utilise des adjectifs qui s'accordent en genre et en nombre avec le substantif – explicite ou implicite – qu'ils déterminent.

1. La notion de quantité

■ ***Poco(s), poca(s)*** = peu de
***Pocas** veces.* (U4, p. 99) Peu de fois.

■ ***Alguno(s), alguna(s)*** = quelque [quelques]
***Algunas** personas.* (U4, p. 102) Quelques personnes.

• Au singulier, l'adjectif ***alguno*** se traduit le plus souvent comme ***uno*** :
*En **algún** momento.* (U2, p. 53) A un moment donné.

■ ***Ninguno, ninguna*** = aucun, aucune
***Ninguna** fuente.* (U2, p. 54) Aucune source.

• **Attention :** *alguno* et *ninguno* obéissent à la règle de l'apocope. (→ Précis 15)

■ ***Bastante(s)*** = assez de, un certain nombre de
*Hace **bastantes** años.* (U2, p. 45)
Il y a un certain nombre d'années.
***Bastantes** explicaciones.* Assez d'explications.

■ ***Demasiado(s), demasiada(s)*** = trop de
***Demasiadas** casas.* Trop de maisons.

■ ***Mucho(s), mucha(s)*** = beaucoup de, de nombreux, de nombreuses
*En **muchas** ocasiones.* (U3, p. 70)
En de nombreuses occasions.

■ ***Todo(s), toda(s)*** = tout [tous], toute [toutes]
***Todas** las gestiones…* (U6, p. 170) Toutes les démarches…

■ ***Varios(as)*** = plusieurs
***Varias** semanas después.* (U3, p. 73)
Plusieurs semaines après.

■ ***Cierto(s), cierta(s)*** = certain(s), certaine(s)
***Ciertos** sectores.* (U5, p. 140) Certains secteurs.

■ ***Tanto(s), tanta(s)*** = tant de
***Tanta** pasión.* (U7, p. 218) Tant de passion.

■ ***Cada*** = chaque
***Cada** semáforo.* (U1, p. 22) Chaque feu tricolore.

• ***Cada*** + nom peut se traduire aussi par « tous les », « toutes les » pour exprimer la fréquence d'une action :
Cada 20 años. Tous les 20 ans.

■ ***Ambos(as)*** = les deux
***Ambas** manos.* Les deux mains.

2. La notion d'identité ou d'appartenance

■ ***Cualquiera*** = n'importe quel, quelle
***Cualquier** medida.* (U5, p. 139) N'importe quelle mesure.

• **Attention :** *cualquiera* est un de ces adjectifs qui obéissent à la règle de l'apocope. (→ Précis, 15)

■ ***Otro(s) , otra(s)*** = un autre, une autre, d'autres
*Un socio **y otra** empresa.* (U1, p. 12)
Un associé et une autre entreprise.

■ ***Mismo(s), misma(s)*** = même(s)
*Sucedía el **mismo** crimen en Chile.* (U5, p. 144)
Le même crime avait lieu au Chili.

■ ***Propio(s), propia(s)*** = propre(s), même(s)
*Su **propia** decadencia* (U5, p. 143) Sa propre décadence.

• **Attention :** certains de ces mots peuvent être aussi adverbes en espagnol et, de ce fait, ils sont invariables. (→ Précis 40.F)

B. Les pronoms indéfinis

■ Les déterminants indéfinis peuvent être utilisés sans que le nom qu'ils déterminent, de façon plus ou moins explicite, soit exprimé :

uno(s), una(s)	***otro(s), otra(s)***
alguno(s), alguna(s)	***cualquiera***
ninguno(a)	***todo(s), toda(s)***
ambos(as)	***mucho(as)***

***Uno** de esos hombres.* (U2, p. 51) Un de ces hommes.
***Algunos** de los momentos más conmovedores* (U6, p. 170)
Quelques-uns des moments les plus émouvants…

■ Le pronom indéfini ***alguien*** (quelqu'un) a un pendant négatif avec ***nadie*** (personne) et le pronom indéfini ***algo*** (quelque chose) a un pendant négatif avec ***nada*** (rien).
*Me ha confirmado **algo.*** (U2, p. 54)
Il m'a confirmé quelque chose.

■ **Attention :** ***Alguien*** et ***nadie*** ne peuvent désigner que des personnes :
*Se sabe cuando **alguien** es de afuera.* (U1, p. 22)
On sait quand quelqu'un est d'ailleurs.

■ Lorsque le pronom ***todo*** est employé comme un complément d'objet direct, il est normalement accompagné du pronom neutre ***lo.***

La règle de l'enclise doit être appliquée. (→ Précis 31)
*deseaba contar**lo todo*** (U2, p. 54) il voulait tout raconter

9 Les possessifs

A. Les adjectifs possessifs

■ Les adjectifs possessifs s'accordent en genre et en nombre avec le nom qu'ils introduisent :

	Singulier	Pluriel
1res personnes	***mi***	***mis***
	nuestro ***nuestra***	***nuestros*** ***nuestras***
2es personnes	***tu***	***tus***
	vuestro ***vuestra***	***vuestros*** ***vuestras***
3es personnes	***su***	***sus***

***Nuestras** riquezas nacionales.* (U5, p. 144)
Nos richesses nationales.

B. Les pronoms possessifs

■ Les pronoms possessifs, précédés ou non de l'article, s'accordent en genre et en nombre avec le substantif auquel ils se rapportent :

	Singulier	Pluriel
1res personnes	***mío*** ***mía***	***míos*** ***mías***
	nuestro ***nuestra***	***nuestros*** ***nuestras***
2es personnes	***tuyo*** ***tuya***	***tuyos*** ***tuyas***
	vuestro ***vuestra***	***vuestros*** ***vuestras***
3es personnes	***suyo*** ***suya***	***suyos*** ***suyas***

■ Ils peuvent être précédés d'un article défini :
*Perdía gran parte de **la suya**.* (U3, p. 80)
Il perdait une grande partie de la sienne.

10 Les démonstratifs

	Masculin		Féminin	
	Singulier	Pluriel	Singulier	Pluriel
aquí / yo Temps présent	***este***	***estos***	***esta***	***estas***
ahí / tú Passé ou futur proches	***ese***	***esos***	***esa***	***esas***
allí / él Passé ou futur très éloignés	***aquel***	***aquellos***	***aquella***	***aquellas***

■ Les adjectifs et les pronoms démonstratifs se répartissent en trois grands groupes, en fonction de l'éloignement dans le temps, dans l'espace et par rapport à la personne.

■ Les pronoms démonstratifs ont la même forme que les adjectifs. (cf. nouvelle règle d'accentuation Précis 2.C)

■ Les démonstratifs ***este(os), esta(s)*** sont généralement employés par le sujet qui s'exprime, au présent, pour désigner un élément proche :
*Las circunstancias que en **estos momentos** estamos viviendo…* (U5, p. 139)
Les circonstances que nous vivons ces moments-ci…

■ Les démonstratifs ***ese(os), esa(s)*** sont généralement employés par un interlocuteur pour désigner un élément relativement éloigné dans l'espace et dans le temps. Ils permettent également d'introduire une distance par rapport à un autre interlocuteur.

***Esos** lugares que marcaban el pulso de la cultura…* (U2, p. 46)
Ces lieux qui étaient emblématiques de la culture…

■ Les démonstratifs ***aquel(los), aquella(s)*** sont généralement employés par ou pour quelqu'un ou quelque chose n'intervenant pas dans la relation sujet-interlocuteur et établissent clairement une distance dans l'espace et le temps :
***Aquéllas** eran personas lanzadas a un éxodo de proporciones bíblicas* (U3, p.70)
Ces personnes-là étaient entraînées dans un exode aux proportions bibliques.
***Aquellos** años de mi infancia.* (U7, p. 191)
Ces années lointaines de mon enfance.

■ D'autres emplois – à valeur laudative ou péjorative – sont rattachés aux démonstratifs ***ese(os), esa(s), aquel(los), aquella(s)***. Ils permettent ainsi de nuancer un discours en exprimant la volonté de magnifier ou, au contraire, de rejeter :

Esos no son pintores, Pablo. (U5, p. 137)
Ces gens-là, ce ne sont pas des peintres, Pablo !
***Aquel** maravilloso símbolo.* (U3, p. 80)
Ce merveilleux symbole.

Il existe également une forme neutre – ***esto, eso, aquello*** – obéissant aux mêmes valeurs que les adjectifs et les autres pronoms :
*Si **eso** me reserva el destino…* (U3, p. 74)
Si c'est cela que me réserve le destin…

11 Les adjectifs qualificatifs

A. Le féminin des adjectifs qualificatifs

■ Les adjectifs qualificatifs se terminant par ***-o*** ont un féminin en ***-a*** : *La policía privad**a**.* (U1, p. 21) La police privée.

■ Certains adjectifs qualificatifs se terminant par une consonne peuvent prendre un ***-a*** : *innovador* → *innovadora*.

■ **Attention :** une nouvelle syllabe se constituant, l'accent écrit qui pouvait se trouver au masculin sur la dernière syllabe disparaît naturellement au féminin : *catal**á**n* → *catalana*.

■ Les autres adjectifs ont une forme commune au masculin et au féminin : *familiar, pobre, feliz*.

B. Le pluriel des adjectifs qualificatifs

■ Les adjectifs qualificatifs se terminant par une voyelle non accentuée ont un pluriel en **-s** : *content**o*** → *content**os**, content**a*** → *content**as**, libre* → *libre**s***.
*Los espacios urban**os**.* (U1, p. 15)
Les espaces urbains.

■ Les adjectifs qualificatifs se terminant par une consonne ou une voyelle accentuée ont un pluriel en **-es**.
*Los arquitectos español**es**.* (U1, p. 16)
Les architectes espagnols.

■ Les adjectifs se terminant par un ***-z*** ont un pluriel en **-ces** : *capa**z*** → *capa**ces***.

12 Les comparatifs

■ Les comparatifs établissent des rapports de supériorité, d'infériorité ou d'égalité.

- Le comparatif de supériorité s'exprime avec ***más… que***
  Más importante que… Plus important que…
- Le comparatif d'infériorité s'exprime avec ***menos… que***
  Menos importante que… Moins important que…
- Le comparatif d'égalité s'exprime avec ***tan (tanto)… como***
  *Vende material **tan** variado **como** pantalones, electrodomésticos…* (U2, p. 48)
  Il vend du matériel aussi varié que des pantalons, des appareils électroménagers…

■ **Attention :** Le « que » français du comparatif d'égalité se traduit en espagnol par ***como***.

■ Il existe des adjectifs comparatifs de forme propre qui s'accordent en nombre avec le nom qu'ils déterminent :
- ***mejor*** (mieux, meilleur) ≠ ***peor*** (pire)
- ***mayor*** (plus grand) ≠ ***menor*** (plus petit)

*La **mayor** reserva privada del mundo.* (U2, p. 53)
La plus grande réserve privée du monde.
*No sentía la **menor** apetencia por trabajar.* (U4, p. 99)
Il n'éprouvait pas la moindre envie de travailler.
*Los **mejores** habitantes de Chile.* (U5, p. 144)
Les meilleurs habitants du Chili.

13 Les superlatifs

A. Les superlatifs relatifs

■ Les superlatifs relatifs de supériorité : ***el más, la más, los más, las más.***

■ Les superlatifs d'infériorité : ***el menos, la menos, los menos, las menos.***

■ **Attention :** contrairement au français, l'article employé devant le nom n'est pas répété devant l'adjectif.
*Uno de los espacios urbanos **más utilizados.*** (U1, p. 15)
Un des espaces urbains les plus utilisés.
*Algunos de los momentos **más conmovedores.*** (U6, p. 170)
Quelques-uns des moments les plus émouvants.

B. Les superlatifs absolus

■ Le superlatif ***muy*** (« très ») sert à intensifier ou à nuancer un adjectif ou un adverbe :
*Por motivos **muy** concretos.* (U6, p. 175)
Pour des motifs très concrets.

■ Pour signifier l'intensité ou l'excellence, l'espagnol emploie assez fréquemment le superlatif *-ísimo(s), -ísima(s)*.
*El inicio de la nueva vida fue **durísimo.*** (U3, p. 80)
Le début de notre nouvelle vie fut très dur.

■ En raison principalement de leur terminaison, certains adjectifs n'admettent pas le superlatif en *-ísimo*, d'autres doivent subir une modification orthographique : *ri**c**o* → *ri**qu**ísimo, velo**z*** → *velo**c**ísimo*. Certains adjectifs comme *pobre* ont 2 superlatifs : *pobrísimo, paupérrimo*.

14 Les suffixes

A. Les diminutifs

■ Les diminutifs nuancent les mots auxquels ils se rattachent. Ils peuvent avoir une simple valeur diminutive, mais une valeur affective ou une valeur péjorative sont également souvent liées à leur emploi.

■ Parmi les très nombreux suffixes espagnols, les plus courants sont les diminutifs **-ito/-ita, -illo/-illa, -uelo/-uela :**

*Anotó en un **papelito.*** (U1, p. 19) Il nota sur un petit papier.

■ Les diminutifs ont parfois une forme singulière :

Señorcito. (U3, p. 77) Monsieur.

■ **Attention :** Pour des mots dont la dernière syllabe contient une consonne comme **c**, **g** ou **z**, des variations orthographiques interviennent devant **e** ou **i**, notamment pour conserver le son initial du mot.

B. Les suffixes -azo, -aza

Les suffixes **-azo, -aza** expriment l'idée d'un « coup ».

*El fren**azo.*** (U3, p. 78) Le coup de frein.

*Una lanz**ada.*** (U7, p. 220) Un coup de lance.

15 L'apocope

■ L'apocope est la chute, devant un nom masculin singulier, d'une voyelle ou d'une syllabe à la fin de certains mots comme ***grande, bueno, malo, uno, primero, tercero, alguno*** (quelque), ***ninguno*** (aucun), ***cualquiera*** (n'importe quel/quelle) :

***Algún** día.* (U3, p. 74) Un jour.

*Un **buen** patrimonio.* (U3, p. 80) Un bon patrimoine

■ L'apocope est facultative devant un nom féminin singulier mais l'usage tend à rendre systématique l'apocope des adjectifs ***grande*** et ***cualquiera***.

*La **primera** parada.* (U3, p. 78) Le premier arrêt.

***Cualquier** medida.* (U5, p. 139) N'importe quelle mesure.

■ Le sens de certains adjectifs peut varier selon qu'ils sont placés devant le nom (et s'apocopent) ou derrière le nom :

cualquier lugar (n'importe quel endroit) ;

un lugar cualquiera (un endroit quelconque).

■ Le cas de ***ciento***

• L'adjectif numéral ***ciento*** perd sa syllabe finale devant un nom ou devant ***mil*** ou ***millones*** : *cien mil, cien millones.*

• En revanche, on dit : ***ciento dos, doscientos, quinientos…***

■ Le cas de ***tanto*** (aussi, autant)

L'adverbe ***tanto*** s'apocope devant un adjectif.

*En **tan** poco tiempo.* (U2, p. 48) En aussi peu de temps.

***Tan** alta, **tan** grande.* (U3, p. 74) Si haute, si grande.

16 Les pronoms

A. Les pronoms personnels sujets

yo	***nosotros, as***
tú	***vosotros, as***
él, ella, usted	***ellos, ellas, ustedes***

■ **Attention :** les pronoms personnels sujets s'emploient avec une valeur d'insistance ou pour lever un doute.

*¿**Tú** te has fijado…?* (U1, p. 12) Tu t'es rendu compte, toi, … ?

■ La 1re et la 3e personnes de l'imparfait étant identiques, il est souvent nécessaire de préciser le pronom sujet : *yo / él / ella / usted.*

***Yo era** demasiado joven.* (U3, p. 80) J'étais trop jeune.

■ **Attention :** il existe un pronom neutre ***ello*** (« cela ») qu'il ne faut pas confondre avec le pronom masculin singulier ***él***.

*Nunca se enriquecerá con **ello.*** (U2, p. 54)

Il ne s'enrichira jamais avec cela.

■ Au Siècle d'Or, le traitement de politesse –qui correspond en espagnol moderne à *usted*- était **vos** suivi de la 2e personne du pluriel.

*"¡Buen Cid! **Pasad**… / **Idos.** El Cielo **os** colme de venturas. En nuestro mal ¡oh Cid! no **ganáis** nada."* (U7, p. 192)

« Bon Cid, partez… Allez-vous en ! Que le Ciel vous soit clément ! À faire notre malheur, oh Cid, vous ne gagnez rien ! »

■ **Remarque :** **vos** est également employé en Amérique latine dans un usage dialectal.

*Decís **vos.*** (U7, p. 194) Vous dites.

■ Pour introduire une identité, on emploie le verbe **ser** suivi du pronom sujet concerné : ***soy yo, eres tú, es él/ella/usted, somos nosotros(as), sois vosotros(as), son ellos/ellas/ustedes***

B. Les pronoms personnels compléments

1. Les pronoms personnels compléments non introduits par une préposition

COD	COI	Réfléchi
me	*me*	
te	*te*	
lo	*le*	*se*
la	*le*	*se*
nos	*nos*	
os	*os*	
los, las	*les*	*se*

- Les pronoms personnels compléments directs et indirects peuvent avoir une forme commune ou une forme différente suivant les personnes verbales.

- **Attention :** l'enclise est obligatoire pour les pronoms compléments à l'infinitif, au gérondif et à l'impératif affirmatif.

  *Empezó a leer**lo*** (U3, p. 74) Il commença à le lire.

- Lorsque deux pronoms personnels compléments sans préposition se suivent, le pronom indirect précède le direct.

- Lorsqu'un pronom indirect de 3e personne, ***le*** ou ***les***, se trouve devant un pronom direct de 3e personne, il prend la forme **se** :

  *Se burló Manuel cuando **se lo** comenté* (U1, p. 22)
  Manuel se moqua de moi quand je le lui ai dit.

Attention : les mêmes règles s'appliquent pour l'enclise.

*Ve al corral a **decírselo*** (U5, p. 161) Va dans la cour le lui dire.

- Un pronom est souvent utilisé avant le verbe pour annoncer un complément indirect de personne :

  *No **les** compré esta tierra **a pequeños productores**.* (U2, p. 53)
  Je n'ai pas acheté cette terre à des petits producteurs.

- En espagnol, l'emploi du pronom personnel pour rendre l'idée de possession est systématique lorsque l'on parle du corps, de ce que l'on porte sur soi ou de ce qui est propre à la personne :

  ***Se** puso **las gafas** y empezó a leer* (U3, p. 74)
  Il mit ses lunettes et commença a lire.

2. Les pronoms personnels compléments introduits par une préposition

	Singulier	Pluriel
1re pers.	***mí***	***nosotros, nosotras***
2e pers.	***ti***	***vosotros, vosotras***
3e pers.	***él, ella, usted***	***ellos, ellas, ustedes***
réfléchis	***sí***	***sí***
neutre	***ello***	

*¿Has oído hablar **de él**?* (U1, p. 16) As-tu entendu parler de lui?
*Se retrató **a sí** mismo.* (U4, p. 99) Il se représenta lui-même.

- Avec la préposition ***con***, l'espagnol emploie des formes spéciales à la 1re et à la 2e personne du singulier : ***conmigo, contigo*** ainsi qu'à la forme réfléchie : ***consigo***.

  *Una ciudad demasiado contenta **consigo** misma.* (U1, p. 15)
  Une ville trop contente d'elle-même.
  *Arrastrando tras de **sí** todas las miradas, pasaron à la habitación.* (U3, p. 74)
  Traînant derrière eux tous les regards, ils entrèrent dans la pièce.

C. Les pronoms relatifs

Parmi les pronoms relatifs :

- ***Que*** est le pronom relatif le plus fréquemment employé.

  Un tío imbécil que no hacía más que ladrarnos. (U3, p. 73)
  Un imbécile qui ne cessait de nous hurler dessus.

• ***Que*** peut être précédé par l'article défini : ***el, la, los, las : el(los) que, la(las) que*** (celui/ceux qui, celle/celles qui) et par le neutre ***lo : lo que*** (ce que, ce qui).

*¿Te refieres a **lo que** hacen tus amigos?* (U5, p. 137)
Tu veux parler de ce que font tes amis?

• ***El/la que, los/las que, lo que*** peuvent représenter des personnes ou des choses et être sujet ou complément :

*Yo ataco a **los que** solamente hablan de reivindicaciones.* (U5, p. 134)
Moi, je m'insurge contre ceux qui ne parlent que de revendications.

• On trouve également les formes ***el/la cual, los/las cuales***.

*Sin un sueño **al cual** aferrarse.* (U3, p. 70)
Sans un rêve auquel se rattacher.

• ***Que*** peut être également précédé par les démonstratifs *aquel (los), aquella(s)* pour rendre les notions de distance propres à ces démonstratifs :

*Las actividades **que** dan riqueza a un país son **aquellas que** necesitan energia. (U2, p. 54)*
Les activités qui enrichissent un pays sont celles qui ont besoin d'énergie.

- ***Quien(es)*** peut être sujet ou complément.

  ***Quien** saluda en la calle resulta sospechoso* (U1, p. 22)
  Celui qui salue dans la rue est suspect
  *Aquellos hombres y mujeres eran **quienes** habían cantado.* (U3, p. 70)
  Ces hommes et ces femmes étaient ceux qui avaient chanté.

- ***Cuyo(os), cuya(as)*** sont des équivalents de « dont ». Ils s'accordent en genre et en nombre avec le nom qui les suit et excluent l'article devant ce nom :

  *Gente **cuyas causas** representan exactamente lo opuesto a lo que era Guevara* (U7, p. 197) Des gens dont les motifs ne correspondent en rien à ce qu'était Guevara.

- **Attention :** certains pronoms relatifs ont la même forme que les pronoms interrogatifs ; ces derniers se différencient par leur accent graphique. (→ Précis 4)

17 Le vouvoiement

- En espagnol, le pronom sujet « vous » se traduit différemment selon que l'on s'adresse à une ou plusieurs personnes que l'on vouvoie individuellement ou à plusieurs personnes que l'on tutoie individuellement.

- Le « vous » français se traduit par ***vosotros/as*** pour s'adresser à plusieurs personnes que l'on tutoie individuellement. Il correspond à la 2e personne du pluriel.

  ***Vosotros exigís** su demolición.* (U4, p. 102)
  Vous exigez sa démolition.

- Il se traduit par ***usted/ustedes*** lorsqu'il correspond au « vous » de politesse pour s'adresser à une ou plusieurs personnes que l'on vouvoie.

Usted et ***ustedes*** correspondent aux 3e personnes du singulier et du pluriel.

*¿**Usted ha visto** lo que se está haciendo en Barcelona?* (U5, p. 137)
Avez-vous vu ce qui se passe à Barcelone?

■ Ce sont les formes anciennes *vuestra merced, su merced* qui ont servi à former *usted / ustedes* :
*Lo que a **vuestra merced** parecen brazos, son aspas.* (U7, p. 219)
Ce qu'il vous semble être des bras sont des ailes de moulin.

■ Comme pour les autres pronoms sujets, ***usted*** et ***ustedes*** peuvent ne pas apparaître. Il faut donc les différencier par rapport aux autres 3e personnes du singulier (***él/ella***) et du pluriel (***ellos/ellas***), ainsi ***sabe(n)*** peut se traduire par : il(s) sait (savent), elle(s) sait (savent), vous savez. (→ Précis 16.A)

■ Attention à employer les pronoms compléments et les possessifs qui correspondent :
*Es **para usted.*** (U3, p. 74) C'est pour vous.
*¿**Tiene usted sus** papeles en regla?* (U3, p. 77)
Avez-vous vos papiers en règle?

18 L'INDICATIF

■ L'espagnol emploie le mode indicatif dans la proposition principale comme en français. Dans les propositions subordonnées, l'emploi de l'indicatif ou du subjonctif dépend de notions spécifiques aux 2 langues.

A. Le présent

■ **Formation des verbes réguliers**
- Verbes en ***-ar*** : radical + **-o, -as, -a, -amos, -áis, -an**
- Verbes en ***-er*** : radical + **-o, -es, -e, -emos, -éis, -en**
- Verbes en ***-ir*** : radical + **-o, -es, -e, -imos, -ís, -en**

B. Le futur

■ **Formation**
- Verbes en ***-ar, -er, -ir*** : infinitif + **-é, -ás, -á , -emos, -éis, án**

*Nunca te **aceptarán.*** (U5, p. 137)
Ils ne t'accepteront jamais.
*No **volveré** y me **iré** con él.* (U3, p. 74)
Je ne reviendrai pas et je partirai avec lui.

■ **Attention** à la modification orthographique du radical de certains verbes :
Haber: ***habré, habrás...*** *Decir:* ***diré, dirás...***
Hacer: ***haré, harás...*** *Tener:* ***tendré, tendrás...***
Poder: ***podré, podrás...*** *Poner:* ***pondré, pondrás...***
Venir: ***vendré, vendrás...***
***Podrás** enriquecerte* (U7, p. 219)
Tu pourras t'enrichir.

■ **Le futur et l'expression de l'incertitude et de l'hypothèse**
Dans certains cas, le futur peut exprimer le doute, l'incertitude ; il est traduit par des verbes comme « pouvoir » ou « devoir » ou accompagné d'expressions comme « sans doute ».

C. Le passé composé

■ **Formation**
Haber au présent : ***he, has, ha, hemos, habéis, han*** + participe passé (verbes en ***-ar*** : radical + ***-ado*** ; verbes en ***-er*** et ***-ir*** : radical + ***-ido***) (→ Précis 22)
*¿**Has oído** hablar de él?* (U1, p. 16)
As-tu entendu parler de lui?

■ Le passé composé présente une action commencée dans le passé qui se prolonge dans le présent et n'est pas considérée comme terminée.
***Ha rescatado** de la marginación a 400 000 niños.* (U5, p. 140)
Il a sauvé de la marginalité 400 000 enfants.

■ **Attention :** contrairement au français qui a deux auxiliaires (« être » et « avoir »), l'espagnol n'a qu'un seul auxiliaire : ***haber*** et le participe qui l'accompagne est toujours invariable.

D. L'imparfait

■ **Formation**
- Pour les verbes en ***-ar*** : radical + ***-aba, -abas, -aba, -ábamos, -abais, -aban***

***Deseaba** contarlo todo.* (U2, p. 54)
Il voulait tout raconter.
- Pour les verbes en ***-er*** et ***-ir*** : radical + ***-ía, -ías, -ía, -íamos, -íais, -ían***

***Compartía** piso en Santiago.* (U6, p. 167)
Elle partageait un appartement à Santiago.

■ **Attention** aux imparfaits irréguliers :
- *ir:* ***iba, ibas, iba, íbamos, ibais, iban***
- *ser:* ***era, eras, era, éramos, erais, eran***
- *ver:* ***veía, veías, veía, veíamos, veíais, veían***

*Lo que él quería **era** exiliarse.* (U4, p. 101)
Ce qu'il voulait, c'était s'exiler.

■ Comme en français, l'imparfait est employé pour évoquer une action ou un état dans le passé qui s'inscrit dans la durée, la continuité ou l'habitude :
***Asistía** a clase con regularidad, **sacaba** buenas notas.* (U6, p. 167)
Il assistait régulièrement aux cours, il obtenait de bonnes notes.

E. Le passé simple

■ **Formation des verbes réguliers**
- Pour les verbes en ***-ar*** : radical + ***-é, -aste, -ó, -amos, -asteis, -aron***

*Se **quedó** sin papeles.* (U3, p. 73)
Il se retrouva sans papiers.
- Pour les verbes en ***-er*** et ***-ir*** : radical + ***-í , -iste, -ió, -imos, -isteis, -ieron***

***Resumió** en una frase.* (U1, p. 16)

Il résuma en une frase.

■ **Les passés simples irréguliers**
Certains verbes ont un passé simple irrégulier avec une 1re personne et une 3e personne du singulier dont l'accent tonique tombe sur le radical :
Hacer: ***hice, hiciste, hizo, hicimos, hicisteis, hicieron*** *[querer:* ***quise…,*** *venir:* ***vine…****]*
Saber: ***supe, supiste, supo, supimos, supisteis, supieron*** *[estar:* ***estuve…,*** *poder:* ***pude…,*** *poner:* ***puse…,*** *tener:* ***tuve…,*** *andar:* ***anduve…****]*
Traer: ***traje, trajiste, trajo, trajimos, trajisteis, trajeron*** *[decir:* ***dije…****]*
Ser/ir: ***fui, fuiste, fue, fuimos, fuisteis, fueron***
Tener: ***tuve, tuviste, tuvo, tuvimos, tuvisteis, tuvieron***

__Pude__ apreciar cómo viven los ricos. (U1, p. 22)
J'ai pu voir comment vivent les riches.
Su asesinato se __mantuvo__ en silencio. (U5, p. 144)
On ne parla pas de son assassinat.

■ Le passé simple est employé pour une action terminée s'inscrivant dans un passé proche ou lointain.

■ **Attention** : en espagnol, le passé simple s'emploie beaucoup plus fréquemment qu'en français, dès lors que l'action énoncée par le verbe est terminée même lorsque le contexte se déroule dans le présent, contrairement au français qui choisirait, dans ce cas, un passé composé :

"¡__Me asustaste__!, exclamó. (U1, p. 22)
« Tu m'as fait peur! », s'exclama-t-elle.

■ Selon le contexte, le passé simple espagnol peut être traduit par un passé composé, un passé simple ou un plus-que-parfait :

Jamás en la historia de la sede de las Naciones Unidas se __escuchó__ una ovación como la que le __brindaron__ al presidente de Chile los delegados de todo el mundo. (U5, p. 144)
De toute l'histoire du siège des Nations Unies, on n'avait jamais entendu une ovation comme celle que les délégués du monde entier firent au président du Chili.

F. Le plus-que-parfait

■ **Formation**
Haber à l'imparfait + participe passé (→ Précis 22)

■ Le plus-que-parfait évoque une action antérieure à un événement annoncé par le passé simple :

Seguro que __había usado__ el diccionario. (U3, p. 74)
Il s'était à coup sûr servi du dictionnaire.

■ **Attention :** comme pour le passé composé, le seul auxiliaire espagnol est ***haber*** et le participe qui l'accompagne est toujours invariable.

Se __había convertido__ en visitante ilegal. (U3, p. 78)
Il était devenu un visiteur illégal.

19 Le conditionnel

■ **Formation du conditionnel présent**
• Verbe à l'infinitif + ***-ía, -ías, -ía, -íamos, -íais, -ían***
• La terminaison est la même pour tous les verbes mais comme pour le futur, le radical de certains verbes est modifié : *decir* → ***diría***, *haber* → ***habría***, *hacer* → ***haría***, *poder* → ***podría***, *poner* → ***pondría***, *tener* → ***tendría***, *venir* → ***vendría***.

Un colega no le __entregaría__ a las autoridades. (U3, p. 78)
Un collègue ne le livrerait pas aux autorités.

■ **Attention :** le conditionnel du verbe ***querer*** (***querría***) est très peu usité. Il est généralement remplacé par l'imparfait du subjonctif (***quisiera***).

■ **Emploi**
• Le conditionnel exprime une action en devenir, une éventualité ou une supposition :

Los diques __cederían__, los Países Bajos __desaparecerían__. (U2, p. 54)
Les digues cèderaient et les Pays Bas disparaîtraient.

• Le conditionnel rend l'incertitude, le doute, la surprise.

Nunca pensó que __haría__ carrera. (U6, p. 168)
Elle n'avait jamais imaginé qu'elle pourrait faire carrière.
Calculó que al menos cinco mil personas __vivirían__ allí. (U1, p. 34)
Elle calcula que cinq mille personnes devaient vivre là.

■ **Formation du conditionnel passé** à valeur d'antériorité et de virtualité : auxiliaire ***haber*** au conditionnel + participe passé → ***habría llamado***.

El hecho no __habría pasado__ de una simple anécdota. (U6, p. 167)
Le fait n'aurait pas été autre chose qu'une simple anecdote.

20 Le subjonctif

A. Les présents réguliers

■ **Formation**
• Pour les verbes en ***-ar*** : radical + ***-e, -es, -e, -emos, -éis, -en***
• Pour les verbes en ***-er*** et ***-ir*** : radical + ***-a, -as, -a, -amos, -áis, -an***

B. Les présents irréguliers

Certains verbes ont un présent du subjonctif irrégulier :
Haber: ***haya, hayas, haya, hayamos, hayáis, hayan***
Hacer: ***haga, hagas, haga, hagamos, hagáis, hagan***
Ir: ***vaya, vayas, vaya, vayamos, vayáis, vayan***
Ser: ***sea, seas, sea, seamos, seáis, sean***
Mais aussi : *caer:* ***caiga…***; *decir:* ***diga…***; *saber:* ***sepa…***; *tener:* ***tenga…***; *venir:* ***venga…***

Parece importarle muy poco que le __tengan__ simpatía o no. (U2, p. 53)
Il semble lui importer fort peu qu'on le trouve sympathique ou non.

C. L'imparfait

■ **Formation**

• Il existe deux formes de subjonctif imparfait : une forme en *-ra*, une forme en *-se*.

• Il se forme à partir de la 3e personne du pluriel du passé simple.

• Pour les verbes en *-ar* : radical +
-ara, -aras, -ara, -áramos, -arais, -aran
-ase,- ases,- ase, -ásemos, -aseis,-asen

• Pour les verbes en *-er* et *-ir* : radical +
-iera, -ieras, -iera, -iéramos, -ierais, -ieran
-iese, -ieses, -iese, -iésemos, -ieseis, -iesen

■ La 3e personne du pluriel des passés simples irréguliers sert également à former l'imparfait du subjonctif :
haber: **hubieron** → **hubiera/hubiese**
ir: **fueron** → **fuera/fuese**
poder: **pudieron** → **pudiera/pudiese**
querer: **quisieron** → **quisiera/quisiese**

Para que ***pudiera*** *casarles yo.* (U6, p. 170)
Pour que je puisse les marier.

D. Le plus-que-parfait

■ **Formation**

Haber à l'imparfait du subjonctif + participe passé : *hubiera llamado.*

■ Dans une proposition principale, l'imparfait ou le plus-que-parfait du subjonctif de certains verbes fondamentaux ont la valeur d'un conditionnel présent ou passé. (→ Précis 19)

Pintar el cuadro sobre Gernika ***hubiera sido*** *un salto definitivo en la carrera de Arteta.* (U1, p. 14)
Peindre le tableau sur Guernica aurait fait s'envoler la carrière d'Arteta.
Me ***hubiese gustado*** *darle un abrazo.* (U3, p. 74)
J'aurais aimé vous embrasser.

21 Les impératifs

■ Pour exprimer l'ordre et la défense, l'espagnol a deux formes d'impératif :
• l'impératif d'ordre, affirmatif (appelé aussi positif), formé sur le subjonctif, sauf aux 2e personnes du singulier et du pluriel ;
• l'impératif de défense, négatif, formé uniquement sur le subjonctif.

■ Les irrégularités des verbes au subjonctif se retrouvent donc à l'impératif.

Venga *conmigo.* (U3, p. 74) Venez avec moi.

■ Les impératifs espagnols comptent cinq personnes à cause des trois formes de « vous » : ***usted, vosotros(as), ustedes.***

A. L'impératif affirmatif

■ **Formation**

	Verbes en *-ar*	Verbes en *-er*	Verbes en *-ir*
tú	*trabaja*	*aprende*	*vive*
usted	*trabaje*	*aprenda*	*viva*
nosotros,as	*trabajemos*	*aprendamos*	*vivamos*
vosotros,as	*trabajad*	*aprended*	*vivid*
ustedes	*trabajen*	*aprendan*	*vivan*

Arregle *sus papeles y* ***vuelva*** *luego.* (U3, p. 77)
Mettez vos papiers en règle et revenez ensuite !

■ Certaines 2e personnes du singulier ont des formes irrégulières :
ser: ***sé****; decir:* ***di****; hacer:* ***haz****; poner:* ***pon****; salir:* ***sal****; tener:* ***ten****; venir:* ***ven****.*

Sal *de ahí, guapo.* (U3, p. 78) Sors de là, mon gars.

■ **Attention :** l'enclise est obligatoire à l'impératif affirmatif.

Dígale *a mi tía...* (U3, p. 74)
Dîtes à ma tante…

■ **Attention :** A la 1re personne du pluriel, le **s** final du verbe tombe lorsque le pronom enclitique est également de 1re personne du pluriel. De la même façon, à la 2e personne du pluriel, le ***d*** final du verbe tombe lorsque le pronom enclitique est également de 2e personne du pluriel.

*¡****Vayámonos*** *mi amor!* (U3, p. 80)
Allons-nous en, mon amour !

B. L'impératif négatif

■ **Formation**

	Verbes en *-ar*	Verbes en *-er* et *-ir*
tú	*no pienses*	*no permitas*
usted	*no piense*	*no permita*
nosotros, as	*no pensemos*	*no permitamos*
vosotros, as	*no penséis*	*no permitáis*
ustedes	*no piensen*	*no permitan*

No me digas *¡eso!* (U3, p. 77)
Ne me dites pas cela !

■ **Attention :** Pas d'enclise à l'impératif négatif.

22 Le participe passé

■ **Formation**
- Pour les verbes en *-**ar*** **:** radical + *-**ado***
- Pour les verbes en *-**er*** et *-**ir*** **:** radical + *-**ido***

■ **Attention :** certains verbes ont un participe passé irrégulier : *abrir*: ***abierto****; decir:* ***dicho****; escribir:* ***escrito****; ver:* ***visto****...*

*Ha **hecho** grandes cambios.* (U2, p. 51)
Il a fait de grands changements.

■ Lorsqu'il est employé avec l'auxiliaire ***haber***, le participe passé est toujours invariable (→ Précis 18.C-F, 20.D)

■ Avec d'autres verbes ou lorsqu'il prend la valeur d'un adjectif, le participe passé s'accorde avec le sujet du verbe ou le substantif qu'il détermine :

*Jeans americanos **hechos** en México.* (U3, p. 78)
Des jeans américains faits au Mexique.

■ Le participe passé placé devant un substantif peut donner lieu à une proposition participe :

***Pasado** el tiempo, se casó con una señorita de la sociedad.* (U5, p. 80)
Une fois les années passées, il se maria avec une jeune fille de la bonne société.

23 Le gérondif

■ **Formation**
- Pour les verbes en *-**ar*** : radical + *-**ando***
- Pour les verbes en *-**er*** et *-**ir*** : radical + *-**iendo***

■ Le ***i*** de *-**iendo*** se change en *-**y*** lorsqu'il se trouve entre deux voyelles, c'est-à-dire lorsque le radical du verbe se termine par une voyelle : *cre**er*** → *cre**yendo***.

***Oyendo** en la radio a Lennon.* (U3, p. 78)
En écoutant Lennon à la radio.

■ **Emplois**
- L'action dans son développement

***Caminando** por la City Lascano tenía una sensación de extrañamiento.* (U1, p. 19)
En marchant dans la City, Lascano avait la sensation d'être un étranger.

- L'action avec une valeur de manière

Le gérondif est souvent employé pour expliquer et préciser l'action énoncée par le verbe conjugué :

*Una tarjeta que llevan **colgando** de la cintura.* (U1, p. 19)
Un badge qu'ils portent accroché à leur ceinture.
*No se puede pintar **llevando** una vida desordenada.* (U5, p. 137)
On ne peut pas peindre en menant une vie de désordres.

24 L'infinitif

■ L'infinitif peut avoir les caractéristiques d'un verbe et celles d'un nom : dans ce dernier cas, il peut recevoir un pluriel.

***Seres** cargados con una lista de frustraciones.* (U3, p. 70)
Des êtres chargés de frustrations.

■ L'infinitif peut être le sujet d'une phrase.

***Mantener** esa llama exige un mantenimiento, una atención constante.* (U2, p. 46)
Conserver cette flamme exige un entretien, une attention constante.

■ Pour l'espagnol, l'infinitif placé derrière un verbe conjugué peut être également le sujet réel, ce qui explique qu'il n'y ait pas de préposition *de* comme en français.

*Lo mejor sería **conocer la ciudad.*** (U1, p. 16)
Le mieux serait de connaître la ville.

25 L'irrégularité du radical de certains verbes

A. L'irrégularité de certains verbes aux présents

■ L'irrégularité du radical de la 1re personne du singulier de l'indicatif de certains verbes se retrouve à toutes les personnes du subjonctif présent :

decir: **digo** → **diga**; *caer:* **caigo** → **caiga**; *hacer:* **hago** → **haga**; *poner:* **pongo** → **ponga**; *salir:* **salgo** → **salga**; *tener:* **tengo** → **tenga**; *traer:* **traigo** → **traiga**...

*Yo **tengo** mucha más lástima... (U5, p. 134)*
Personnellement, j'ai davantage pitié...

■ De même, les verbes comme ***conocer, parecer*** qui ont une 1re personne du singulier au présent de l'indicatif en ***conozco, parezco*** ont un subjonctif présent en : ***conozca, conozcas... ; parezca, parezcas...***

Desconozco el día. (U3, p. 74)
Je ne connais pas le jour.

■ Verbes avec une 1e personne se terminant par *-**oy*** :
Dar : **doy, das, da, damos, dais, dan**
Estar : **estoy, estás, está, estamos, estáis, están**
Ir : **voy, vas, va, vamos, vais, van**
Ser : **soy, eres, es, somos, sois, son**

*Yo **soy** su mamá.* (U3, p. 77)
Je suis leur mère, moi.

B. Les verbes qui diphtonguent : e → *ie* (pensar) ; o → *ue* (poder)

■ Le **e** et le **o** du radical tonique de certains verbes se transforment respectivement en ***ie*** et ***ue***, au présent de l'indicatif et au présent du subjonctif, généralement aux trois personnes du singulier et à la 3e personne du pluriel.

• **Attention :** ces diphtongues se retrouvent à l'impératif.

*Pensar: p**ie**nso, p**ie**nsas, p**ie**nsa, pensamos, pensáis, p**ie**nsan.*
*Poder: p**ue**do, p**ue**des, p**ue**de, podemos, podéis, p**ue**den.*

*Mi madre lo **cuenta.*** (U3, p. 80)
Ma mère le raconte.
***Quiere** saber y no **puede**.* (U5, p. 134)
Il veut savoir et il ne le peut pas.

■ La diphtongue n'empêche pas d'autres irrégularités :
*Tener: **tengo**, t**ie**nes, t**ie**ne, tenemos, tenéis, t**ie**nen*

C. Les verbes à affaiblissement : e → *i* ; o → *u*

■ Certains verbes comme ***pedir, seguir, servir, repetir, gemir*** ont un **e** au radical qui se change en ***i*** à certaines personnes et à certains temps :

• Présent de l'indicatif : *s**i**rvo, s**i**rves, s**i**rve, servimos, servís, s**i**rven*
• Présent du subjonctif : *s**i**rva, s**i**rvas, s**i**rva, s**i**rvamos, s**i**rváis, s**i**rvan*
• Passé simple : *serví, serviste, s**i**rvió, servimos, servisteis, s**i**rvieron*
• Participe présent : *s**i**rviendo*

*Entonces no **sirve**.* (U3, p. 77) Alors cela ne sert à rien.

■ Seul le verbe ***podrir*** subit un affaiblissement dans les mêmes conditions.

D. Les verbes à diphtongue et à affaiblissement : e → *ie* / e → *i* (sentir) ; o → *ue* / o → *u* (morir)

Certains verbes diphtonguent à certains temps et subissent un affaiblissement à d'autres temps : ***sentir*** *: él s**ie**nte/él s**i**ntió* ; ***morir*** *: él m**ue**re/él m**u**rió*

***Sintió** el frenazo.* (U3, p. 80) Il ressentit le coup de frein.
***Murió** sin conseguir nada de ello.* (U3, p. 80)
Il mourut sans rien obtenir de cela.

E. Les modifications orthographiques : z → c, c → *qu*, *g* → *gu* devant un e

■ Les modifications orthographiques concernent le radical des verbes et ne concernent pas leur terminaison. Elles n'empêchent pas non plus les diphtongues et les affaiblissements propres aux verbes.

■ Lorsque l'on ajoute un **e** après un **z**, celui-ci se change en **c** ; c'est le cas des verbes comme *empezar* dont le *z* se change en *c* au subjonctif présent et à la première personne du prétérit :

• Présent du subjonctif : *empie**c**e, empie**c**es, empie**c**e, empe**c**emos, empe**c**éis, empie**c**en*
• Prétérit : *empe**c**é (empezaste, empezó, empezamos, empezasteis, empezaron)*

■ Lorsque l'on ajoute un **e** après un **c**, celui-ci se change en ***qu*** au subjonctif présent et à la première personne du prétérit.

• Présent du subjonctif : *mar**qu**e, mar**qu**es, mar**qu**e, mar**qu**emos, mar**qu**éis, mar**qu**en*
• Prétérit : ***marqué*** *(marcaste, marcó, marcamos, marcasteis, marcaron)*

*Para que el concurso me lo **adjudiquen** a mí.* (U1, p. 12)
Pour que ce soit moi qui gagne le concours.

■ Lorsque l'on ajoute un **e** après un ***g***, on intercale un ***u*** pour conserver le son initial ; c'est le cas des verbes comme *pagar* au subjonctif présent et à la première personne du prétérit.

• Présent du subjonctif : *pag**u**e, pag**u**es, pag**u**e, pag**u**emos, pag**u**éis, pag**u**en*
• Prétérit : *pag**u**é (pagaste, pagó, pagamos, pagasteis, pagaron)*

*Han mandado a la Guardia Civil para que los **obligue** a regresar.* (U1, p. 12)
Ils ont envoyé la Garde Civile pour les obliger à revenir.

■ ***Attention :*** l'impératif étant formé à partir du subjonctif, on retrouve les mêmes règles.

26 Les subordonnées circonstancielles

■ Les subordonnées circonstancielles sont, comme en français, de temps, de manière, de cause, de condition, de comparaison et de concession ; l'espagnol se différencie par l'emploi des modes : indicatif ou subjonctif, suivant la notion de réalité ou de non-réalité qu'il veut énoncer.

■ **Attention :** avec le choix du mode – indicatif ou subjonctif –, il ne faut pas oublier la règle de la concordance des temps – présent ou passé.

■ Si plusieurs subordonnées de même nature se suivent, l'espagnol ne rappelle pas la conjonction ou la locution conjonctive circonstancielles par la conjonction *que*, comme le fait le français : ou bien il répète la conjonction ou la locution conjonctive ou bien il se contente de relier les subordonnées par la conjonction de coordination *y*.

*Releía El Quijote **cuando** escribí "Un mundo para Julius" **y cuando** me atreví a introducir una total digresión.* (U7, p. 191)
Je relisais le Quichotte quand j'ai écrit *Un mundo para Julius* et que j'ai osé introduire une digression à part entière.

A. La subordonnée de temps

1. Action simultanée

■ L'action simultanée peut s'exprimer avec ***cuando*** :

Releía El Quijote ***cuando*** *escribí "Un mundo para Julius"* (U7, p. 191)
Je relisais le Quichotte quand j'ai écrit *Un mundo para Julius*.

■ La simultanéité d'actions peut également se rendre par ***en cuanto*** lorsqu'il y a une notion de cause à effet :

En cuanto *lo vio salir de entre el algodón soltó un gritito de asombro.* (U3, p. 78)
Quand elle le vit sortir du coton elle lâcha un petit cri d'effroi.

■ **Attention :** La simultanéité se rend également par ***al*** suivi de l'infinitif : cette construction équivaut soit à un gérondif soit à une proposition subordonnée temporelle. (→ Précis 32)

Ni los Reyes Católicos pegaron fuego a la Alhambra de Granada ***al reconquistar*** *Al-Ándalus.* (U4, p. 102)
Même les Rois Catholiques n'ont pas incendié l'Alhambra de Grenade quand ils ont reconquis Al-Ándalus.

■ Après ***cuando***, l'espagnol emploie le subjonctif lorsque le verbe de la principale est au futur, respectant ainsi l'usage particulier des modes : lorsque l'action de la subordonnée n'est pas réelle, l'espagnol emploie le mode subjonctif à la place du futur et du conditionnel.

Cuando *encuentr****en*** *la cabeza, el inca volverá a levantarse.* (U7, p. 198)
Quand ils trouveront la tête, l'inca se relèvera.

■ La conjonction de subordination ***mientras*** permet d'exprimer une simultanéité :

Apártate de aquí ***mientras*** *yo comienzo esta batalla.* (U7, p. 220)
Écarte-toi d'ici pendant que je commence cette bataille.

■ Les locutions conjonctives ***cada vez que, siempre que***, indiquent une idée de répétition.

Disfruto del Parque del Turia ***siempre que*** *puedo.* (U1, p. 15)
Je profite du Parc du Turia chaque fois que je le peux.

2. Action antérieure à celle de la principale

■ L'action antérieure à la principale peut être exprimée par la locution conjonctive ***después (de) que*** + subj :

Se descubrieron sus restos mortales ***después de que*** *un general revelara el lugar exacto de la sepultura.* (U7, p. 197)
Son corps fut découvert après qu'un général eut révélé l'endroit exact de la sépulture.

3. Action postérieure à celle de la principale

■ L'action postérieure à celle de la principale peut être exprimée par la locution conjonctive ***antes (de) que*** + subj :

Volvimos ***antes de que*** *el doctor Puga diera de alta a Manuel.* (U1, p. 22)
Nous sommes revenus avant que le docteur Puga laisse sortir Manuel.

■ La locution conjonctive temporelle ***hasta que*** peut également annoncer une action postérieure à celle de la proposition principale :

¿De qué vive mi familia ***hasta que*** *mis papeles se arreglen?* (U3, p. 77)
De quoi vit ma famille jusqu'à ce que mes papiers soient en règle ?

■ Le mode du verbe introduit par ***hasta que*** dépend de la valeur donnée à l'action : si elle est considérée comme réelle, le verbe est à l'indicatif, si l'action est considérée comme irréelle ou non réalisée, le verbe est au subjonctif

Donde permanecerían ***hasta que se decidiera*** *la suerte de cada uno de ellos.* (U3, p. 70)
Où ils resteraient jusqu'à ce que le sort de chacun d'eux soit décidé.

B. La subordonnée de cause

■ La subordonnée de cause est introduite généralement par ***porque, ya que, puesto que*** :

Le dejo esta carta ***porque usted debe saber*** *qué me ocuure.* (U3, p. 74)
Je laisse cette lettre parce que vous devez savoir ce qui m'arrive.

■ On peut renforcer l'aspect de cause en employant des locutions comme ***de tanto*** + infinitif.

Acabó también chocheando ***de tanto cacarear.*** (U4, p. 108)
Il était devenu gâteux à force de rabâcher.

C. La subordonnée de condition

■ Lorsque le verbe de la proposition principale est à l'indicatif – même au futur –, l'espagnol utilise, après ***si***, un indicatif, présent ou passé :

Si consigue *pasar, lo traeré a casa.* (U3, p. 74)
S'il arrive à passer, je le conduirai chez moi.

■ En revanche, avec une proposition principale au conditionnel présent ou passé, le verbe de la subordonnée se met au subjonctif imparfait ou plus-que-parfait.

Yo, ***si tuviera*** *hambre y* ***estuviera*** *desvalido en la calle no* ***pediría*** *un pan.* (U5, p. 134)
Si j'avais faim et si je vivais misérablement dans la rue, je ne demanderais pas un pain.

D. La subordonnée de comparaison avec *como si*

■ Après ***como si***, l'espagnol emploie l'imparfait ou le plus-que-parfait du subjonctif, quel que soit le temps employé dans la proposition principale :

Como si *la ciudad ya no le* ***perteneciera, como si se hubiese apropiado*** *de ella un gentío de trajes sin cabeza.* (U1, p. 19)
Comme si la ville ne lui appartenait plus, comme si une foule de costumes sans tête s'en était appropriée.

E. La subordonnée de but

■ La proposition subordonnée de but est introduite le plus souvent par ***para que*** suivi du subjonctif, comme en français :

Han mandado *a la Guardia Civil a las estaciones* ***para que*** *los* ***obligue*** *a regresar.* (U1, p. 12)
Ils ont envoyé la Garde Civile dans les gares pour les obliger à revenir.

■ D'autres conjonctions et locutions conjonctives peuvent introduire une notion de but comme : ***a fin de que, de manera que, de modo que.***

■ **Attention** à la concordance des temps. (→ Précis 28)

F. La subordonnée de concession

■ La subordonnée de concession est généralement introduite par la locution de subordination ***aunque*** qui peut être suivie d'un verbe à l'indicatif ou au subjonctif.

• ***Aunque*** suivi de l'indicatif introduit une notion de concession qui porte sur un fait réel ; il se traduit alors par « bien que » :

Aunque desconozco *el día, quiero estar allí.* (U3, p. 74)
Bien que je ne connaisse pas le jour, je veux être là.

• ***Aunque*** suivi du subjonctif exprime la concession sur un fait hypothétique et correspond au français « même si ».

Aunque *mi padre enojado lo* ***impida*** */ tu esposo tengo de ser.* (U7, p. 221)
Même si mon père, fou de rage, l'empêche, je serai ton époux.

■ La locution de concession ***a pesar de que*** est équivalente à *aunque.*

A pesar de que *ciertas voces hablen de reducción del consumo de energía, los países que la poseen no dejarán de realizar actividades.* (U2, p. 54)
Même si certaines voix parlent de réduire la consommation d'énergie, les pays qui possèdent cette énergie, ne cesseront pas de réaliser des activités.

■ **Attention** à respecter la concordance des temps.

G. La subordonnée de conséquence avec *así que*

• ***Así que*** (aussi, donc, par conséquent, et donc) de même que ***así pues*** + indicatif (ainsi donc), introduisent une conséquence en insistant sur son caractère évident, attendu, puisqu'elle fait suite à un évènement déjà présenté :

Así que *una mañana se dirigió a Estados Unidos.* (U3, p. 78)
Ainsi donc, il est parti un matin pour les États-Unis.

27 Les propositions complétives et le choix des modes

A. Les propositions complétives à l'indicatif

■ Lorsque le verbe de la proposition principale introduit un fait réel ou annoncé comme tel, le verbe de la proposition complétive est à l'indicatif, comme en français :

Aseguran que la obra ***puede*** *colapsarse.* (U1, p. 16)
Ils assurent que l'édifice peut s'effondrer.

B. Les propositions complétives au subjonctif

■ Par contre, le choix du mode subjonctif dans une proposition complétive met en évidence une non-réalité ou une action qui s'inscrit dans un devenir. C'est pour cette raison que l'espagnol peut utiliser un subjonctif là où le français emploie un futur ou un conditionnel :

Debes buscarte una salida decorosa ***que te permita*** *vivir de tu talento.* (U5, p. 137)
Tu dois chercher une issue honorable qui te permettra de vivre de ton talent.

Decidió ser él mismo quien ***lanzara*** *cuestiones.* (U2, p. 54)
Il décida être celui qui poserait des questions.

■ Les verbes de conseil, de prière, de demande, d'ordre – ***aconsejar*** (conseiller de), ***rogar*** (prier de), ***pedir*** (demander de), ***impedir*** (empêcher de), ***mandar*** (demander/ordonner de), etc... –, introduisent très souvent une proposition complétive au subjonctif, à la place d'un infinitif, notamment lorsque les sujets sont différents – ce qui permet de différencier les personnes et de gagner en clarté :

He ordenado *a las autoridades civiles* ***que tomen*** *todas las medidas necesarias.* (U5, p. 139)
J'ai ordonné aux autorités civiles de prendre toutes les mesures nécessaires.

■ **Attention** à respecter la concordance des temps.

28 La concordance des temps

■ Lorsque dans une proposition subordonnée, le verbe est au mode subjonctif, le temps de ce verbe dépend du temps du verbe de la proposition principale, obéissant ainsi à la règle de la concordance de temps.

■ Si le verbe de la proposition principale est au présent, au futur ou au passé composé (dont l'auxiliaire est au présent), le verbe de la proposition subordonnée au subjonctif est au présent :

Quiero que sepa *que no falto a clase.* (U3, p. 74)
Je veux que vous sachiez que je ne manque pas les cours.

Proposition principale	Proposition subordonnée au subjonctif
Présent Futur Passé composé	présent
Imparfait Plus-que-parfait Passé simple Conditionnel	imparfait ou plus-que-parfait

■ Si le verbe de la proposition principale est à l'imparfait, au plus-que-parfait, au passé simple ou au conditionnel, le verbe de la proposition subordonnée au subjonctif est à l'imparfait ou au plus-que-parfait :

*Ese movimiento llevó a la presidencia a S. Allende **para que realizara** reformas.* (U5, p. 144)
Ce mouvement a conduit S. Allende à la présidence pour qu'il puisse réaliser des réformes.

■ Il arrive que le verbe d'une proposition subordonnée soit au subjonctif présent alors que la proposition principale est au passé lorsque l'action énoncée par la subordonnée s'ouvre sur une notion en devenir.

29 Ser et estar

A. Le verbe *ser*

■ Le verbe ***ser*** est utilisé pour exprimer une qualité essentielle, définir, caractériser :

*Yo **soy** su mamá.* (U3, p. 77) Je suis sa maman.
***Eres** pobre y andaluz.* (U5, p. 137) Tu es pauvre et andalou.

■ La voix passive est formée avec le verbe **ser** suivi du participe passé qui s'accorde en genre et en nombre avec le sujet du verbe :

*Las personas **eran conducidas por** los soldados.* (U3, p. 70)
Les gens étaient conduits par les soldats.

Dans cette forme, le complément d'agent introduit par ***por*** peut devenir le sujet du verbe employé alors à la voix active : *los soldados conducían a las personas.*

■ Le complément d'agent introduit par la préposition ***por*** peut être explicite ou non :

*Hay toda una masa humana que sufre y desea **ser vista y oída**.* (U5, p. 137)
Il y a une masse humaine qui souffre et veut être vue et entendue.

■ ***Ser*** est toujours employé avec des adjectifs comme : ***cierto, evidente, fácil, frecuente, imposible, improbable, indispensable, interesante, necesario, posible, preciso, probable...***

***Es** certo.* (U2, p. 54) C'est certain.

B. Le verbe *estar*

■ Le verbe ***estar*** est employé pour exprimer une situation dans le temps ou l'espace :

***Estaba** en Barcelona.* (U1, p. 16) Il était à Barcelona.

■ Le verbe ***estar*** est utilisé lorsqu'est privilégié le résultat d'une action ou pour décrire un état, souvent passager, correspondant à une circonstance et sans valeur de caractérisation :

*Todos **están apurados**.* (U1, p. 19) Tous sont pressés.

30 Aspects de l'action

A. La forme progressive

■ Le fait d'utiliser ***estar, ir*** ou ***seguir*** + gérondif, là où le francais emploie le plus souvent le seul verbe disant l'action, permet de donner un aspect duratif à l'action, un aspect dynamique ou un aspect de continuité.

- Aspect de <u>durée</u> : ***estar*** + gérondif

  *¿Sabes lo que **estamos celebrando**?* (U1, p. 12)
  Sais-tu ce que nous fêtons ?

- Aspect dynamique, d'<u>évolution</u> : ***ir*** + gérondif

  *Un mensaje que **va llegando** a un número de personas.* (U2, p. 45)
  Un message qui arrive à un certain nombre de personnes

- Aspect de <u>continuité</u> : ***seguir*** (***continuar***) + gérondif

  *Santiago **sigue creciendo**.* (U1, p. 22)
  Santiago continue à grandlr.

B. Les semi-auxiliaires

■ Des verbes comme ***quedar, resultar, andar, llegar, ir, venir, traer, parecer, seguir*** peuvent être employés à la place des verbes ***ser*** ou ***estar*** pour donner un sens plus précis aux adjectifs ou aux participes passés choisis et marquer plus précisément un aspect de l'action.

*Quien saluda en la calle **resulta** sospechoso.* (U1, p. 22)
Celui qui salue dans la rue est suspect.

■ L'espagnol peut donner au verbe ***tener*** une valeur de semi-auxiliaire et lui permettre ainsi de remplacer l'auxiliaire ***haber*** pour donner davantage d'intensité à l'expression de l'action.

*Un garaje que **tenían alquilado**.* (U5, p. 167)
Un garage qu'ils avaient loué.

Le participe passé introduit par ***tener*** s'accorde avec le complément d'objet :

*De las viviendas **tengo apalabradas** dos mil.* (U1, p. 12)
J'ai déjà négocié deux mille logements.

C. Le déroulement de l'action

■ L'aspect de commencement peut être donné par des verbes comme ***comenzar, empezar*** suivis des prépositions ***a, por*** ou d'un gérondif ou par des verbes comme ***ir a, echar a, romper a*** suivis de l'infinitif :

***Comenzó a** tocar con cautela el tema del AVE.* (U1, p. 16)
Il commença à aborder prudemment le thème de l'AVE.

■ L'aspect de fin d'une action peut être rendu par des verbes comme ***acabar, terminar*** ; lorsqu'ils sont suivis d'un gérondif, ces verbes expriment plus particulièrement la conséquence.

*Esta obra que **acabamos de** ver.* (U1, p. 16)
Cette œuvre que nous venons de voir.

■ La répétition de l'action est rendue avec ***volver a*** + verbe à l'infinitif ou verbe + ***de nuevo/ otra vez :***

Volvió a leer la carta (U3, p. 74) Il relut la lettre.

*Miró **de nuevo*** (U1, p. 34) Il regarda à nouveau.

■ L'espagnol emploie peu fréquemment le préfixe ***-re*** pour indiquer la répétition d'une action :

***Releía El** Quijote.* (U7, p. 191)

Je relisais le Quichotte.

■ L'idée de fréquence et d'habitude peut être rendue par le verbe ***soler*** + inf.

D. La situation d'une action dans le temps

■ Suivi d'une notion de temps, le verbe ***llevar*** employé sous une forme personnelle permet d'exprimer une notion de durée. Il est accompagné d'un gérondif ou d'un complément circonstanciel.

***Llevaba más de cuatro horas** en los Estados Unidos.* (U3, p. 78)

Cela faisait plus de quatre heures qu'il était aux États-Unis.

■ Lorsque « il y a » introduit une notion de temps, il est rendu par la 3e personne du singulier du verbe ***hacer*** au temps et au mode qui conviennent. (→ Précis 44)

***Hace** 36 años.* (U5, p. 140) Il y a 36 ans.

31 L'enclise

■ L'enclise consiste à placer le pronom personnel après le verbe et à le souder à lui :

- à l'infinitif,
- au gérondif,
- à l'impératif affirmatif.

*Para **recibirlo.*** (U3, p. 74) Pour le recevoir.

***Sujetándome** con su brazo derecho* (U3, p. 80)

En me tenant de son bras droit

***Dígale** a mi tía…* (U3, p. 74) Dites à ma tante…

■ Le verbe devant conserver son accentuation initiale, l'ajout d'une ou deux syllabes peut donc provoquer l'apparition d'un accent écrit. (→ Précis 2)

■ Lorsque deux pronoms se rapportent au verbe, l'ordre est le suivant : d'abord le pronom indirect, ensuite, le pronom direct.

Dígamelo. Dites-le-moi.

■ Lorsque l'infinitif ou le gérondif sont précédés d'un verbe conjugué, d'un auxiliaire ou d'un semi-auxiliaire, les pronoms peuvent se placer avant la forme verbale ou se souder à l'infinitif ou au gérondif :

*¿Usted ha visto lo que **se está haciendo** en Barcelona?* (U5, p. 137) → *Lo que **está haciéndose**.*

Avez-vous vu ce qui se passe à Barcelone?

32 La simultanéité

■ ***Mientras*** « pendant que » introduit une notion de simultanéité temporelle qui s'inscrit dans la durée :

*Apártate de aquí **mientras** yo comienzo esta batalla.* (U7, p. 220)

Écarte-toi d'ici pendant que je commence cette bataille.

- **Attention** à ne pas confondre ***mientras*** avec ***mientras que*** (tandis que, alors que) qui introduit l'opposition.

■ ***Al*** + infinitif

- La simultanéité se rend également par ***al*** suivi de l'infinitif (gérondif ou « dès que ») lorsque l'action énoncée a une conséquence plus immédiate :

***Al entrar** en el puerto de Nueva York vimos la estatua de la Libertad.* (U3, p. 80)

En entrant dans le port de New York, nous vîmes la statue de la Liberté.

- ***Al*** + infinitif rend une notion temporelle avec une valeur de cause à effet. Il peut être remplacé par une proposition temporelle commençant par ***cuando*** :

***Al terminar** la ponencia, estuvimos hablando.* (U2, p. 45)

Quand la conférence fut terminée, nous nous mîmes à discuter.

33 L'obligation

■ L'obligation peut s'exprimer de façon personnelle ou de façon impersonnelle.

■ Certains verbes admettent la personne ; l'obligation personnelle peut alors être rendue par :

- ***tener que*** + infinitif

***Tiene que** llegar esta semana.* (U3, p. 74)

Il doit arriver cette semaine.

- ***deber*** + infinitif

*Usted **debe** saber qué me ocurre.* (U3, p. 74)

Vous devez savoir ce qui m'arrive.

■ D'autres formes n'indiquent pas une personne determinée ; l'obligation impersonnelle peut alors être rendue par ***haber que*** [au présent : *hay que*] + infinitif :

***Hay que** haber vivido.* (U4, p. 101) Il faut avoir vécu.

mais aussi par ***haber de*** + infinitif***, hace falta, es necesario/ preciso/menester*** + infinitif.

■ **Attention :** la personne peut apparaître après la forme impersonnelle : *hace falta que, es necesario/preciso/menester que* + verbe conjugué au subjonctif.

34 La négation

■ Pour que le verbe ait un sens négatif, il doit toujours être précédé d'une négation : ***no, nunca, jamás*** (jamais), ***nada*** (rien), ***nadie*** (personne), ***ninguno,a*** (aucun,e), ***ni / ni siquiera*** (même pas), ***tampoco*** (non plus).

■ L'adverbe ***no*** est toujours avant le verbe. Il peut être employé seul pour nier l'ensemble de la phrase :

No lo he visto. (U5, p. 137) Je ne l'ai pas vu.

■ ***No*** peut être aussi employé avec les autres termes négatifs placés après le verbe :

*No podría reconocerlo **ninguna** de las personas.* (U3, p. 70)
Auncune des personnes ne pourrait le reconnaître.

*No tengo **nunca** un libro.* (U5, p. 134)
Je ne possède jamais un livre.

■ Si ***nunca, nada, nadie, ninguno,a, ni/ni siquiera*** sont placés avant le verbe, ***no*** disparaît.

*Su zona era la que **nadie** quería. (U3, p. 80)*
Son secteur était celui dont personne ne voulait.

***Nunca** te aceptarán.* (U5, p. 137)
Ils ne t'accepteront jamais.

■ ***Ni*** ="ne" – "ni"
Ni peut être employé seul ou faire partie de locutions qui accentuent la négation comme ***ni siquiera***.

*Nadie para de consumir energía, **ni siquiera** ellos.* (U2, p. 54)
Personne ne cesse de consommer de l'énergie, même pas eux.

■ Pour ajouter une notion de restriction, ***no*** peut être employé avec ***casi*** ou ***ya*** ou d'autres mots ou groupes de mots :
Casi no = presque pas ***Ya no*** = ne plus

*Como si la ciudad **ya no** le perteneciera.* (U1, p. 19)
Comme si la ville ne lui appartenait plus.

35 La tournure restrictive « ne... que »

■ Pour traduire l'idée de restriction donnée en français par la tournure « ne ...que », l'espagnol peut employer l'adverbe ***sólo*** devant le verbe ainsi que deux tournures négatives encadrant le verbe : ***no... sino...*** ou ***no... más que***.

■ Lorsque la restriction porte plus particulièrement sur une notion de qualité ou de quantité, le verbe peut être encadré par les locutions ***no... más que*** ou ***no... sino***.
Ces locutions qui permettent d'introduire une restriction à l'élément présenté en premier lieu, énoncent néanmoins une réalité, malgré l'emploi de ***no*** :

***No** hacía **más que** echar horas.* (U3, p. 73)
Je ne faisais que travailler.

■ Si la restriction énoncée est envisagée comme une simple constatation, on peut remplacer ces locutions négatives par ***sólo*** placé devant le verbe :

***Los amigos sólo** le consiguieron un trabajo como vendedor.* (U3, p. 80)
Ses amis ne lui trouvèrent qu'un travail de vendeur.

■ **Attention :** l'accent sur le premier ***ó*** de ***sólo*** qui peut différencier l'adverbe de l'adjectif n'est plus obligatoire. (→ Précis 2).

36 La construction unipersonnelle des verbes comme *gustar, encantar, costar, faltar, doler...*

■ Pour exprimer une opinion, une préférence ou un sentiment, on peut utiliser certains verbes à la 3e personne du singulier ou du pluriel selon l'élément généralement placé après le verbe et qui est, en fait, le sujet réel :

*No **me gustó** Santiago* (U1, p. 22) Je n'ai pas aimé Santiago.
***A Rosa le costó** seis meses reunir dinero* (U3, p. 77)
Rosa a mis six mois à réunir une somme d'argent.

37 Les verbes de demande

■ Il ne faut pas confondre le verbe « demander » (poser une question) traduit par ***preguntar*** et le verbe « demander » (ordonner) traduit par ***pedir*** + ***que*** + subj.

A. Le verbe *preguntar*

■ Le verbe ***preguntar*** – « demander » (poser une question) – permet de passer du style direct au style indirect :

***Se preguntó qué** tipo de paisaje estaría cruzando* (U3, p. 78)
Il se demanda quel type de paysage il pouvait bien croiser.

■ Si le mot interrogatif porte un accent dans l'interrogation directe, il le garde dans l'interrogation indirecte. (→ Précis 4)

B. Le verbe *pedir*

■ Le verbe ***pedir*** – « demander » (ordonner) – se construit avec ***que*** + subjonctif.

*Le **piden que** obedezca.* Ils lui demandent d'obéir.

■ D'autres verbes de demande comme ***decir*** (dire de), ***(impedir*** (empêcher de)***, ordenar, mandar*** (ordonner de), ***prohibir*** (interdire de), ***rogar*** (prier de) se construisent de la même manière.

He ordenado *a las autoridades* ***que tomen*** *todas las medidas necesarias.* (U5, p. 139)
J'ai ordonné aux autorités de prendre toutes les mesures nécessaires.

■ Le verbe ***decir*** peut être un simple verbe déclaratif.

38 Les verbes comme *permitir, decidir, determinar, conseguir, lograr...*

■ Certains verbes espagnols se construisent directement, sans préposition, contrairement à l'usage français : parmi ces verbes, ***permitir*** (permettre), ***decidir*** (décider), ***determinar*** (décider), ***conseguir*** (obtenir), ***lograr*** (arriver à), ***intentar*** (essayer de), ***proponer*** (proposer)… :

Si ***consigue*** *pasar, lo traeré a casa* (U3, p. 74)
S'il arrive à passer, je le conduirai chez moi.

Decidió *ser él mismo quien lanzara cuestiones.* (U2, p. 54)
Il décida d'être celui qui poserait des questions.

39 Les prépositions

A. La préposition *a*

■ La préposition ***a*** précède un complément d'objet dans le cas où celui-ci est un être animé :

Controlar ***a*** *los refugiados.* (U3, p. 70) Controler les régugiés.

■ La préposition ***a*** s'emploie après un verbe de mouvement comme ***ir, salir, viajar, dirigirse…*** :

Ir a *trabajar* ***a*** *Alemania.* (U3, p. 73)
Aller travailler en Allemagne.

■ Cette idée de mouvement implique souvent une idée de but :

Fui corriendo ***a*** *apuntarme.* (U3, p. 73) Je courus m'inscrire.

■ La préposition ***a*** sert à localiser dans l'espace et dans le temps :

a *Alemania* (U3, p. 73) en Allemagne
a *las diez y media* (U5, p. 139) à 10h30

■ La préposition ***a*** peut introduire une notion de manière :

Viajando ***a*** *pie.* (U3, p. 70) Voyageant à pied.

B. La préposition *con*

■ La préposition ***con*** introduit une notion d'accompagnement, de manière ou de moyen :

Los lagos artificiales ***con*** *patos.* (U1, p. 21)
Les lacs artificiels avec des canards

■ Contrairement au français qui peut introduire un complément de manière sans préposition, l'usage rend habituel l'emploi de ***con***, en espagnol.

El monarca ***con*** *el rostro transfigurado por las horas difíciles.* (U5, p. 139)
Le monarque, le visage marqué par les heures difficiles.

C. Les prépositions *de, desde, hasta*

■ La préposition ***de*** établit le rapport de possession.

Las casas ***de*** *los ricos.* (U1, p. 21) Les maisons des riches.

■ La préposition ***de*** introduit un complément déterminatif et indique la matière dont est faite une chose :

Casas ***de*** *cemento.* (U1, p. 21) Des maisons en ciment.

■ La préposition ***de*** introduit un élément essentiel, caractéristique :

El troquero americano ***de*** *ceño endurecido.* (U3, p. 86)
Le camionneur américain à l'air sévère.

■ La préposition ***de*** se trouve dans les expressions temporelles ou pour énoncer une date, entre les jours et les mois et entre les mois et l'année.

Se juntan ***de noche.*** (U1, p. 12) Ils se réunissent la nuit.

■ La préposition ***desde*** indique le lieu de départ, d'origine, dans l'espace comme dans le temps :

Desde *el aire la ciudad se vislumbra.* (U1, p. 21)
Depuis le ciel la ville se découvre.

■ ***Desde*** a pour corrélatif la préposition ***hasta*** ou la préposition ***a*** :

Desde *el comienzo* ***hasta*** *el final de la ceremonia.* (U6, p. 170)
Du début à la fin de la cérémonie.

■ **Attention :** avec une notion de durée, *desde* est suivi de *hace*.

Desde hace *100 años* (U1, p. 15) Depuis 100 ans.

D. La préposition *en*

■ La préposition ***en*** sert à localiser lorsqu'il n'y a pas de mouvement :

Estaba ***en*** *Barcelona.* (U1, p. 16)
Il était à Barcelone.

■ On la trouve également dans l'expression ***en casa de*** avec le sens de « chez ».

No quiso convalecer ***en*** *casa de la hermana de Blanca.* (U1, p. 22)
Il n'a pas voulu faire sa convalescence chez la sœur de Blanca.

■ La préposition ***en*** accompagne également des éléments temporels :

En *ese momento* (U3, p. 78) A ce moment-là.

■ La préposition ***en*** introduit un complément de manière.

Acataban ***en*** *silencio las órdenes.* (U3, p. 70)
Ils obéissaient aux ordres en silence.

E. La préposition *hacia*

- La préposition **hacia** marque le mouvement, la direction :
  *Camina **hacia** el corazón de los negocios de la ciudad.* (U1, p. 19) Il marche vers le coeur des affaires de la ville.

F. La préposition *para*

- La préposition **para** introduit un complément d'objet indirect :
  *Un método pedagógico **para** el futuro de la música clásica.* (U5, p. 140)
  Une méthode pédagogique pour le futur de la musique classique.
- La préposition **para** introduit aussi un point de vue :
  ***Para él** era el mayor de los elogios* (U1, p. 16)
  Pour lui, c'était le meilleur éloge.
- La préposition **para** exprime une idée de but, de destination et de finalité :
  *Pedir permiso **para** abrir el sobre.* (U3, p. 74)
  Demander l'autorisation d'ouvrir l'enveloppe.

G. La préposition *por*

- La préposition **por** s'emploie dans l'expression de la cause :
  *Me sentí agobiada **por** la contaminación* (U1, p. 22)
  Je me sentis étouffée par la pollution.
- La préposition **por** introduit une notion d'espace en donnant une idée de mouvement et de passage :
  *Caminando **por** la City.* (U1, p. 19) En marchant dans la City.
- La préposition **por** introduit une notion de temps.
- La préposition **por** peut introduire un complément d'objet indirect et marquer un sentiment, un lien affectif :
  *El amor **por** su familia.* (U4, p. 101) L'amour pour sa famiille.
- La préposition **por** introduit un complément d'agent, de manière, de moyen :
  *Un tramo diseñado **por** el estudio.* (U1, p. 15)
  Un tracé dessiné par le cabinet.
- La préposition **por** introduit une notion d'échange.
  *Hay saltimbanquis dando saltos mortales de circo **por** una limosna.* (U1, p. 22)
  Il y a des saltimbanques qui font des sauts risqués pour une pièce.
- Dans la locution **por primera vez**, l'article défini est omis.

H. La préposition *sin*

- La préposition **sin** signifie l'absence, le manque :
  *Los inmigrantes **sin** techo* (U1, p. 15) Les immigrants sans toît.

I. La préposition *sobre*

- La préposition **sobre** s'emploie dans une acception concrète, pour localiser, comme dans une acception plus abstraite :
  *Mujeres tendiendo ropas **sobre** oxidados alambres.* (U1, p. 34)
  Des femmes étendant des vêtements sur des cordes à linge rouillées.
  *Estamos investigando **sobre** energías alternativas.* (U2, p. 54)
  Nous faisons des recherches sur les énergies alternatives.

40 Les adverbes

A. Les adverbes de lieu *aquí, acá, ahí, allí, allá*

- ***Aquí, acá*** s'utilisent pour désigner ce qui est proche du locuteur.
  *Estoy **aquí** honrado y contento de inaugurar esta biblioteca.* (U5, p. 134)
  Vous me voyez ici honoré et content d'inaugurer cette bibliothèque.
- ***Ahí*** indique ce qui se trouve à moyenne distance.
  *Sal de **ahí,** guapo.* (U3, p. 78) Sors de là, mon gars.
- ***Allí, allá*** indiquent ce qui est éloigné.
  *Tengo que ir al Ecuador y conseguir desde **allí** un contrato de trabajo.* (U3, p. 77)
  Je dois aller en Equateur et obtenir depuis là-bas un contrat de travail.

B. L'adverbe de temps *ya* (déjà)

***Ya** ha dicho el gran Menéndez Pidal que... (U5, p. 134)*
Le grand Menendez Pidal a déjà dit que...

C. Les adverbes *aún* et *todavía* (encore, toujours)

***Aún** no lo sé.* (U5, p. 137) Je ne le sais pas encore.
***Todavía** en construcción* (U1, p. 16) Toujours en construction.

D. L'adverbe de manière *así* (ainsi)

*No es **así**.* (U2, p. 46) Il n'en est pas ainsi.

E. Les adverbes de concession *hasta, aun, incluso, inclusive* (même)

- L'idée de concession ou de restriction qui peut être traduite par « même » en français est rendue en espagnol par les adverbes **hasta, incluso, inclusive, aun** :
  *Todos, **incluso** los hijos adolescentes.* (U1, p. 22)
  Tous, même les adolescents de la famille.
  ***Hasta** me plancharon los bluyines.* (U1, p. 22)
  On a même repassé mes jeans.

• **Attention** à ne pas confondre ***aun*** sans accent (même) et ***aún*** avec accent (encore).

F. Les adverbes de quantité et d'intensité *poco, mucho, tanto, demasiado, bastante*

- ***Poco*** (peu), ***mucho*** (beaucoup), ***tanto*** (tellement) ***demasiado*** (trop), ***bastante*** (assez), modifient un verbe, un adjectif ou un adverbe et conservent en espagnol leur statut d'adverbe, ils sont donc invariables :
  *Una ciudad **demasiado** contenta.* (U1, p. 15)
  Una ville trop contente.
  *Me gustó **bastante.*** (U1, p. 22)
  Cela m'a assez plu.
- **Attention :** devant un adjectif, ***tanto*** s'apocope :
  ***Tan** alta, **tan** grande* (U3, p. 74)
  Si haute, si grande.

G. L'adverbe de négation *sino* (« mais »)

■ Lorsqu'il y a une opposition dont le premier élément est négatif, « mais » se traduit par ***sino***.

***No** les compré esta tierra a pequeños productores **sino** a grandes terratenientes* (U2, p. 53) Je n'ai pas acheté cette terre à des petits producteurs mais à des grands propriétaires terriens

***No** pediría un pan **sino que** pediría medio pan y un libro* (U5, p. 134) Je ne demanderais pas un pain mais je demanderais un demi-pain et un livre.

H. L'adverbe d'affirmation *sí*

■ L'adverbe d'affirmation ***sí*** peut se traduire par assurément, en revanche, certes :

*Ahora **sí** que sé de quién me hablas* (U1, p. 16)
Maintenant, assurément, je sais de qui tu me parles.

I. Les adverbes en *-mente*

■ Certains adverbes se forment à partir des adjectifs qualificatifs au féminin auxquels s'ajoute la terminaison ***-mente.***

■ **Attention :** il faut veiller au féminin des adjectifs pour former l'adverbe correspondant :

*La apoyó **clandestinamente**.* (U3, p. 80)
Il la soutint clandestinement.

*Se brindó **alegremente** por el futuro.* (U3, p. 80)
On trinqua joyeusement à l'avenir.

■ Lorsque plusieurs adverbes se suivent, seul le dernier prend la forme complète, les autres restent au féminin :

industrial y comercialmente

■ L'adverbe ***recientemente*** s'apocope devant un adjectif ou un participe passé :

***Recién** cumplidos los treinta años.* (U6, p. 168))
Trente ans récemment fêtés.

Mais :

*Las personas que **recientemente** han invocado la imagen de Guevara.* (U7, p. 197)
Les personnes qui ont invoqué récemment l'image de Guevara

■ **Attention :** il ne faut pas confondre l'adverbe ***recientemente*** avec l'adjectif ***reciente(s)*** qui ne s'apocope pas : *el reciente movimiento*.

I. La place de l'adverbe avec un verbe aux temps composés

■ Lorsqu'il est employé avec un verbe à un temps composé, l'adverbe ne doit jamais séparer l'auxiliaire de son participe passé; il se place avant ou après le verbe, suivant le cas :

***Ya ha dicho** el gran Menéndez Pidal que…* (U5, p. 134)
Le grand Menendez Pidal a déjà dit que…

41 La conjecture et l'hypothèse

■ Pour exprimer la conjecture, l'espagnol a le choix entre plusieurs adverbes comme ***quizá, quizás, tal vez, acaso, a lo mejor***, suivant le degré envisagé d'hypothèse.

■ Lorsqu'ils sont suivis d'un verbe, l'usage fait que l'espagnol utilise généralement soit le subjonctif (après ***quizá(s), tal vez, acaso, quizá***) soit l'indicatif (après ***a lo mejor, quizá(s)***). Dans ce cas, les adverbes se placent toujours devant le verbe :

***Quizá estamos** peleando contra los muertos.* (U7, p. 198)
Nous sommes peut-être en train de nous battre contre les morts

***Quizá** algún día **pueda** conocerlo* (U3, p. 74)
Peut-être un jour, pourrez-vous le connaître.

Néanmoins, on peut trouver des verbes au futur et au conditionnel après ces adverbes :

*Otro mito andino que **quizá deberías** conocer.* (U7, p. 198)
Un autre mythe andin que tu devrais peut-être connaître.

■ **Attention :** ***a lo mejor*** ne s'emploie qu'avec l'indicatif et privilégie donc le caractère réalisable de l'action présentée.

■ Pour rendre la conjecture, l'espagnol peut employer ***deber de*** + infinitif ; il est proche de ***a lo mejor*** + indicatif. Il ne faut pas confondre *deber de* avec *deber* qui exprime l'obligation (→ précis 33).

***Debió de ser** cuando salió a la venta el primer LP.* (U3, p. 78)
Cela était sans doute arrivé au moment de la sortie du premier 33 tours.

■ L'expression de l'incertitude peut être aussi rendue par le futur ou le conditionnel d'éventualité, traduits par des verbes comme "pouvoir" ou "devoir" ou accompagné d'expressions comme « sans doute ».

*Se preguntó qué tipo de paisaje **estaría cruzando*** (U3, p. 78)
Il se demanda quel type de paysage il pouvait bien croiser.

42 Les équivalents de « on »

Le « on » français peut être traduit de plusieurs façons en espagnol, comme par :

■ ***Se*** pronom sujet indéfini

***Se** sabe cuando alguien es de afuera.* (U1, p. 22)
On sait quand quelqu'un est d'ailleurs.

■ **Attention :** si « on » + verbe + complément est traduit par ***se*** + verbe, le complément français devient le sujet en espagnol et le verbe s'accorde : *Se oyen voces.*

■ La 1re personne du pluriel. C'est le contexte ou un élément familier de la phrase qui induisent la 1re personne du pluriel ou le « on ».

*¿Y cómo **debemos** pintar?* (U5, p. 137)
Et comment doit-on peindre?

■ La 3e personne du pluriel exclut la personne qui parle :

*La iglesia que no **terminan** nunca.* (U1, p. 16)
L'église qu'on ne termine jamais.

■ ***Uno (a)*** :
Uno (a) équivaut au pronom indéfini « on » mais il est essentiellement employé par une personne qui utilise ce pronom pour émettre une distance par rapport au « je ».

43 Les équivalents de « devenir »

■ L'espagnol traduit le verbe français « devenir » de différentes façons, selon les cas d'emploi : il considère la nature – nom ou adjectif – du mot introduit par le verbe ainsi que la valeur de la transformation envisagée – progressive, rapide, ponctuelle ou déterminante.

■ Suivi d'un adjectif, le verbe ***ponerse*** peut rendre compte d'une transformation passagère.

*Se **había puesto** roja de rabia.* (U2, p. 48)
Elle était devenue rouge de colère.

■ Généralement suivis d'un adjectif, le verbe ***volverse*** rend compte d'une idée de transformation plus rapide et le verbe ***hacerse*** d'une idée de transformation plus progressive.

*La masa **se hace** más densa.* (U1, p. 19)
La masse devient plus dense.

■ Suivis d'un nom, ***convertirse en*** rend plutôt compte d'une transformation déterminante alors que des expressions verbales comme ***pasar a ser*** et ***llegar a ser*** disent plutôt la transformation progressive.

*Los diez kilómetros **se han convertido en** un extraño cordón.* (U1, p. 15)
Les dix kilomètres sont devenus un étrange cordon.

44 Les équivalents de « il y a »

■ Pour traduire « il y a » et présenter des objets et des personnes, l'espagnol emploie le verbe ***haber*** sous sa forme impersonnelle ; au présent, « il y a » se traduit par ***hay***.

***Hay** nuevos mundos.* (U5, p. 137)
Il y a des mondes nouveaux.

■ Lorsque « il y a » est suivi d'un élément temporel, il est rendu par le verbe ***hacer***, à la 3e personne du singulier :

***Hace** 36 años.* (U5, p. 140) Il y a 36 ans.

■ **Attention :** pour traduire « depuis » + élément temporel rendant une notion de durée, l'espagnol emploie *desde hace*. (→ Précis 39.C)

***Desde hace** cuatro décadas.* (U5, p. 140)
Depuis quatre décennies.

45 Les formes de mise en relief « c'est/ce sont… que/qui »

■ Pour introduire une identité, on emploie le verbe ***ser*** conjugué à la personne qui correspond au pronom personnel sujet.

■ Pour la mise en relief, le verbe ***ser*** se conjugue au temps et au mode du verbe qui dit l'action et le relatif rend compte de la nature de la mise en relief.

■ Le relatif « que / qui » se traduit par ***quien, quienes*** s'il s'agit de personnes et par ***el que, la que, los que, las que*** s'il s'agit de personnes ou de choses et par ***lo que*** s'il s'agit d'une formulation neutre. Pour des mises en relief concernant le lieu, le temps, la manière, etc., le relatif se traduit par ***donde, cuando, como***…

***Fue la lanza la que se deshizo** en mil pedazos.* (U7, p. 220)
Ce fut la lance qui se brisa en mille morceaux.

46 Les équivalents de « en » et de « y »

■ Pour traduire « en » et « y », l'espagnol emploie généralement soit des pronoms personnels indirects précédés de la préposition qui convient, soit un pronom personnel complément direct.

*Como si la ciudad ya no le **perteneciera,** como si se hubiese apropiado **de ella** un gentio de trajes sin cabeza.* (U1, p. 19)
Comme si la ville ne lui appartenait plus, comme si une foule de costumes sans tête s'en était appropriée.

*Hay nuevos mundos, padre ; **los** hay* (U5, p. 137)
Il y a des mondes nouveaux, père ; il y en a.

Conjugaisons

Infinitivo (infinitif)	Presente de indicativo (indicatif présent)	Presente de subjuntivo (subjonctif présent)	Imperativo afirmativo/negativo (impératif affirmatif/négatif)	Pretérito imperfecto de indicativo (indicatif imparfait)
VERBES À DIPHTONGUE e → ie o → ue				
PENSAR *penser*	pienso piensas piensa pensamos pensáis piensan	piense pienses piense pensemos penséis piensen	piensa / no pienses piense / no piense pensemos / no pensemos pensad / no penséis piensen / no piensen	pensaba pensabas pensaba pensábamos pensabais pensaban
PERDER *perdre*	pierdo pierdes pierde perdemos perdéis pierden	pierda pierdas pierda perdamos perdáis pierdan	pierde / no pierdas pierda / no pierda perdamos / no perdamos perded / no perdáis pierdan / no pierdan	perdía perdías perdía perdíamos perdíais perdían
VERBES À AFFAIBLISSEMENT e → i				
PEDIR *demander*	pido pides pide pedimos pedís piden	pida pidas pida pidamos pidáis pidan	pide / no pidas pida / no pida pidamos / no pidamos pedid / no pidáis pidan / no pidan	pedía pedías pedía pedíamos pedíais pedían
VERBES À ALTERNANCE e → ie et i o → ue et u				
SENTIR *sentir, ressentir*	siento sientes siente sentimos sentís sienten	sienta sientas sienta sintamos sintáis sientan	siente / no sientas sienta / no sienta sintamos / no sintamos sentid / no sintáis sientan / no sientan	sentía sentías sentía sentíamos sentíais sentían
DORMIR *dormir*	duermo duermes duerme dormimos dormís duermen	duerma duermas duerma durmamos durmáis duerman	duerme / no duermas duerma / no duerma durmamos / no durmamos dormid / no durmáis duerman / no duerman	dormía dormías dormía dormíamos dormíais dormían
VERBES EN -HACER/-ECER/-OCER/-UCIR c → zc				
CONOCER *connaître*	conozco conoces conoce conocemos conocéis conocen	conozca conozcas conozca conozcamos conozcáis conozcan	conoce / no conozcas conozca / no conozca conozcamos / no conozcamos conoced / no conozcáis conozcan / no conozcan	conocía conocías conocía conocíamos conocíais conocían
VERBES EN -DUCIR c → zc c → j				
CONDUCIR *conduire*	conduzco conduces conduce conducimos conducís conducen	conduzca conduzcas conduzca conduzcamos conduzcáis conduzcan	conduce / no conduzcas conduzca / no conduzca conduzcamos / no conduzcamos conducid / no conduzcáis conduzcan / no conduzcan	conducía conducías conducía conducíamos conducíais conducían
VERBES EN -UIR i → y				
CONSTRUIR *construire*	construyo construyes construye construimos construís construyen	construya construyas construya construyamos construyáis construyan	construye / no construyas construya / no construya construyamos / no construyamos construid / no construyáis construyan / no construyan	construía construías construía construíamos construíais construían
VERBES EN -UAR / -IAR				
CONTINUAR *continuer*	continúo continúas continúa continuamos continuáis continúan	continúe continúes continúe continuemos continuéis continúen	continúa / no continúes continúe / no continúe continuemos / no continuemos continuad / no continuéis continúen / no continúen	continuaba continuabas continuaba continuábamos continuabais continuaban
CONFIAR *faire confiance*	confío confías confía confiamos confiáis confían	confíe confíes confíe confiemos confiéis confíen	confía / no confíes confíe / no confíe confiemos / no confiemos confiad / no confiéis confíen / no confíen	confiaba confiabas confiaba confiábamos confiabais confiaban

Pretérito indefinido (passé simple)	Pretérito imperfecto de subjuntivo (subjonctif imparfait)	Futuro (futur)	Condicional (conditionnel)	Gerundio (gérondif) Participio pasivo (participe passé)
pensé pensaste pensó pensamos pensasteis pensaron	pensara pensaras pensara pensáramos pensarais pensaran	pensaré pensarás pensará pensaremos pensaréis pensarán	pensaría pensarías pensaría pensaríamos pensaríais pensarían	g. pensando p. p. pensado
perdí perdiste perdió perdimos perdisteis perdieron	perdiera perdieras perdiera perdiéramos perdierais perdieran	perderé perderás perderá perderemos perderéis perderán	perdería perderías perdería perderíamos perderíais perderían	g. perdiendo p. p. perdido
pedí pediste pidió pedimos pedisteis pidieron	pidiera pidieras pidiera pidiéramos pidierais pidieran	pediré pedirás pedirá pediremos pediréis pedirán	pediría pedirías pediría pediríamos pediríais pedirían	g. pidiendo p. p. pedido
sentí sentiste sintió sentimos sentisteis sintieron	sintiera sintieras sintiera sintiéramos sintierais sintieran	sentiré sentirás sentirá sentiremos sentiréis sentirán	sentiría sentirías sentiría sentiríamos sentiríais sentirían	g. sintiendo p. p. sentido
dormí dormiste durmió dormimos dormisteis durmieron	durmiera durmieras durmiera durmiéramos durmierais durmieran	dormiré dormirás dormirá dormiremos dormiréis dormirán	dormiría dormirías dormiría dormiríamos dormiríais dormirían	g. durmiendo p. p. dormido
conocí conociste conoció conocimos conocisteis conocieron	conociera conocieras conociera conociéramos conocierais conocieran	conoceré conocerás conocerá conoceremos conoceréis conocerán	conocería conocerías conocería conoceríamos conoceríais conocerían	g. conociendo p. p. conocido
conduje condujiste condujo condujimos condujisteis condujeron	condujera condujeras condujera condujéramos condujerais condujeran	conduciré conducirás conducirá conduciremos conduciréis conducirán	conduciría conducirías conduciría conduciríamos conduciríais conducirían	g. conduciendo p. p. conducido
construí construiste construyó construimos construisteis construyeron	construyera construyeras construyera construyéramos construyerais construyeran	construiré construirás construirá construiremos construiréis construirán	construiría construirías construiría construiríamos construiríais construirían	g. construyendo p. p. construido
continué continuaste continuó continuamos continuasteis continuaron	continuara continuaras continuara continuáramos continuarais continuaran	continuaré continuarás continuará continuaremos continuaréis continuarán	continuaría continuarías continuaría continuaríamos continuaríais continuarían	g. continuando p. p. continuado
confié confiaste confió confiamos confiasteis confiaron	confiara confiaras confiara confiáramos confiarais confiaran	confiaré confiarás confiará confiaremos confiaréis confiarán	confiaría confiarías confiaría confiaríamos confiaríais confiarían	g. confiando p. p. confiado

Conjugaisons

Infinitivo (infinitif)	**Presente de indicativo** (indicatif présent)		**Presente de subjuntivo** (subjonctif présent)		**Imperativo afirmativo/negativo** (impératif affirmatif/négatif)		**Pretérito imperfecto de indicativo** (indicatif imparfait)	

Verbes irréguliers

ANDAR *marcher*	ando andas anda	andamos andáis andan	ande andes ande	andemos andéis anden	anda / no andes ande / no ande	andemos / no andemos andad / no andéis anden / no anden	andaba andabas andaba	andábamos andabais andaban
CAER *tomber*	caigo caes cae	caemos caéis caen	caiga caigas caiga	caigamos caigáis caigan	cae / no caigas caiga / no caiga	caigamos / no caigamos caed / no caigáis caigan / no caigan	caía caías caía	caíamos caíais caían
DAR *donner*	doy das da	damos dais dan	dé des dé	demos deis den	da / no des dé / no dé	demos / no demos dad / no deis den / no den	daba dabas daba	dábamos dabais daban
DECIR *dire*	digo dices dice	decimos decís dicen	diga digas diga	digamos digáis digan	di / no digas diga / no diga	digamos / no digamos decid / no digáis digan / no digan	decía decías decía	decíamos decíais decían
ESTAR *être*	estoy estás está	estamos estáis están	esté estés esté	estemos estéis estén	está / no estés esté / no esté	estemos / no estemos estad / no estéis estén / no estén	estaba estabas estaba	estábamos estabais estaban
HABER *aux. avoir*	he has ha	hemos habéis han	haya hayas haya	hayamos hayáis hayan			había habías había	habíamos habíais habían
HACER *faire*	hago haces hace	hacemos hacéis hacen	haga hagas haga	hagamos hagáis hagan	haz / no hagas haga / no haga	hagamos / no hagamos haced / no hagáis hagan / no hagan	hacía hacías hacía	hacíamos hacíais hacían
IR *aller*	voy vas va	vamos vais van	vaya vayas vaya	vayamos vayáis vayan	ve / no vayas vaya / no vaya	vayamos / no vayamos id / no vayáis vayan / no vayan	iba ibas iba	íbamos ibais iban
OÍR *entendre*	oigo oyes oye	oímos oís oyen	oiga oigas oiga	oigamos oigáis oigan	oye / no oigas oiga / no oiga	oigamos / no oigamos oíd / no oigáis oigan / no oigan	oía oías oía	oíamos oíais oían
PODER *pouvoir*	puedo puedes puede	podemos podéis pueden	pueda puedas pueda	podamos podáis puedan			podía podías podía	podíamos podíais podían
PONER *mettre, poser*	pongo pones pone	ponemos ponéis ponen	ponga pongas ponga	pongamos pongáis pongan	pon / no pongas ponga / no ponga	pongamos / no pongamos poned / no pongáis pongan / no pongan	ponía ponías ponía	poníamos poníais ponían
QUERER *vouloir, aimer*	quiero quieres quiere	queremos queréis quieren	quiera quieras quiera	queramos queráis quieran	quiere / no quieras quiera / no quiera	queramos / no queramos quered / no queráis quieran / no quieran	quería querías quería	queríamos queríais querían
SABER *savoir*	sé sabes sabe	sabemos sabéis saben	sepa sepas sepa	sepamos sepáis sepan	sabe / no sepas sepa / no sepa	sepamos / no sepamos sabed / no sepáis sepan / no sepan	sabía sabías sabía	sabíamos sabíais sabían
SALIR *sortir*	salgo sales sale	salimos salís salen	salga salgas salga	salgamos salgáis salgan	sal / no salgas salga / no salga	salgamos / no salgamos salid / no salgáis salgan / no salgan	salía salías salía	salíamos salíais salían
SER *être*	soy eres es	somos sois son	sea seas sea	seamos seáis sean	sé / no seas sea / no sea	seamos / no seamos sed / no seáis sean / no sean	era eras era	éramos erais eran
TENER *avoir*	tengo tienes tiene	tenemos tenéis tienen	tenga tengas tenga	tengamos tengáis tengan	ten / no tengas tenga / no tenga	tengamos / no tengamos tened / no tengáis tengan / no tengan	tenía tenías tenía	teníamos teníais tenían
TRAER *apporter*	traigo traes trae	traemos traéis traen	traiga traigas traiga	traigamos traigáis traigan	trae / no traigas traiga / no traiga	traigamos / no traigamos traed / no traigáis traigan / traigan	traía traías traía	traíamos traíais traían
VENIR *venir*	vengo vienes viene	venimos venís vienen	venga vengas venga	vengamos vengáis vengan	ven / no vengas venga / no venga	vengamos / no vengamos venid / no vengáis vengan / no vengan	venía venías venía	veníamos veníais venían
VER *voir*	veo ves ve	vemos veis ven	vea veas vea	veamos veáis vean	ve / no veas vea / no vea	veamos / no veamos ved / no veáis vean / no vean	veía veías veía	veíamos veíais veían

Pretérito indefinido (passé simple)		**Pretérito imperfecto de subjuntivo** (subjonctif imparfait)		**Futuro** (futur)		**Condicional** (conditionnel)		**Gerundio** (gérondif) **Participio pasivo** (participe passé)	
anduve anduviste anduvo	anduvimos anduvisteis anduvieron	anduviera anduvieras anduviera	anduviéramos anduvierais anduvieran	andaré andarás andará	andaremos andaréis andarán	andaría andarías andaría	andaríamos andaríais andarían	g. p. p.	andando andado
caí caíste cayó	caímos caísteis cayeron	cayera cayeras cayera	cayéramos cayerais cayeran	caeré caerás caerá	caeremos caeréis caerán	caería caerías caería	caeríamos caeríais caerían	g. p. p.	cayendo caído
di diste dio	dimos disteis dieron	diera dieras diera	diéramos dierais dieran	daré darás dará	daremos daréis darán	daría darías daría	daríamos daríais darían	g. p. p.	dando dado
dije dijiste dijo	dijimos dijisteis dijeron	dijera dijeras dijera	dijéramos dijerais dijeran	diré dirás dirá	diremos diréis dirán	diría dirías diría	diríamos diríais dirían	g. p. p.	diciendo dicho
estuve estuviste estuvo	estuvimos estuvisteis estuvieron	estuviera estuvieras estuviera	estuviéramos estuvierais estuvieran	estaré estarás estará	estaremos estaréis estarán	estaría estarías estaría	estaríamos estaríais estarían	g. p. p.	estando estado
hube hubiste hubo	hubimos hubisteis hubieron	hubiera hubieras hubiera	hubiéramos hubierais hubieran	habré habrás habrá	habremos habréis habrán	habría habrías habría	habríamos habríais habrían	g. p. p.	habiendo habido
hice hiciste hizo	hicimos hicisteis hicieron	hiciera hicieras hiciera	hiciéramos hicierais hicieran	haré harás hará	haremos haréis harán	haría harías haría	haríamos haríais harían	g. p. p.	haciendo hecho
fui fuiste fue	fuimos fuisteis fueron	fuera fueras fuera	fuéramos fuerais fueran	iré irás irá	iremos iréis irán	iría irías iría	iríamos iríais irían	g. p. p.	yendo ido
oí oíste oyó	oímos oísteis oyeron	oyera oyeras oyera	oyéramos oyerais oyeran	oiré oirás oirá	oiremos oiréis oirán	oiría oirías oiría	oiríamos oiríais oirían	g. p. p.	oyendo oído
pude pudiste pudo	pudimos pudisteis pudieron	pudiera pudieras pudiera	pudiéramos pudierais pudieran	podré podrás podrá	podremos podréis podrán	podría podrías podría	podríamos podríais podrían	g. p. p.	pudiendo podido
puse pusiste puso	pusimos pusisteis pusieron	pusiera pusieras pusiera	pusiéramos pusierais pusieran	pondré pondrás pondrá	pondremos pondréis pondrán	pondría pondrías pondría	pondríamos pondríais pondrían	g. p. p.	poniendo puesto
quise quisiste quiso	quisimos quisisteis quisieron	quisiera quisieras quisiera	quisiéramos quisierais quisieran	querré querrás querrá	querremos querréis querrán	querría querrías querría	querríamos querríais querrían	g. p. p.	queriendo querido
supe supiste supo	supimos supisteis supieron	supiera supieras supiera	supiéramos supierais supieran	sabré sabrás sabrá	sabremos sabréis sabrán	sabría sabrías sabría	sabríamos sabríais sabrían	g. p. p.	sabiendo sabido
salí saliste salió	salimos salisteis salieron	saliera salieras saliera	saliéramos salierais salieran	saldré saldrás saldrá	saldremos saldréis saldrán	saldría saldrías saldría	saldríamos saldríais saldrían	g. p. p.	saliendo salido
fui fuiste fue	fuimos fuisteis fueron	fuera fueras fuera	fuéramos fuerais fueran	seré serás será	seremos seréis serán	sería serías sería	seríamos seríais serían	g. p. p.	siendo sido
tuve tuviste tuvo	tuvimos tuvisteis tuvieron	tuviera tuvieras tuviera	tuviéramos tuvierais tuvieran	tendré tendrás tendrá	tendremos tendréis tendrán	tendría tendrías tendría	tendríamos tendríais tendrían	g. p. p.	teniendo tenido
traje trajiste trajo	trajimos trajisteis trajeron	trajera trajeras trajera	trajéramos trajerais trajeran	traeré traerás traerá	traeremos traeréis traerán	traería traerías traería	traeríamos traeríais traerían	g. p. p.	trayendo traído
vine viniste vino	vinimos vinisteis vinieron	viniera vinieras viniera	viniéramos vinierais vinieran	vendré vendrás vendrá	vendremos vendréis vendrán	vendría vendrías vendría	vendríamos vendríais vendrían	g. p. p.	viniendo venido
vi viste vio	vimos visteis vieron	viera vieras viera	viéramos vierais vieran	veré verás verá	veremos veréis verán	vería verías vería	veríamos veríais verían	g. p. p.	viendo visto

Lexique français-espagnol

Abréviations utilisées

adj : adjectif
adv : adverbe
amér : américanisme
conj : conjonction
f : féminin
fam : familier
loc : locution
m : masculin
n : substantif
pl : pluriel
prép : préposition
v : verbe

A

à l'aise *loc* a gusto
abattement *nm* desaliento
abattoir *nm* matadero
abattu(e) *adj* desmoralizado, da, desalentado, da
abrutir *v* atontar
accueillir *v* acoger
acquiescer *v* asentar
affaire *nf* negocio (nm)
âge *nm* edad (nf)
agir *v* actuar
agitation (de la ville) *nf* ajetreo (nm), bullicio (nm)
agréable *adj* placentero, ra, agradable
aide *nf* ayuda
aider *v* ayudar
ajouter *v* añadir
allumer *v* encender
alors que *loc* mientras que
améliorer *v* mejorar
amitié *nf* amistad
amoureux(euse) *adj/n* enamorado, da
amusant(e) *adj* divertido, da
ancêtre *n* antepasado, da
âne *nm* asno, burro
angoissé(e) *adj* angustiado, da
animé(e) *adj* animado, da
apercevoir *v* divisar
apparaître *v* aparecer
appauvrissement *nm* empobrecimiento
appel *nm* llamada (nf)
apporter *v* traer
approcher *v* acercar
argent *nm* plata (amér) (nf), dinero
armée *nf* ejército (nm)
arranger *v* arreglar
arrêter *v* detener
arriviste *n* trepa
arrivée *nf* llegada
assez *adv* bastante
assiéger *v* asediar, cercar
atteindre *v* alcanzar
attendre *v* esperar
attentif, -ive *adj* atento, ta
attirant(e) *adj* atractivo, va
attirer *v* atraer
au détriment de *loc* a costa de
augmentation *nf* aumento (nm)
aussi *adv* también
automne *nm* otoño
avant-gardiste *adj* vanguardista
aveugle *adj* ciego, ga
avide *adj* codicioso, sa
avoir honte *loc* avergonzarse (v)
axe *nm* eje

B

bagage(s) *nm* equipaje
baguette *nf* batuta
baluchon *nm* bulto
banlieue *nf* suburbio (nm)
banque *nf* banco (nm)
barrage *nm* presa (nf)
bâtiment *nm* edificio
bavarder *v* charlar
beau, belle *adj* guapo, pa (*une personne*), bonito, ta
bénéfices *nmpl* ganancias (nfpl)
béton *nm* hormigón
bidonville *nm* chabola (nf)
blesser *v* herir
blessure *nf* herida
bleu(e) *adj* azul
blond(e) *adj/n* rubio, bia
blouson *nm* cazadora (nf)
bois *nm* madera (nf)
bon marché *loc* barato, ta (adj)
bouclier *nm* escudo
bouger *v* mover(se)
bourreau *nm* verdugo
bourse (d'études) *nf* beca
briser *v* romper
bruitage *nm* ambientacion (nf)
brûler *v* arder, quemar
budget *nm* presupuesto
bureau *nm* despacho
but *nm* finalidad (nf), propósito

C

cadre *n* ejecutivo, va
cagoule *nf* capucha
camp *nm* bando
carte *nf* mapa (nm)
caserne *nf* cuartel (nm)
catégorique *adj* tajante
célèbre *adj* famoso, sa
certitude *nf* certeza
chance *nf* oportunidad, suerte
changement *nm* cambio
changer *v* cambiar
chantier *nm* obra (nf)
charger *v* cargar
châtiment *nm* castigo
chaud(e) *adj* cálido, da, caliente
chauffer *v* calentar
chaussure *nf* zapato (nm)
chef d'entreprise *loc* empresario, ria (n)
chef-d'œuvre *nm* obra maestra (loc)
cher, chère *adj* caro, ra
chercher *v* buscar
chevalier errant *loc* caballero andante
choisir *v* elegir, escoger
chômage *nm* paro
chômeur, -euse *adj/n* parado, da
circulation *nf* tráfico (nm)
clair(e) *adj* claro, ra
cliché *nm* tópico
climatique *adj* climático, ca
cliquer sur *loc* hacer clic en
cœur *nm* corazón
coexistence *nf* convivencia
cohabitation *nf* convivencia
cohabiter *v* convivir
colère *nf* enfado (nm)
combattre *v* pelear
commande *nf* encargo (nm)
comparer (à) *v* comparar (con)
compétent(e) *adj* capacitado, da, competente
complexe *adj* complejo, ja
concurrentiel(le) *adj* competitivo, va
condamner *v* condenar

confort *nm* comodidades (nfpl)
conquérir *v* conquistar
conseil général *loc* diputación (nf)
conseiller, -ère municipale *loc* concejal, -a (n)
conservateur, -trice *adj/n* conservador, -a
contacter *v* contactar con
conte *nm* cuento
contrarié(e) *adj* disgustado, da
contrebasse *nf* contrabajo (nm)
convaincre *v* convencer
corrompu(e) *adj* corrupto, ta
costume *nm* traje
couard(e) *adj/n* cobarde
couler *v* hundirs(e)
couleur *nf* color (nm)
coup d'État *loc* golpe de Estado
couple *nm* pareja (nf)
couplet *nm* copla (nf)
courage *nm* valor
couraguex, -euse *adj* valiente
coureur de jupons *loc* mujeriego (nm)
coûter *v* costar
couverture (d'un livre) *nf* portada
couverture *nf* manta
couvre-feu *nm* toque de queda (loc)
craindre *v* temer
crainte *nf* temor (nm)
cravache *nf* fusta
crier *v* gritar, chillar
croissance *nf* crecimiento (nm)
croix *nf* cruz
cuisiner *v* guisar
cultivé(e) *adj* culto, ta
cupide *adj* codicioso, sa
cupidité *nf* codicia
curé *nm* cura
CV *nm* currículo

D

danger *nm* peligro
dangereux, -euse *adj* peligroso, sa
date *nf* fecha
de plus en plus *loc* cada vez más
de plus *loc* además (adv)
de rêve *loc* de ensueño
décalage *nm* desfase
déception *nf* desengaño (nm)
décevoir *v* decepcionar
décharger *v* descargar
déchets *nmpl* residuos
décidé(e) *adj* determinado, da, decidido, da
déclin *nm* declive
décourager *v* desanimar
décrire *v* describir
décrocher *v* descolgar
déçu(e) *adj* defraudado, da, decepcionado, da
défaite *nf* derrota
défendre *v* defender
défier *v* desafiar
déguisement *nm* disfraz
dehors *adv* fuera
demander *v* pedir, preguntar
démarrer *v* arrancar
demesuré(e) *adj* desmedido, da
demeurer *v* permanecer
dénoncer *v* denunciar
dénonciation *nf* denuncia
dépenser *v* gastar
déplorer *v* lamentar
depuis *prép* desde
député(e) *n* diputado, da
déraciné(e) *adj* desarraigado, da
déranger *v* molestar
désabusé(e) *adj* desilusionado, da
désespoir *nm* desesperación (nf)
déshonneur *nm* deshonra (nf)
dessin *nm* dibujo
dessous *adv* abajo
détail *nm* detalle
déterminé(e) *adj* decidido, da, determinado, da
détester *v* odiar
détresse *nf* desamparo (nm)
devanture *nf* escaparate (nm)
développé(e) *adj* desarrollado, da
développement *nm* desarrollo
devenir *v* volverse, convertirse en
dîner *nm* cena (nf)
discuter *v* charlar, conversar
disparaître *v* desaparecer
disparu(e) *adj/n* desaparecido, da
distrayant(e) *adj* entretenido, da
documentaire *nm* documental
domaine *nm* ámbito
dominant(e) *adj* imperante
donner rendez-vous (à) *loc* quedar (con) (v)
douleur *nf* dolor (nm)
doux, douce *adj* suave
draguer *v* ligar (fam)
drapeau *nm* bandera (nf)
durable *adj* sustentable (amér), sostenible

E

échange *nm* intercambio
échanger *v* intercambiar
échapper *v* escapar
écharpe *nf* banda, bufanda
échec *nm* fracaso
échouer *v* fracasar
économies *nfpl* ahorros (nmpl)
économiser *v* ahorrar
écouter *v* escuchar
écriture *nf* escritura
écrivain *n* escritor, -a
effacer *v* borrar
effrayé(e) *adj* asustado, da
effrayer *v* asustar
égalité *nf* igualdad
élargir *v* ensanchar, ampliar
élégant(e) *adj* elegante
élève *n* alumno, na
élire *v* elegir
éloignement *nm* alejamiento
embaucher *v* contratar
embêter *v* fastidiar
embouteillage *nm* atasco
émouvoir *v* conmover
empêcher (de) *v* impedir (que)
emploi *nm* empleo
emprisonner *v* encarcelar
ému(e) *adj* emocionado, da, conmovido, da
en avoir assez *loc* estar harto, ta
en plus *loc* además (adv)
en revanche *loc* en cambio
enchanté(e) *adj* encantado, da
encourageant(e) *adj* esperanzador, -a
énervé(e) *adj* nervioso, sa
enfance *nf* niñez
enfermer *v* encerrar
enfoncer (une porte) *v* derribar
enfouissement *nm* soterramiento
enfreindre *v* infringir
engagé(e) *adj* comprometido, da
engagement *nm* compromiso
enracinement *nm* arraigo
enregistrer *v* grabar
enrichir *v* enriquecer
entasser *v* amontonar, hacinar
entendre *v* oír
enterrement *nm* entierro
entourer *v* rodear
entremetteuse *nf* alcahueta
entreprenant(e) *adj* emprendedor, -a

entreprise *nf* empresa
envie *nf* gana
environnement *nm* entorno, medio ambiente
environs *nmpl* afueras (nfpl)
envisager *v* plantear(se)
épi de maïs *loc* mazorca (nf), espiga (nf)
épuisé(e) *adj* agotado, da
épuiser *v* agotar
escalier *nm* escalera (nf)
espion(ne) *n* espía
espoir *nm* esperanza (nf)
essayer (de) *v* intentar
eté *nm* verano
étonnant(e) *adj* asombroso, sa
étouffer *v* agobiar(se)
étrange *adj* extraño, ña
être au garde à vous *loc* estar firme(s)
être en arrêt maladie *loc* darse de baja
être vivant *loc* ser vivo
étroit(e) *adj* estrecho, cha
événement *nm* acontecimiento
évoluer *v* evolucionar
exclu(e) *adj* proscrito, ta, excluido, da
exil *nm* destierro, exilio
exilé(e) *adj* desterrado, da, exiliado, da
exploit *nm* hazaña (nf)
exploité(e) *adj* explotado, da
exploiter *v* explotar
exprimer *v* expresar
extraire *v* extraer

F

facture *nf* recibo (nm), factura
faim *nf* hambre
faire de la peine *loc* dar pena
faire honte *loc* dar vergüenza
faire la queue *loc* hacer cola
faire les magasins *loc* ir de tiendas
faire mal *loc* hacer daño
faire pitié *loc* dar lástima
faire plaisir *loc* complacer (v)
faire référence *loc* referirse a
fatigue *nf* cansancio (nm)
fatigué(e) *adj* cansado, da
faubourgs *nmpl* afueras (nfpl)
faux, fausse *adj* falso, sa
favoriser *v* favorecer, fomentar
fée *nf* hada
feindre *v* fingir
fenêtre *nf* ventana
fer *nm* hierro
fêter *v* celebrar
feuille *nf* hoja
fiancé(e) *n* novio, a
fidèle *adj/n* fiel
fier, fière *adj* orgulloso, sa
figurant(e) *n* extra
film *nm* película (nf)
finir *v* acabar
flatteur, -euse *adj* halagador, -a
fleuve *nm* río
fontaine *nf* fuente
force *nf* fuerza
forum *nm* foro
fou, folle *adj/n* loco, ca
foule *nf* muchedumbre
franchir *v* franquear, cruzar
frapper *v* pegar, golpear
fréquenté(e) *adj* concurrido, da
froideur *nf* frialdad
fuir *v* huir
furieux, -euse *adj* furioso, sa
fusil *nm* escopeta (nf)

G

gâcher *v* desperdiciar
gai(e) *adj* alegre
garder *v* guardar, custodiar
gaspillage *nm* despilfarro, derroche
gaspiller *v* derrochar
gaz à effet de serre *loc* gases de efecto invernadero
gazon *nm* césped
gêne *nf* molestia
généreux, -euse *adj* generoso, sa
genre *nm* género

H

haine *nf* odio (nm)
handicapé(e) *adj/n* minusválido, da
haut(e) *adj* alto, ta
héritage *nm* herencia (nf), legado
hériter *v* heredar
heureux, -euse *adj* feliz
hiver *nm* invierno
humble *adj* humilde

I

identité *nf* identidad
idole *nf* ídolo (nm)
imprimerie *nf* imprenta
impuissant(e) *adj* impotente
impunie(e) *adj* impune
inconnu(e) *adj/n* desconocido, da
indigné(e) *adj/n* indignado, da
inégalités *nfpl* desigualdades
inépuisable *adj* inagotable
influer (sur) *v* influir (en)
inhumain(ne) *adj* infrahumano, na
innovant(e) *adj* innovador, -a
inquiet, -ète *adj* preocupado, da
insérer *v* insertar
interdire *v* prohibir
interdit(e) *adj* ilícito, ta, prohibido, da
interviewer *v* entrevistar
intrigue *nf* intriga, trama
investir *v* invertir
investissement *nm* inversión (nf)
isolé(e) *adj* aislado, da
isolement *nm* aislamiento

J

jamais *adv* nunca
jambe *nf* pierna
jaune *adj* amarillo, lla
jeune *adj* joven
jeunesse *nf* juventud
jouer *v* jugar, tocar (*un instrument*), interpretar (*un rôle*)
joueur, -euse *n* jugador, -a
journal *nm* diario, periódico
journaliste *n* periodista
joyeux, -euse *adj* alegre
jusqu'à *prép* hasta
justifier *v* justificar, acreditar

L

lac *nm* lago
lâcheté *nf* cobardía
laid(e) *adj* feo, fea
large *adj* ancho, cha
larme *nf* lágrima
licencier *v* despedir
lien *nm* vínculo, enlace
lieu commun *loc* tópico (nm)
logement *nm* vivienda (nf), alojamiento
loi *nf* ley
loisir(s) *nm* ocio
long(ue) *adj* largo, ga
lotissement *nm* urbanizacion (nf)
loyal(e) *adj* leal
lumière *nf* luz
lunettes *nfpl* gafas
lutte *nf* combate (nm), lucha
lutter *v* luchar
luxe *nm* lujo

M

magazine *nm* revista (nf)
maire *n* alcalde, alcaldesa
mairie *nf* ayuntamiento (nm)
maison d'édition *loc* editorial (nf)
malade *adj/n* enfermo, ma
malpoli(e) *adj* maleducado, da
manier *v* manejar
manifestation *nf* marcha, manifestación
manquer (de) *v* carecer (de)
marchandise *nf* mercancía
marcher *v* andar, caminar
mariage *nm* matrimonio, boda (nf)
matière (études) *nf* asignatura
mécanicien(ne) *nm* mecánico, ca
méchanceté *nf* maldad
mécontentement *nm* descontento
mensonge *nm* mentira (nf)
mépris *nm* desprecio
mépriser *v* despreciar, menospreciar
mesurer *v* medir
métis(se) *adj* mestizo, za
mettre en ligne *loc* colgar en la red
militer *v* militar
miracle *nm* milagro
miroir *nm* espejo
mondialisation *nf* globalización
montrer *v* enseñar
moquerie *nf* burla
moqueur, -euse *adj* burlón, ona
motard(e) *n* motero, ra
moteur de recherche *loc* buscador (nm)
mou, molle *adj* blando, da
mouvement *nm* movimiento
mulâtre *adj/n* mulato, ta
mur *nm* pared (nf)
musicien(ne) *n* músico, ca
mutuel(elle) *adj* mutuo, tua

N

nature *nf* naturaleza
néant *nm* nada (nf)
neige *nf* nieve
neiger *v* nevar
nettoyer *v* limpiar
nier *v* negar
noce *nf* boda
nombre *nm* número
non plus *loc* tampoco (adv)
nouvelle *nf* noticia, novela corta
nuage *nm* nube (nf)
nuire *v* dañar

O

obéir *v* obedecer
obtenir *v* obtener, conseguir
œuvre *nf* obra
offrande *nf* ofrenda
offrir *v* regalar
oiseau *nm* ave (nf), pájaro
orange *nf* naranja
ordonner *v* ordenar, mandar
oser *v* atreverse
oublier *v* olvidar
outil *nm* herramienta (nf)

P

paix *nf* paz
panneau de signalisation *loc* señal de tráfico
paradoxal(e) *adj* paradójico, ca
parcourir *v* recorrer
parcours *nm* recorrido
paresseux, -euse *adj* perezoso, sa
parité *nf* paridad
paroles (d'une chanson) *nfpl* letra (nf)
partager *v* compartir
partisan(e) *adj* partidista, partidario, -a
pauvreté *nf* pobreza
payer *v* pagar
paysan(ne) *n* campesino, na
pelouse *nf* césped (nm)
pendant *conj* mientras
personnage *nm* personaje
perte *nf* pérdida
petit-fils, petite-fille *n* nieto, ta
peuplé(e) *adj* poblado, da
peur *nf* miedo (nm)
peut-être (que) *adv* tal vez (loc), quizás
pièce de théâtre *loc* obra de teatro
piège *nm* trampa (nf)
piéton(ne) *n* peatón, ona
pinceau *nm* pincel
piste cyclable *loc* carril bici
pistolet *nm* pistola (nf)
plainte *nf* queja
plaisanter *v* bromear
plaisanterie *nf* broma
plaisir *nm* placer, goce
pleurer *v* llorar
pleurs *nmpl* llanto (nm)
pleuvoir *v* llover
pluie *nf* lluvia
poète, poétesse *n* poeta
poignarder *v* acuchillar
poli(e) *adj* cortés, educado
polluant(e) *adj* contaminante
pollution *nf* contaminación
pont *nm* puente
porte-parole *n* portavoz
porte-voix *nm* megáfono
porter plainte *loc* denunciar (v)
porter *v* llevar
portrait *nm* retrato
poubelle *nf* basura
pousser *v* empujar
préféré(e) *adj* preferido, da, predilecto, ta

préférer *v* preferir
préjugé *nm* prejuicio
prendre *v* coger
prêter attention *loc* hacer caso
prier *v* rezar
printemps *nf* primavera
prison *nf* presidio (nm), cárcel, prisión
privé(e) *adj* privado, da
profitable *adj* beneficioso, sa, provechoso, sa
profiter *v* aprovechar(se), disfrutar
progrès *nm* avance
promouvoir *v* promover
propreté *nf* limpieza
protégé(e) *adj* protegido, da
protestation *nf* protesta
prouesse *nf* hazaña
provocant(e) *adj* provocativo, va
publique *adj* público, ca
puissant(e) *adj* potente, poderoso, sa
pull *nm* jersey
punir *v* castigar
punition *nf* castigo (nm)

Q

quartier *nm* barrio

R

raconter *v* contar, narrar
radeau *nm* balsa
ramener *v* traer
réalisateur, -trice *n* director, ra (de cine)
rebelle *adj* rebelde
recensement *nm* padrón
réchauffement *nm* calentamiento
recherche *nf* investigación, búsqueda
rechercher *v* buscar
récit *nm* relato
reconnaissance *nf* reconocimiento (nm)
réduire *v* acortar, reducir
réfléchir *v* reflexionar
refléter *v* reflejar
refuser *v* rechazar, negarse (a)
regard *nm* mirada (nf)
regretter *v* lamentar, echar de menos (loc)
rejet *nm* rechazo
remords *nmpl* remordimientos
remplacer *v* sustituir
rempli(e) *adj* lleno, na
rencontre *nf* encuentro (nm)
rendez-vous *nm* cita (nf)
rendre *v* rendir ; devolver
renouvelable *adj* renovable
renverser *v* atropellar ; derrocar
reprocher (de) *v* reprochar (que)
réputation *nf* fama
réseau (internet) *nm* red (nf)
réseau social *loc* red social
résigné(e) *adj* resignado, da
résoudre *v* resolver
ressemblant(e) *adj* parecido, da
ressembler *v* parecerse
ressortir *v* destacar
ressources *nfpl* recursos (nmpl)
rester *v* permanecer
retour *nm* regreso
réussir *v* salir adelante (loc), conseguir, lograr
réussite *nf* logro (nm)
revenir *v* regresar
rêver (de) *v* soñar (con)
révolte *nf* revuelta
revue *nf* revista
richesse *nf* riqueza
rien *adv* nada
rire *v* reír
risqué(e) *adj* arriesgado, da
rôle *nm* papel
roman *nm* novela (nf)
roman noir *loc* novela negra
roman policier *loc* novela policíaca
romancier, -ère *n* novelista
rouge *adj* rojo, ja
route *nf* carretera

S

(s')ajouter *v* sumar(se)
s'appauvrir *v* empobrecerse
s'approprier *v* apropiarse
s'arrêter *v* pararse
s'effondrer *v* derrumbarse
s'emparer *v* apoderarse
s'endetter *v* endeudarse
s'enfermer *v* encerrarse
s'engager *v* comprometerse
s'ennuyer *v* aburrirse
s'enrichir *v* enriquecerse
s'entêter *v* empeñarse (en)
s'excuser *v* disculparse
(s')habituer *v* acostumbrar(se)
(s')impliquer *v* involucrar(se)
s'inquiéter de *v* preocuparse por
s'opposer *v* oponerse
sac à dos *loc* mochila (nf)
saisir *v* incautar
salaire *nm* sueldo, salario
sale *adj* sucio, cia
saleté *nf* suciedad
salir *v* ensuciar
salutaire *adj* saludable
sandwich *nm* bocadillo
sang *nm* sangre (nf)
sans défense *loc* indefenso, sa (adj)
sauter *v* saltar
sauver *v* rescatar
scénario *nm* guion
scotch *nm* celo
se consacrer à *v* dedicarse a
se contenter de *v* conformarse con
se dégrader *v* deteriorarse
se déplacer *v* trasladarse
se désinscrire *v* darse de baja (loc)
se détendre *v* relajarse
(se) développer *v* desarrollar(se)
se diffuser *v* difundirse
se distinguer *v* destacarse
se disputer *v* discutir, pelearse
se dresser *v* erguirse
se fâcher *v* enfadarse, irritarse
se garer *v* aparcar

se lever tôt *v* madrugar
se marier *v* casarse, contraer matrimonio
(se) mélanger *v* mezclar(se)
se mobiliser *v* movilizarse
se moquer *v* burlarse
se noyer *v* ahogarse
se plaindre *v* quejarse
(se) promener *v* pasear(se)
(se) rappeler *v* recordar
se refléter *v* reflejarse
se répandre *v* difundirse
se reposer *v* descansar
se satisfaire (de) *v* conformarse (con)
se soigner *v* curarse
se soûler *v* emborracharse
se tromper *v* equivocarse
secondaire *adj* secundario, ria
semblable *adj* parecido, da
sentir (odorat) *v* oler
sérieux, -euse *adj* serio, ria
siècle *nm* siglo
siège (des entreprises) *nm* sede (nf)
signature *nf* firma
signer *v* firmar
similitude *nf* semenjanza
simplicité *nf* sencillez
sit-in *nm* sentada (nf)
soif *nf* sed
solidaire *adj* solidario, ria
sombre *adj* oscuro, ra
sorte *nf* especie
soudoyer *v* sobornar
souffrir *v* padecer
souhaiter *v* desear
soulagement *nm* alivio
souligner *v* subrayar, recalcar
source *nf* fuente
sourire *v* sonreír
souris (d'ordinateur) *nf* ratón (de ordenador) (nm)
soutenir *v* apoyar
spéculer *v* especular
sponsoriser *v* patrocinar
subir *v* padecer
succès *nm* éxito
suivre *v* seguir
sujet *nm* asunto
sûr(e) *adj* seguro, ra
surfer sur le net *loc* navegar por la red
surmonter *v* superar
surnom *nm* apodo
surpris(e) *adj* atónito, ta, sorprendido, da
surveiller *v* vigilar

T

tableau *nm* cuadro
tache *nf* mancha
tandis que *loc* mientras que
téléphone portable *loc* móvil (nm)
témoignage *nm* testimonio
témoin *n* testigo
tendu(e) *adj* nervioso, sa, tenso, sa
tentative *nf* intentona
terroriser *v* atemorizar
tête de mort *loc* calavera (nf)
tir *nm* disparo
tire-lire *nf* hucha
toile *nf* lienzo (nm)
tomber *v* caer
tourner un film *loc* rodar una película
tout de suite *loc* enseguida (adv)
trace *nf* rastro (nm), huella
trahi(e) *adj* traicionado, da
traits *nmpl* rasgos
transformer *v* convertir
travailleur, -euse *adj* trabajador, -a
traversée *nf* travesía
traverser *v* cruzar
tresse *nf* trenza
trompeur, -euse *adj* engañoso, sa
trottoir *nm* acera (nf)
troubles *nmpl* trastornos
troupeau *nm* rebaño
tuer *v* matar
tuerie *nf* matanza
tutoyer *v* tutear

U

usage *nm* uso
usine *nf* fábrica
utilisateur, -trice *n* usuario, ria
utilisation *nf* uso (nm)

V

vague *nf* ola
vaincre *v* derrotar, vencer
vaincu(e) *adj* derrotado, da
valeur *nf* valor (nm)
valise *nf* maleta
vassaux (les sujets) *nmpl* vasallos
veiller (sur) *v* cuidar (de)
vérifier *v* averiguar
vers *prép* hacia
vers *nm* verso
verser *v* verter
vider *v* vaciar
villa *nf* chalé (nm)
ville dortoir *loc* ciudad dormitorio
visage *nm* rostro, cara (nf)
viser *v* apuntar
vitrine *nf* escaparate (nm)
voix *nf* voz
voler *v* robar
vouvoyer *v* tratar de usted (loc)

L'ÉPREUVE DE COMPRÉHENSION ORALE

• Pour les séries ES et S

Durée : 10 minutes (le temps d'écoute n'est pas inclus dans cette durée).

Cette évaluation a lieu dans le cadre habituel de formation des élèves et leur est annoncée. Les enseignants l'organisent au cours du deuxième trimestre de l'année de terminale sur des supports audio ou vidéo sélectionnés en fonction des apprentissages effectués en classe.

Supports : un ou des documents audio ou vidéo liés aux notions du programme, non étudiés précédemment en classe et d'une durée maximale d'une minute trente.

Modalités : Le candidat a droit à trois écoutes de l'enregistrement, séparées chacune d'une minute. Il peut prendre des notes pendant chaque écoute et dispose ensuite de dix minutes pour rendre compte par écrit en français de ce qu'il a compris, sans exigence d'exhaustivité.

(D'après le Bulletin Officiel n° 43, 24 novembre 2011)

Conseils méthodologiques

Cette épreuve demande un maximum de concentration car vous n'aurez que trois écoutes.

- Servez-vous du titre du document pour essayer d'anticiper l'écoute de l'enregistrement en imaginant les thèmes qu'il peut aborder.
- Lors de la **première écoute**, fixez votre attention sur le nombre de voix, sur les bruits ou la musique le cas échéant. Repérez des mots que vous connaissez ou qui sont transparents, ce qui devrait vous permettre d'identifier le thème général.
- Lors de la **deuxième écoute**, vous devez commencer à affiner votre compréhension en saisissant les grandes idées évoquées dans l'enregistrement et en essayant de repérer le nom du ou des intervenant(s) ainsi que des mots qui servent à coordonner les idées. S'il s'agit d'un dialogue repérez les mots interrogatifs et les mots clés ou transparents des questions.
- Lors de la **troisième écoute**, vous devez vous concentrer sur les justifications ou les précisions données. Commencez par écrire des mots clés ou transparents, puis notez des mots ou des expressions qui les complètent et que vous avez entendus. Faites des hypothèses, des déductions.
- Lors du **compte rendu** final, que vous rédigerez **en français**, appuyez-vous sur les notes prises lors des trois écoutes. Respectez le déroulement de l'enregistrement et coordonnez les différentes idées en apportant tous les détails que vous aurez compris. Toutefois, vous ne devez pas rendre compte de l'enregistrement de manière exhaustive, il s'agit d'en reprendre l'essentiel de façon cohérente.
- Relisez attentivement votre compte rendu.

L'ÉPREUVE D'EXPRESSION ORALE

• Pour les séries ES et S

Durée : 10 minutes **Temps de préparation :** 10 minutes

Les enseignants organisent cette évaluation au cours du dernier trimestre de terminale. Elle est annoncée aux élèves. Le candidat tire au sort une des notions du programme étudiées dans l'année. Après 10 minutes de préparation, il dispose d'abord de 5 minutes pour présenter cette notion. Cette prise de parole en continu servira d'amorce à une conversation conduite par le professeur, qui prendra appui sur l'exposé du candidat. Cette phase d'interaction aura une durée maximale de 5 minutes.

(D'après le Bulletin Officiel n° 43, 24 novembre 2011)

• Pour les séries L

Durée : 20 minutes **Temps de préparation :** 10 minutes

Cette évaluation a lieu en fin d'année de terminale. Le candidat présente à l'examinateur la liste des notions du programme qu'il a étudiées dans l'année et les documents qui les ont illustrées. L'examinateur choisira l'une de ces notions. Après dix minutes de préparation, le candidat dispose d'abord de 10 minutes maximum pour présenter cette notion. Cette prise de parole en continu servira d'amorce à une conversation conduite par l'examinateur, qui prendra appui sur l'exposé du candidat. Cette phase d'interaction aura une durée maximale de 10 minutes.

(D'après le Bulletin Officiel n° 43, 24 novembre 2011)

Conseils méthodologiques

- **Saluez l'examinateur** en entrant dans la salle et n'oubliez pas de vous adresser à lui **en le vouvoyant** (*usted* + 3^{e} personne du singulier).
- Le temps de préparation imparti étant assez court, vous devrez **planifier votre intervention** et veiller à **bien gérer votre temps.**
- **Mobilisez** rapidement **vos connaissances** autour de la notion à traiter : idées, exemples précis, outils linguistiques.
- Sur votre brouillon, **notez la trame** de votre exposé : le plan et les mots clés. La prise de parole devant être spontanée, **il est inutile de rédiger des phrases**. Votre brouillon devra être lisible et aéré afin de retrouver rapidement une idée tout en regardant l'examinateur.
- Votre **plan** devra s'articuler en **plusieurs parties** : une introduction posant la problématique, un développement suivant deux ou trois axes, une conclusion proposant une réflexion plus large. **Utilisez des connecteurs** pour articuler votre exposé.
- Faites appel à des **stratégies compensatoires** (reformulation, description,...) si vous avez oublié un mot ou si vous avez du mal à exprimer une idée.
- Lors de l'entretien, écoutez l'examinateur et **laissez-vous guider** par ses questions.
- Soyez attentif à la **qualité de la langue**, à la **fluidité**, à la **prononciation**, et à l'**intonation** qui peuvent être autant d'obstacles à la compréhension et à la communication avec l'examinateur.
- **Soyez convaincant(e) et dynamique.**

• Pour les séries L, ES, S

Durée : Séries ES et S LV1 : 3 heures LV2 : 2 heures
Durée : Série L LV1 et LV2 : 3 heures

L'épreuve écrite comprend deux sous-parties : une compréhension de l'écrit et une expression écrite. Chaque sous-partie est notée sur 10 points, au demi-point près.

L'ÉPREUVE DE COMPRÉHENSION ÉCRITE

Elle prend appui sur un, deux ou trois documents en espagnol. Ces documents peuvent relever de différents genres (extraits d'œuvres littéraires ou d'articles de presse) et être informatifs, descriptifs, narratifs ou argumentatifs.

Certains documents peuvent comporter des éléments iconographiques. Ils renvoient aux notions du programme sans exiger de connaissances trop spécifiques.
(D'après le Bulletin Officiel n°43, 24 novembre 2011)

Conseils méthodologiques

- Commencez par **lire le(s) texte(s)** très attentivement sans oublier **la source.** Ne vous fiez pas aux apparences si vous avez le sentiment de ne pas comprendre le(s) document(s), prenez le temps de le(s) relire si besoin.
- Ensuite **lisez les questions** attentivement, elles vous guideront pour mieux cerner le(s) texte(s). N'hésitez-pas à utiliser des couleurs pour **surligner les passages** qui apportent des réponses aux différentes questions, cela vous permettra de gagner du temps car vous ne pourrez pas tout rédiger au brouillon.
- Ne vous précipitez pas sur la feuille d'examen et ne commencez à répondre aux questions que lorsque vous avez une vision claire du document dans son ensemble.
- **Répondez dans l'ordre** et vérifiez que vous n'avez pas oublié une partie de la question ou de justifier votre réponse en citant le texte lorsque cela est demandé.
- **Répondez simplement** en reprenant une partie de la formulation de la question quand c'est possible, en citant le texte quand cela vous est demandé, et en faisant bien attention aux temps employés dans la consigne, car vous devrez les réutiliser dans vos réponses.
- **Soignez** l'écriture et la présentation.
- **Relisez** attentivement vos réponses rédigées avant de passer à la deuxième partie.
- Veillez à bien **gérer le temps** pour chaque sous partie de l'épreuve écrite.

L'ÉPREUVE D'EXPRESSION ÉCRITE

Le candidat devra rédiger un ou plusieurs textes construits prenant appui sur des événements, des faits ou des prises de position qu'il aura identifiés dans le(s) document(s) de la compréhension écrite ou, pour les LV1, construire une argumentation personnelle à partir des mêmes documents ou d'un nouveau document « tremplin » en relation avec la compréhension écrite.

Cette épreuve vise à évaluer l'aptitude du candidat à rédiger un ou des textes cohérents et clairement articulés dans un espagnol correct, compréhensible et aussi précis que possible. Les LV1, seront évalués aussi sur leur aptitude à exprimer une opinion de façon nuancée et argumentée.
(D'après le Bulletin Officiel n°43, 24 novembre 2011)

Conseils méthodologiques

- Avant de commencer, **lisez les sujets** attentivement et déterminez si vous devez répondre à un, deux sujets ou, choisir entre plusieurs. Lorsque plusieurs sujets sont proposés au choix, prenez le temps de **bien les lire avant de choisir**.
- **Rédigez un brouillon** pour construire votre expression écrite. Veillez autant à la forme qu'au fond : respectez la forme du récit, du dialogue, de la lettre, etc., et soyez attentif aux temps des verbes employés, aux personnes qui s'expriment ainsi qu'à la ponctuation.
- Ecrivez dans une **langue aussi précise que possible**, montrez que vous êtes capable de varier le vocabulaire, les structures et les expressions et pensez aux **mots de liaison**.
- Vous pouvez **réutiliser les structures et les formulations du texte** en évitant de recopier des phrases entières.
- Si vous devez argumenter une opinion, vous ne serez pas jugé sur votre point de vue mais sur votre aptitude à **l'exprimer et à le nuancer**.
- **Soignez** l'écriture et la présentation.
- **Surveillez l'heure** et réservez un temps pour **relire** et faire quelques corrections.

Index par notion culturelle

Dans cet index, les documents proposés dans chacune des unités sont classés par notion culturelle du programme.

Mythe et héros
(Mitos y héroes)

Espaces et échanges
(Espacios e intercambios)

Lieux et formes du pouvoir
(Lugares y formas del poder)

L'idée de progrès
(La noción de progreso)

Index des documents par thématique du programme de LELE

Les documents proposés dans les 5 dossiers littéraires du manuel sont classés ici par thématique du programme officiel de Littérature étrangère en langue étrangère (LELE).

Je de l'écrivain et jeu de l'écriture
(El yo del escritor y el juego de escritura)

La rencontre avec l'autre, l'amour, l'amitié
(El encuentro con otra persona, el amor, la amistad)

Le personnage, ses figures et ses avatars
(El personaje, figuras y evoluciones)

L'écrivain dans son siècle
(El escritor en su siglo)

Voyage, parcours initiatique, exil
(Viaje, recorrido iniciático, exilio)

L'imaginaire
(Lo imaginario)

→ *Exemple de dossier BAC, Fichier de l'élève, p. 58-59*

Crédits photographiques

Couverture : h Mattes/Andia; m Corbis/Nik Wheeler; b Photononstop/Andrew Peacock; 10 AFP/Martin Bernetti; 11 ht SHUTTERSTOCK/Gari Yim; 11 b AGE FOTOSTOCK/ Alberto Paredes; 12 GETTY IMAGES/Cristina Arias; 13 AKG/Fernando Cattolico/Almasy; 14 SIPA PRESS/Madrid Rio/EFE; 17 SIPA PRESS/Juan Martin/EFE; 18 g © ITDP; 18 d GETTY IMAGES/Hiroshi Higuchi; 20 CORBIS/RHP; 22 ht SIPA PRESS/Carmelo Rubio/EFE; 22 b CORBIS/Aaron McCoy; 24 ht © Perrine Dutertre; 24 b ©2012 Dominicanos Hoy.com; 25 ht http://www.madrid.es, DR; 25 b *Desarrollos urbanos integrales sustentables* (2011) © 2011 Sociedad Hipotecaria Federal, México; 26 ht URBA IMAGES/Schneider; 26 b CORBIS/Viviane Moos; 27 ht AGE FOTOSTOCK/Kevin George; 27 m AGE FOTOSTOCK/Maria Galan; 29 SIPA PRESS/Pitamitz; 30 © ITDP; 31 © INTA/ DR; 36 ht Christophel; 36 b Diseñosasturias/DR; 37 ht DR; 37 m Esteban Cobo/EFE; 37 b DR; 38 PrismaArchivo/LEEMAGE; 39 PACO CAMPOS/efe ; 40 Basso CANNARSA/Opale ; 42 GETTY IMAGES/Xurxo Lobato; 43 ht CORBIS/Yann Arthus Bertrand; 43 b PICTURETANK/Céline Anaya Gautier; 44 AGE FOTOSTOCK/ Etienne/Prisma; 47 HEMIS/Hugues Hervé; 48 SIPA PRESS/X.Rey/EFE; 49 SIPA PRESS/Burgos Federico/EFE; 50 © Asociacion Cultural Thaki-runa; 52 Universidad de Cadiz/ DR; 54 OSMOS/Philip Poupin; 56 ht SIPA PRESS/Manuel Orellana/EFE; 56 b GETTY IMAGES/Bloomberg; 57 ht © Yasuni-itt; 57 b *Y también la lluvia* (2010) © Haut et Court; 58 ht g REA/Didier Maillac; 58 b d AFP/Jim Watson; 59 ht g SIPA PRESS/Ballesteros/EFE; 59 m d REUTERS/Jose Gomez; 61 URBA IMAGES/Schneider; 62 SIPA PRESS/Paolo Aguilar/EFE; 63 © CEDIB/ DR; 64 *Study Union-Escuela de Chef-USIL* (2011) © Study Union International/DR 66. Al-Azaz/TIPNIS DR 68 CORBIS/ Hulton Deutsch Collection; 69 ht CORBIS/David Turnley; 69 m CORBIS/Lawrence JC Baron; 70 GETTY IMAGES/Ulf Andersen; 71 CORBIS/Hulton-Deutsche Collection; 72 CORBIS/Lawrence JC Baron; 75 © Getxo/ DR; 76 SHUTTERSTOCK/Lisa S; 78 CORBIS/Nancy Kaszerman/Zuma; 79 © Susan Fitzpatrick Behrens; 80 ht LEEMAGE/ Aisa; 80 b GETTY IMAGES/Joe Reedle; 82 ht CORBIS/Carlos Fernandez; 82 b © Ministerio de Trabajo e inmigracion; 83 *Cuéntame cómo pasó* (2001) © RTVE; 85 ht SIPA PRESS/David de la Paz/EFE; 85 m d ANA/Cozzi/ONLY WORLD; 87 AFP/Christophe Simon; 88 SIPA PRESS/Bordas; 89 © Malaga Acoge; 92 Alejandro Ernesto/epa/ corbis 94 ht akg ; 94 b Museo de la Ciudad DR; 95 ht Notimax/ afp; 95 m Efe; 95 b DR; 96 Sophie bassouls/Corbis; 97 OPALE/P. Agosti; 98 CORBIS/ Richard Smith; 100 PLANETA/Archivo L.A.R.A.; 101 ht LEEMAGE/Photo Josse; 101 b CORBIS/Nescom EPA/Guzman © ADAGP, Paris 2012; 102 BPK Berlin/Alfredo Dagli Orti/Dist. RMN; 104 © Museo Nacional del Prado-Madrid (España); 106 CORBIS/Colin Mc Pherson; 107 GAMMA RAPHO/Paireault; 108 SIPA PRESS/Mariano Espinosa/EFE; 111 ©Luis C. Garza © ADAGP, Paris 2012; 112 PHOTO12.COM/ALAMY/Adam Eastland; 114 ht © Ministerio de asuntos exteriores y de cooperacion/DR ; 114 b Luis Aranda-Ayensa ; 115 ht DR; 115 b *Los fantasmas de Goya* (2006) © 2006 Xuxa Producciones SL /DR; 116 ht © Alfredo, PONG; 116 b © Asociasion Cultura ATENEA/Ricardo Diaz; 117 ht GETTY IMAGES/Eduardo Parra; 117 m SIPA PRESS/Etzel Espinosa/EFE ; 119 DR ; 120 PHOTO12.COM / ALAMY/Reppans ; 121 Fernando Botero/DR 124 © Xaviez Garcia 126 ht © La Voz que madura; 126 b DR ; 127 ht SEP /DR; 127 m DR; 127 b Maria Galan/Alamy; 128 AKG Images; 129 GETTY IMAGE/Keystones; 130 COVER/Korpa; 132 RMN; 133 ht Photo12/Oronoz; 133 b Ignacio Iribarren/AFP; 134 GETTY IMAGES/Stone/Shaun Egan; 135 Vicente Vila, DR; 136 Administration Picasso/2012 /Photo12/Oronoz; 138 Efe; 141 Carlos Cazalis/Corbis; 142 Burt Glinn/Magnum; 144 ht GETTY IMAGES/Keystone; 144 b AKG; 146 ht AFP/STF; 146 b Tomas Bravo/Reuters; 147 ht DR 147 b: 23-F (2011) © LAZONA; 148 ht AFP/MNE; 148 b AFP/ Javier Lira; 149 ht AFP/Teresita Chavarria; 149 b Reuters/ Desmond Boyland; 151 AP/SIPA/Paul White; 152 Corbis/Jose Fuste Raga; 153 PRONAMA DR ; 156 © LLUIS GENE / afp 158 ht Oronoz; 158 b ADAGP, Paris 2012/Bridgeman Art Library; 159 ht Gónzalo Tapia; 159 m Photo12/Alberti; 159 b Prod DB/Emiliano Piedra/DR; 160 GETTY IMAGES/Stone/Shaun Egan; 161 Efe; 162 Korpa/Rue des Archives; 164 Fernando Alvarado/Efe; 165 ht Alexandre Meneghini/AP/SIPA; 165 b Hector Retamal/ AFP; 166 Yaghobzadeh Rafael/SIPA; 168 SIPA PRESS/Kiko Huesca/ EFE; 169 Emakunde/Instituto Vasco de la Mujer; 170 FernandoCamino/Cover/Getty; 171 P.-P. Marcou/AFP; 172 UNAM DR; 174 Felipe Trueba/Corbis; 176 STRINGER/ MEXICO/Reuters; 178 Cruz Roja Juventud DR; 179 ht DR; 179 b *Ciudadanos indignados* (2011) © Ciudadanos indignados/DR; 180 ht EFE/Alberto Morante; 180 b J. J. GUILLEN/efe; 181 ht La voz dormida DR, 181 b: editorial Aguilar DR; 183 Felipe Trueba/ Efe; 184 Alexandre Meneghini/AP/SIPA; 185 Corporación La Esperanza; 186 *Marcha de los Indignados Santiago de Chile* (2011) © AHORATV 190 Rachel Royse/Corbis; 191 ht Patrick Escudero/ Corbis; 191 b Juan Karita/AP/SIPA; 192 Lynn Golsmith/Corbis; 194 Instituto de Promoción Turística de Castilla-La Mancha ; 197 Revista Falleras DR; 199 BRIDGMAN-GIRAUDON © 2008, Banco de México Diego Rivera & Frida Kahlo; 198 Bettmann/CORBIS; 200 RezaWebistan; 202 Alex Guerrero; 204 ht DR, 204 b © Teatro del Temple/Diseño Wadstudio; 205 ht DR; 205 b: *El caballero Don Quijote* (2002) © GONA/DR.; 206 ht Chris Hellier/Corbis; 206 b Oronoz; 207 b Olfer Leonardo; 207 ht Aisa/Leemage; 209 Hans Georg Roth/ Corbis; 210 Fernando Alvarado/ Corbis; 211 AKG; 215 © Tourspain 216 ht: Planeta; b: DR; 217 ht Roger-Viollet; 217 m EFE/compañía nocional teatro; 217 b Antonio Moreno/ Age footstock; 218 Photo12; 219 Aisa/LEEMAGE; 220 photo12/Alamy

Crédits textes

12 © Juan Eslava Galán, 2012; 15 Carmen Alborch, *La ciudad y la vida*, RBA Libros, 2009 DR; 16 Fabrizio Mejía Madrid, Hombre al agua, Editorial Joaquin Mortiz México, 2004 DR; 19 Ernesto Mallo, *Delincuente argentino*, ed. Planeta, 2007 DR; 21 Fabrizio Mejía Madrid, *Hombre al agua*, Editorial Joaquin Mortiz México, 2004 DR; 22 © Isabel Allende, 2011; 30 Toni Hill, *El verano de los juguetes muertos*, Ed. Random House Mondadori, 2011 DR; 32 Giaconda Belli, *La mujer habitada*, 1999 DR; 38 © Manuel Vázquez Montalbán, 2012; 39 Pablo Ignacio Taibo II, *La vida Misma*, 1995 DR; 40 Roberto Ampureo, *Halcones de la noche*, 2005 DR; 45 Carmen Alborch, *La ciudad y la vida*, RBA Libros, 2009 DR; 46 Javier Pérez de Albéniz, *Reacciona*, Santillana Ed. Generales, S.L., 2011 DR; 48 Matilde Asensi, *El Origen perdido*, ed planeta, 2005 DR; 51 Santiago Roncagliolo, *Jet Lag*, Alfaguara DR; 53 El País semanal 29/10/10; 54 © José Luis Galar, 2012; 62 Javier Reverte, *El aroma del copal*, editorial Debate, 1989.DR; 66 El País, 17/08/2011; 67 El País, 29/12/2011; 70 © Leonardo Padura, 2009. Publicado originalmente en castellano por Tusquets Editores, S.A., Barcelona, España; 73 © 2007, Carmen Santos, Random House Mondadori, S.A.; 74 Eliacer Cansino Macías *Una habitación en Babel*, Ed. Anaya, 2009 DR; 77 © Paloma Bordons, Pollos, pepinos y pitufos, Ediciones SM, 2007; 78 María Amparo Escandón, *Transportes González e hija. Una vida sobre ruedas*, Ed. Maeva, 2005 DR; 80 Jorge Molist, *El retorno cátaro*, Ed. Ed. Plaza & Janés, Booket, 2006 DR; 84 ht: El Pais; b http://fsc.ccoo.es DR; 85 ht: UNAM DR; b www.inmigracionesyvisas.com DR; 88 Yoani Sánchez, *Cuba libre. Vivir y escribir en La Habana*, Ed. Debate, 2010 DR; 92 © Zoé Valdés, 2012 DR; 103 © 2010 Eduardo Mendoza ; 96 © Juan Goytisolo; 98 Mario Benedetti, *Primavera con una esquina rota*, 1982; 99 © Mario Vargas Lloza ; 105 © Kirmen Uribe, 2012; 106 Benjamín Prado, *Operación Gladio*, 2011 DR; 110 © 1999, Carlos Fuentes ; 112 Ana Cabrera Vivanco, *Las horas del alma*, Random House Mondadori, 2009 DR; 120 © 2009 Esteban Martín; 124 © Javier Pérez Andújar, 2010. Publicado por acuerdo con Tusquets Editores, S.A., Barcelona, España; 134 © Federico García Lorca; 137 © 2009 Esteban Martín; 139 Javier Cercas, *Anatomía de un instante*, 2009 DR; 140 El País Semanal, 30/10/2011; 143 ©Jorge Vopi, 2012; 144 © Fundación Pablo Neruda, 2012; 152 El Pais, 30/12/2007; 156 © Mario Vargas Llosa ; 160 © Federico García Lorca; 162 © Miguel Hernández; 163 © Luis Cernuda; 167 Susana Fortes, *La huella del hereje*, Ed. Planeta, 2011 DR; 168 Lucía Etxebarria, *Lo verdadero es un momento de lo falso*, Santillana Ediciones, 2010 DR; 170 Carmen Alborch, *La ciudad y la vida*, RBA Libros, 2009 DR; 173 Gustavo Bolivar *Sin tetas no hay paraíso*, Editorial E! tercer nombre, 2006 DR; 175 El País; 176 © Herederos de Manuel Vázquez Montalbán, 2012; 184 Javier Pérez de Albéniz, *Reacciona*, Santillana Ed. Generales, S.L DR; 188 El País, 15/12/2006; 193 MujerHoy DR; 195 A. Echenique, *Crónicas perdidas*, 2003 DR; 196 © Manuel Machado; 198 © Herederos de Miguel Ángel de Asturias, 2012; 201 © NotiCuba Ed. Bs.; 202 Santiago Roncagliolo, *Abril Rojo*, 2006 DR; 210 Aquilino Duque, *La operación Marabú y otros relatos*, 2003 DR; 214 Julio Llamazares, *Las rosas de piedra*, 2008 DR; 218 Fernando de Rojas; 219 Miguel de Cervantes; 220 Tirso de Molina.

Crédits sonores

2, 10, 12, 14, 18, 28 © Radio Nacional de España; 4 © Radio Nederland Wereldomroep ; 6, 26 © agradecimientos a Sociedad Española de Radiodifusión, S.A. – Cadena Ser ; 8 © RFI, extrait de l'article *Reactivan el ambicioso proyecto Yasuní-ITT* disponible sur le site www.rfi.fr ; 16 ARTEAR / D.R. ; 20 © BBC / D.R. ; 22, 24 © Radialistas.

FSC MIXTE Papier issu de sources responsables FSC® C022030 www.fsc.org

N° projet : 10190036
Dépôt légal : Août 2012
Imprimé en Italie
par N.I.I.A.G